高职高专"十二五"规划教材

营销心理学

实用教程

第二版

王 永 主编

余兴华 李茂龙 副主编

化学工业出版社

·北京·

本书从消费者的心理现象入手，分析了影响消费者消费心理和行为的个体因素、社会环境因素和市场因素，论述了在营销过程中，如何针对消费者的心理特点采取相应的营销策略，并对营销人员的心理素质提出了建议。本书在编写过程中，针对高职高专学生的特点，紧紧围绕市场营销工作过程和消费者心理，通过大量的企业和市场调研，汲取多个行业企业专家的市场营销和管理经验，力求跟上社会发展的步伐，为培养市场营销行业企业需要的"高技能应用型人才"做出贡献。全书注重理论知识传授和营销技能培养相结合，在引用大量经典案例的同时采用新的营销案例，突出时代特色，紧盯市场营销的发展前沿，注重结构和体系的创新。每节的"案例导入"帮助学生和读者"热身"，每节的"延伸阅读"供学生进一步掌握更多的前沿知识，每章的"实训练习"供各高职院校在实践教学时参考使用。本书可作为高职高专院校经济类及营销类专业学生的教材，也可作为企业营销人员的培训参考用书。

图书在版编目（CIP）数据

营销心理学实用教程/王永主编. —2版 .—北京：化学
工业出版社，2014.9（2022.1重印）
高职高专"十二五"规划教材
ISBN 978-7-122-20911-5

Ⅰ.①营⋯ Ⅱ.①王⋯ Ⅲ.①市场心理学-高等职业
教育-教材 Ⅳ.①F713.55

中国版本图书馆 CIP 数据核字（2014）第 124378 号

责任编辑：蔡洪伟　　　　　　　　　文字编辑：昝景岩
责任校对：宋　玮　　　　　　　　　装帧设计：张　辉

出版发行：化学工业出版社（北京市东城区青年湖南街 13 号　邮政编码 100011）
印　　刷：北京京华铭诚工贸有限公司
装　　订：三河市振勇印装有限公司
787mm×1092mm　1/16　印张 15½　字数 403 千字　2022 年 1 月北京第 2 版第 8 次印刷

购书咨询：010-64518888　　　　　　售后服务：010-64518899
网　　址：http://www.cip.com.cn
凡购买本书，如有缺损质量问题，本社销售中心负责调换。

定　　价：39.00 元

第二版前言

本书自 2010 年 10 月出版以来，受到许多高职院校和读者的好评。由于市场营销领域的新变化，也为了培养市场营销专业学生适应和驾驭市场的能力，教材编写组对书稿进行了修订。我们在保留第一版教材框架体例的基础上，对各章内容进行了修订和补充，删除了部分晦涩难懂的理论知识，突出教材的实践性和开放性，尤其是增加了许多典型案例，与学习内容相得益彰。

本次修订，由王永担任主编，余兴华、李茂龙担任副主编，共同拟订修订方案，由李茂龙组织人员，具体负责。王永、陈晓伟修订了导论、第 1 章、第 2 章，李茂龙修订了第 3章、第 4 章、第 5 章，余兴华修订了第 6 章、第 7 章，李涛修订了第 8 章，孙莹修订了第 9章、第 10 章，陈慧修订了第 11 章、第 12 章。修订后的教材线索清晰，内容新颖，尤其是心理学知识与营销实践结合更加紧密，便于读者学习和掌握现代营销心理学的理论和方法，更具可操作性和实用性。

本书修订过程中，得到浙江人本集团金华十足便利有限公司和化学工业出版社的大力支持，在此表示诚挚的谢意，对修订过程中所参阅的相关书籍资料和网络案例资源的作者，一并表示感谢。由于时间仓促，水平所限，书中难免存在疏漏甚至错误之处，敬请读者批评指正。

2014 年 4 月

目 录

第7章 社会群体的消费心理

第8章 商品与消费心理

第9章 价格与消费心理

第 10 章　消费环境与消费心理

第 11 章　广告与消费心理

第 12 章　营销人员管理心理

参考文献

导论　走进营销心理学

【教学目标】

★**知识目标**

1. 掌握心理学的基本概念和研究内容；

2. 掌握营销心理学的概念和研究对象；

3. 了解营销心理学的产生和发展；

4. 掌握营销心理学的研究和应用方法。

★**能力目标**

1. 培养观察分析消费者个体心理的能力；

2. 培养应用营销心理学研究方法进行市场调查和研究的能力。

 第1节　心理学概述

【案例导入】

　　早晨6:30，李先生被闹铃叫醒了，他感到有些身心疲惫，很想再多睡一会儿。当想到上午公司还有一个非常重要的会议时，他马上给自己一个积极的暗示——"努力，一切都会好起来！"然后飞快地穿衣起床，洗漱后简单吃了早点就去离住处不远的公交站点。看着来来往往的人们，李先生知道，新的忙碌的一天已经开始了，自己必须保持良好的身心状态。公司的晨会上，总经理宣布，李先生是上个月的销售冠军，将得到一笔不菲的奖金。李先生非常高兴，回想自己的努力和付出，感到都很值得。

　　当前，心理学已经逐渐成为生活中最广泛涉及的主题，渗透于人们生活的各个领域。无论衣食住行、为人处世，还是企业的经营与管理，都离不开心理学。

【应用知识】

1.1　什么是心理学

　　心理学的英文名称是Psychology，是由希腊文中Psyche与Logos演变而来的。前者是"灵魂"的意思，后者是"讲述"的意思。心理学原意是指"阐释灵魂的学问"。就其科学定义来说，它是研究人的心理现象即心理活动及其规律的科学。

　　心理现象和每一个人息息相关，人在清醒状态下每时每刻也离不开它。人们无论从事什么活动，都伴随有各种心理现象。正是在心理活动的调节下，人们的各种活动才能得以正常

1

地进行，并达到预期的目的。人是一个社会实体，在复杂的社会生活中，人的行为受社会环境、社会行为准则、道德舆论的制约。人本身具有积极主动性，在社会实践中，不仅认识自然、社会，而且还在改造自然、改造社会中进行创造性的活动。人在交往的过程中丰富并发展了复杂的心理活动。

现代社会生活中，心理学是应用范围极为广泛的一门科学，但它却是一门"年轻"的科学。虽然，两千多年前苏格拉底、柏拉图、亚里士多德等哲学家对人类的本性、本能、心灵、感觉、意识等问题，已经作为哲学上的主要观念去讨论。但是，他们都只凭主观的设想而没有建立客观的研究方法和系统的理论。那一时期的心理学仍属于哲学的范畴。自19世纪以来，随着自然科学得到迅速的发展，特别是生物学、生理学等学科的发展积累了大量关于人体的知识，人类自我认识的渴望也更加强烈，很多学者开始寻找研究心理的新方法。德国生物学家、哲学家冯特于1879年在莱比锡大学建立了世界上第一个心理学实验室。在他的主持下，实验室对感觉、知觉、情感和联想等进行了系统的研究。心理学界公认，1879年是科学心理学的开始，冯特被誉为心理学之父。

1.2　心理学研究的内容

人的心理活动是人体大脑的生理机能，是对客观现实的主观反应。心理活动又称为心理现象。作为科学的心理学，它不是零散的经验和简单地解释人的心理现象，它是一门通过长期的理论探索、资料积累和严格的科学实验，将研究成果加以定量分析、系统化的科学。一般来说，心理现象可以分为心理过程、个性心理和心理状态三个部分。

心理过程是指人的心理形成及其活动的过程，它包括认识过程、情感过程和意志过程。认识过程是人们认识事物现象的心理活动过程，它包括感觉、知觉、记忆、想象和思维。由于客观事物与人存在某种联系，人在认识客观事物的过程中，总会产生一定的态度和主观体验，引起满意、喜爱、厌恶、恐惧等，这就是情感过程。人对客观事物不仅感受、认识，还要处理、改造。人自觉地支配行动以达到预期目标的心理活动过程称为意志过程。

个性心理是心理学研究的另一个方面的问题，它包括个性倾向性和个性心理特征。个性倾向性是个性结构中最活跃的因素，是一个人进行活动的基本动力，主要由需要、动机、兴趣、信念、理想和价值观等构成。个性倾向决定人对现实的态度，决定人对认识活动的对象的趋向和选择。个性心理特征是指一个人身上经常地、稳定地表现出来的心理特点，主要是能力、气质和性格，它集中反映了个人心理的独特性。人们的心理特征是千差万别的，有些人聪明伶俐、足智多谋，有些人能歌善舞、多才多艺，这是人的个性差异在能力方面的表现；有些人寡言少语、稳健持重，有些人开朗健谈、直爽热情，这是个性差异在气质方面的表现；有些人在待人接物中，表现得谦虚礼貌、不卑不亢，而有些人则显得轻浮傲慢，或者虚伪狡猾，这是个性差异在性格方面的表现。

心理状态是指心理活动在一段时间里出现的相对稳定的持续状态，它既不像心理过程那样变化多端，也不像心理特征那样稳定持久。人的心理活动总是在觉醒状态（注意状态）和睡眠状态下展开的，这些不同的心理状态体现着主体的心理激活程度和脑功能的活动水平。人的心理现象的各个方面可表示为一个结构图，如图0-1所示。

心理现象的各个方面不是孤立的，而是彼此相互关联、共同存在于统一的心理活动之中。其中心理过程反映了人心理活动的共性规律；个性心理则是每个人心理活动的特色，体现的是个性的规律；而心理状态则是心理活动的背景状态，它不能单独存在。此外，认识过程、情感过程和意志过程之间是相互联系、密不可分的，它们共同存在于同一心理过程之中。而心理过程和个性心理也紧密相关，没有心理过程，个性心理就无法形成。同时，已经

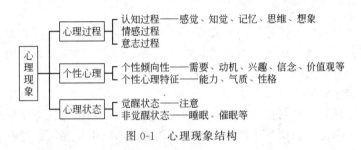

图 0-1　心理现象结构

形成的个性心理特征又影响着心理过程，并在心理过程中表现出来，使每个人的心理过程都具有独特的色彩。由此可知，心理现象中的各个方面都是相互紧密联系、不可分割的。

以上讲到的心理过程、个性心理和心理状态是存在于个体身上的心理现象，我们称之为个体心理。但是，人是社会的实体，人作为社会的成员，总是生活在各种社会团体中，并与其他人结成各种各样的关系，如亲属关系、朋友关系、师生关系、阶级关系、民族关系、国家关系等。由于社会团体的客观存在，便产生了团体心理或社会心理。团体与个体一样，存在着团体需要、团体利益、团体价值、团体规范、团体舆论、团体意志、团体目的等心理特征。一个团体由于具有某些特定的心理特征而区别于其他团体。

团体心理或社会心理与个体心理的关系，是共性与个性的关系。团体心理是在团体的共同生活条件和环境中产生的，它是该团体内个体心理特征的典型表现，而不是个体心理特征的简单总和。团体心理不能离开个体心理，但它对个体来说，又是一种重要的社会现实，直接影响个体心理或个体意识的形成与发展。因此，社会心理及其与个体心理的关系也应成为心理学的研究对象。

【延伸阅读】　　　　　　　现代心理学的八大主题

不同的心理学家对人性持有不同的观点与解释，不同的心理学家对人性表现的各行为层面也持有不同的观点与解释，因此，现代心理学中存在着许多不同倾向的重要主题。在普通心理学的范围内，主要包括以下八个主题。

(1) 心理的生理基础

科学心理学发展之初，即与生理学具有密切关系。限于当时生理学的知识，只是对感觉历程进行了解释。现代的生理心理学的研究，已扩及身心发展、学习、动机、情绪、人格、异常行为等各个层面。

(2) 感觉与知觉

现代心理学对感觉与知觉的研究，旨在探究个体如何以各种感觉器官为通路，去觉察、认识和解释其周围的世界。感觉是知觉的记录员，主要是以生理功能为基础；知觉是感觉的评判者，主要是受心理因素支配。

(3) 学习心理

现代心理学对学习心理的研究，旨在探究个体在与环境交互作用时，行为获得或经验改变的历程。因此，学习并不限于学校传授的知识，所有动作、技能、语言、生活习惯、记忆、概念、认知、思考、推理、判断等，均包括在学习心理专题研究范围之内。

(4) 身心发展

现代心理学对身心发展的研究，旨在探究个体的身心改变与其年龄增长两者间的关系。早期的发展研究，在年龄上只研究儿童与青年，现代心理学将发展的年限向前后延伸，从产前生命开始，一直到老死为止，包括了个体一生的全程。

（5）个体差异

现代心理学所研究的个体差异，主要集中在能力差异与性格差异两方面。个体差异研究的目的，一方面探究差异形成的原因并建立差异的系统理论，另一方面陈述差异的事实，为教育上因材施教和社会上适才适用提供依据。

（6）动机与情绪

现代心理学一般将动机与情绪相联，视为一个大主题。动机是行为发生与改变的内在动力，情绪则是动机满足与否所带来的行为反应；两者性质虽不尽相同，但有连带关系。

（7）社会心理

现代心理学对社会心理的研究，旨在探究在团体活动中，个体在行为或心理历程方面受团体的影响或个体与个体之间彼此的影响，从而了解人际间的互动关系，以建立系统的社会心理学理论。

（8）异常行为与心理治疗

现代心理学对异常行为的研究，旨在从个体行为的异常现象，探究其导致异常的原因，进而建立了变态心理学之理论，并评析各种心理治疗方法。

第2节　营销心理学概述

【案例导入】

被誉为"清凉饮料之王"的可口可乐是全世界最为流行的饮料，可口可乐公司是当今世界上最大的饮料公司。然而，自百事可乐诞生以后，半个多世纪以来，这两家公司一直进行着激烈的竞争，并在制定竞争策略时都非常重视消费者的消费习惯。

当百事可乐诞生之时，可口可乐已经占据世界饮料霸主的地位，百事可乐曾几次面临被可口可乐吞并的命运。然而，不服输的百事人终于在竞争激烈的饮料市场上争得一席之地，并且向可口可乐发起了猛烈的进攻。1963年，百事可乐做出了长期占领市场的战略决策，成功地掀起了一场称之为"百事新一代"的市场营销运动。百事可乐公司认为，与其艰难地吸引可口可乐的忠实客户，让他们变换口味来喝百事可乐，不如努力赢得尚未养成习惯而又有迫切需求的目标顾客。当时整个世界十几岁的儿童人数众多，另外还有大约7000多万战争婴儿。就在这时，百事可乐来到了他们身边。大约25年后，百事可乐仍然依赖其"世代"策略大规模营销。

面对这一不利局势，可口可乐公司于1985年4月宣布改变用了99年之久的老配方，转而采用研究成功的最新配方，并声称，要以新配方再创可口可乐在世界饮料行业的新纪录。但是，当新配方的可口可乐推出后，市场却掀起了轩然大波。公司每天收到无数封抗议信件和多达1500次以上的抗议电话。原因是该公司的老顾客已经习惯了老配方的口味，不接受新配方的口味。这一情景让百事可乐认为，这是它的最大机遇，于是花费巨资做广告，企图吸引可口可乐的老顾客。然而，可口可乐面对可能出现失去市场的危机，于1985年7月10日宣布，恢复老配方的可口可乐生产，同时继续生产新口味的可口可乐，双管齐下。一时，新老可口可乐的销售比上年同期上升8％，可口可乐公司股票上涨1.75美元。因为可口可乐公司及时保护了消费者的消费习惯，百事可乐也未能抢走可口可乐的老顾客。

由此可以看出，企业及其营销人员必须深入学习、掌握消费者的心理现象及其规律，才可能制定出科学、有效的生产和营销方案，满足市场的需要，促进企业的发展。

2.1 营销心理学的含义

营销或市场营销是指个人或机构通过预测、刺激、提供方便、协调生产与消费以满足消费者和社会公众对产品、服务及其他供应的需求的整体经济活动。

营销心理学从心理学的视角针对营销过程的要素和环节中可能出现的心理问题进行分析和研究。因此，营销心理学的构成要素主要包括：消费者的心理与行为要素、营销者的心理与行为要素、营销过程中的各个环节及各种营销手段和营销方法的心理效果要素等。营销心理学的概念，我们定义为研究市场营销活动中消费者和营销者心理现象的产生、发展及其规律的科学。

2.2 营销心理学的产生和发展

营销心理学作为系统研究消费者心理现象的一门独立的应用科学，是在商品经济充分发展、市场问题日趋尖锐、竞争日益加剧的过程中形成和发展起来的，距今已有100多年的历史。其形成和发展大体上经历了三个时期。

2.2.1 萌芽时期

从19世纪末到20世纪30年代，有关研究消费者心理与行为的理论开始出现并得到了初步的发展。

这一时期，各主要资本主义国家，特别是美国，经过工业革命后，生产力大为提高，市场上商品急剧增多，企业之间竞争加剧。在这种情况下，一些商品经营者为了更快地推销商品，开始研究如何向消费者提供商品和劳务信息的问题，并首次开展了大规模的广告宣传活动，而在销售和开展广告活动的同时，一些人开始把心理学引向了销售领域。

与此同时，一些专家、学者根据企业销售实践活动的需要，着手从理论上研究商品的需求与销售问题。1901年12月10日，美国心理学家斯科特提出了广告工作应成为一门科学，心理学可以在其中发挥重要作用的见解。这被认为是第一次提出了营销心理学的问题。1903年，斯科特汇编了20余篇论文出版了《广告心理学》一书，标志着营销心理学的雏形——广告心理学的诞生。1912年，德国心理学家闵斯特·伯格出版了《工业心理学》一书，着重阐述了商品销售中广告和橱窗陈列对消费者的影响。同时，还有一些学者在市场学、管理学等著作中也研究了有关消费者心理与行为的问题。

这一时期，消费心理与行为的研究才刚刚开始，研究的重点是如何促进企业的产品销售，而不是如何满足消费者的需求。另外，这种研究基本局限于理论阐述，并没有具体应用到市场营销活动中去。因此，尚未引起社会的广泛重视。

2.2.2 应用时期

从20世纪30年代到60年代末，消费者行为研究被广泛地应用于市场营销活动并得到迅速发展。

这一时期经历了1929～1933年的经济大危机，产品严重过剩，销售极为困难，市场供过于求。各企业要想在竞争中战胜对手，求得生存，必须首先解决产品销路问题。特别是"二战"后，美国的军事工业迅速转向民用消费品的生产，市场商品急剧增多，产品更新换代加快，消费者的需求和欲望也在不断变化，其购买行为更加捉摸不定，企业之间的竞争更加激烈。

很多专家、学者在提出"创造需求"的同时，开始重视和加强市场调研，预测消费趋势，并寻求各种方式刺激消费需求，因而，对于消费者的需求、动机以及消费习惯等进行了较为系统的研究，从而使消费心理研究的内容也大大拓展了，营销心理学逐渐形成为一门比较完整的学科。从20世纪50年代开始，心理学科在各个领域的应用都取得了重大成果，这引起了理论研究工作者和实际工作者的强烈反响和广泛关注，更多的心理学家、经济学家、社会学家都转入这一领域的研究，并相继提出了许多理论，如美国著名心理学家马斯洛提出的"需要层次理论"等。进入60年代以后，营销心理学的研究得到迅猛发展。1960年，美国心理学会正式成立了消费者心理学会分会，而美国的一些大学和研究生院心理系、社会学系、经营管理系都讲授消费行为课程，对消费心理的研究人员增多，研究质量大为提高。

2.2.3 变革时期

从20世纪70年代到现在，是营销心理学的变革时期。

这一时期，西方国家高科技的投入使产品更新率加快，新产品令消费者目不暇接，消费时尚令人捉摸不定，给产品推销工作带来了挑战性和难度。推销人员为了实现职业角色，不得不对消费心理进行深入的、多角度的研究。

在这一时期，有关消费者心理与行为研究的论文、调查报告、专著不仅在数量上急剧增加且在质量上也越来越高，研究方法也越来越科学，许多新兴的现代科学，如计算机科学、经济数学、行为学、社会学等也被广泛运用于消费者行为研究中。特别是信息处理方法的引入，把消费者看作是一个积极的消费决策人，认为消费者会根据所获得的信息进行分析从而做出正确的购买决策，并且会根据购买使用经验改变或保持对某一商品的态度。处理方法的运用及消费者购买行为模型的建立，使消费者购买行为的分析研究建立在更加科学、完善的理论基础之上。

近二十几年来，随着整个社会经济的发展和消费领域的日益复杂化，营销心理学的研究出现了新的趋势：①理论进一步得到发展；②重视宏观方面的系统研究，不少研究者能够从整个社会经济系统的高度去研究消费行为；③转向因果关系的研究，即由过去单纯地确认描述变量关系，转向解释性的研究和对因果关系的探讨；④引入现代研究方法进行研究，即对心理基本范畴如动机、人格等用现代方法进行研究。

2.3 营销心理学的研究对象与研究内容

任何一门学科都必须要有自己的、区别于其他学科的研究对象。从其过程和内容来看，营销活动中的心理现象，既遵循一般心理现象的基本规律，同时又具有一定的特殊性。营销心理学就是以这些特殊的心理现象作为自己的研究对象。营销心理学的研究对象与内容主要包括以下几点。

2.3.1 营销活动中消费者所特有的各种心理现象

市场领域内消费者的心理现象受到市场营销活动本身特点的制约，是营销心理学研究的最主要内容。对消费者心理现象的研究，包括以下三方面的内容。

（1）消费者心理活动的一般过程

消费者心理活动的一般过程，是围绕着货币到商品的转化而产生的认识过程、情感过程和意志过程的融合交汇，是三者的统一。这三个过程是任何一个消费者在购买中所共有的对市场客观现实的反映形态。因而，对消费者一般心理过程的研究可以发现并把握消费者心理现象的一致性和规律性。

（2）消费者的消费心理在整个购买过程中的具体表现

从整个购买活动来看，消费者的消费心理具体体现在购买需求心理、购买动机心理、购买决策心理以及购买行为心理中。这一系列的心理体现在购买活动中，彼此有着极为密切的关系，是消费者的心理状态在买卖行为中的表现。通过分析，我们可以进一步理解和把握消费者购买行为的变化过程。

（3）消费者个性心理特征及其对购买行为的影响和制约作用

消费者的心理过程能体现出他们的个性心理特征，而个性心理特征又对心理活动过程有着很大的影响和制约作用，并与各种购买行为有密切关系，是形成各种购买行为的心理基础。研究消费者个性心理特征的形成与发展，可以帮助人们揭示构成不同消费者行为的内部原因，预见消费者的购买行为。

2.3.2 消费心理与市场营销的双向关系

不同的消费品市场以不同的消费者群体为对象，不同的消费者群体对消费品市场也有不同的心理要求。企业的营销策略会影响消费心理的产生和发展；反过来，不同的消费心理特点也对市场营销提出特定的要求。因此，消费心理与市场营销存在着双向关系。对消费心理与市场营销双向关系的研究，包括以下两方面的内容。

（1）影响消费者心理的各种因素

影响消费者心理的因素包括：①群体因素，如参照群体、消费群体；②社会因素，如家庭、社会阶层、社会角色；③文化因素，如文化、亚文化、风俗习惯、价值观等；④商品因素，如商品的设计、名称、商标、包装以及商品的价格、广告等；⑤销售环境因素，如商店选址、招牌、橱窗、内部装饰、商品陈列、广告及其他营销手段。

（2）企业营销活动对消费心理的适应与引导

企业要在激烈的市场竞争中占据主动，取得较好的经济效益和社会效益，争取到更多的消费者，一方面必须适应消费者的心理特点和变化规律，适应消费者不同的心理需求和不同的购买动机与行为，从而采取不同的营销策略；另一方面还应积极地引导消费者的心理，使自己的商品满足消费者的心理需求，使消费者对自己的商品产生特殊的心理倾向。

2.3.3 营销人员心理

这是营销心理学研究中不可缺少的内容，因为营销活动能否顺利进行，除受消费者因素、市场因素、竞争因素、自然因素等外部因素的影响外，还直接受到营销人员的心理因素的影响。所以，营销人员必须具备一定的专业素质和良好的心理品质，准确地认知和把握消费者心理，进而通过有效手段与消费者进行沟通，才能使营销活动顺利进行。具体来讲，营销者心理的研究内容主要包括：①营销人员的职业行为心理；②营销人员的心理素质要求；③营销服务中的人际交往和沟通心理。

2.4 营销心理学的研究方法

目前，国内外心理学家和市场学家常用来研究消费者心理活动规律的基本方法有观察法、访谈法、问卷法、实验法等。

2.4.1 观察法

观察法是指观察者在自然条件下有目的、有计划地观察消费者的语言、行为、表情等，分析其内在原因，进而发现消费者心理现象的规律的研究方法。随着现代技术的发展，观察法可借助视听器、摄像机、录音机、照相机等工具增强观察效果。观察法可分为自然观察法和实验观察法两种形式：自然观察法是指完全自然的、被观察者不知情的条件下进行的观察；实验观察法是指在人为控制条件下进行的观察，被观察者可能知情，也可能不知情。

观察法大多是在消费者并不知晓的环境下进行。因为这种条件下消费者的行为是一种心理的自然流露。通过观察所获得的资料比较直观、真实、可靠。此外，观察法在操作上比较简便，花费也比较少，无论是大型企业或是小型店铺都可以采用。观察法的不足之处在于其具有一定的被动性、片面性和局限性。首先，调查者在进行观察时只能消极、被动地等待所要观察事情的发生；其次，调查者对观察对象的了解只能从其外部动作去考察，难以了解他们的内心活动；再次，要求观察对象数量大、涉及面广，为取得大量的资料所投入的人力和时间必然较多。此外，观察所得到的材料本身还不能区分哪些是偶然现象，哪些是规律性的反映。

观察法可用于观察别人，也可用于观察自己，形成自我观察法。这种方法是把自己摆在消费者的位置上，根据自身的日常消费生活体验，去揣摩、感受消费者的心理。应用自我观察法研究消费心理具有独到之处，对价格心理、偏好转变以及情感变换等较复杂的心理现象的研究，通常能收到满意的效果。

观察法在研究商品价格、销售方式、商标、广告、包装、商品陈列、柜台设置、品牌及新产品的被接纳程度等方面，均可取得较好的效果。

2.4.2 访谈法

访谈法是通过访问者与受访者交谈，以口头信息传递和沟通的方式来了解消费者的动机、态度、个性和价值观念等内容的一种研究方法。它可以在被访问者家中或一个集中的访问地点进行，还可以利用电话等通信手段与被访者沟通。例如，在林荫绿地等宜人环境中，可以对被访问者进行较长时间的深入面谈，目的是获得不受限制的评论或意见并进行提问，以便帮助研究人员更好地理解这些想法的不同方面及其原因。深度访谈在理解个人是如何做出决定、产品被如何使用以及消费者生活中的情绪和个人倾向时，尤其有用。新的概念、设计、广告和促销信息往往以这种方法形成。

按交谈过程结构模式的差异划分，访谈法可以分为结构式访谈和无结构式访谈两种形式。结构式访谈又称为控制式访谈，访谈者根据预定目标事先拟定谈话提纲，访谈时按已拟定的提纲向受访者提出问题，受访者逐一予以回答。这种方法类似于问卷法，只是不让被试者笔答，只用口答而已。其优点是运用这种方法，访谈者能控制访谈的中心，条理清晰，比较节省时间；缺点是这种方式容易使访谈者感到拘束，产生顾虑，也容易使受访者处于被动的地位，使访谈者只能得到"是"与"否"的回答，而不能了解到受访者内心的真实情况。可见访谈的结果往往深度不够，也不容易全面。无结构式访谈又称为深度访谈，它不拘形式，不限时间，尊重受访者谈话的兴趣，使访谈者与受访者以自由交谈的方式进行。其优点是受访者不存在戒心，不受拘束，便于交流，受访者能在不知不觉中吐露真实情感；缺点是采用这种访谈方法要求调查者有较高的访谈技巧和丰富的访谈经验，否则就难以控制谈话过程，不仅耗费时间较长，而且可能影响访谈目标的实现。

按访谈者与访谈对象的接触方式，访谈法可以分为个人访谈和小组座谈两种形式。个人访谈又称为一对一的访谈，由调查者对单个受访者进行访问，既可以采取结构式访谈，询问一些预定的问题，也可以采取无结构式自由访谈的形式。小组座谈也称为集体访谈，调查访谈人员以召开座谈会的方式对一些消费者进行访谈。标准的集体访谈涉及 8～12 名被访者。一般来说，小组成员构成应反映特定细分市场的特性。被访者要根据相关的样本计划挑选出来，并在有录音、录像等设备的场所接受访问。

2.4.3 问卷法

问卷法是根据研究者事先设计的调查问卷，向被调查者提出问题，并要求被调查的消费者书面回答问题的方式，也可以变通为根据预先编制的调查表请消费者口头回答、由调查者记录的方式进行调查，从中了解被调查者心理的方法，这是研究消费者心理常用的方法。根据操作方式，问卷法可以分为邮寄问卷法、网络问卷法、入户问卷法、拦截问卷法和集体问卷法等。问卷法按内容可以分为封闭式和开放式问卷两种。封闭式调查问卷是让被调查者从所列出的答案中进行选择，类似选择题、是非题等；开放式调查问卷是指被调查者根据调查者所列问题任意填写答案，不做限制，类似填空题和简答题。

一个正式的调查问卷主要包括三个部分：指导语、正文和附录。指导语主要说明调查主题、目的、意义以及向被调查者致意等。这里最好要强调调查与被调查者的利害关系，以取得消费者的信任和支持。正文是问卷的主体部分。根据调查主题，设计若干问题，要求被调查者回答。这是问卷的核心部分，一般要在有经验的专家指导下完成设计。附录主要是有关被调查者的个人情况，如性别、年龄、婚姻、职业、学历、收入等，也可以对某些问题附带说明，还可以再次向消费者致意。附录可随调查主题不同而增加内容。但要注意，结构上要合理，正文应占整个问卷的 3/4 或 4/5，指导语和附录只占很少部分。

问卷法的优点是同一问卷可以同时调查很多人，主动性强，信息量人，经济省时，简便易行，结果易于统计分析。其缺点是回收率低（一般为 50%～60%），问卷的回答受被调查者的文化水平等条件的限制，并且不容易对这些材料重复验证。

2.4.4 实验法

实验法是指在严格控制下有目的地对应试者给予一定的刺激，从而引发应试者的某种反映，进而加以研究，找出有关心理活动规律的调查方法。实验法包括以下两种。

① 实验室实验。指在专门的实验室内进行，可借助各种仪器设备以取得精确的数据。例如，研究人员可以给消费者提供两种味道稍微不同的食品，让他们品尝并进行挑选。这里，产品的不同味道是自变量，可以由研究者控制，而挑选结果则是因变量，至于其他能够影响挑选的因素如价格、包装、烹调的难易程度等，可以设计成完全相同。这样，经过实验后得出的消费者的挑选结果就仅仅取决于味道的差别，而与其他因素无关了。

② 现场实验。现场实验是在实际消费活动中进行的。例如，测定广告的促销效果，可以选择两个条件相近的商店或商场，一个做广告，一个不做。记录各自的销售量，然后进行比较和统计检验，以确定广告宣传效果的大小。而不是在实验室中播放两个广告，让消费者评价。由于营销活动现场的具体条件比较复杂，许多变量难以控制，因而会影响研究结果的准确性。

营销心理学的研究方法还有很多，比如个案法、经验总结法、综合调查法和心理投射法等。以上介绍的四种方法各有其优缺点。在具体的工作环境下，开展营销心理学的研究并不一定只采用某一种方法，而是同时综合采用几种方法，以便取长补短，互相印证，使结果更加可靠。

【延伸阅读】　　　　　　　我国消费者的消费变化趋势

进入 21 世纪之后，我国营销界面临的难题是"广告越来越难策划"，"消费者越来越难伺候"，"生意越来越难做"。企业营销工作越来越难，反映了市场对营销策划与管理水平提出了更高的要求。"难做"的关键在于企业和营销人员对消费者的理解出了问题。近年来，我国消费者的消费心理随着经济、科技和社会文化的发展已经发生了很大的变化。

（1）消费者需要层次的变化

人类的消费活动是由消费需要和欲望而引起和决定的。人们对消费资料的需要，客观上存在着层次性。按照马斯洛的需要五层次学说，消费者必须首先满足生理需要和安全需要，然后逐步向社会需要、受尊敬需要和自我实现需要扩展。依据这一学说来研究我国消费者需求的变化，可以将我国消费结构分为"温饱型"、"小康型"和"富裕型"。

①"温饱型"。从新中国成立到改革开放初期，我国消费者的生活水平进入温饱时期。有资料显示，在这一时期的消费结构中，食品费用的比重在家庭消费中占 50%～60%。

②"小康型"。20 世纪 80 年代至 90 年代中期，随着社会经济的快速发展，部分居民的生活转向小康。这一时期消费结构的特点是，食品费用的比重下降到 50% 以下，文化娱乐、生活服务和医疗保健支出的比重明显上升，其中城市居民的表现尤为明显。

③"富裕型"。20 世纪 90 年代中期以后，我国消费者的需求方向又一次呈现明显的变化。这一时期，在北京、上海、深圳等大城市，高消费热潮逐渐蔓延开来，其最鲜明的特点就是高消费领域全面扩展，渗透到衣、食、住、行的各个方面。这些城市的消费需求以中、高档家用电器为主，通信、交通、住宅三大类产品的消费需求增长势头旺盛。在这一时期，消费者对商品社会象征性要求的提高很明显，体现了消费者的需要向受尊敬需要和自我实现需要的转型。与此同时，人们对健康的关注也成为一个不容忽视的消费趋势，反映了现代社会人们面临着越来越重的生活与工作压力。

（2）消费者阶层的分化与跨位消费现象的出现

随着市场经济的发展，个人财产差距越来越大，加上城乡差距、行业差距、地区差距等影响，我国社会出现了明显的分化趋势，社会阶层日益明晰。一方面，同一阶层的消费者在行为、态度和价值观念等方面具有同质性，不同阶层的消费者在这些方面存在较大的差异。显然，研究社会阶层对于深入了解消费者行为具有特别重要的意义。另一方面，由于我国消费者阶层的形成更多的是由经济收入的变化造成的，而不是经济地位、社会地位和政治地位三位一体的产物，因此，我国消费者往往存在跨位消费的情形。

一般而言，不同的社会阶层会严守该阶层的生活品质和模式，并在平时的社会生活里表现出其所属阶层的符号体系。而在我国社会，社会阶层普遍出现了跨越性，即在社会阶层中间，较低社会阶层的人们普遍把自己的心理期望往上移。例如，月收入只有 1000 元的消费者，其消费模式和月收入 2000 元左右消费者的消费模式相似；月收入 3000 元左右的消费者和月收入 5000 元左右消费者的消费模式区别不大；那些称为白领的消费者可能会模仿总裁以上一些阶层消费者的消费模式；称为企业主的消费者可能会和巨富的消费者有着相似的消费模式。总之，我国社会阶层的任何一个阶层中都有相当一部分的人群，他们的生活方式会与其所在阶层的上一阶层消费者的消费方式相似。

例如，如果试图将小白领视为目标消费者，就不能简单地诉求这一阶层的价值观，而可能涉及诉求高级白领的价值观。在一般的白领中，有 45% 的人愿意消费一些比他们现在的实际生活水平格调更高的产品。企业在进行产品定位的时候应该向上一级靠，当然也不要太远，这样才能抓住能够打动某个目标消费群体的卖点。

（3）现代消费主义文化的影响

以消费主义为核心的消费文化对我国的影响早于我国的改革开放，且随着我国对外开放步伐的加快以及经济全球化对我国的影响日益加深。由于我国消费者既受到我国传统消费文化的制约，又受到西方现代消费文化的影响，因此，当前所形成的消费文化是既不同于西方消费文化，又不同于我国传统消费文化的独特消费文化。

① 由理性消费向感性消费转变。个性化风格取代，但这种转变后的观念与西方的开放、标新立异的观念又有区别。这种转变在年轻人中表现尤为明显。这种转变的具体表现为：人们在进行购买决策时不再是考虑商品功能、价格是否适合自己的需要，而是追求商品的品牌、外观、颜色等所代表的社会身份、经济地位、生活情趣、价值观念及个人素质等具有象征性意义的内容，强调的是个性化的满足、精神的愉悦、舒适及优越感。这种购买决策具有

主动性、随机性等特点。

② 由保守消费向超前消费转变。我国传统的崇尚节俭、量入为出的观念正在被适度奢侈、适度透支的理念取代。不过，在传统文化的框架和现行制度体系下，它又不同于西方的零储蓄、大比例透支的消费观。特别是随着我国金融机构的改革和金融产品的不断创新，人们从过去习惯于有了足够的积蓄后才消费，转变为现今的贷款消费，这种转变甚至成了一种时尚。

③ 由中式消费文化向中西合璧消费文化转变。随着经济全球化步伐的加快，跨国界的贸易、旅游、文化交流等活动日趋增多，特别是跨国公司大量涌入我国，其独特的管理模式和新颖的企业文化等无不通过其消费文化的渗透影响着我国的消费者群体。我国特色的消费文化在新时期出现了新的景观，其主要表现在以下两个方面：一是异域消费文化在我国登陆，并被追求时尚和新潮的一代所追捧，西方消费文化已成为当今社会的消费文化主流；二是中西合璧的消费文化氛围逐步形成，追求高效率、高享受等的消费文化伴随着跨国公司品牌文化、产品文化逐步融入我国的消费者群体中。

④ 由地域特色消费文化向具有融合性的区域消费文化转变。随着经济的发展，人口的流动性逐年增加，表现为农村人口向城市流动，落后地区人口向发达地区流动，内陆地区人口向东部沿海地区流动。伴随着人口的流动，各种消费习惯、消费方式等也相互影响、相互渗透，即由地域特色消费文化向具有融合性的区域消费文化转变。

【实训练习】

项目一　市场调查设计

【实训目标】

1. 培养学生应用营销心理学研究方法的能力。
2. 培养学生根据市场或营销工作需要采集信息的能力。

【内容与要求】

某橱柜营销企业计划对某市的橱柜市场做一次问卷调查，了解当前该市市区内橱柜市场的基本状况（包括经营企业数量、规模、经营品牌、地理位置、年销售量、销售季节性规律、采用的基本营销策略等），以及消费者的心理需求（包括品牌、价格、服务等）。

【成果检测】

每位同学针对调查目的设计调查工作方案和需要使用的调查问卷。根据调查方案和调查问卷可操作性、针对性、完整性等进行计分评定。

项目二　消费心理测试实验

【实训目标】

1. 培养学生掌握、应用营销心理学研究方法的能力。
2. 培养学生掌握应用投射法采集消费者信息以及自我认知的能力。

【内容与要求】

学习以下几种心理测验方法，选择其中一种方法进行实验，调查了解你身边同学或者社会上其他消费者的消费心理。要有明确的目的、具体的方法、测试过程和结论。

(1) 故事填空

在故事填空中，给应答者一个故事的一部分，具体的故事主题可以看出来，但结局却无从得知，要求应答者用自己的语言给出结局。

测试：一个人正在他喜欢的百货商店选购一套职业服装，他花了45分钟试穿了几套衣服，终于选中一套喜欢的。正当他到收银台准备结账时，售货员对他说："先生，我们还有质量更好的衣服，价格和这套一样，你想看看吗？"这位顾客会有什么反应？为什么？

应答者对故事的补充能够反映出他（或她）在花时间选择商品方面的价值观念，以及他在购物时的情绪化的投资。

（2）角色扮演

在角色扮演中，应答者被要求扮演其他人的角色或假设其他人的行为。调研者假定应答者会把他们自己的感受加入到角色中去。通过对应答结果的分析可揭示这一点，正如百货商店顾客调研项目所展示的那样。

测试：应答者被要求扮演处理顾客抱怨的经理的角色。角色扮演者处理抱怨的方法揭示了他们对购物的感受和态度。那些对抱怨的顾客持尊重和礼貌态度的应答者指出，作为顾客，他们希望商店的经理部门也持这种态度。

（3）第三人称方法

在第三人称方法中，给应答者提供一个字面的或视觉的情景，要求他们把一个第三人称的信念和态度联系起来，而不是直接去表达他们个人的信念和态度。这个第三人是一个"典型"的人，但不是应答者特别熟悉的人。当然，这一方法的前提是假定应答者在描述第三人称的反应时会暴露自己的信念和态度。

测试：一个航空公司想了解顾客不愿意乘坐飞机的原因。当应答者被问到："你害怕乘坐飞机吗"这一问题时，几乎没有人回答"是"。所给出的不乘坐飞机的主要原因是：价格贵、不方便及恶劣天气推迟起飞。但是，值得怀疑的是，这些答案受其他因素的影响太大了，因此，要进行随访研究或重新研究。在第二次研究中，应答者被问到："你认为和你工作和生活类似的人害怕坐飞机吗？"答案显示出绝大多数应答者是害怕坐飞机的。

【成果检测】

每位学生至少写出一种测验方法的使用过程和结果，根据实验报告进行计分评定。

第1章 消费者的认知过程

【教学目标】

　★知识目标

　1. 掌握消费者认知过程的各个基本概念；

　2. 了解消费者认知过程各部分的理论基础；

　3. 掌握消费者认知过程各部分在营销中的应用规律。

　★能力目标

　1. 培养分析消费者认知过程的能力；

　2. 培养在市场营销工作中应用感觉、注意、记忆、思维和想象等知识的能力。

 第1节　消费者的感觉

【案例导入】

　　美国纳贝斯克食品公司选聘了一批味觉能力很强的顾客作为"感觉读者讨论员"，任务是专门品尝公司生产的饼干。公司首先对他们进行 6 个月的培训，然后请他们对本公司及竞争性品牌的饼干进行口感测试。为了保证测试的客观性和准确性，对被测试饼干的品牌和类型保密，测试维度包括易溶性、浓度和密度、臼齿黏附量和饼干性质（如甜、咸、苦等）。通常情况下，测试一种饼干样品需要耗费测评小组成员 8 小时的时间。根据测试结果将纳贝斯克的产品和其他竞争性品牌的产品排出等级。纳贝斯克食品公司通过这种严格的味觉测试，发现了本公司饼干在口感方面存在的问题并及时加以改进，保证了本公司的饼干能够适应顾客的口感需求。

【应用知识】

1.1　感觉的含义

　　感觉是人脑对直接作用于感觉器官的客观事物个别属性的反映，是人们从外部世界同时也是从身体内部获取信息的过程。消费者的感觉是商品外部的个别属性作用于消费者不同感觉器官而产生的主观映象，它使消费者获得有关商品的各种信息及其属性的资料，是消费者接触商品的最简单的心理活动过程。例如，色觉作为除语言外传递信息、表达意思最快捷的方法，也能影响我们的心情，改变我们对某事物的看法，乃至诱发记忆、触动思绪、引起联想、唤起某种欲望。以商品包装为例，在琳琅满目的超市货架上，包装成为一种迫使人接受的产品外衣，而不是人们自愿接受的艺术，如果消费者不能在几秒钟内找到正在观察的东西，就很有可能迅速转移视线去寻求另一目标，而这时色彩正可以给顾客留下须臾印象。优秀的商品包装所追求的视觉冲击力，就是要使人在接触包装的瞬间，感受到强烈刺激，否则就难以吸引人们稍纵即逝的注意力。这时，与众不同的色彩搭配就可发挥出它特有的优势。因此，有经验的厂商在设计、宣传自己的产品时，总是千方百计地突出其与众不同的特点，增强商品的吸引力，刺激消费者的感觉，加深消费者对商品的第一印象，使消费者产生"先入为主"、"一见钟情"的感觉。

1.2　感觉的基本特性

感觉具有感受性和感觉阈限、适应性、对比性、联觉性，感觉的运用对人们的消费心理具有重要的影响。

（1）感受性和感觉阈限

并不是任何刺激都能引起感觉，人的感官只有在一定刺激强度范围内才能产生各种反应。我们把能够引起感觉持续一定时间的刺激量称为感觉阈限，其中能够引起感觉的最小刺激量称为绝对阈限，能够引起差别感觉的刺激物的最小变化量称为差别阈限。差别阈限存在一基本规律，称韦伯-费希纳定律，该定律是指对人体的特定的感觉状态，差别阈限与初始刺激强度的比值是一个常数，例如，购买者对价格的感受与基础价格的水平有关，购买者对价格的感受更多地取决于相对价值，而非绝对价值，并且在产品价格之上之下各有一个界限，将价格调整至价格之外容易被消费者觉察到，而在界限之内调整却往往被消费者所忽视。例如，售价几千元的耐用商品，提价一二十元并不被消费者所注意，而作为日常生活所需的米、油、盐等商品，即使价格上涨几角钱，消费者也会很敏感。

（2）感觉的适应性

适应性是指刺激物持续不断地作用于人的感觉器官，从而产生顺应的变化，使感觉阈限升高或降低。适应既可提高感受性，也可降低感受性。例如，白天人们刚走进电影院什么也看不清，过几分钟后就能看清了，这称为暗适应，是感受性的提高。又如，一个身上喷着香水的人很快就会觉察不到自身的香水气味，所谓"入芝兰之室，久而不闻其香；入鲍鱼之肆，久而不闻其臭"，就是感受性的降低。

顾客面对新的商品最初有新鲜感，但时间长了，接触多了，对这种商品也就习以为常了，就不会再感到它有什么吸引力了。在市场营销活动中，厂商和营销人员要经常运用感觉的特性，利用各种手段增大商品对顾客的刺激，引起顾客对商品的注意，从而达到促进商品销售的目的。

（3）感觉的对比性

同一感觉器官接受不同刺激物的作用而使感受性发生变化的现象称为对比。不同感觉器官之间的相互作用，会引起感觉的增强或减弱。例如，同样一个灰色的图形，在白色背景中显得颜色深一些，在黑色背景中则显得颜色浅一些。属性相反的两个刺激物同时或者相继出现，在感觉上都倾向于加大差异。例如，吃了糖之后接着吃有酸味的苹果，会觉得苹果更酸；白色对象在黑色背景中要比在白色背景中容易分出；红色对象置于绿色背景时则显得更红。在广告设计或商品陈列中，亮中取暗、淡中有浓、动中有静等手法正是对比效应的应用，它有助于吸引消费者的注意力。

（4）感觉的联觉性

联觉是指某一感觉器官对刺激物的感受性，会因其他感觉器官受到刺激而发生变化，这是指一种刺激产生多种感觉的心理现象。例如，一个笨重的物体如果采用淡色包装，会使人觉得比较轻巧；轻巧的物体采用浓重颜色的包装，会使人觉得庄重。冬天穿红色衣服使人感到温暖；夏天穿白色衣服则产生凉爽的感觉。可见，颜色也是商品包装和广告中最重要的元素之一，它不仅能强烈地吸引人的注意力，而且很容易引起人的联想和诱发人的情感，对人们的消费行为产生重要影响。

（5）感觉的相互作用

由于不同感觉分析器官活动的相互影响而使感受性发生变化的现象称作感觉的相互作用。人的感觉器官常常是相互联系、相互影响与制约的，各种感觉的感受性在一定条件下会出现此消彼长的现象。例如，在微弱的声响下，能提高人们辨别颜色的感受性；反之，如果声响过大，对颜色的分辨感受性会降低。在其他感觉影响下，听觉感受性也会发生变化。例如，人的听觉在黑暗中会得到加强，在光亮中减弱。人们常见一些盲人耳朵灵，这是由于盲人总是处于"黑暗世界"，听觉比正常人要强。这些说明，对某一感觉器官的刺激加强，会引起另一种感觉器官的感受性下降；反之，某一感觉器官的刺激降低，另一种感觉器官的感受性就会增强。

当企业向顾客传递某种信息时，要尽可能使顾客集中注意力来感受你发出的信息，尽可能排除其他信息的干扰，否则会降低效果。此外，要使顾客接受新信息，应减轻原来信息的影响，根据感觉相互作用的规律启发我们，可以通过改善购物环境，来适应消费者的主观状态，从而激发其购买欲望。

1.3　感觉在消费者购物和企业营销工作中的作用

（1）感觉使消费者产生对商品的第一印象

第一印象在消费者购物活动中有着很重要的先导作用，是消费者认识商品的起点。消费者心理的进行，要依靠感觉这样的基础心理活动提供信息来源，不管是搜集商品信息，还是购买前决策，还是使用商品的过程，都需要感觉这一心理活动来提供信息来源。对于商品的生产商和销售者来讲，要有"先入为主"的意识和行为，在色彩、大小、形状、质地、价格、包装等方面精心策划自己的新产品，第一次推向市场就要牢牢抓住消费者的眼光和感受。有经验的企业在设计、宣传自己的产品时应千方百计地突出其与众不同的特点，增强产品的吸引力，刺激消费者的感觉，加深消费者对产品的第一印象，使消费者产生"先入为主"、"一见钟情"的感觉。

（2）商品信号的刺激强度要使消费者能产生舒适感

消费者认识商品的心理活动从感觉开始，不同的消费者对刺激物的感受性不一样，即其感觉阈限不同。工商企业做广告、调整价格和介绍商品时，向消费者发出的刺激信号强度应当适应他们的感觉阈限。刺激强度过弱不足以引起消费者的感觉，达不到诱发其购买欲望的目的；如果过强则又使消费者受不了，走向反面。适宜的刺激，才会达到预期的效果。

人的感觉都存在舒适性的问题，过强的灯光、过大的声响、杂乱无章的布置等均不会给人以舒适感。在商场内，如果高音喇叭声音不断，消费者在这种购物环境中长时间逗留，就会感到非常不舒适。另外，商品的陈列也应考虑各类消费者的感觉阈限。例如，化妆品的陈列和摆放就应足以使女性消费者感受到，以刺激她们的消费。

（3）感觉是消费者某些情绪发生的诱因

消费者的情绪和情感常常是行为的主要影响因素，而感觉又经常引发消费者的情绪与情感。客观环境给消费者施加不同的刺激，会引起他们不同的情绪感受。例如，轻松优雅的音乐、协调的色调、适宜的灯光、自然光的采用、商品陈列的造型、营销人员亲切的微笑，等等，都能给消费者以良好的感觉，从而引起他们愉悦的情绪和心境。此外，商品的包装、广告的设计等都应使消费者产生良好的感觉，引导消费者进入良好的情绪状态，激发消费者的购买欲望。

（4）树立感觉营销理念

感觉营销是从消费者的生活与情感出发，塑造消费者追求的感官体验，创造消费者的情感抒发方式，鼓励其融入其中，让消费者从心理和情感上得到满足，甚至令其找到相同生活方式的群体归属感。企业在制定营销策略时，不仅要分析消费者的购买动机、个性、价值趋向、生活态度与方式等因素，还应该重点关注消费者的文化背景、身份特征、性别差异、审美取向、时尚态度等。

此外，企业还要从产品营销向文化营销转变，根据自身特色和产品优势，选择宣传主题，配以相应的感官设计，从而增加商品的吸引力和新鲜感。

【延伸阅读】 **感觉营销：利用知觉获得竞争优势**

感觉营销是指经营者在市场营销的过程中，利用人体感官的视觉、听觉、触觉、味觉与嗅觉，开展以"色"悦人，以"声"动人，以"味"诱人，以"情"感人的体验式情景销售，以创造知觉体验的感受为诉求目标，让消费者参与其中，并有效调动消费者购买欲望的一种营销模式。那么，营销人员是如何利用人们的感觉系统创造竞争优势的呢？

（1）视觉

法国有句经典商谚：即使是蔬菜水果，也要像静物写生画那样排列。因为商品的美感能够激发起顾客的购买欲望。视觉营销就是通过视觉刺激的方式建立营销模式并开展营销策划的活动，其思想可以用于产品的设计与包装、品牌 logo 的策划、广告设计、销售终端的布局等。例如，在广告、店面设计和包装上，营销者都非常依赖视觉因素，他们将要表达的意义通过产品的色彩、规格和样式等视觉渠道加以传递。

颜色还能更直接地影响我们的情感。有证据表明，有些颜色（尤其是红色）能产生唤醒的感觉并刺激食欲，而有些颜色（如蓝色）则令人放松。在广告中，使用蓝色背景的产品比使用红色背景的产品更受欢迎。

（2）嗅觉

气味能够激发强烈的感情，也能够产生平静的感觉。它们可以唤醒记忆，也可以缓解压力。一项研究发现，在观看鲜花或巧克力广告的同时，闻到花香或者巧克力味道的消费者更有可能花更多的时间对产品信息进行加工，并在每个产品种类中试用不同的备选产品。

我们对气味的一些反应是由早期联想产生的，这种联想会引起或好或坏的感觉，这也是商家研究气味、记忆与心境之间联系的原因。福杰仕公司的研究人员发现，咖啡的气味能唤起许多美国人对童年时期母亲做早餐的记忆。因此，这种芳香使他们想起了家。福杰仕公司将这个研究结果用于一则广告，讲的是一位身着军装的年轻男子一大早赶到家，走进厨房，打开福杰仕咖啡的包装，咖啡的芳香飘到楼上。他的母亲睁开眼睛，笑道："他回家了！"

（3）听觉

听觉营销是以"声"动人，通过声音刺激听觉从而吸引人气和激发心跳，并在消费者心中形成独特的声音印象，独特的听觉设计可以向消费者传达价值，在企业品牌和客户之间建立良好的沟通，从而提升企业的核心竞争力。

"功能性音乐"在商店、购物中心和办公室中都在播放，或是为了使消费者放松，或是为了刺激消费者。研究表明，上午10点和下午3点这两个时段，员工的工作效率容易放慢，因此音达公司使用了一种称为"激励进行曲"的系统，以使员工在这个懒散的时段加快节奏。在这种激励进行曲的影响下，某农场中牛奶和鸡蛋的产量也有了显著地增长。

（4）触觉

触觉营销指的是通过在触觉上为消费者留下难以忘怀的印象，宣传产品的特性并刺激消费者的购买欲望。商家通过设计最直观的触觉体验，驱动消费者的购买意识，拉近企业与消费者的距离，增强企业的核心竞争能力。

一些人类学家把接触视为一种最初的语言，研究者也开始辨认触感对消费者行为的重要的影响。一项研究发现，与侍者有接触的用餐者会给更多的消费。英国一家连锁超市将数种卫生纸去掉包装，让消费者可以更好地触摸和比较各种纸质，纸的销售总量急剧上升。

（5）味觉

味觉在消费者体验各种物品的过程中功不可没。被称为调味屋的专业公司一直在进行新调味品的开发，以迎合消费者不断变化的口味。科学家设计新的味道检测装置来测试这些调味品。一家名为阿尔法-莫斯的公司销售一种用于品尝味道的精巧电子舌头，并且正在研制一种电子嘴巴。电子嘴巴里有人工唾液，还能咀嚼食物并且辨别食物的味道。可口可乐和百事可乐公司都使用这种电子舌头来检测玉米糖浆的质量；百时美施贵宝公司和罗氏药业公司也使用这种装置来研制不含苦味的药品。

 第 2 节　消费者的知觉

【案例导入】

阿芙精油创办于 2003 年，以一系列营销小妙招儿吸引着顾客。在吸引用户购买方面，主要依靠网络营销，借助博客达人的使用推荐就吸引了大部分流量。在购买的过程中，阿芙的客户服务人员 24 小时无休轮流上班，使用 Thinkpad 笔记本工作，分为"重口味"、"小清新"、"疯癫组"、"淑女组"等风格，阿芙的客户服务人员安红、穿靴猫等甚至成了淘宝名人。送货员穿 Cosplay 的衣服，化装成动漫里的角色为消费者送货上门，给消费者带来惊喜的同时也极具话题性。在送来的包裹中，不仅有消费者购买的商品，还有大量的小型试用装和赠品，比如大队长的"三道杠"、大丝瓜手套、面部小按摩锤……甚至是可以收藏也可以送人的"2012 船票"。这些小赠品起到了二次营销的作用，吸引用户再次购买。值得一提的是"四季卡"——只要消费者集齐四个季节的卡片就能以优惠价格拍一个精油，以及购买之后三天内进行第二次购买可以享受打折优惠的优惠卡等。如果快递延误，消费者会收到"心碎道歉信"。

为了增强用户黏性，阿芙推出了包邮卡，全年包邮卡拍下一张 9.9 元，一年买任何东西免邮费；至尊包邮卡则是一个卡状的 4G U 盘，59.9 元终身包邮。其秘密就在于"当人们拍下包邮卡时，你会发现你不多买几次就亏了"。除了购买过程的用户体验，阿芙还设有"首席惊喜官"，他们每天在顾客留言里寻找，猜测哪个顾客可能是一个潜在的推销员、专家或者联系人。找到之后他们就会询问地址寄出包裹，为这个可能的"意见领袖"制造惊喜，使阿芙获得更大的曝光量和推荐概率。

阿芙为何会采取这些策略，提供这么多"免费的"、"附加的"服务呢？其实，企业是想通过这些策略来影响消费者对"商品"的认知和评价，塑造良好的品牌形象。

2.1　知觉的含义

知觉是人脑对直接作用于感觉器官的客观事物的整体反映。虽然感觉器官以感觉的形式对物体的个别属性进行直接的反映，但是，在现实中，物体的各个属性并不能够脱离具体物体而单独存在。物体的个别属性总是与整个物体结合在一起被反映的。知觉以感觉为前提和基础，但并非感觉的简单总和，只有将物体的个别属性与整个物体结合起来一起反映，才能得到对客观事实的整体反映。

任何消费者进行消费活动时，都要事先对自己感觉到的印象进行综合分析，通过知觉活动，对商品的认识由对个别属性的认识上升到对整体的认识，才能决定是否进行购买。知觉的重要意义在于，消费者只有知觉到某一商品的存在，并与自身需求相联系，购买决策才有可能产生。研究表明，消费者凭表象喜欢某一事物，主要是知觉的作用。善于经营的企业会很好地利用这一点。如通过精美的包装、漂亮的广告图片、优美的商品造型等引发消费者的好感，增加其购买欲望。

2.2 知觉的种类

根据知觉时起主导作用的感官的特性，可以把知觉分为视知觉、听知觉、触知觉和味知觉等等。根据人脑所认识的事物的特性，可以把知觉分为空间知觉、时间知觉、运动知觉、社会知觉、错觉。

人们在知觉某些事物时，受背景干扰或某些心理因素的影响，往往会产生失真现象，这种对客观事物不正确的知觉称为错觉。错觉现象在生活中十分普遍。例如，空间狭小的店铺可以在墙上挂一面镜子，让人产生宽敞明亮的感觉，这就是一种错觉。观察图 1-1，我们很容易被自己的眼睛欺骗而产生错觉。

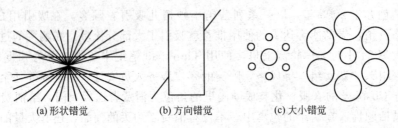

(a) 形状错觉　　　　(b) 方向错觉　　　　(c) 大小错觉

图 1-1　错觉的类型

了解错觉对消费者感知客观事物的影响，掌握错觉原理并在广告宣传、包装设计、橱窗布置及货架排列等市场营销活动中加以运用，对于吸引消费者的注意，刺激消费者的购买行为具有重要作用。例如，绿色或黄色瓶装的啤酒，会使人产生清爽或富含营养的感觉。营业员在推销服装类商品时，应运用错觉原理，科学、巧妙地推荐，提高服务艺术。如向身体矮胖的顾客推荐深颜色、竖条纹服装使其显得苗条些，向瘦高的顾客推荐浅色、横条纹衣服则使其显得丰满些。

2.3 知觉对消费者行为的影响

(1) 知觉引导消费者选择自己需要的商品

有确定购买目标的消费者走进商店后，能很快地找到出售欲购商品的柜台，同时能积极、主动地在琳琅满目的商品中选择出所要购买的商品。这是由于购买目标成为符合他们知觉目的的对象物，感知十分清楚；而货架、柜台中的其他商品，相对地成为知觉对象的背景，消费者对其或者视而不见，或者感知得模模糊糊，这就是知觉的选择性在起作用。商业企业在店堂装潢、橱窗设计、广告图案设计、商品包装、商品陈列、器具使用等方面，适当地利用消费者的错觉，进行巧妙的艺术设计，往往能达到一定的心理效果。例如，市场上出售肉类的冷藏柜，用橘红色灯光照射，能使消费者产生新鲜感。

（2）知觉带动消费者做出购买商品的理性决策

知觉的理解性在人们购买商品时起到了十分重要的作用。具有求实、求廉心理的消费者，在购买商品时注意的是商品的实际功能满足需求的程度，同时也考虑到商品价格与质量、性能之间的关系。这些消费者一般不会盲目追求豪华、高档、高价的商品。可见，即使商品存在某些不足，如果其功能、内在质量仍能满足要求，而价格又较低，他们还是愿意买这样的商品。

（3）知觉能使消费者形成对商品的特殊喜爱

知觉的恒常性使消费者对质量优良的商品、名牌企业的名牌商品形成良好的印象。这种良好的印象会转化为他们的购买行为，并成为该品牌的忠诚消费者，有时消费者不仅自己购买喜爱的品牌商品，还为商品做义务宣传员，向亲朋好友、邻居推介这些产品。

2.4 消费者的知觉风险

（1）知觉风险的含义

知觉风险又称为感知风险。消费者在产品购买前可能无法预知购买是否正确，因此，消费者的购买决策中隐含着某种不确定性，消费者能够知觉到的这种不确定性或者不利且有害的结果就是知觉风险。我们把知觉风险定义为消费者所知觉到的购买决策中存在的风险。它一般包括功能风险、价格风险、安全风险、社会风险和心理风险等。

知觉风险具有两方面的特点：一是知觉风险的对象是消费者购买结果的优劣，即所购买的产品或服务能否达到消费者预期的需求；二是知觉风险具有不确定性，由于购买风险本身具有不确定性，人们对这种风险的知觉也必然具有不确定性。

（2）消费者知觉风险产生的原因

消费者产生知觉风险的最根本原因是其购买活动结果优劣的不确定性。这种不确定性又受多种因素的影响。其一，信息不对称。在信息爆炸的时代中，通过外部信息渠道，消费者可以得到越来越多的信息。其中不乏有一些负面的信息，如假冒伪劣产品在媒体的曝光，让消费者对越来越多的产品购买产生知觉风险。其二，以往在同类产品或同一品牌的其他产品的消费中有过不满意的经历，从而使人们对本次购买这类产品或这类品牌就具有一定的知觉风险。其三，购买中机会成本的存在。人们的时间和金钱是有限的，要购买这种产品就必须放弃对其他产品的购买，这就是购买决策中的机会成本。人们的时间越紧迫，可支配的时间和金钱越少，购买时的知觉风险就越高。其四，要购买的产品是刚上市的新产品或从未购买和使用过的"老"产品。由于对这种产品缺乏经验，他们心中就有一种"前途未卜"的感觉。其五，所要购买产品的技术复杂程度高。技术的不断发展使得新产品层出不穷，消费者的购买行为经常面临着新生事物，而对于以往没有购买经验的产品消费者多半会因缺乏自信而使知觉到的风险加大。一般来说，对于技术复杂程度较高的产品，人们往往难于比较其不同品牌之间的差异，这势必增加其购买决策中的不确定性。

（3）知觉风险大小的影响因素

知觉风险的大小因不同的商品、不同的个体、不同的情境而有差异，具体说来，知觉风险的影响因素有：①产品特征。技术领先的新产品或功能属性较复杂的产品消费者一般了解较少，这类产品的购买往往有较高的知觉风险，同时与消费者身体或者健康紧密相关的商品消费者也容易有较高的知觉风险。②产品价格。价格较高的商品消费者在购买时会对其是否物有所值心存疑虑，此类商品知觉风险较高。③消费者的购买经验。消费者在购买从未有过购买经验的产品时知觉风险较高。④特殊购买目的。消费者的购买有特殊用意，如作为礼品、招待客人之用时往往知觉风险较高。⑤消费者的个体特征。购买经历较少、遇事较为谨慎小心、收入较低、受教育程度较低的消费者往往对购买不自信，因此在购买决策中往往有较高的知觉风险。

（4）降低消费者知觉风险的策略

知觉风险的存在会对消费者的购买决策过程有非常重要的影响。一方面，风险的暗示会使消费者推迟购买行为。为了尽量减少购买风险，消费者往往拓宽自己的外部信息渠道，从而延长决策时间、推迟购买行为；另一方面，当感知的风险达到一定程度，消费者甚至于通过暂时取消购买行为而缓解感知风险的压力；同时，风险的感知会使消费者期望提高。当消费者预知一件商品的购买可能存在风险时，即使立即购买了该商品，也会在产品的使用中因为某种心理暗示而格外关注该商品的使用效果，从而一旦商品存在某些问题，消费者会夸大该问题，从而更容易产生不满情绪。

为了降低知觉风险，消费者往往采取如下策略：①购买前多搜集信息。收集信息的多少，是因客观条件和消费者自身条件不同而有差异的，也并非只通过营销企业单纯的加大信息量和改变一下信息的传播方式，就能为消费者解决这一问题。当消费者收集的信息量一定的情况下，企业可根据消费者收集信息的不同程度而采取不同的营销策略来降低消费者的知觉风险，加快消费者的购买决策。因此，有效的营销策略要考虑目标顾客在购买前所进行的信息收集的性质。②从众购买。模仿和跟随其他大多数消费者的购买行为是一种消费者常使用的降低知觉风险的方法，尤其在中国文化的影响下，跟风购买似乎总让消费者有一种不会出错的安慰心理。③树立品牌形象。由于现实世界产品种类繁多，信息十分庞杂，消费者即使从各种渠道获得了一定量的信息，仍感信心不足。基于第一种缓解知觉风险的方法要求消费者花费大量时间用于搜集信息，而第二种方法又无法体现自身的品位和个性，在这种情况下，消费者就会通过对以往使用过而且感到满意的品牌保持忠诚而不用新产品或从未使用过的产品来降低知觉风险。而且知觉程度越高，其品牌忠诚性越高。

另外，还可以通过价格策略降低消费者的价格风险。如：整数定价，消费者会感到消费这种产品档次较高，与其地位、身份、家庭等协调一致，从而迅速做出购买决策；产品定价具有一定的层次，体现出同类产品不同层次的高、中、低档价格。使消费者在购买产品时有所选择和对比，选择高价格时消费者会感到自己的决策是最好的；同时，还可采用精品销售、限量出售等形式降低消费者的知觉风险。

【延伸阅读】　　　　　　消费者产品质量知觉的影响因素

质量知觉是消费者根据自己的消费需要，在对产品的性能、生产技术等各种属性进行全面感知的基础上，形成的对产品质量的整体认识和看法。这种看法和认识是消费者购买活动的基础，有助于减少消费者的购物风险，也积极影响消费者对产品的评价和态度，从而影响其消费行为。一般而言，产品质量是消费者购买决策时考虑的一个重要因素，所以研究消费者产品质量知觉的特点和规律对于市场营销具有重要意义。

影响消费者产品质量知觉的因素很多，既有产品本身的因素，也有消费者个人方面的因素，还有社会文化因素。李小华、何存道、童军三人为探讨消费者产品质量知觉的特点，采用问卷测试的方法调查研究大学生消费者对电脑质量知觉的影响因素。结果如下。

（1）品牌对消费者产品质量知觉的影响

研究结果表明：品牌对消费者的质量知觉有很显著的影响，知名品牌，不论是进口还是国产，消费者的产品质量知觉均显著高于对不知名品牌的知觉，结果与国外学者的研究一致。消费者对知名品牌的信任度也远高于不知名品牌，可见品牌的影响力很大。消费者在选择产品时，往往对名牌产品表现出更偏爱、更容易接纳和更感兴趣，因为名牌是产品功能和质量的标志，更能让消费者产生信赖感、可靠感、安全感和满意感。因此，品牌的知名度、信任度是影响消费者产品质量知觉的最主要因素。

（2）产地对消费者产品质量知觉的影响

研究结果表明：消费者对国产产品的质量知觉显著低于对进口产品的知觉，结果与国外的有关研究一致，也与国内的有关调查结果一致。对高档耐用品尤其是家电，这种产地效应的存在可能与我国这些行业起步晚于发达国家有关，发达国家在这些领域已经营多年，打下了雄厚的经济基础，积累了丰富的技术经验，产品不断改进、创新，加上进口产品很注重媒体的作用，大力宣传自己的形象，对消费者有极大的吸引力，而近年来我国耐用产品质量由于各种原因与进口产品尚有一定差距，因此消费者在一定条件下对进口产品质量知觉高于国产产品。

（3）价格对消费者产品质量知觉的影响

大量的研究结果表明：一些产品在特定的价格范围内，价格和质量知觉间存在正相关。

研究发现价格-质量知觉间关系受品牌影响，除价格外，加进品牌、商店等因素后，价格-质量知觉间关系复杂，对品牌效应弱的产品，价格-质量知觉存在正相关，对品牌效应强的产品，在出现品牌名时，价格效应不显著，但在不出现品牌名时，价格效应显著。本研究结果发现，价格对产品质量知觉的影响不显著。服务好时，消费者对价格高的产品，质量知觉稍高于价格低的产品，但差异未达到显著水平；服务差时，消费者对知名的及进口不知名的品牌，价格低其质量知觉反稍高，对国产不知名品牌价格低质量知觉也稍低，但差异均不显著。本研究结果与以往研究结果不相一致，可能是由于服务这一因素所致，对此还有待进一步研究。

（4）服务对消费者产品质量知觉的影响

服务是产品的附加形式。本研究发现，服务质量影响消费者对产品的质量知觉。服务质量好，消费者评估产品的质量显著高于服务质量差的，这可能与服务质量差提高了消费者的风险知觉有关；服务质量差，不敢对消费者做出各种承诺，使消费者对产品的质量产生怀疑。一般而言，质量不过关的企业，根本顾不上提高服务质量，也不敢提高服务质量，不敢做出各种承诺，只有真正质量好的企业才有精力注重服务，也敢于做出各种承诺，这可能是导致服务影响消费者产品质量知觉的原因。

（5）消费者的知识经验对其产品质量知觉的影响

研究结果显示，消费者的产品质量知觉的专业差异虽并未都达到显著水平，但表现出一定的趋势，在价格高的条件下计算机专业被试对名牌产品的质量知觉均显著高于非计算机专业被试，对不知名品牌的产品质量知觉均低于非计算机专业被试，表明计算机专业被试更注重产品的品牌效应，而更少受价格、服务的影响；而非计算机专业被试的质量知觉则更易受价格信息的影响，其结果与国外的研究结果相一致。这可能与非计算机专业被试的计算机知识相对缺乏，市场行情不甚了解有关，所以他们的产品质量知觉受价格、服务因素的影响较大，认为价格高、服务好，质量就好，其品牌效应就不如计算机专业被试明显。

第 3 节　消费者的注意和记忆

【案例导入】

佐丹奴曾推出了一款全球限量发行 2000 件的 LiLei & HanMeimei T 恤。T 恤上的人物就是 80 后们再熟悉不过的中学英语教材中的人物：LiLei 和 HanMeimei（李磊、韩美美），这款 T 恤的销售对象是过亿的曾经从 1990 年至 2000 年使用过中国人民教育出版社出版的英语教材的学生，这些学生今天已经成为了具有很强消费能力，时尚、感性的中青年消费者。当若干年后，都已经走上工作岗位，甚至成家立业的 80 后们再看到这些熟悉的形象，那段尘封的学生时代的记忆如星火般被点燃，继而如火山一样喷发。LiLei & HanMeimei 的 T 恤销售情况异常火爆，2000 件 T 恤被迅速抢购一空，当然，购买的主要人群是那些对 LiLei 和 HanMeimei 有着集体回忆的 80 后们，除此，还有以 LiLei & HanMeimei 命名的乐队，追捧者众多，当然，主要也都是 80 后，LiLei & HanMeimei 乐队把英语课文中的英文歌修饰后重新演绎出来，还把《让我们荡起双桨》等那个时代的学生歌曲加入时尚流行元素进行重新翻唱。

3.1 注意的含义

注意本身不是一种独立的心理活动，它是伴随着感觉、知觉、记忆、思维和想象同时产生的一种心理机能，是心理活动或意识对一定对象的指向和集中。人在注意时，心理活动总是有选择地接受一定的信息，而忽略了另外的信息，这就是指向性。例如，消费者在市场上，他们的心理活动并不能指向商店内的一切事物，而是长时间地指向自己需要的商品。心理活动或意识指向某个对象的时候，就会在这个对象上集中起来，即全神贯注，这就是集中性。集中不但使心理活动离开了一些无关的对象，而且也是对多余活动的抑制。例如，消费者在选购商品时，其心理活动总是集中在要购买的目标上，并且能离开其他商品，对场内噪声、喧哗、音乐等干扰进行抑制，以获得对所选购商品清晰、准确的反映，决定购买与否。

根据产生和保持注意有无目的以及是否需要意志努力，注意可分为无意注意和有意注意。无意注意是指事先没有预定的目标也不需要做意志努力的注意。有意注意是指有预定目的并需要经过意志努力的注意，它是注意的积极、主动的形式，通常发生在需求欲望强烈、购买目的明确的场合。随意后注意是注意的一种特殊形式，是指有自觉目的但不需要意志努力的注意。例如，熟练掌握织毛衣技术的人可以一边看电视一边打毛衣，打毛衣就属于随意后注意。

3.2 注意在营销活动中的运用

(1) 利用有意注意和无意注意的关系，创造更多营销机会

多元化经营可以调节消费者购物中的注意转换。现代化零售商业企业集购物、娱乐、休闲，甚至精神享受之大成，满足全方位消费需求，使消费者的购物活动，时而有意注意，时而无意注意，时而忙于采购，时而消遣娱乐。这种多元化经营显然有利于延长消费者在市场的滞留时间，创造更多的销售机会，同时也使消费者自然而然地进行心理调节，感到去商场购物是一件乐事。

(2) 发挥注意心理功能，引发消费需求

正确地运用和发挥注意的心理功能，可以使消费者实现由无意注意到有意注意的转换，从而引发需求。例如，贵州茅台酒在 1915 年巴拿马万国博览会上获金奖，"注意"在这里立了头功。博览会初始，各国评酒专家对其貌不扬、装潢简陋的中国茅台酒不屑一顾。我国酒商急中生智，故意将一瓶茅台酒摔碎在地上，顿时香气四溢，举座皆惊，从此茅台酒名声大震，成为世界名酒。我国酒商的做法，符合强烈、鲜明、新奇的活动刺激能引起人们无意注意的原理，取得了成功。

(3) 利用注意规律来设计广告、发布广告，引起消费者注意

在广告宣传中，要使广告被消费者所接受，必然要与他们的心理状态发生联系。失败的广告就在于没有引起消费者的注意。有的广告用词一般，内容空泛，如"历史悠久、质量可靠、畅销全国、信守合同、欢迎订购"等。罗列了许多概念化词句，讲了半天，消费者还不知道商品的品牌、名称和型号，这样的广告就难以引起注意。

3.3　记忆的含义

记忆是过去的经验在人脑中的反映，或者说是人脑对过去发生过的事物的反映。人们在日常生活、工作或社会实践中，凡是感知过的事物、思考过的问题、体验过的情绪、演练过的动作都可以成为记忆的内容。用现代信息论的观点来解释，可以把记忆看作是对输入信息的编码、储存，以后在一定条件下提取的过程。人脑感知过的、思考过的、体验过的和行为过的事物都可以成为个体的经验。例如，从前认识的人，现在不在面前，我们能想得起他的一颦一笑，见到他时能认得出来，这就是记忆。在生活实践中见过、学过、做过的事情，以及体验过的情绪，都可以成为经验而保持在我们的头脑中，在以后生活的适当时候回想得起，或当他们再度出现时能认得出，凭的也是记忆。

3.4　记忆在营销中的应用

（1）明确目的有助于记忆

研究结果表明，在其他条件相同的情况下，有意识记效果比无意识记效果好得多。例如，消费者想购买电脑，那么他们就会多方搜集有关信息，并注意记忆，这样就会明显地记住有关电脑的市场信息资料。

（2）理解有助于记忆

理解是识记材料的重要条件。建立在理解基础上的意义识记，有助于识记材料的全面性、精确性和牢固性，其效果优于建立在单纯机械识记基础上的机械识记。在某些商业广告宣传中，广告注意把新产品与消费者所熟知的事物建立起联系，就很容易提高记忆效果。

（3）活动对记忆的影响

当识记的材料成为人们活动的对象或结果的时候，由于个体积极地参加活动，记忆效果会明显提高。在商品销售活动中，如果能把消费者引进对商品的使用活动中，则会明显地调动他们的活动积极性，从而加深对商品的记忆，扩大销售。例如，让消费者试穿服装、家用电器现场操作、玩具现场演示、化妆品试用、小食品当场品尝等都是商场用来促销的方法。

（4）不同系列位置对记忆的影响

识记对象在材料中的系列位置不同，被人们遗忘的情况也不一样。一般来讲，材料的首尾容易记住，中间部分则容易遗忘。据美国加利福尼亚大学波斯特曼的试验，在一般情况下，中间项目遗忘的次数相当于两端的3倍。例如，电视播放的商业广告，消费者在连续接受大量消费信息后，往往对开始和最后的信息记忆深刻，中间内容则记忆不清。同样道理，在播电视连续剧前插播的大量广告片，消费者也只能记住前面的两三个，或者后面的一两个。

【延伸阅读】　　　　　　　　　　**吸引消费者注意的方法**

为了吸引消费者的注意，营销人员可以从以下四个方面努力。

（1）增加营销刺激的个人相关性

最有效地增加个人相关性的方法是诉求于个人需求、价值观和目标。如果你感到饥饿，你更有可能注意食品广告和包装。另一种增加个人相关性的方法是展示与目标对象相似的资源。与自己相像的个体更容易引起注意。许多广告商采用"典型消费者"，希望这样的消费者形象与目标消费者一致从而吸引他们注意广告。第三种方法是利用戏剧性描绘角色或相关人员的经历小故事来增加消费者的注意。有些剧情构成了系列广告，有些广告则将剧情限定在30秒时间内，将消费者带入情节，提高广告的个人相关性。

（2）让营销刺激更加愉悦

人们一般愿意接触令人高兴的事物。营销人员可以运用这一原则来增加消费对营销刺激的注意。

① 使用有魅力的模特。使用有魅力的模特的广告被注意到的概率较高，因为模特能够唤起正面的感受和基本的"性吸引"。女性内衣零售商"维多利亚的秘密"使用像 Tyra Banks 和 Heidi Klum 这样的超级模特来提高商场人流或电视观众对其产品的注意。显然，个体差异也会影响人们对吸引力的看法。例如，有些人喜欢广告中的裸体形象，但另一些人则认为这些形象对他们有冒犯。

② 音乐的使用。熟悉的歌声和流行的娱乐构成强烈的愉悦吸引。通用汽车公司在一些凯迪拉克广告中播放摇滚乐队齐柏林的音乐，而在推广别克君越时则演奏摇滚乐队史密斯飞船的"Dream On"。一位通用汽车公司广告商的负责人说，音乐往往"是唤起熟悉或强烈情绪或感受的最佳方法"。

③ 幽默。幽默是吸引注意的有效方法。尽管每五支电视广告中就有一支运用了幽默，但有些相比而言更加高明（令人发笑并注意信息）。在长年播放的激浪饮料广告中，Mad Magazine 的"谍对谍"角色以幽默的方式试图阻止对方喝到这一品牌的软饮料。许多少年人和青年人很熟悉这些角色，激浪饮料试图用幽默抓住他们的注意。

（3）让营销刺激更令人惊奇

如果信息中包含新奇、意外或猜谜等令人惊奇的特性，消费者将更有可能喜欢处理。

① 利用新奇。我们更有可能注意新的或独特的营销刺激（产品、包装或品牌名称），因为它们在周围众多的营销刺激中显得尤其突出。对于我国消费者，直邮和电子邮件广告相对新奇，因此他们不仅会注意，而且打开看的比例也远远高于美国或欧洲的消费者。新奇的广告能够吸引更多的注意，例如杂志上看上去会动的广告或周围信息变动而中间内容不变的数字广告。

② 利用意外。意外的刺激不一定是新的，但它们的位置或内容与我们所习惯的不一样，因此引起了好奇，促使我们进一步分析来找出原因。运动鞋生产商阿迪达斯聘用运动员在东京繁华街道进行足球比赛，运动员吊在巨大的装饰着品牌的广告牌上踢球。这项活动引起人们极大的好奇心，以至于市政当局担心导致人流拥堵，禁止它公布每次比赛的时间。

③ 利用猜谜。形象的谜语、对比、隐语或双关语都会吸引消费者猜谜，因为它们都是有答案的。消费者对于包含这些因素的广告会进行更多的思考。然而，其他文化背景的消费者可能难以明白美国人能够轻松理解的双关语和隐语。尽管猜谜的广告能够引起注意，但如果消费者不能得出解答，则它在其他方面不一定有效（例如劝说）。

（4）令营销刺激更易于处理

① 显著的刺激。显著的刺激以其强度而区别于环境。刺激的规模或长度可以影响其显著性。例如，较大和较长的广告更容易引起注意。在电话号码簿中，面积大的广告比面积小的广告吸引到更多的电话。广告中的图像总是吸引更多的注意，文字量大的广告能够增加对整个广告的注意，用粗体突出文字也会增加消费者的注意，提高声音也可以增加注意。

显著刺激的效果可以解释营销人员为什么使用更大和更多的店内陈列。都乐公司在超市中增加了陈列水果的冷柜后，它的产品在这些店面的销售增加了25%。加利福尼亚果树委员会发现，陈列规模只要增加1%，相关产品的销售将增加19%。此外，移动可以令广告更显著，在广告中运用动态的和快速动画的广告可以增加注意。

② 具体的刺激。与抽象的刺激相比，具体的刺激更易于处理。具体性是指我们能够想象出刺激的程度。具体性也适用于品牌名称。以知名的洗涤剂品牌为例，"阳光"牌就比黎明、Joya或棕榄更具体，因此在注意力争取上能够享有优势。

③ 对比刺激。对比是简化信息处理的一个主要方法。通过对比，可以使产品更突出、更吸引注意。同样，彩色的报纸广告更容易吸引注意，因为周围的文字是黑白的，而黑白的电视广告在彩色节目或广告中间也会显得突出。红酒生产商发现，用蓝色的瓶子而不是传统的绿色或琥珀色可以明显地增加销售，因为蓝色在货架上更突出。研究表明，尽管消费者更多的是注意电话簿上单纯为了吸引注意的彩色广告，但消费者在打电话时却更有可能选择以适当色彩加强产品吸引力的企业。

④ 竞争信息的数量。最后，如果周围竞争注意的东西较少，则刺激更易于处理。与广告林立、拥挤的城区相比，在郊外高速公路路边的广告牌更有可能引起注意。在视觉简单的广告中人们更容易注意到品牌的名称。

第4节　消费者的思维和想象

【案例导入】

好的广告，总能激发受众的丰富想象和美好情感。在雪碧汽水的广告词中，一句"晶晶亮，透心凉"，道出了这种联想的真谛。又如，"滴血的太阳"是一幅日本广告招贴画，画面上是一个略呈椭圆的太阳，血淋淋不断往下淌着血，说明是"日本应付出更多来抵御艾滋病"。"南方黑芝麻糊"这一则电视广告设计则采用了一种怀旧的、故事性的、以情感诉求的创意获得成功而家喻户晓。曾经在中央电视台同时播放的两则广告，都是来自草原的产品，两则广告的主要诉求点都是大草原，但效果却不尽相同。一则是×××酒，其广告画面就是辽阔的草原和一批奔驰的骏马，配以一句"×××酒，来自草原人民的爱"；另一则为××奶粉，其画面是蓝天、白云、大草原，微风轻拂，在草原深处不时露出点点牛羊和淡淡奶香，再配以大家都熟知的诗句"天苍苍，野茫茫，风吹草低见牛羊"，同时产品相连，根据这首诗的节奏，另接上"大草原，乳飘香，××奶粉美名扬"。同样是来自草原的产品，同样的诉求点，显然第二则广告给人以更好的想象，因而其宣传效果也更佳。

4.1　思维的含义

思维是借助语言、表象或动作实现的、对客观事物的概括和间接的认识，是认识的高级形式。它能揭示事物的本质特征和内部联系，并主要表现在概念形成和问题解决的活动中。思维不同于感觉、知觉和记忆。思维是对输入的刺激进行更深层次的加工，它揭示事物之间的关系，形成概念，并利用概念进行判断、推理，解决人们面临的各种问题。人们在大量感性信息的基础上，在记忆的作用下，才能进行推理，做出种种假设，并检验这些假设，进而解释感觉、知觉、记忆所不能揭示的事物的内在联系和规律。

4.2　消费者思维的特点与购买行为

消费者在购物时往往要经过紧张的思维活动。一方面，由于所要购买的商品在满足需要上的特性不同，或者是为了实现购买还必须克服某些困难；另一方面，由于消费者个体的差异，在思维方式上又表现出不同的特点。

（1）思维的独立性

有的消费者在购物中有自己的主见，不轻易受外界的影响，而是根据自己的实际情况权衡商品的性能和利弊等，独立做出购买决定；而有的消费者缺乏思维独立性与批判性，容易受到外界的影响，随人而欲，易被偶然暗示所动摇。

（2）思维的灵活性

有的消费者能够依据市场变化运用已有的经验，灵活地进行思维并及时地改变原来的计划，做出某种变通的决定；有的消费者遇到变化时，往往呆板，墨守成规，不能做出灵活的反应或不能变通。

（3）思维的敏捷性

有的消费者能在较短的时间内发现问题和解决问题，遇事当机立断，能迅速做出购买决定；相反，有的消费者遇事犹豫不决，不能迅速地做出购买决定而错失良机。

（4）思维的创造性

有的消费者在消费活动中，不仅善于求同，更善于求异，能通过多种渠道收集商品信息，在购买活动中不因循守旧、不安于现状，有创新意识、有丰富的创造想象力。

可见，消费者经过对商品的思维过程而做出的购买行为是一种理智的消费行为，是建立在对商品的综合分析基础上的。正因为不同消费者的思维能力有强弱的差异，从而使得他们具有不同的决策速度与行为方式。

需要指出的是，思维和语言有着密切的联系。人的思维主要是借助于语言来实现的，语言成为思维的工具。在营销活动中营销人员得体的语言，会拉近与消费者的思维距离，使营销活动取得满意的效果；反之，则会使消费者产生逆反心理，影响营销效果。

4.3　想象的含义和分类

想象是指用过去感知的材料进行加工改造，形成新形象的过程。它是人所特有的一种心理活动，是在记忆的基础上，把过去经验中已经形成的联系再进行组合，从而创造出并没有直接感知过的事物的新形象。想象是指人脑改造记忆中的表象而创造新形象的过程，如人脑中的"嫦娥奔月"、"大闹天宫"等想象的内容有许多是"超现实"的，但绝不是凭空产生的。

想象分为无意想象和有意想象两大类。没有预定的目的、不自觉的想象叫无意想象；有预定目的、自觉的想象叫有意想象。其中根据语言描述、图样示意在大脑中形成的形象称再造想象；不依别人的描述，而是根据自己的愿望、独立地在头脑中形成的新形象称创造想象。

4.4　想象的功能

想象具有预见的作用。它能预见活动的结果，指导人们活动进行的方向。同时，想象的新颖性、形象性也是人们创造活动中不可或缺的因素。科学家的发明、工程师的设计、作家的人物塑造、艺术家的艺术造型、工人的技术创新、学生的学习，所有这些活动都离不开人的想象。所以爱因斯坦曾说"想象力比知识更重要"。

想象具有补充知识经验的作用。在实际生活中，有许多事物是人们不可能直接感知的。如宇宙空间的奥秘，原始人类生活的情景，古典小说中人物的形象，这些空间遥远或时间久远的事物，人们是无法直接感知的。但是通过想象可以补充这种知识经验的不足。例如，《红楼梦》中王熙凤的形象是无法直接感知的，但当人们读到"一双丹凤三角眼，两弯柳叶吊梢眉，粉面含春威不露，丹唇未启笑先闻"的人物描写时，人们就能在头脑中想象出王熙凤的形象。

想象还有替代作用。当人们的某些需要不能实际得到满足时，可以利用想象的方式得到满足或实现。例如，幼儿想当一名汽车司机，但由于他们的能力所限而不能实现，于是他们就在游戏中，把排列起来的小板凳想象成小汽车，手握方向盘开起了小汽车。

想象对人的生理活动过程也有调节作用。它能改变人体外周部分的机能活动过程。例如，多年以前，有人对一位具有鲜明想象与表象的人进行的研究发现，只要这个人说他想象出什么事物，就可以观察到他的机体发生的奇异变化。例如，他说"看见右手放在炉边，左手在握冰"，这时就可以观察到他的右手温度升高 2℃，左手温度降低 1.5℃；当他说"看见自己跟在电车后奔跑"时，就可观察到他的心跳加快，在"看见自己安静地躺在床上"时，心跳就减慢。

4.5 想象在营销活动中的运用

人们在实践中常常会遇到一些困难，也产生一些新的需要，这些困难和需要促使人们去改变客观现实，从而创造新的东西，想象就是在这种实践活动的要求下发展起来的。想象在市场活动中不仅对消费者的消费行为产生影响，而且对经营者也会产生影响。

(1) 引发消费者的美好想象

消费者在评价、购买商品时常常伴随有想象活动。想象对于发展和深化消费者的认识，推动消费者的购买行为具有重要作用。例如，消费者在选购衣料时，会把衣料搭在身上，对着镜子边欣赏、边想象。在模拟居室环境中展示成套家具，易激发消费者对居室美化效果的想象。当消费者在购买过程中遇到自己从未使用过的商品时，就需要借助营销人员的介绍，通过想象来加深对商品功能的理解。

只要消费活动存在，消费者的想象就必然会发挥作用。商品的设计与生产，都必须切实注意到消费者的这种心态，使商品在功能设计上和外观式样上都能引发消费者的美好想象，诱导其购买行为的发生。

(2) 培养营销人员的丰富想象力

营销工作需要一定的想象力，营销人员在为消费者服务的过程中，想象的作用不可忽视。成交率的高低在很大程度上取决于营销人员的再造想象有无差错。优秀的营销人员应该想象出，哪种商品更适合被接待消费者的需要。

此外，营销人员在陈列橱窗、介绍商品、展示商品等业务中，都可以发挥其创造想象的作用。

【延伸阅读】　　　　　　　**网络广告效果的"想象认同"**

"想象认同"指的是某一个商品的知名度很大，消费者在不同程度上了解、知晓该商品，但在实际消费时，还是会首先考虑已经习惯的、曾经消费过的产品。这种品牌的影响力认同仅仅停留在消费者主观的认可阶段，与实际消费购买之间还存在着相当一段距离，这就是想象的认同。也就是说，你尽管知名度很大，但消费者还是有自己的一定之规。这种知名度与购买之间的距离，可能有各种原因，比如消费者实力、产品价格等因素，存在于许多产品的消费过程之中。但在不涉及价格、消费实力的媒介影响力研究中，也存在着这种影响力的"想象认同"，其中网络媒介的影响力就是一例。

用网络广告的影响力来评价网络媒介，应该是一个比较客观的标准，而且这也是评价传统媒介如电视、报纸、杂志等通行的标准。2006 年某大学广告专业学生举行了一次大学生手机消费调研，在了解 18～22 岁大学生媒介消费倾向时，获得了网络手机广告与电视、报纸、杂志等手机广告对 18～22 岁大学生影响力的比较数据。

调查问卷中问题之一是，您购买手机时，品牌是您自己决定还是受他人影响？选项有：①自己决定；②家人影响；③同学影响；④亲友影响；⑤其他（网络）。其二是，您得知手机信息的主要来源是：①电视；②报纸；③杂志；④广播；⑤亲友推荐；⑥零售店陈列；⑦户外媒体；⑧其他（网络）。调研结果表明：18～22 岁大学生在购买手机时的决策倾向，有相当高的数据表明，均由自己决定，家长、亲友等推荐只起到一定参考作用。18～22 岁大学生在手机决策时具有相当高的自主选择能力，并且受父母、亲戚、同学的影响较小，同类比较其比例分别为：自己决策 65.78%，家人和亲戚 12.5%，同学 4.6%，这表明个性化消费是大学生手机购买消费中的主要特征，本次调研的其他问题，如手机的广告风格、手机的外观设计等调研结果，也证明了这个结论。

以在校大学生对网络的熟悉程度、依赖程度来看，要远远高于大众媒介，2005 年网联网调查的数据表明，青年学生的上网时间已经达到每周 18 小时。按照正常推理，网络媒介在推动在大学生购买决策时应该具有一定的影响力，但下面的调研结论却恰恰相反。数据表明，传统大众媒介：电视、报纸、杂志依然占据很高的数值。八类促使 18～22 岁年龄段大学生手机购买消费的影响力比较，数值分别为：电视 25%；亲友推荐 19.5%；杂志 17.9%；零售店陈列 10.2%；户外广告 9.6%；报纸 9.2%；网络广告 4.6%；广播广告 4%。由此可见，网络广告的影响力仅稍强于广播，与户外广告、零售店陈列等还存在较大距离，更无法和传统媒介如电视、杂志、报纸相比。网络广告的消费影响力与在网络接触时间完全不成正比例关系，这的确十分耐人寻味。

依据上述两组数据，我们有理由说，网络广告影响力依然停留在"想象认同"阶段。这个结论可以推及整个网络在手机、电脑等同类价值消费品广告的效果。

【实训练习】

项目一　购物消费体验

【实训目标】

1. 培养学生认知和把握消费心理过程的能力。
2. 培养学生在营销过程中应用消费心理过程知识的能力。

【内容与要求】

以自己最近一次比较大的消费活动为例，分析购买商品时的心理活动过程，研究这种心理活动过程对市场营销人员工作的启示。

【成果检测】

每人写出个人消费体验和分析报告。依据报告情况为每位同学打分。

项目二　感觉营销应用状况调查

【实训目标】

1. 培养学生应用营销心理学研究方法进行市场调研的能力。
2. 培养学生通过市场调研掌握应用感觉营销的能力。

【内容与要求】

把班级学生分成若干小组，分别对感觉营销在不同行业的应用状况进行调查。其中，感觉营销可细分为视觉、嗅觉、听觉、触觉、味觉等方面，调查的行业包括餐饮业、服装业、医药营销、家电营销等。

【成果检测】

每个小组形成一份调研报告，总结感觉营销在某一行业企业营销中的应用规律。依据报告情况为每小组打分。

项目三　记忆对消费的影响

【实训目标】

1. 培养学生掌握和应用记忆规律的能力。

2. 培养学生在营销过程中应用记忆知识的能力。

【内容与要求】

1. 每位同学写出自己记忆的广告，及自己购买各类广告商品的情况，找出规律。

2. 每位同学写出自己购买日常消费品的规律，包括购买的商品品牌和经常光顾的商店（超市）名称，探究原因。

【成果检测】

每人根据自己的记忆和总结情况写出分析报告。依据报告情况给同学打分。

第 2 章　消费者的情感和意志

【教学目标】

★知识目标

1. 掌握情绪、情感的概念和基本规律；
2. 了解消费者情绪、情感的分类和表达；
3. 掌握意志的概念和基本规律；
4. 掌握消费和营销过程中意志的作用。

★能力目标

1. 培养辨别和影响消费者情绪、情感的能力；
2. 培养自我情绪调控的能力；
3. 培养营销人员必备的良好意志品质。

 第1节　消费者的情感过程

【案例导入】

2013 年 10 月 28 日，作为国际奥委会的全球合作伙伴，宝洁公司正式启动 2014 年索契冬奥会"为母亲喝彩"主题活动，发布 28 个"养育一名奥运选手"系列短片，展示和歌颂母亲在运动员成长的日常生活里的重要作用。宝洁全球超过 15 个旗下品牌如帮宝适、海飞丝等纷纷加入活动，为奥运健儿加油。

每个运动员的奥运之路都始于孩童时代，其中母亲的支持和鼓励不可或缺，宝洁以奥运之机对世界各地的母亲们多年来的支持表示感谢，同时传递着企业理念，品牌并非只关注赛场上的终点，它将和运动员的母亲一起，从运动员的孩提时代开始，每天陪伴着他们的生活，直到他们成长为奥运选手的整个过程。母亲作为快速消费品主要的购买决策者，此举可落实深化宝洁在母亲们心目中的地位，从而有效而精准地在消费群体中形成立体的、话题性的、经久不衰的品牌效应。

【应用知识】

1.1　情绪和情感的含义

情绪和情感是人们判断客观事物是否符合自己需要时所产生的一种主观体验。短时间的主观体验叫情绪，长时间的主观体验叫情感。消费者在从事消费活动时，不仅通过感觉、知觉、注意、记忆等认识了消费对象，而且对它们表现出一定的态度。凡是能满足消费主体需要的，就引起肯定态度，产生喜悦、满意、愉快等内心体验；凡是不能满足消费主体需要的，或违背消费主体意愿的，就引起否定态度，产生悲哀、愤怒、憎恨、回避等内心体验。这些内心体验就是情绪或情感。可见，消费者的情绪与情感也是由客观事物引起的，但它反映的不是客观事物本身，而是客观事物对主体的意义，是客观事物与人的需要之间的关系。

情绪和情感由主观体验、外部表现和生理唤醒等三种成分组成。

主观体验是个体对不同情绪和情感状态的自我感受。每种情绪都有不同的主观体验，代表着人们不同的感受，构成了情绪和情感的心理内容。人的主观体验与外部反应存在着固定的关系，即某种主观体验是和相应的表情模式联系在一起的。如愉快的体验必然伴随着欢快的面容或手舞足蹈的外显行为。

表情是情绪与情感的外部表现。它是在情绪和情感状态发生时身体各部分的动作量化形式，包括面部表情、姿态表情和语调表情。面部表情是所有面部肌肉变化所组成的模式，如高兴时额眉平展、面颊上提、嘴角上翘。面部表情模式能精确地表达不同性质的情绪和情感，因此是鉴别情绪的主要标志。姿态表情是指面部表情以外的身体其他部分的表情动作，包括手势、身体姿势等，如人在痛苦时捶胸顿足，愤怒时摩拳擦掌等。语调也是表达情绪的一种重要形式。语调表情是通过言语的声调、节奏和速度等方面的变化来表达的，如高兴时语调高昂，语速快；痛苦时语调低沉，语速慢。

生理唤醒是指情绪与情感产生的生理反应。它涉及广泛的神经结构，如中枢神经系统的脑干、中央灰质、丘脑、杏仁核、下丘脑、蓝斑、松果体、前额皮层及外周神经系统和内、外分泌腺等。生理唤醒是一种生理的激活水平。不同情绪、情感的生理反应模式是不一样的。如：满意、愉快时心跳节律正常；恐惧或暴怒时，心跳加速、血压升高、呼吸频率增加甚至出现间歇或停顿；痛苦时血管容积缩小等。

在心理学中，情绪和情感是既有区别又有联系的两个概念。从严格意义上讲，情绪一般指与生理的需要和较低级的心理过程（感觉、知觉）相联系的内心体验，由当时特定的条件所引起，并随着条件的变化而变化。情绪表现的形式是比较短暂和不稳定的，具有较大的情景性和冲动性。某种情景一旦消失，与之有关的情绪就立即消失或减弱。情感是指与人的社会性需要和意识紧密联系的内心体验，包括理智感、荣誉感、道德感、审美感等。它是人们在长期的社会实践中，受到客观事物的反复刺激而形成的内心体验，与消费者情绪相比，具有较强的稳定性和深刻性。在消费活动中，情感对消费者心理和行为的影响相对长久和深远。例如，对审美感的评价标准和追求，会驱使消费者重复选购符合其审美观念的某一类商品。

1.2 情绪的分类

1.2.1 根据情绪发生的强度、速度、持续时间分类

我国古代把人的情绪分为喜、怒、哀、乐、爱、恶、惧七种基本形式。现代心理学一般把情绪分为快乐、愤怒、悲哀、恐惧四种基本形式。在现实生活中，消费者的情绪也是从这些基本形式中表现出来的。就同一种情绪而言，所具有的强度在不同场合也有一定的差别。根据情绪发生的强度、速度、持续时间的长短和稳定性方面的差异，可以将消费者的情绪状态分为以下五种。

（1）心境

心境是一种比较平静而持久的情感体验。它具有弥散性、持续性和感染性等特点，在一

定时期内会影响人的全部生活，使语言和行为都染上某种色彩。在消费活动中，良好的心境会提高消费者对商品、服务的满意程度，推动积极的购买行为；相反，不良的心境会使人对诸事感到厌烦，或拒绝购买任何商品，或专买用以排愁解闷的商品。企业营销活动中，要加强营销环境的改善，建立一种轻松愉快的氛围，并且要尽力培养营销人员成为乐观、富于感染力的人，以自己的情绪感染消费者，引导和帮助消费者进行消费。

（2）激情

激情是一种迅速爆发而持续短暂的情绪体验。激情往往是由对人具有重大意义的强烈刺激所产生的过度兴奋或抑制所引起的。积极的激情可以激励人们去克服困难，成为正确行动的强大推动力；消极的激情具有抑制作用，会使人对周围事物的认识与自控力降低，不能预见行为的结果，不能评价自己的行为及其意义。

对于消费者来说，激情的发生通常是由于购买活动中的重大刺激所引起的。为避免消极激情的发生，一方面，消费者在不良激情爆发之前，应有意识地控制自己或通过转移注意等方法，在一定程度上控制激情的爆发或减弱它的程度；另一方面，企业在营销活动中，要尽最大努力地为消费者提供优质服务和适销对路的优质产品，促使消费者产生积极的激情，愉快地进行购物活动，并且要最大限度地消除消费者的消极的对抗情绪，更好地进行营销活动。

（3）热情

热情是一种强有力的、稳定而深沉的情绪体验，如向往、热爱等。它虽不如激情强烈，但较激情深厚而持久；它虽不像心境那样广泛地影响情绪体验，但较心境强烈、深刻而稳定。热情具有持续性、稳定性和行动性等特点，它能够控制思想和行为，推动人们为实现目标而长期不懈地坚持努力。

消费者的热情总是指向某一个具体的目标，在某种热情的推动下购买某种产品。如一个古玩收藏者可以压缩其他各方面的支出，而收藏自己喜欢的古玩。在市场营销活动中，要充分利用各种手段与方法，提供消费者需要的商品与服务，唤起消费者的热情。

（4）挫折

挫折是一种在遇到障碍却又无法排除时的情绪体验。如怨恨、懊丧、意志消沉甚至麻木等。挫折具有破坏性、感染性的特点。消费者处于挫折的情绪状态下，会对厂商的营销策略采取抵制态度，甚至迁怒销售人员或采取破坏行动。销售人员要明察这些现象的原因，文明经商。

（5）应激

应激是指人对某种意外的环境刺激做出的适应性反应。例如，在面对突如其来的事件，或在比较危急的情况下，或者要求必须立刻采取选择行动之时，往往会出现应激状态。在应激状态下，人可能有两种表现：一种是使活动抑制或完全紊乱，甚至可能发生感知、记忆的错误；另一种情况是，多数人会将各种力量集中起来，以应付这种紧张情况。一般而言，短时的应激能提高人对环境的适应能力，但长时间处于应激状态则不利于工作的正常进行。在营销活动中，应尽量避免不必要的应激状态的出现；面对应激时，要做到保持头脑清醒，保证营销工作的顺利进行。

1.2.2 根据情绪的愉快度分类

（1）积极情绪

积极情绪是人们进行正向性的、积极的外部行为和内心活动时的情绪状态。其核心是积极的内心体验，如喜欢、满足、快乐等。积极情绪能增强消费者的购买欲望，促成购买行动早日实现。

(2) 消极情绪

消极情绪代表个体对某种消极的或厌恶的情绪体验的程度，如紧张、悲哀、厌烦、不满等情绪。消极情绪会抑制消费者的购买欲望，阻碍购买行动的实现。

(3) 双重情绪

许多情况下，消费者的情绪并不简单地表现为积极或消极两种，如满意和不满意，信任和不信任等，而经常表现为既喜欢又怀疑，基本满意又不完全称心等双重性，例如，消费者对所要购买的商品非常喜爱，但价格偏高而感到有些遗憾。双重情绪的产生，是由于消费者的情绪体验主要来自商品和销售人员两个方面。当二者引起的情绪反应不一致时，就会出现两种相反情绪并存的现象。

1.2.3 根据情感的社会内容分类

(1) 道德感

道德感是个人根据社会道德准则评价自己或他人的言行、思想、意图时产生的情感体验，是一种高级形式的社会情感，直接体现了客观事物与主体的道德需要之间的关系。在购物活动中，消费者总是按照自己所掌握的道德标准和自己的道德需要来决定自己的消费标准与消费行为，如果消费者挑选或购买商品时，受到销售人员热情接待，就会产生赞赏感、信任感和满足感等属于道德感的肯定的情感，并以愉快、欣喜、兴奋等情绪形态反映出。

(2) 理智感

理智感是人的求知欲望是否得到满足而产生的高级情感。理智感与人的求知欲、好奇心、热爱真理等相联系。它是高级的社会性需要，是一种热烈追求和探索知识与真理的情操。例如，消费者对某个高科技产品进行认识活动时，有时会产生好奇、求知、自信、疑虑等情感，从而产生购买并使用这些商品的兴趣。理智感对消费者购买过程中的情绪变化起着重要作用。有研究表明，喜欢逛商店的消费者，有相当一部分是带着对商品知识的求知欲去的，对此，营销人员应恰当地给消费者解释商品的特点，充分展示商品，给消费者当好参谋，消除消费者对商品的疑虑，促使营销活动顺利实现。

(3) 审美感

这是人根据美的需要，对一定客观事物进行评价所产生的心理体验。审美感是由一定的对象引起的，受人的主观条件的影响。人们的审美感受、审美需要、审美标准、审美能力的不同，对同一个对象的美感体验就不同。在消费者的购买活动中，由于消费者的各自不同的心理背景和审美能力，他们的社会地位、爱好情操、文化修养和实践经验等方面的差异性，必然使他们在购买的过程中对于商品和服务表现出不同的审美感受。例如，同一个对象，有的人对它的感觉是美的，有的人则不认为美，这是受了审美标准和鉴赏能力的影响。

在企业的商品设计和营销活动中，一方面要提供时尚的、符合人们消费心理趋势的、符合人们共同的审美情趣的消费品；另一方面，要设计出符合不同消费者的不同审美需要的消费品，不仅要使产品外在的，如造型、颜色、包装等方面的特点满足消费者的审美需要，而且要使产品的内在成分、品质与功能等符合消费者的求实需求，力求商品的内在美。

1.3 情绪、情感与消费行为

(1) 情绪和情感的两极性在营销过程中的应用

人的情绪和情感是极其复杂的，它反映了人的内心活动的多样性和复杂性，但不论何种情绪和情感都有一个明显的特征——两极性，即在情绪和情感的体验中往往有两种相对立的状态。这种两极性有多方面的表现。

从情绪和情感的性质上来说，表现为肯定和否定的两极，喜与怒，爱与恨，满意与不满意，都是一种肯定与一种否定。一般来说，需要得到满足就产生肯定情绪，需要未得到满足就产生否定的情绪。当然有时也有例外。情感的两极性是指处于两种位置上的、性质相反的情感，而在这两极之间，情绪和情感还有强度的变化。如喜，可从适意、愉快，到欢乐、大喜、狂喜；怒，可从不满、愠、怒、愤，到大怒、暴怒。

从情绪和情感的作用来说，表现为积极的和消极的或增力的和减力的两极。积极的情绪可以增强人的活动能力，消极的情绪则会降低人的活动能力。处于肯定的积极情绪，一般人的反应倾向是接近对象，拥有对象的行为，而处于否定的消极情绪，一般反应是倾向于离开对象，回避对象的行为。可见，情绪和情感会对消费行为产生很大的影响。不过，由于消费者的情绪和情感，特别是情绪容易受到各种主、客观因素的影响与制约，因而两极性的特征是可以彼此转化或互相融合的。

（2）情绪和情感信号功能的应用

情绪和情感的信号功能指个体以主观体验和表情等方式表达出自己对周围事物的认知，并对他人施加一定的影响。其含义有三：第一，人的情绪和情感一旦和有关事物结合起来，人就会在头脑中形成该事物的具有情感色彩的记忆映象；第二，人一旦有了情绪和情感的记忆经验，不仅见到某类事物会引起相应的情绪，而且再度遇到某些表情也能领会它的含义，并对它们做出积极的或消极的情绪反映；第三，个体对各种信息的意义性的鉴别经常是通过共鸣和移情作用进行的。

消费者对营销人员的情绪是很敏感的。营销人员的情绪变化会通过表情迅速地对客户产生深刻的影响。优秀的营销人员会一直保持积极情绪，面带微笑、表情自然，以此打动客户，使交易最终成功。因为，积极的情绪可以让客户感觉比较轻松和舒服，有助于减轻大家在销售互动中时常会出现的紧张感。但是，如果你在谈论严肃话题的时候保持微笑，可能会失去信任。

（3）影响消费者情绪和情感的主要因素

在购买活动中，消费者情绪和情感的产生和变化主要受以下因素影响。

① 消费者心理准备状态的影响。消费者的心理准备状态对于情绪与情感有直接的激发作用，并且被激发起来的情绪情感又反作用于原来的心理准备，两者共同推动消费者的购买活动。一般而言，消费者的需要水平越高，购买的动机越强烈，情绪的兴奋程度就越高，而且购买动机转化为购买行为的可能性也就越大。如果消费者的心理准备不足，难以在短时间内调动起购物的情绪，购买行为也就难于实现。这就是企业为什么要在新商品推广之前，进行大量广告促销宣传的原因。这种做法有利于消费者购物前积累一定的心理准备，商品上市后消费者的情绪已经被调动起来了。

② 消费者不同的个性特征。消费者的个性特征主要包括：个人的气质类型、消费技能和性格特征。这些个性特征会影响消费者购买过程中的情绪体验。例如，某消费者选购能力差，在众多的商品中就会感到手足无措，这时候，怕麻烦的情绪袭上心头，就会产生放弃购买的心理。

③ 商品特性的影响。人的情绪和情感总是针对一定的事物而产生的。消费者的情绪首先是由他的消费需要能否被满足而引起和产生的，而消费需要的满足是要借助于商品实现的。影响消费者情绪的重要因素之一，是商品的各方面属性能否满足消费者的要求。

具体表现在：第一，商品命名中的情感效用。厂家在商品命名时采用一个具有独特情绪色彩的名称或符号来满足消费者某方面的需要，就容易激起购买欲望。例如，百事可乐、白玉牌牙膏、乐口福麦乳精、蒙牛牛奶等，符合我国消费者图吉利的思想，就容易被消费者接受。第二，商品包装中的情绪效用。包装对消费者购买商品起到很大的作用，影响他们的购买意愿。精美、恰当的包装就是一幅动人的广告。例如，洗涤用品的包装多采用表现清新和洁净的图案。

④ 购物环境的影响。心理学认为，情绪不是自发的，它是由环境中多种刺激引起的。从消费者购买过程来分析，直接刺激消费者感官进而引起其情绪变化的环境因素主要有购物现场的设施、照明、温度、声响和颜色等。购买现场如果宽敞、明亮、整洁、幽雅，就会引起消费者愉快、舒畅、积极的情绪体验；反之，则会引起消费者厌烦、气愤的情绪体验。

⑤ 服务人员的表情与态度。在服务行业，微笑服务已经成为基本的服务原则。它要求服务人员接待消费者的时候，热情待人、礼貌服务，以饱满的情绪和微笑的面容接待每一位消费者。微笑服务使服务人员表现得较为亲切，消费者愿意与这样的服务人员接触，从他们那里购物觉得比较放心。微笑可以较好地化解消费者与服务人员之间的矛盾，消除消费者的不满，避免双方矛盾的恶化。微笑服务给人们留下的情感记忆较为深刻，有利于培养忠诚型的消费者群体。

消费者的情绪、情感既有稳定的持续表现，也有冲动、起伏的表现。在消费者活动中，情绪和情感的产生与变化可以促使购买行为的实现，也可以阻碍购买行为的进行。究其原因，这种影响与情感本身的两极性及其弥散性有密切的关系。当具有一种兴奋、快乐、激昂的积极情感时，能使消费者产生"助长"效应而提高他们的购买能力。而烦恼、沮丧、悲哀的消极情感，就会降低和削弱消费者的活动能力。企业要了解消费者对商品的情绪、情感发展过程和规律，在营销活动中为消费者创造良好的气氛，使商场的商品、服务和设施等有利于激发消费者积极的购买情绪，这对处理好营销人员与消费者的关系，扩大商品的销售具有重大的现实意义。

【延伸阅读】　　　　　　　营销人员如何保持良好情绪状态？

(1) 转移情绪

营销工作中难免有挫折和失误，也少不了烦恼和苦闷。此时应迅速把注意力转移到别的方面去。比如有时碰到不顺心的事情或与同事意见不合甚至发生争吵，不妨暂时离开现场，换个环境，或者同别人去聊天，或者参加一些文体活动。这样很快就会把原来的消极情绪冲淡进而赶走，重新恢复心情的平静和稳定。

(2) 憧憬未来

追求美好的未来是人的天性，也是人类生存和社会进步的动力。只有经常憧憬美好的未来，才能始终保持奋发进取的精神状态。在工作之余，通过写博客或做冥想训练，想象未来的美好生活，可以对工作充满热情，给生活更多的动力。

(3) 向他人倾诉

情绪不佳却闷着不说会闷出病来，有了苦闷应学会向他人倾诉的方法。首先可以向朋友倾诉，这就需要先学会广交朋友。把心中的苦处和盘倒给知心人并能得到安慰，心情自然会像打开了一扇门一样明朗。此外，我们可以向亲人倾诉，学会把销售工作中的委屈和不快倾诉给他们，从而使心情立即由阴转晴。

(4) 拓宽兴趣

兴趣是保护良好的心理状态的重要条件。人的兴趣越广泛，适应能力就越强，心理压力就越小。比如，同样是销售人员，有积极爱好和兴趣的营销人员往往能够很好地调节自己的情绪并保持健康的身体，而没有多少兴趣爱好的则经常陷入无尽的消极情绪状态之中，难以解脱，甚至导致整日昏昏沉沉，疲惫乏力。兴趣越广泛，生活越丰富、越充实、越有活力，你会觉得生活中处处充满阳光。

（5）宽以待人

人与人之间总免不了有这样或那样的矛盾，朋友之间也难免有争吵、有纠纷。只要不是大的原则问题，应该与人为善，宽大为怀。绝不能有理不让人，无理争三分，更不要为一些鸡毛蒜皮的小事争得脸红脖子粗，伤了和气。营销人员要能够包容家人、同事乃至客户的弱点，宽以待人，自己的心情也会由此和善欢畅。

（6）忆乐忘忧

在营销工作中，有时成果丰硕，有时业绩惨淡，有时忧心忡忡，有时其乐融融。对此，营销人员需要进行精心的筛选，不能让那些恐惧、忧虑、彷徨的情绪困扰自己。对那些成功、幸福、美好、快乐的往事要常常回忆，以便在心中泛起层层涟漪，激发自己去开拓更美好的未来。

除此之外，还需要经常锻炼身体，合理饮食，养成良好的生活习惯，这些对于保持良好的情绪也是至关重要的。

第 2 节　消费者的意志

【案例导入】

张先生和太太居住在广州市的市中心，三室一厅、面积 90 多平方米的住房使得别人十分羡慕。可他们的工作单位一个在城南，一个在城北，两人经常要早出晚归，连在一起吃顿饭都很难得。有一天，张太太提出在另一座城市买房的建议，因为价格可以便宜许多，但是被张先生否定了。夫妻二人商议后决定，要买一套面积大一些的新房，位置上至少距离其中一个人的单位要近一些。他们在随后的几个周末奔波于各个楼盘之间，可是，要么是户型不合理，要么是价钱不合算，要不就是对售楼小姐的态度不满。张先生开始动摇了："算了吧，还是把钱省下来做别的吧。"几个月之后，张太太提议利用"国庆黄金周"出去看一个同事。到了以后，张先生对主人的住房和居住环境特别欣赏。在去售楼部咨询的路上，张先生恰好又碰到了一位朋友，他也住在这里。尽管这里离张先生夫妻两人的工作单位仍然很远，价格也很高，但他们很快就做出了购房决定，办了相关手续。

张先生夫妻购房的过程正是消费行为发生的过程。从计划、实施到完成的过程中，张先生夫妻经历了对商品和服务的认知过程和情感体验，而最终在不受房价和位置等因素的影响下购买新房努力去实现预定的购买目标而采取的一系列活动，就是消费者的意志心理过程。

【应用知识】

2.1　意志的含义与特征

2.1.1　意志的含义

人在反映客观世界的过程中，不仅要接受内外刺激的作用，产生认识和情绪、情感，而且还要不断采取行动，反作用于客观世界。人根据对客观事物的认识，先在头脑中确定行动的目标，然后根据这个目标来支配自己的行动，调节自己的行为，从而达成心愿。这种心理活动就是意志。消费者在购买活动中有目的地调节自己，努力克服各种困难，从而实现既定购买目标的心理过程，就是消费者的意志心理过程。消费者在经历认识过程与情感过程以后，是否能够采取实际的购买行动，还有赖于消费者心理活动的意志过程，它是消费者由确定购买动机转变为购买行为的心理保证。

2.1.2 消费者意志过程的基本特征

(1) 有明确的购买目标

所谓目标，就是预想的行动结果。消费者在购买过程中的意志活动是以明确的购买目标为基础的。在有目标的购买行为中，消费者的意志活动体现得最明显。通常为了满足自身的特定需要，消费者经过思考预先确定购买目标，然后自觉地、有计划地按购买目标去支配和调节购买行动。消费者购买目标越明确，就越能够自觉地去支配和调节自身的心理状态和外部动作，完成购买活动也就越迅速、坚决。

(2) 与排除干扰和克服困难相联系

现实生活中，消费者为达到既定目标而需要排除的干扰和克服的困难是多方面的。这些困难既有消费者思想方面的矛盾、冲突和干扰，也有外部环境的障碍和阻挠。消费者克服困难，排除干扰的过程就是意志行动过程。消费者克服的困难和排除的干扰越多，说明他的意志越坚强。

例如，时尚与个人情趣的差异，支付有限与商品价格昂贵的矛盾，销售方供货慢和服务质量差所造成的障碍，申请消费信贷与贷款利息高的矛盾等，需要消费者在购买活动中，既要排除思想方面的矛盾、冲突和干扰，又要克服外部社会条件方面的困难。显然，在购买目标确定后，为达到既定目标，消费者还需做出一定的意志努力。

(3) 调节购买行动的全过程

意志对行动的调节，包括发动行为和制止行为两个方面。前者表现为激励和推动发起积极的情绪，推动消费者为达到预定购买目标而采取一系列行动；后者则抑制和阻止与预定目标相矛盾的行动。这两方面的统一作用，使消费者得以控制购买行为发生、发展和结束的全过程。

消费者在为实现购买目标采取的意志行动的过程，通常就是排除干扰和克服困难的过程。在意志行动过程中，消费者要克服的困难或排除的干扰是多种多样的，这些困难或干扰既有内在因素造成的，也有外部因素造成的。例如，有的消费者喜欢购买名牌商品，但是有限的经济收入却不能使他满足要求；有的消费者选择到满意的大件商品，但又遇到商场不能送货上门的问题。这就需要消费者通过意志努力，来完成购买行动。

2.2 消费者的意志过程

消费者的意志过程具有明确的购买目标和调节购买行为全过程的特征，而且这些特征总是在意志行动的具体过程中表现出来的。通常，消费者的意志过程可以分为以下三个行动阶段。

(1) 做出购买决策阶段

这是消费者意志开始参与的准备阶段。这一阶段包括购买目标的确定、购买动机的取舍、购买方式的选择和购买计划的制订，实际上是购买前的准备阶段。消费者从自身需求出发，根据自己的支付能力和商品供应情况，在商品品种多样、价格不等的情况下，必须根据需要广泛收集商品信息，比较权衡，排除干扰，做出最符合自己目标和意愿的购买决定。购买目标确定后，还要制订购买计划，确定如何购买、何时购买、何处购买等。

(2) 执行购买决策阶段

执行购买决策阶段是意志行动过程的关键阶段，这一阶段是把购买决策变为现实的购买行动的阶段，需要消费者做出更大的意志努力，自觉地排除和克服各种因素的干扰，以便顺利地完成购买活动。在这一转化过程中，仍然可能遇到来自外部和内部的困难和障碍，如，商品的质量、价格、款式，家庭成员之间的意见分歧，商家之间的竞争，消费热点开始转移，新型号产品已经上市等。这些都可能会动摇消费者原有的购买决定。为此，消费者或者要以意志力自觉地排除干扰，实现购买，或者是调整目标，制订和执行新的购买决策，以便顺利完成购买活动。

（3）评价购买决策阶段

这是消费者意志行动过程的最后发展阶段。通过对商品的使用，消费者还要体验执行购买决定的效果，如商品的性能是否好，使用是否方便，外观与使用环境是否协调，实际效果与预期是否接近等。通过上述体验，消费者将评价购买这一商品的行动是否明智。这种对购买决策的检验和评判直接影响到消费者今后的购买行为：或者是重复购买，成为这种商品的"回头客"；或者是拒绝再次购买。

消费者在购买商品时所产生的认知过程、情感过程和意志过程，是消费者购买心理过程统一的、密切联系的三个方面。情感依靠感知、记忆、联想、思维等活动；同时，情绪又左右着认知活动。积极的情感可以促进消费者认知的发展，消极的情感可能抑制认知活动。认知活动是意志的基础，认知活动又离不开意志的努力，对待商品的情感可以左右意志，可以推动或者阻碍购买的意志和行为。意志又能够控制情绪，进行客观、冷静的分析，认知过程、情感过程、意志过程三者之间互相制约、互相渗透、互相作用的过程是动态的。当消费者对某一商品的购买完成之后，又将根据新的需要，进入新的认知过程、情感过程和意志过程中，如此循环，以至无穷。

2.3 消费者的意志品质与消费行为

意志品质是消费者意志的具体体现。在购买活动中，人们常常可以观察到消费者的购买行为带有各种显著的特征。例如，果断或犹豫、沉着或草率、迅速或彷徨、冷静或冲动等。这些都反映了消费者意志品质的差别。消费者的意志品质与其个性心理特征密切相关，归纳起来主要表现为以下几个方面。

（1）自觉性

自觉性是指消费者对购买活动的目的和动机有清楚而深刻的认识，并受坚定的信念和世界观所控制，使行动达到既定目的。富于自觉性的消费者在购买活动中不盲从、不鲁莽、不易受广告信息和购物环境的影响。他们的购买目的和行动计划往往经过了深思熟虑，并且对实现目的的重要性、正确性及手段做出了周密的考虑和安排，因而其购买行为会坚定和有条不紊。而缺乏自觉性的消费者在购买活动中，缺乏信心和主见，易受别人的暗示或影响，购买行为无计划性。

（2）果断性

果断性是指消费者能够迅速分析购买过程中发生的情况，不失时机地做出购买决策并坚决执行决策。果断性是以自觉性为前提的。富于果断性的消费者在购买活动中，能够根据所获得的信息迅速做出决定，而且决定一旦做出，如果没有特殊情况，则不会轻易改变。而缺乏果断性的消费者在购买活动中，常表现出优柔寡断，缺乏主见，从而错失良机。

（3）自制性

自制性是指消费者善于控制自己的感情，支配自己的行动，保持充沛的精力去克服困难、争取胜利的能力。富于自制性的消费者在购买活动中，能够自觉、灵活地控制和支配自己的情绪，约束自己的购买行为，即使在众人鼓动下，也会冷静权衡是否应该购买。缺乏自制性的消费者在购买活动中，往往容易感情用事，在缺乏理智思考的情况下，草率地做出购买决定。

(4) 坚韧性

坚韧性是指消费者以坚韧不拔的精神克服困难，以完成各种艰巨复杂的购买任务的能力，即通常所说的毅力。富于坚韧性的消费者在购买活动中，一旦制订了购买计划，做出了购买决定，他就会千方百计地去完成，不怕困难和麻烦。特别是在完成长期的购买计划的行为上，更能反映出人的坚韧性。而缺乏坚韧性的消费者做事只有三分钟的热度，在购买活动中稍遇挫折就垂头丧气，半途而废。

总之，自觉性、果断性、自制性和坚韧性是人们意志品质良好的表现。良好的意志品质对消费者更好地完成购买活动是十分重要的。营销人员只有更好地认识和了解消费者的意志品质，才能在营销活动中采取具体有效的措施去适应其需要。

【延伸阅读】　　　　　可口可乐的经营之道

对于可口可乐这个世界上最大的软饮料制造商来说，消费者的态度及由此形成的意志信念是至关重要的。"可口可乐"可能是世界上最知名的品牌。正如可口可乐最大的股东沃伦·巴菲特所说："它是全球规模最大的生意，价格适中并被广泛接受。每年每个国家的人均消费量都在上升，没有其他任何一种产品能与之媲美。"

可口可乐80％的营业收入是从海外市场获得的。可口可乐在1992年全球软饮料市场中占有45％的份额（虽然可口可乐与百事可乐在国内市场竞争激烈，但可口可乐在海外的销量是百事可乐的4倍）。世界各地的消费者似乎都喜欢这个产品和品牌。积极的品牌态度强化了消费者的意志，也影响了消费者行为。在美国20世纪90年代初，可口可乐的人均年消费量是296瓶。这意味着，每个人每年喝下296瓶8盎司装的可口可乐！这种消费水平能变得更高吗？世界各地正提供持续增长的空间。在1992年，澳大利亚的年人均消费水平是150瓶，匈牙利是83瓶，罗马尼亚只有8瓶，冰岛是397瓶，而太平洋上的萨摩亚群岛则高达500瓶。

在过去15年左右的时间里，可口可乐有许多机会去特别关注国内消费者的态度。在1982年7月，可口可乐未经考虑就推出了一个新的牌子——低热可乐。几个董事担心这将影响可口可乐品牌的号召力。然而，这种情况并未发生。低热饮料成为20世纪80年代最成功的饮料新产品之一。在1984年，它取代七喜成为第三大软饮料（位列可口可乐和百事可乐之后）。之后，可口可乐公司迅速推出了无咖啡因型的可口可乐、低热可乐和Tab，但是这些成功却被一个很有争议的市场决策蒙上了阴影。

1985年春，可口可乐公司总裁Roberto Goizueta宣布一种改进了口味的新产品问世，取名"coke"，他接着宣布传统的可口可乐品牌将永久性地退出市场。原先的配方和神秘的配料将被锁在亚特兰大一家银行的保险柜里，永不使用。新的coke将永久地取代有着99年历史的可口可乐。Goizueta介绍说，新产品是公司历史上最有意义的进步。美国人在1985年4月末品尝了新的coke，但到7月份公司就被迫改变了原来的决定，宣布原来的品牌（和配方）以"经典可口可乐"的品牌名称重被启用。新coke成了最尴尬的一种新产品，因为公司没有理解消费者对原有可口可乐品牌的强烈的积极态度。

正是这种积极态度和信念使消费者一次又一次地购买，而这些正是品牌忠诚的基础。通常当消费者获得基于有关积极的产品属性和功能利益（可口可乐是甜的、碳酸型饮料或清爽型的饮料）的积极态度后，品牌忠诚就开始发展了。品牌推出一段时间后，它能通过消费者的使用经验积累"额外"的意念。如果此品牌变得与消费者的生活模式和自我形象相联系，这些意念中的一些可以变得高度感情化和自我相关。

在可口可乐的案例中，许多忠实的购买者将可口可乐与过去的美好记忆联系在了一起。当公司宣布新产品将取代原先的可口可乐时，这些人感觉失去了一位老朋友。他们蜂拥至公司总部抗议，西雅图一团体甚至威胁说要起诉可口可乐公司。当新产品6月份销售额没有起色时，公司迅速拿回原来的牌子，改为"经典可口可乐"重新上市。

让老可口可乐配方"退休"的决策失误在于对消费者的态度没有进行深入研究。经理们认为他们做了所有的前期调查，特别是在口味方面，公司花费400万美元进行了许多不同口味实验，涉及25个城市的20万消费者。测试反映多数人喜欢新的、更甜的可乐。但这些测试并未包括所有的内容。"所有投入消费者研究的金钱、时间与技术都不能反映或显示人们对老可口可乐的深厚持久的感情。"公司现任董事长 Donald Keough 后来说道。公司发言人这样表述："我们带走的不仅是可口可乐，还有他们和他们的过去一部分。他们说：'你们没有权力这样做，快把它拿回来。'所以可口可乐公司照他们的心愿做了。"

可口可乐消费者固有的积极意念和感觉是品牌价值的基础。品牌价值包括将消费者吸引到此品牌上来的意念和背后对此品牌的积极态度。1985年 coke 的惨败清楚地表明可口可乐对它的消费者有强大的品牌价值。公司经理们曾运用它去开发新产品，大多数也成功了，新品牌多数是产品线的延伸，少数是旧品牌的改变。比如在超市货架上摆放着经典可口可乐、无咖啡因经典可口可乐、低热可乐、无咖啡因低热可乐、草莓可乐等等。1993年可口可乐公司的经理们考虑将10种受欢迎的 Minute Maid 橘子汽水发展成像 Tab 那样清晰的型号。经理们希望这些产品线延伸能提高 Minute Maid 和 Tab 品牌的品牌价值并抵御新饮料品牌，如 Clearly Canadian 和 Snapple 的竞争。

【实训练习】

项目一　消费者购物过程现场观察

【实训目标】

1. 培养学生观察分析消费者购物过程中情绪状态的能力。
2. 培养根据消费者情绪状态采取适当营销手段的能力。

【内容与要求】

以小组为单位到商场进行现场观察：

1. 观察不同消费者购买商品过程中的情绪和特点；
2. 观察商场营业员的情绪及引发的相应结果，并对其方法进行评价。

【成果检测】

以小组为单位写出观察分析报告，在全班举行一次交流座谈会。根据观察分析报告和讨论情况为每小组计分评定。

项目二　案例讨论

【实训目标】

1. 培养学生通过产品广告诱发消费者情绪的能力。
2. 培养针对特殊顾客的情感需要采取适当营销手段的能力。

【内容与要求】

要求：组建讨论小组，认真阅读案例后结合问题展开讨论，形成讨论稿。

"佳佳"和"乖乖"是香脆小点心的商标，曾经相继风靡20世纪70年代的我国台湾市场。然而时至今日，率先上市的佳佳在轰动一时之后销声匿迹了，而竞争对手乖乖却经久不衰。为什么会出现两种截然不同的命运呢？

经考查，佳佳上市前作过周密的准备，并以巨额的广告申明：销售对象是青少年，尤其是恋爱男女，还包括失恋者——广告中有一句话是"失恋的人爱吃佳佳"。显然，佳佳把希望寄托在"情人的嘴巴上"；而且做成的是咖喱味，并采用了大盒包装。乖乖则是以儿童为目标，以甜味与咖喱味抗衡，用廉价的小包装上市，去吸引敏感而又冲动的孩子们的小嘴，叫他们在举手之间吃完，嘴里留下余香。这就促使疼爱孩子们的家长重复购买。为了刺激消费者，乖乖的广告直截了当地说"吃"，"吃得个个笑逐颜开！"可见，佳佳和乖乖有不同的消费对象，不同大小的包装、不同的口味风格和不同的广告宣传。正是这几个不同，也最终决定了两个竞争者的不同命运。乖乖征服了佳佳，佳佳昙花一现。

讨论问题：

1. 从以上案例中你认为消费者三种心理活动过程之间的关系是怎样的？

2. 试就乖乖的成功销售分析消费者心理过程（特别是情绪过程）的变化。

【成果检测】

根据讨论分析情况为学生计分评定。

项目三　心 理 测 试

【实训目标】

1. 培养学生自我意志品质认知的能力。

2. 培养学生培养良好意志品质的能力。

【内容与要求】

说明：本测试用来检测你是否具备足够的意志力。本测试由 20 题组成，每个题目有五个答案供选择：A＝非常符合，B＝有些符合，C＝无法确定，D＝不太符合，E＝很不符合。请你选择最符合自己实际情况的一个答案，然后计算结果。

① 我给自己订立的计划，常常因为主观原因不能如期完成。

② 我的作息没有什么规律性，经常随自己的情绪和兴致而变化。

③ 我认为做事情不必太认真，做的成就做，做不成便罢。

④ 我常因读一本引人入胜的小说或看一场精彩的电视节目而忘记时间。

⑤ 我在学习和工作中遇到了困难，首先想到的就是问问别人有什么办法。

⑥ 我的兴趣多变，做事时经常是这山望着那山高。

⑦ 我办事喜欢挑容易的先做，难做的能拖则拖。

⑧ 生活中遇到复杂情况时，我常常举棋不定，拿不定主意。

⑨ 我生来胆怯，没有十二分把握的事情，我从来不敢去做。

⑩ 我和同事、朋友、家人相处时，无缘无故会发脾气。

⑪ 我相信机遇，很多事实证明，机遇的作用有时大大超过个人的努力。

⑫ 我给自己定的计划常常不能如期完成。

⑬ 如果我对某事不感兴趣，就不会努力去做。

⑭ 在遇到困难时，只要有可能，我就立即请求别人的帮助。

⑮ 面对复杂的情况，我常常犹豫不决。

⑯ 我有时下决心从第二天开始做某事，但到了第二天，我的劲头就没有了。

⑰ 如果借到一本引人入胜的小说，我会忍不住一直看到深夜。

⑱ 我遇到问题处于犹豫不决时，很希望别人帮我做决定。

⑲ 在与别人争吵时，尽管明知自己不对，也会忍不住说一些使对方听了难受的话。

⑳ 我比一般人更怕痛。

评分标准和结果解释：

选择 A 得 1 分，选择 B 得 2 分，选择 C 得 3 分，选择 D 得 4 分，选择 E 得 5 分。总分在 20～40 分，意志品质较差；41～60 分，意志品质一般；61～80 分，意志品质良好；81～100 分，意志品质优秀。

【测试结果分析】

根据测试结果，对每位学生进行分析，并提出建设性建议。

第3章 消费者的个性心理倾向与消费行为

【教学目标】

★知识目标

1. 了解消费者个性倾向的基本内容；
2. 掌握兴趣、态度、价值观、需要、动机等个性心理倾向的基本概念和分类；
3. 掌握消费者的兴趣、态度、价值观对消费行为的影响；
4. 掌握需要、动机与营销活动的关系；
5. 掌握购买决策的含义、内容及影响因素。

★能力目标

1. 培养学生分析、判断消费者个性心理倾向的能力；
2. 培养学生根据消费者的个性倾向采取适当营销策略的能力；
3. 培养学生针对消费者购买决策的影响因素采取积极对策的能力。

 第1节 消费者的兴趣、态度和消费观

【案例导入】

2010年南非世界杯开赛前，铁杆球迷们就早已热血沸腾。他们按捺不住激动的心情，在网上高喊着"时间安排需合理，零食啤酒要备齐"口号的同时，还疯狂地上网"搜刮"、"血拼"各队球衣、零食、熬夜保养品等专业"武器"，为世界杯期间观赛"作战"做好一切准备。

在这群"骨灰级"球迷网友的强烈呼唤下，腾讯拍拍网早在2010年5月中旬就陆续推出了相应的世界杯主题卖场。例如，在QQ商城推出的"插翅南非"主题卖场，里面有装备、着装、保养、饮食四大专区，分别涵盖了各个球队球衣、叫醒闹钟、液晶电视、抗倦容面膜、牛肉干、绿茶等球迷必备"装备"，遭到了这群铁杆球迷"洗劫式"的秒杀抢购，场面十分火爆。

1.1 消费者的兴趣

1.1.1 消费者兴趣的含义

所谓兴趣，是一个人积极探索某种事物或爱好某种活动的心理倾向，属于人的个性心理倾向。它使人对某种活动予以特殊关注，或对某种事物优先选择和注意，是推动一些日常心理活动的力量。消费者的兴趣是指消费者在消费过程中对某些商品或消费方式表现出的稳定的、持续时间较长的趋向。所谓"兴趣是最好的老师"。消费者一旦对某些产品或消费行为产生兴趣，就能产生一种强大的心理动力去关注和购买相关产品与服务。在上述案例中，足球迷们为了自己的兴趣爱好，可谓煞费苦心，但凡利于观赛和满足自己兴趣的装备物品一概准备齐全，大大促进了相关主题商品的消费。类似这种与兴趣有关的主题消费活动也常见于其他各个领域，例如，收藏、集邮、音乐会、电影、旅游、运动等。

1.1.2　兴趣的特点

（1）指向性

这是指兴趣所指向的客观事物的具体内容和对象。常言道："萝卜青菜，各有所爱"，指的就是这个意思。各种商品对不同兴趣的消费者具有不同的吸引力。有些人消费兴趣在衣着打扮方面，有些人主要集中于饮食方面或其他方面。在购买活动中，消费者会只对某一牌号、某一类型的商品感兴趣。

（2）广阔性

这是指兴趣指向客观事物范围的大小。有的人兴趣广泛，对许多事物兴致勃勃，乐于探求尝试；有的人兴趣单调、狭窄。兴趣的广阔程度与知识面的宽窄有密切的联系，培养广阔的兴趣有利于个性的全面发展。在消费过程中，兴趣广泛的消费者和兴趣狭窄的消费者在对市场信息的注意程度、购买决策和购买能力上都有很大差别。

（3）效能性

这是指兴趣对人们行动的推动作用。如某顾客一旦对某商品感兴趣，或迟或早总想买到它，即使借钱也要买。兴趣还会形成重复购买的习惯和偏好。

（4）持久性

这是指兴趣在不同人身上持续的时间的长短，即兴趣的稳定程度。人们对事物的兴趣，可以经久不变，也可以变化无常。消费者对商品的兴趣表现出持久性的差异，消费者对商品发生兴趣，既可能持续很短的时间，成为一时的兴趣，也可能持续很长的时间，形成稳定的消费习惯。

（5）差异性

这是指消费者的兴趣因人而异，差别极大。兴趣的指向、广度和稳定性与消费者的年龄、性别、职业和文化水平有着直接的联系，影响着消费者行为的倾向性与积极性。有些人兴趣范围广泛，琴棋书画样样爱好；有的人对什么事情都不感兴趣，百无聊赖；有的人对某物、某事兴趣相当稳定，简直"着了迷"；有的人则今天爱这，明天玩那，见异思迁，很难有一个稳定的兴趣对象。

1.1.3　兴趣的种类

①　依据兴趣的内容和倾向性，可分为物质的和精神的兴趣。物质的兴趣是指人们对物质产品的兴趣，如消费者对衣、食、住、用商品的渴望和爱好。精神的兴趣是指人们为满足精神需求而形成的态度倾向，如对文学、体育、艺术的爱好等。

②　依据兴趣与指向对象的关系，可分为直接的和间接的兴趣。由事物本身而引起的兴趣称直接兴趣，如戏剧、电影和一堂讲授得生动的课等。表现在消费中，是消费者对商品或劳务本身的需要而产生的喜爱和追求，如青年学生由于对牛仔服的喜爱而省吃俭用去购买它等。对某种事物的本身没有兴趣，而对于这种事物未来的结果有兴趣，称为间接兴趣，如对外语的学习等。有的学生开始对外语不一定感兴趣，因为对记忆大量的外文单词感到困难，

但认识到学好外语的重大意义和作用后，就深感有刻苦学习的必要，进而对它产生了兴趣。

1.1.4 兴趣对消费者购买行为的影响

① 兴趣有助于消费者为未来的购买活动做准备。消费者如对某种商品发生兴趣，往往会主动收集有关信息，积累知识，为未来的购买活动打下基础。如一个喜爱音乐的人，就有可能去购买随身听、卡拉 OK 以及高级音响。

② 兴趣能使消费者缩短决策过程，尽快做出购买决定并加以执行。消费者在选购自己感兴趣的商品时，一般来说心情比较愉快，精神比较集中，态度积极认真，这样使得购买过程易于顺利进行。

③ 兴趣可以刺激消费者对某种商品重复购买或长期使用。消费者一旦对某种商品产生持久的兴趣，就发展成为一种个人偏好，从而促使他固定地使用，形成重复的、长期的购买行为。如有人已习惯使用黑白牙膏，对其有了偏好，不管有何新的牙膏产品问世，他都不改变习惯，总是购买黑白牙膏。对集邮、钓鱼、种花等有兴趣的消费者，会经常地去光顾有关的商品专业市场，会重复购买与此兴趣有关的商品。

总之，兴趣对消费者的购买行为有着重要的影响。很难设想，一个对某种商品不感兴趣的消费者，他会经常地、积极地、主动地购买这种商品。一个不爱吸烟的人很难见到他去商店购买香烟。相反，一个爱美的年轻女子，你可以经常看到她去商店购买款式适时而新颖的服装或化妆品。

1.1.5 消费者几种常见的兴趣类型

由于兴趣具有个别差异的特征，因而反映到消费者购买商品种类的倾向性上有以下几种常见类型。

（1）偏好型

消费者兴趣的指向性形成对一定事物的特殊喜好。此类消费者的兴趣非常集中，甚至可能带有极端化的倾向，直接影响到他们购买商品的种类。有的消费者千方百计寻觅自己偏好的商品，有的不惜压缩基本生活开支而购买某类商品。有的甚至到成癖的地步，如有些收藏家，就是这类消费者。他们有时为一张邮票、一盆花而费尽心机，甚至倾其所有。

（2）广泛型

这类属于具有多种兴趣的消费者。他们对外界刺激反应灵敏，可以受到各种商品广告、宣传、推销方式的吸引或社会环境的影响，购买不拘一格。

（3）固定型

此类消费者兴趣持久，往往是某些商品的长期顾客。他们的购买具有经常性和稳定性的特点。与偏好型的区别在于尚未达到成癖的地步。

（4）随意型

此类多为兴趣易变的消费者。他们一般没有对某种商品的特殊偏爱或固定习惯，也不会成为某种商品长期的忠实消费者，他们容易受到周围环境和主体状态的影响，不断转移兴趣的对象，因时而异地购买商品。

1.2 消费者的态度

1.2.1 态度的含义

态度是人们在自身道德观和价值观基础上对事物的评价和行为倾向，表现为个人对某一客体的某种属性喜欢或不喜欢、肯定或否定的心理倾向。人们几乎对所有事物都持有态度，这种态度不是与生俱来的，而是后天习得的。比如，我们对学习的态度，好学与厌学不是天生具备的，而是与后天的教育引导和环境因素相关；我们对某人形成好感，可能是由于其外貌出众、性格开朗，也可能是由于其言谈举止得体、知识渊博、人格高尚使然。这种好感都是通过接触、观察、了解逐步形成的，而不是天生固有的。态度一旦形成，就具有相对持久和稳定的特点，并发展成为个性的一部分。消费者在购物过程中会表现出对商品、服务、营销人员的不同态度。消费者个性的因素、商品因素和服务因素都会影响消费者态度的形成与改变。

社会心理学认为人的态度由三个要素构成，即认知、情感和意向（行为）。态度的认知要素指人作为态度主体对于态度对象或态度客体的知觉、理解、观念和评判。认知是基础，不仅包括个体对态度对象的认识、了解，同时也包括评判。态度的情感要素指个体对态度对象的一种情绪反应，起主导作用的是个体情感，表现为情感体验的程度，比如喜欢运动、支持国产品牌等，再如尊敬和轻蔑、喜欢和厌恶、同情和嫌弃等都属于两极情感体验。态度的意向要素是个体对态度对象的一种行为倾向，即行为的准备状态。行为倾向意指对人的行为发出指令，如"做什么"、"不做什么"、"怎样做"等。它是由态度的认知要素或情感要素决定的。

1.2.2 态度的特征

态度建立在人们稳定的思想观念、兴趣和目的的基础上。态度的特征表现为以下几个方面。

（1）习得性

态度是后天习得的，而不是天生的。经由过去直接使用产品的经验、其他人的口碑、大众传媒广告、互联网和各式各样的直复营销等，我们形成了态度。值得注意的是：虽然态度有可能是行为结果，但它并不是行为的同义词。它反映了对态度对象的一种喜欢或者不喜欢的评价。作为通过学习或经验习得的倾向，态度有一种机动性质，那就是它可以驱动消费者采取一种特定的行为，也可以是消费者抵制某一种行为。

（2）对象性

态度是有对象的，它总是针对某种事物。在营销活动中，消费者态度的对象一般是企业、产品的品牌、价格、营销人员的服务、广告等。消费者对企业的态度反映出企业的公众形象，对品牌的态度反映了品牌形象。企业和商品良好的知名度和美誉度能够赢得消费者的青睐，现实生活中，追求名牌的消费心理即反映出人们对名品牌的态度。

（3）评价性

由于态度建立在认知的基础上，态度总是具有赞成或反对的特点，并具有一定程度的差异，有时反映出态度的极端性，有时则反映出态度的中性性。

（4）稳定性

态度一旦形成，将会持续较长时间而不会轻易地改变，有些态度甚至融合成为个体人格的一部分。态度的稳定性会在行为方式上表现出规律性，使同一个人对同一对象形成固定的反应倾向。态度的稳定性，并不意味着态度是一成不变的，特别是在态度发展的初期，随着新经验、新知识的积累和环境变化，很容易引起态度的变化。

（5）态度具有与行为的一致性

态度虽然不是行为，但态度和行为具有高度的一致性。消费者的行为往往与他们的态度相吻合。例如：偏爱名牌的顾客在经济条件允许的情况下，往往不愿意购买大众化品牌的商品，在日常消费行为中表现为购买知名品牌的商品。态度是个体内在的心理状态，往往不能为别人所直接观察到，但它最终会通过当事人的言行表现出来。

1.2.3　态度的功能

（1）适应功能，亦称实利或功利功能

它是指态度能使人更好地适应环境和趋利避害。我们对品牌持有一定的态度，其部分原因是因为品牌具有实用性。如果某产品曾对消费者有帮助，则消费者倾向于对该产品形成良好的态度；反之，若购买使用后"吃了苦头"，则会对其产生不好的态度。为了让消费者产生良好的态度，不少企业费尽心机地在产品中嵌入更多的酬赏，这样，消费者的态度每次都得到强化，品牌忠诚度也可能随之提高。

（2）价值表达功能

态度是消费者总体价值观、生活方式和观点的表现和反应。形成某种态度，能够向别人表达自己的核心价值观念。价值表现有助于消费者在社会生活中界定自己，显示他们赞同什么，看中什么，或者表明自己是怎样的人。一些可见的商品，如服饰、手表、汽车等。这些既体现了消费者在生活中的地位，也将消费者的价值观念符号化了。如：当你知道某人穿着怎样、开什么车、住在哪里、家里如何，你就大致掌握了他的个性和生活风格。

（3）知识功能

通常，人们都愿意深入了解他们遇到的人和事。许多产品的广告宣传和定位都是为了满足消费者的认知需求，并通过强调产品的独特优势来改善消费者对品牌的态度。比如，"家家宜"洗衣粉的广告语"洗的干净还能杀菌"，创造洗衣粉的杀菌概念。对于汽车、数码及电子产品而言，产品的独特优势很容易取得消费者的青睐。

（4）自我防御功能

态度除了有助于人们获得奖励和知识外，也有助于人们应付情绪冲突和保护自尊，这种观念来自于精神分析的原则。比如某个人工作能力低，但他却经常抱怨同事和领导，实际上他的这种负性态度让他可以掩盖真正的原因，即他的能力值得怀疑。

1.2.4　态度的形成与改变

（1）态度的形成

态度的形成是指消费者对特定对象从没有态度到有一定态度的转变过程。态度的形成不是先天的，而是后天学习获得的。例如消费者经常购买拥有知名品牌的公司推出的新产品。消费者喜欢某一品牌往往是因为他们对该公司的其他产品感到满意。依据经典条件反射，已有的品牌名称是无条件刺激物，是消费者以前的满意经验带来的对某一品牌喜爱的态度。很多企业通过这一原理推出一系列新产品，即我们常说的品牌延伸。

（2）影响态度形成的因素

态度形成的过程中，有许多因素影响态度的形成，一般包括以下几个方面。

① 个人经验是对产品形成态度的最主要的途径。营销人员经常通过提供优惠券或免费试用装的方式吸引消费者试用新产品。

② 家人、朋友及意见领袖等群体的影响。生活中家人、好友和自己崇拜的人会影响我们的态度的形成。在态度的形成过程中，家人是一个及其重要的影响因素，例如，孩子做了一件好事之后，父母奖励以糖果甜点，那么他们长大后会保留对糖果甜点的喜爱和肯定的态度。

③ 直复营销。营销人员通过互动式、个性化的营销方式，提供迎合消费者兴趣和生活方式的产品与服务。例如，网上购物成为很多人的选择。

④ 大众媒体。现代社会中，人们通过网络、报纸、杂志和电视等大众媒体，获得各种新思想、新产品、新观点和新广告。这种大众媒体传播为消费者态度的形成提供了重要的信

息来源。一项研究指出，比起那些对产品有直接经验的消费者，向对产品缺乏直接经验的消费者展示情感类诉求广告更有可能使他们形成对产品的态度。

（3）消费者态度的转变

转变消费者态度是营销者的重要战略。消费者态度改变包含两层含义：一是态度强度的改变，即强化产品在消费者心目中的地位；二是态度方向的改变，即由不了解和不喜欢某商品转变为接受和喜欢该商品。通常，营销人员使用以下策略转变消费者的态度。

① 有效利用信息的传播与沟通。信息接受者对发布信息的信息源越信任，态度改变的可能性越大。传播效果，不仅受信息源的影响，也受宣传时所采用的媒介的影响。营销人员在宣传产品和服务时既要提对自己有利的论据，也要提对自己不利的论据，然后强调前者，缩小后者。

② 将产品与所羡慕的群体或事件联系起来，态度在一定程度上与特定的群体或事件相联系。例如，2008 年，王老吉在汶川地震中捐款 1 亿，因而成为很多消费者心目中的偶像。

③ 解决态度中的冲突现象。例如，消费者对洋快餐的态度表现出的态度既有积极的方面，也有消极的方面。既被洋快餐的口感和美味吸引，又担心洋快餐不健康，引起肥胖。洋快餐在产品推广中往往将绿色健康和科学的营养标准的概念植入产品中，借此改变消费者的态度。

④ 改变商品的属性、转变消费者的态度。例如产品更新换代过程中增加一些属性能够吸引消费者。有时，消除一种属性或特色具有和增加一个属性或特色一样的作用。如：空气清新剂厂商提供一种无味的产品，就是去掉一种成分。

1.3 消费观

1.3.1 消费观的含义

消费观是指人们对消费水平、消费方式等问题的总的态度和总的看法，是人们的价值观念在消费活动中的具体表现形式。由于社会地位、生活环境和经历、文化素养、生活习惯的不同，人们对于消费有着不同的观念，形成了不同的消费观。

1.3.2 影响消费观改变的主要因素

（1）经济因素

经济发展水平是影响消费观的最根本因素，在经济水平和收入水平相对较低的条件下，消费者的消费观表现为勤俭节约和稳定习惯的消费观念。在市场经济发达的今天，人们的消费观更加开放，扩大消费、消费多样化、超前消费等观念已经非常普遍。

（2）文化风俗

文化风俗不仅影响人们的道德规范和行为准则，也影响着人们的消费观念，引发与消费观一致的消费行为，许多消费观念和行为直接受文化因素的影响。例如，中秋月饼不仅是一种内涵丰富、美味可口的中华点心，更是中华食文化的标记之一。每到八月十五中秋节，无论哪里的炎黄子孙，都会思念故乡，都会以月饼来庆祝一年的收获，祝福亲人的团圆。品尝月饼对中国人更多的是精神的享受、文化的体验、灵魂的交流。

（3）时代风尚

不同时代的风尚影响着人们的消费观，十几年前，中国消费者对于奢侈品还几乎没有概念。而今，夏奈尔、普拉达、迪奥等国际奢侈顶级品牌早已列上中国普通白领的觊觎名单。

另外，除了以上因素外，年龄、性别、家庭、媒体广告宣传等因素也影响着消费观，进而影响消费行为。

1.3.3　消费观的类型

(1) 实用型消费观

这类消费者十分注重商品的实际应用价值，在购买活动中，以经济实用作为选择商品的重要参考依据。

(2) 节俭型

节俭消费观就是主张人们在消费时应最大限度地节约物质财富，减少甚至杜绝浪费的一种消费观。这是人类历史上形成最早、影响最深、历时最长的一种消费观。可以说，自人类出现至今，这种消费观都或多或少、或强或弱地影响着人们的消费行为和消费方式。

(3) 个性化消费观

这类消费者十分注重商品是否能彰显自己的个性、品味，在购买服装鞋帽、化妆品、家庭装饰品、手机、汽车等物品时，消费观体现得更加充分。

(4) 攀比型消费观

这类消费者在购买商品时往往不是出于迫切需要，而是由于不甘落后，想胜过他人的攀比思想起作用而去购买商品。其最大特点是不根据自身财力和实际需要出发，盲目追求高档消费，赶时髦，显得自己不比别人差，以求的心理平衡。

(5) 炫耀型消费观

这类消费者十分重视别人对自己消费的评价，在购买商品的时候，期望得到别人的赞美，或者激起别人的惊讶。炫耀性消费者的行为常常以显示自己的社会地位和财富为主要内容。

1.3.4　消费观对消费行为的影响

消费观念在受其他因素影响的同时，也深刻影响了人们的消费行为。当然，消费行为的激发是商品本身的因素、品牌形象、消费者的主要消费动机及消费观念等各种因素综合作用的结果，但其中消费观念起主导作用。具体原因详见如下所述。

(1) 消费观念影响消费者的品牌偏好

调查发现，消费观念越前卫，消费者越倾向于喜欢和选择国际性的品牌，而保守的消费者大多根据价格、质量比而选择国内品牌。

(2) 消费观念直接影响消费者对其消费环境的评价

通过对消费观念指数和消费环境评价指数的相关分析，表明消费者的消费观念越前卫，其对消费环境则没有太多的关注，对消费环境的要求也不高。可以看出，促进消费，提升消费观念必然使消费环境面对更为严峻的挑战，但环境的改善却是需要通过政府、企业和各界组织的努力才可完成的。

(3) 消费观念影响人们对消费场所、消费方式的选择

目前中国市民消费的主要场所是超市，其次为大型商场。选择超市是因为人们认为商品价格合适，且商品质量有保证，物品比较丰富，服务也比较周到；同时，物流频率高，也保证了商品的新鲜程度和新产品的不断投放。对大型商场选择较多主要认为它的服务和质量吸引人；自由市场、批发市场虽然价格低，但大多是流动性强的个体户，价格失真比较严重且商品质量无法保证。节约型的消费者很少去专卖店或精品店购物，而选择去批发市场和自由市场。

(4) 消费观念也直接影响人们的未来预期和未来消费

一项调查表明，我国消费观前卫的消费者在未来消费中住房、子女上学和家具装修的比重较低，而在旅游、汽车、金融投资和进修等方面的比重较高；节俭型消费者在未来的消费则主要还是集中在住房和子女学业。

【延伸阅读】　　　　　　**大学生应树立怎样的消费观?**

2013 年烟台大学"保洁员吃剩饭"的新闻持续发酵,勤俭节约的话题也被众多家长提及。在教育子女的问题上,学生家长是否在某种程度上助推了大学生的奢侈浪费现象?保洁员吃剩饭带给他们怎样的启发?家长应该如何教育孩子勤俭节约?

家庭的过分宠爱让当今大学生们缺乏节约意识。经济的迅猛发展让百姓富裕起来,牙缝里挤食物、一分钱掰做两半花、吃了上顿没下顿的日子已成了过去。再加上现在"90 后"大学生大都是独生子女,凡是有些积蓄的家庭从小都不会亏待孩子,饭来张口、衣来伸手,生活在蜜罐中一样,自然体会不到劳动的艰辛,更别提尊重劳动的成果。

中国之声记者在烟台大学随机采访了 30 位学生,结果显示:有 50% 的人认为对自己消费观影响最大的是家庭。但随着生活水平的提高,部分家长认为自己赚钱就是为了给孩子更好的成长环境,往往对孩子提出的物质需求都尽量满足,无形之中助长了年轻一代铺张浪费的风气。采访中,部分家长表达了同一种想法。"现在孩子挺小,我工作挺忙的,陪孩子时间挺少,所以尽量在用钱方面给孩子点弥补。"一位家长告诉记者说。也有家长表示,希望借助这一事件来教育孩子,让孩子养成一种勤俭节约的好习惯。香港首富李嘉诚的儿子李泽楷上大学,李嘉诚没有多给一分钱。结果李泽楷在校期间的零花钱全靠自己业余时间打工来赚取,后来同样也成为了商界的精英。烟台芝罘区开元社区的陈岚女士告诉记者,我们每个人不可能都和李嘉诚一样,但是可以学习成功人士的教育理念,这就需要从小培养孩子的节约习惯。

随着生活条件的改善,孩子的零花钱从几分、几毛、几块增长到现今的几十块,这是经济社会发展的必然现象,所以需要及早开始对学生的正面教育,养成勤俭节约的好习惯。很多专家学者也表示,学校和家长可以根据自身实际情况,通过沟通、讨论,让孩子们自己认识到问题的本质,明白父母挣钱来之不易,手里的钱非自身辛劳所得,应当适度消费,不宜盲目攀比。

来源:胶东在线网

第 2 节　消费者的需要

【案例导入】

日本作家三浦展的作品《简易族的叛乱》,描绘了一个新兴的社会消费群体——简易族。他们以年轻人居多,尤其是女性占多数,他们不大喜欢购买商品,也不怎么爱看电视。如果非要买什么东西不可时,他们会先在互联网上收集有关这个商品的信息,慎重比较,再三思考,只有完全接受了才会掏腰包买下。

可是,另一方面,他们喜欢优衣库、无印良品这类大众性的品牌和商品。他们也不喜欢旅游,上网查查旅游网站就满足了,同时,他们环保意识超强,不愿意随意消费,甚至对购物产生罪恶感。他们社会意识也很强,兴趣放在各种社会活动上,对购物没有什么兴趣,储蓄意识较强。比如 20 世纪 80 年代日本 29 岁以下的年轻人的存款率为 20% 左右,可是现在达到 25%～30%,而三十来岁的日本人的存款率更高达 30% 以上。

这些人并不是没有钱,而是认为过度消费是一种罪恶。在自己家里只摆放自己喜欢的东西,除此之外,就不购买、不消费、不追求。能够合用的物品就合用,甚至会捡别人遗弃的东西供自己使用,往往经济条件越好的人就越是追求简易型的生活模式。

营销心理学实用教程

【应用知识】

2.1 消费者需要的含义和分类

2.1.1 需要的含义

"人生而有欲"，人们的消费行为是从需要开始，由动机推动的。需要是有机体在生理和心理方面感到某种缺乏而力求获得满足的心理倾向，它是有机体自身和外部生活条件的要求在头脑中的反映，推动着人们去从事某种活动。消费者的需要是指消费者生理和心理上的匮乏状态，即感到缺少什么，从而想获得它们的心理状态。

人们的日常消费活动，如吃、穿、住、用、行、娱乐、保险、医疗保健、教育文化等无不与消费者的需要紧密相关。消费者的需要总是不断满足又不断产生的，一种需要满足后，又会产生新的需要。正是需要的不断变化和发展，决定了人类消费活动的多样性和长久性。

2.1.2 消费者需要的分类

作为个体的消费者，其需要是十分丰富多彩的。这些需要可以从多个角度予以分类。

(1) 根据需要的起源可以分为生理性需要和社会性需要

生理性需要是指个体为维持生命和延续后代而产生的需要，如进食、饮水、睡眠、运动、排泄、性需要等等。生理性需要虽然是人和动物所共有的最原始、最基本的需要，但人的生理需要烙有人类文明的印记。

社会性需要是指人类在社会生活中形成的，为维护社会的存在和发展而产生的需要，如求知、求美、友谊、荣誉、社交等需要。社会性需要是人类特有的，它往往打上时代、阶级、文化的印记。人是社会性的动物，只有被群体和社会所接纳，才会产生安全感和归属感。社会性需要得不到满足，虽不直接危及人的生存，但会使人产生不舒服、不愉快的体验和情绪，从而影响人的身心健康。

(2) 根据需要的对象可以分为物质需要和精神需要

物质需要指对与衣、食、住、行有关的物品的需要。随着社会的发展和进步，人们越来越多地运用物质产品体现自己的个性、成就和地位。物质需要不能简单地对应于前面所介绍的生理性需要，它实际上已日益增多地渗透着社会性需要的内容。

精神需要主要是指认知、审美、交往、道德、创造等方面的需要。这类需要主要不是由生理上的匮乏感，而是由心理上的匮乏感所引起的。

(3) 需要层次论

美国人本主义心理学家马斯洛将人类需要按由低级到高级的顺序分成五个层次。

① 生理需要：维持个体生存和人类繁衍而产生的需要，如对食物、氧气、水、睡眠等的需要。

② 安全需要：即在生理及心理方面免受伤害，获得保护、照顾和安全感的需要，如要求人身的健康、安全、有序的环境，稳定的职业和有保障的生活等。

③ 归属和爱的需要：即希望给予或接受他人的友谊、关怀和爱护，得到某些群体的承认、接纳和重视。如乐于结识朋友，交流情感，表达和接受爱情，融入某些社会团体并参加他们的活动等等。

④ 自尊的需要：即希望获得荣誉，受到尊重和尊敬，博得好评，得到一定的社会地位的需要。自尊的需要是与个人的荣辱感紧密联系在一起的，它涉及到独立、自信、自由、地位、名誉、被人尊重等多方面内容。

⑤ 自我实现的需要：即希望充分发挥自己的潜能，实现自己的理想和抱负的需要。自

我实现是人类最高级的需要，它涉及求知、审美、创造、成就等内容。

马斯洛认为人的各种需要都可以归为上述五类，其中生理需要处于最低层次，其他需要依次上升，自我实现是最高层次的需要。通常，低层次的需要得到满足后会产生较高层次的需要。

2.2　消费者需要的特征

消费者的需要有某些共同的趋向性和规律性，这些共性或规律性体现于消费者的基本特征之中，具体表现为以下几个方面。

(1) 多样性和差异性

多样性和差异性是消费需要最基本的特性，它既表现在不同消费者之间多种需求的差异上，也体现于同一消费者多元化的需要内容中。

不同消费者在年龄、性别、民族传统、宗教信仰、生活方式、文化水平、经济条件、个性特征和所处地域的社会环境等方面的主客观条件千差万别，由此形成多种多样的消费需要。每个消费者都按照自身的需要选择、购买和评价商品。就同一消费者而言，消费需要也是多样的。每个消费者不仅有生理的、物质方面的需要，还有心理的、精神方面的需要；不仅要满足衣、食、住、行方面的基本要求，而且也希望得到娱乐、审美、运动健身、文化教育、社会交往等高层次需要的满足。

(2) 层次性和发展性

消费者的消费需要是有层次的。按照不同的方法，可以把消费需要划分为若干个高低不同的层次。通常，消费者首先要求满足低层次的需要，在低层次需要满足的基础上才能追求高层次需要的满足。但在特殊情况下，需要的层次顺序也可以改变，即消费者可能跨越低层次需要去首先满足高层次需要；也可能在高层次需要满足之后，转而寻求低层次需要的满足。

消费者的消费需要又是一个由低级向高级、由简单向复杂不断发展的过程。现代社会，消费者不仅把吃得营养、穿得漂亮、住得舒适、用得高档作为必须满足的需要，而且要求通过商品和服务消费满足社交、尊重、情感、审美、求知、实现自我价值等多方面的高层次需要。

(3) 伸缩性和周期性

伸缩性是指消费者因某些因素如支付能力、价格变化等的影响而对某种商品的需要发生一定限度的变化，在需求数量和程度上可多可少，可强可弱。从消费者的自主选择看，伸缩性还表现在消费者对需要追求的层次高低、内容多寡和程度强弱方面。有的消费者只喜欢高档名牌商品，有的消费者则喜欢大众化的商品；有的消费者要求多项需要的同时满足，有的则只追求某一项需要的满足；有的消费者需要极其强烈，有的则相对较弱。

除伸缩性外，消费需要的变化还具有周期性的特点。一些消费需要在获得满足后，在一定时期内不再产生，但随着时间的推移还会重新出现，并显示出明显的周期性。消费需要的周期性主要是由消费者的生理运行机制及某些心理特征引起，并受到自然环境变化周期、商品生命周期和社会时尚变化周期等因素的影响。

(4) 可变性和可诱导性

消费需要作为消费者个体与客观环境之间不平衡状态的反映，其形成、发展和变化直接受所处环境状况的影响和制约，客观环境包括社会环境和自然环境，它们处在变动、发展之中，所以，消费需要也会因环境的变化而发生改变。也正因为如此，消费需要具有可诱导性，即可以通过人为地、有意识地给予外部诱因或改变环境状况，诱使和引导消费需要按照预期的目标发生变化和转移。

2.3 消费者需要的基本形态

消费者需要的存在形态的差异对消费需要激发购买动机的强度以及促成购买行为的方式有着直接影响。研究消费需要的存在形态，对于了解市场需求的构成状况和变动趋势具有重要意义。从消费需要和市场购买行为的关系角度分析，消费者的需要具有以下几种基本存在形态。

① 现实需要：可随时转化为现实的购买行为的消费者需要。

② 潜在需要：指目前尚未显现或明确提出，但在条件成熟时能够形成的需要。

③ 退却需要：指消费者对某种商品的需要逐步减少，并趋向进一步衰退之中的需要。导致需要衰退的原因通常是时尚变化、替代产品出现、价格变动、消费者消费偏好转移等因素。

④ 不规则需要：又称不均衡或波动性需要。指消费者对某类商品的需要在数量和时间上呈不均衡波动状态。

⑤ 充分需要：又称饱和需要，指消费者对某种商品的需求总量及时间和市场商品供应量及时间基本一致，供求之间大体趋于平衡。但任何供求平衡都是暂时的、相对的，不可能永远存在下去。

⑥ 过度需要：指消费者的需要超过了市场商品供应量，呈现出供不应求的状况。其主要是由于外部刺激和社会心理因素引起的。例如，在甲型 H1N1 流感期间，大蒜身价暴涨，口罩、板蓝根等抗病毒药物脱销，许多人虽然并没真正使用，但也会先买来以备用。

⑦ 否定需要：指消费者对某类商品持否定、拒绝的态度，因而抑制其需要。如消费者抵制购买一些品牌的产品。

⑧ 无益需要：指消费者对某些危害社会利益或有损于自身利益的商品劳务的需要。如对烟酒的需要。

⑨ 无需要：又称零需要。指消费者对某类商品缺乏兴趣，无所需求。

从上述关于需要形态的分析中可以得到重要启示，即并不是任何需要都能够直接激发动机，进而形成消费行为的，也并不是任何需要都能够导致正确、有益的消费行为。所以，有必要正确区分消费者需要的不同形态，深入发现消费者需要的特点。

2.4 需要对消费者行为的影响

消费者行为是消费者在满足消费需要过程中的一系列心理和生理活动的总称。需要直接影响消费者的心理和生理活动。

2.4.1 需要对消费者心理的影响

(1) 需要对消费者情感的影响

情绪或情感与人的需要有着直接的联系。凡是能满足人的需要的事物与现象，就能够使人产生满意、愉快等正面情绪，如优良的产品性能、新颖别致的商品设计、热情周到的服务等；反之，凡是不能满足人的需要或违背人现实需要的事物或现象，就会使人产生不满意、抵触、烦恼等负面情绪，如低劣的产品质量、不良的造型设计、杂乱无章的陈列或色彩搭配等。如果某些现象和对象在一定条件下不与人们的需要发生联系，人们就会漠然置之。例如，不少人对严肃音乐不感兴趣且缺乏了解，就可能对相关的宣传海报熟视无睹。当需要发生了变化，情感也会相应发生变化。

(2) 需要对消费者意志的影响

人的意志活动是和行动的目的性相联系的，而行动的目的性又和人的需要相联系。也就是说，有了需要，才会确定满足需要的目标，然后靠意志努力去实现这一目标。这里有两层意思：一是消费者满足需要的购买行为过程中的意愿指向；二是需要目标的实现，有时要依靠意志来保障，即靠意志的努力克服购买中遇到的困难。

(3) 需要对消费者兴趣的影响

兴趣和需要有密切联系，兴趣的发生和发展以一定的需要为基础。当消费者对某一商品或服务产生需要时，便会对与该商品或服务有关的信息加以注意，即对该商品或服务发生兴趣。兴趣不仅反映出消费者有需要，而且可滋生出新的需要。

(4) 需要对消费者能力的影响

在购买活动中，消费者需要具备多种能力。例如，为了更好地识别并买到称心如意的服装，消费者购买时需要手的感觉能力，摸摸服装的质地是否精良；需要眼睛的视觉能力，观察服装的颜色及色差是否满意；还需要同其他服装进行比较、分析，看看哪一种更好，更适合自己的需要。正是有了消费者的需要才使得这些能力得到培养和提高。

(5) 需要对消费者认识的影响

需要对消费者认识的影响是明显的，尤其是对消费者知觉的影响。消费者需要对于他选择什么作为知觉对象，以及怎样理解和解释这些对象都大有影响。例如，一个饥饿的人看见模糊不清的东西，就容易感知为与食物有关的形象；对美的需要就会促使消费者注意那些包装精美的商品。由于人们的需要不同，对相同事物的认识也就不同，从而使得消费行为也不相同。个体意识到的需要强度决定消费者对客观事物的感知是主动还是被动。如果消费者对某商品或服务的需要强烈，那么他就会主动去感知这种商品或服务，并进一步提高认识水平；反之，消费者的感知就会很被动，往往是一晃而过，留不下深刻的印象。

2.4.2 需要对购买行为的影响

(1) 消费需要最终决定购买行为

尽管消费者购买行为的形成过程十分复杂，但它的产生和实现是建立在需要的基础上的，其基本过程为：

消费需要→购买动机→购买行为→需要满足→新的需要……

消费者由于受内在或外在因素的影响，产生某种需要时，就会形成一种紧张感，成为其内在的驱动力，这就是购买动机，它引发人们的购买行为。当购买行为完成，需要得到满足时，动机自然消失，但新的需要又会随之产生，再形成新的购买动机，新的购买行为。由此可见，消费者的购买行为是在其需要的驱使下进行的。从这个意义上讲，最终还是消费需要决定了购买行为。

(2) 消费需要的强度决定购买行为实现的程度

一般情况下，需要越迫切、越强烈，则购买行为实现的可能性就越大；反之，消费者的购买行为就可能推迟，甚至不发生。例如，对于一个没有鞋子穿的人来说，第一双鞋的需要最强，也许他走进一家商店，只要看到他能穿的鞋就会买下来，对鞋的式样、颜色、价格、质量等要求并不高。但当他买了鞋以后，他对鞋的需要就不那么迫切了。这时，他如果还要买鞋，就要考虑价格、质量、式样等方面的因素，因而对购买行为的阻力加大，购买行为就不易发生。

(3) 需要水平不同影响消费者的购买行为

恩格尔定律揭示，随着家庭收入的增加，人们在食品方面的支出占总支出的比重减小，用于文化、娱乐、卫生、劳务等方面的支出比重增大。这说明不同消费水平决定了人们对各种不同商品有不同的需要，由此影响消费者的购买行为，使购买趋势发生变化。另外，处于不同消费水平的消费者，在购买同类商品时会出现较大的差异。例如，同样是购买衬衣，消费水平较高的人可能花较多的钱购买一件高档衬衣，而消费水平低的人，可能花同样的钱买两件或三件低档的衬衣。

【延伸阅读】　　　　　　　　　麦克高尔的需要分类法

麦克高尔（McGuire）的需要动机学说能够克服马斯洛学说中的一些不足，并且与市场营销活动能够更为直接地结合起来。他把人的需要与动机分为12类，其基本含义如下。

（1）和谐的需要

这是人最基本的需要之一，人们希望自己的各个方面或各个细节之间保持和谐一致，比如人的态度、行为、观点、自我形象、对他人的看法等之间，需要相互和谐一致。

（2）归因的需要

人们总是需要知道是什么原因、什么人导致了面前这些事物的发生。有一种学派叫"归因理论"，专门研究人们如何解释事物发生的原因。在市场营销中，厂商或销售人员向消费者传播各种信息，按照归因理论，消费者并不会将消费商品得到的利益全部归到商品身上，还可能归因于其他原因。

（3）归类的需要

人们趋向于按照一定的方式将事物归类，这种归类的需要可以大大降低认知信息的付出。比如人们会以10000元作为归类标准，分出"万元以上"商品或"万元以下"商品，9000多元、8909元等都归为万元以下，10008元、16009元等都归为万元以上。这种心理需要常常被用于心理定价策略。

（4）线索的需要

人们会根据一些线索或符号来推论自己的感觉与知识。着装是人们建立自我形象的线索，消费者个人有这种需要，一些企业也以服装形象来代表企业的风格。

（5）独立的需要

因为自我价值体系的存在，派生出对独立的需要或自我控制的需要。营销者经常利用这种需要设计营销标语，比如"JUST DO IT"（NIKE广告语）。

（6）好奇的需要

人们经常因为好奇的需要而寻找生活中的变化，这是消费者更换消费品牌或冲动性购买的原因。在一种稳定的生活环境中生活时间太长，人们会觉得一定程度的乏味，好奇的需要会促使人们寻求生活中的变化并获得新的满意。比如旅游市场，营销者根据这种需要将市场细分为"探险型"与"轻松型"两类。

（7）自我表达的需要

向他人表达自我的需要，人们都需要让他人知道自己的情况、会做出什么行为等。在服装、小汽车等产品的购买中，产品本身具有符号特征，能代表购买者的身份或个性。

（8）自我防卫的需要

人们有保护、防卫自我或自我形象的需要，当外部因素影响、威胁自我及自我形象的时候，人们会采取相应的行为或态度。在消费方面，人们通过购买著名品牌以防止自己的角色被他人误解。

（9）自我标榜的需要

通过自己的行为获得他人尊重也是一种需要。这种人在商品购买后，一旦购买了不满意的产品，更倾向于向他人抱怨以维持自我。

（10）自我强化的需要

曾经做出的行为获得了奖赏或回报，这些奖赏或回报会强化人们的行为，这是自我强化的需要。家具厂商经常以这种方式激发消费者的需要，比如"走入房间，你会立刻陶醉在朋友们的兴奋与赞许之中"，通过朋友们的赞美来强化购买家具这种消费行为的价值。

（11）归属的需要

人们需要友好、互助的人际关系，能够被他人接受，也能分享他人的情感。实际上消费群体的分类方法也参考了这种心理上的需要，有些消费者对品牌的选择，其原因在于与该群体保持品牌消费的一致性以维持这种归属感。

（12）模仿的需要

模仿他人的行为是消费者的一种需要，儿童正是依靠这种需要，从榜样那里学习消费方式而成长为真正的消费者。劳力士的广告说，"阿诺得·帕尔曼拥有劳力士"，这给消费者一种暗示，你也应该学学他戴一块这样的手表。

麦克高尔的需要分类与市场细分中的概念结合紧密，应用起来具有较大的实际意义。比如市场细分中，我们把消费群体分为"领导型消费者"、"追随型消费者"和"保守型消费者"，其依据是消费者对于榜样具有不同层次的需要。按照自我表达的需要，我们把消费群体分为"极力表达型"、"中度表达型"和"隐蔽型"等，这种分类对于服装市场的设计风格选择具有重要参考价值。

 第3节　消费者的购买动机

【案例导入】

每逢节假日，商家们经常会采取购物打折和返还购物券或现金的营销策略，其中到底暗藏着什么样的玄机呢？知情人士对此进行了解读和剖析。

首先，返券使消费者被动地接受重复购物。商家采用满一定数额获得返券的优惠经常是限了单品再限单价，在价格的设定上费尽苦心。其次，购物返券提高了消费数量。如买200元送200元，买400元送418元，这就使得原本已经花了190元或390元的消费者有可能为了更多的优惠而再次购物。再次，卖的是不透明商品。这些商品往往低值价高，不是消费者所需要的商品，此外"返券"的限制还有很多，诸如限型号、限品牌、限数量、限活动、限时间、限价格等等。第四方面，返券不找零。如某个消费者有100元的返券，当他面对一个110元的商品和一个90元的商品时，通常会选择后者。因为这100元的返券好像是"白来的"，即使损失10元也无所谓。商家利用消费者的这种心理，将90元的商品利润设得较高，再加上不给顾客找回的10元，自然就成了大赢家。第五个方面，先涨后降，真假难辨。个别商家利用打折，将部分商品的价格先调高再降低，如一件外套在打折前实际销售价为280元，打折期间商场却贴出原价480元，现价380元的价格标签。还有，就是打折商品概不退换。

返券、打折其实是商家利用顾客贪图小利的消费心理和信息不对称，与顾客进行的一种消费游戏。"返券消费、打折消费"是经营者采用的一种营销方式来诱导消费者，刺激消费者的购买欲望，从而达到牟取暴利的目的。消费者在眼花缭乱的促销宣传中要擦亮眼睛，留神陷阱，挡住诱惑，切忌冲动购物，以免上当受骗，做一名理性的消费者。

【应用知识】

3.1 消费者的购买动机

3.1.1 购买动机的概念

动机是指激发和维持个体活动，使活动朝向一定目标的内部动力。消费者的购买动机是直接驱使消费者实行某种购买活动的一种内部力量，反映了消费者在心理、精神和感情上的需求，是产生消费者购买行为的内在驱动力。

消费者购买动机的形成要具备一定的条件，首先动机的产生以需要为基础，只有当个体感受到对某种商品或服务需要并达到一定强度时，才有可能产生想要购买的动机。动机受到需要的支配，但并不是所有的需要都能表现为动机，动机的形成还需要相应的刺激条件，这些刺激条件可以来自于个体内部，如由于饥饿和口渴造成的人体不适是一种内部刺激，也可以来自于个体的外部，如炎热或寒冷的天气是一种外部刺激。刺激物既可以是事物本身，也可以是事物的表象和概念，或者是人的想象和情感等。

3.1.2 购买动机的特征

在现实生活中消费者的购买动机多种多样，我们可以把购买动机概括为以下几个共同特征。

（1）主导性

消费者往往同时具有多种购买动机，但各种动机的地位及所起的作用互不相同，有些动机表现得强烈持久称为主导性动机；有的动机则表现微弱且不稳定，处于依从性地位，属于非主导性动机。一般情况下人的购买行为是由主导性动机决定的，食品、服饰、日用品的消费构成了人们的主导消费动机，随着生活水平的提高，人们对文化、教育、旅游、娱乐、健身、保险、服务等的消费日益增加，许多领域的消费成为人们新的主导动机。对于个体消费者而言，受可支配收入的限制，往往限制某些方面的消费开支，将积攒出的收入用于主导性的购买动机上。

（2）指向性

消费者的购买动机不仅能引起购买行为，而且能促使购买行为保持一定的方向朝着既定的目标进行，这就是动机的指向性。主导性购买动机往往是以消费者最迫切、最强烈的需要为基础的，当主导性购买动机满足后，其他动机才逐渐上升为新的主导性购买动机，指向性也随之转移到新的目标上。

（3）内隐性

在消费者的多种购买动机中，有些是明显清晰且可以公开的，而有些则是隐蔽的，消费者有时说不清楚或根本就不愿意说清楚自己真正的购买动机，这就是动机的内隐性。消费者在购买过程中出于某种原因往往暴露一些非主导性购买动机，而把真正的主导性购买动机隐藏着不愿让人察觉。例如，有人为了砍价或获得更多的购物优惠，看到自己钟爱的商品故意表现出满不在乎的样子，掩饰自己强烈的购买动机。再如，有人在购买廉价商品时出于自尊往往不会暴露自己真正的求廉购买动机，常会借口说是对这种商品的偏爱或使用习惯来公开自己的非主导性购买动机。

（4）可转移性

消费者的主导性购买动机和辅助性购买动机既相互联系，又可以在一定条件下相互转化。在消费者选购过程中如果出现了较强的外部刺激，如商品广告、商品调价或营业员的服务态度使人难以忍受等，会使消费者的主导性购买动机抑制或消退，转化为非主导性动机。

在现实中，非主导性购买动机也往往向主导地位动机转移，例如在节假日，消费者由于受商品促销活动的刺激，临时决定购买某种商品的行为就是动机转移的结果。

（5）可诱导性

营销人员可以针对消费者购买动机的指向，运用各种销售促进的手段和方法，向消费者提供商品信息，对商品进行说明，以强化消费者的购买动机，从而引导消费者对商品产生喜欢的倾向，并采取购买行为。

（6）冲突性

消费者的多样购买动机之间有时会相互冲突或相互竞争，使消费者在购买商品时出现矛盾心理，难以确定哪一个是主导性购买动机，由于人的欲望无止境，而拥有的时间、金钱和精力却是有限的，当多种动机不可能同时实现时，动机之间的冲突就不可避免在消费活动中出现。

动机冲突是动机活动过程中不可避免的现象，消费者动机冲突的解决有赖于企业多种营销策略和手段的运用，从某种意义上说，正是由于消费者动机冲突的存在，才为经营者提供了运用营销手段引导消费者购买的商机。

3.2　购买动机的类型

消费者的购买动机是复杂多样的。从大的方面来看，有生理性购买动机和心理性购买动机。生理性购买动机是由先天的、生理的因素所引起的，为满足、维持、保持、延续和发展生命等需要而产生的各种购买动机；心理性购买动机主要是由后天的社会性或精神需要所引起的为满足维持社会生活，进行社会生产和社会交际，在社会实践中产生的各种购买动机。具体说来，消费者的心理性购买动机主要有以下几种。

（1）求实动机

这是以注重商品或劳务的实际使用价值为主要目的的购买动机。消费者在购买商品或劳务时，特别重视商品的实际效用、功能质量，讲求经济实惠、经久耐用，而对商品的外观造型、色彩、商标、包装装潢等不大重视，在购买时大都比较认真仔细地挑选。

（2）求新动机

这是以注重商品的新颖、奇特和时尚为主要目的的购买动机。消费者在购买商品时，特别重视商品的外观、造型、色彩、款式和包装等，追求新奇、时髦和与众不同，而对陈旧落后于时代的东西不屑一顾。在购买时受广告宣传、社会环境和潮流导向影响很大。具有这种购买动机的消费者一般来说观念更新较快，容易接受新思想、新观念。

（3）求美动机

这是以注重商品的欣赏价值和艺术价值为主要目的的购买动机。消费者购买商品时特别重视商品对人体的美化作用、对环境的装饰作用、对其身体的表现作用和对人的精神生活的陶冶作用，追求商品的美感带来的心理享受。这样的消费者往往文化素质较高，生活品位较高。

（4）求廉动机

这是以注重商品价格低廉，希望付出较少的货币而获得较多的物质利益为主要特征的购买动机。这类消费者对价格高度敏感。在购买时不大看重商品的外观造型等，而是受"特价、清仓甩卖、跳楼价"等刺激的影响。一般而言，这类消费者收入较低或者经济负担较重，有时也受对商品的认识和价值观的影响。一些名牌商品在换季、促销降价时的抢购现象，也反映了人们的求廉动机。

(5) 求名动机

这是一种以追求名牌商品或仰慕某种传统的名望为主要特征的购买动机。消费者对商品的商标、商店的牌号等特别重视，喜欢购买名牌产品。在购买时受商品的知名度和广告宣传等影响较大。一般而言，青年人、收入水平较高的人常常具有这种购买动机。

(6) 好胜动机

这是一种以争强好胜或为了与他人攀比并胜过他人为目的的购买动机。消费者购买商品主要不是为了实用而是为了表现比别人强。在购买时主要受广告宣传、他人的购买行为所影响。对于高档、新潮的商品特别感兴趣。

(7) 显耀动机

这是一种显示地位、身份和财富实力为主要目的的购买动机。消费者在购买商品或从事消费活动时，不太重视消费支出的实际效用而格外重视由此表现出来的社会象征意义，通过购买或消费行为体现出有身份、权威或名流的形象。具有显耀动机的人与具有好胜动机的人相比，通常所处的社会阶层高，而又经常与下一阶层的人在一起，为了与众不同，常常购买具有社会象征意义的商品。

(8) 求同动机

这是一种以求得大众认可的购买动机。消费者在购买商品时主要以大众化为主，跟上潮流即可，人有我有，不求创新，也不要落后，有时也称为从众动机。在购买时受购买环境和别人的经验、介绍推荐影响较大。

(9) 便利动机

这是一种以方便购买、便于使用维护为主的购买动机。在购买价值不高的日用品时，消费者常常具有这种购买动机。对于这类日用消费品，消费者经常购买，经常使用，购买时也不太认真挑选，讲求便利是其主要特征。

(10) 偏爱动机

这是一种以某种商品、某个商标和某个企业为主的购买动机。消费者由于经常地使用某类商品的某一种，渐渐产生了感情，对这种商品、这个商标的商品或这个企业的商品产生了偏爱，经常指名购买。因此有时也称为惠顾动机。企业和营销人员注重服务，善于树立产品形象和店铺形象往往有助于培养、建立消费者的偏爱动机。

3.3 购买动机的功能及其与行为的关系

购买动机在人的购买行为中产生如下几种功能。

(1) 发动和终止行为的功能

动机作为行为的直接动因，其重要功能之一就是能够引发和终止行为。消费者的购买行为就是由购买动机的发动而进行的，而当动机指向的目标达成，即消费者在某方面的需要得到满足之后，该动机会自动消失，相应的行为活动也告终止。

(2) 指引和选择行为方向的功能

动机不仅能够引发行为，还能将行为导向特定的方向。这一功能在消费者行为中首先表现为在多种消费需求中确认基本的需求，如安全、社交、成就等；其次表现为促使基本需求具体化，成为对某种商品或劳务的具体购买意愿，在指向特定商品或劳务的同时，动机还势必影响消费者对选择标准或评价要素的确定。

(3) 维持与强化行为的功能

动机的作用表现为一个过程，在人们追求实现目标的过程中，动机将贯穿于行为的始终，不断激励人们努力采取行动，直至目标最终实现。另外，动机对行为还具有重要的强化功能，即由某种动机强化的行为结果对该行为的再生具有加强或减弱的作用，使人满意的动机的结果能够保持和巩固行为，称为正强化；反之则将减弱和消退行为称为负强化，消费者在惠顾动机的驱使下经常对某些信誉良好的商店和商品重复光顾和购买就是这一功能的明显体现。当消费动机实现为消费行为的时候，有的动机直接促成一种消费行为，而有些动机则可能促成多种消费行为的实现，例如，展示个性、显示自身价值等较复杂的动机，会推动消费者从事购买新潮或名牌服装、购置高档家具、收藏艺术品等多种行为；在某些情况下还有可能由多种动机支配和促成一种消费行为，例如，城市居民购置房产就可能出于改善住房条件、投资增值、馈赠子女等多种动机。由此可见，动机与消费行为之间并不完全是一一对应的关系，同样的动机可能产生不同的行为，而同样的行为也可以由不同的动机所引起。

3.4 消费者购买动机中的冲突

3.4.1 什么是冲突

人们的行为动机往往会产生两个甚至以上的愿望和目标，但因为时间、地点、条件以及各种主客观因素的限制，并非所有的愿望和目标都能得到实现和满足，于是就出现了动机之间的矛盾斗争。例如，人们在实现一定的购买目标时，是采取很容易但要支付更多费用的消费方式，还是采取需要花费很多时间、精力而节省一定费用的消费方式？冲突可能由理智的原因引起，也可能由情绪的原因引起。但是，一旦冲突出现，总伴随着某种情绪状态，如紧张、焦虑、烦恼、心神不定等。当问题特别重要，而可供选择的各方面又都具有充分的理由时，这种特殊的内心状态就会更深刻、更持久。

3.4.2 动机冲突的种类

消费者的购买行为通常表现为接近或回避某一目标。根据这一特点，可以把冲突分为以下几种类型。

(1) 双趋式冲突

当两种或两种以上目标同时吸引着人们，而又必须选择一种目标时，则会产生双趋式冲突。例如，孟子说："鱼，我所欲也；熊掌，亦我所欲也；二者不可得兼，舍鱼而取熊掌者也。生，亦我所欲也；义，亦我所欲也；二者不可得兼，舍生而取义者也。"购房者想买距离上班地点近一些的市区房子，又想买价格低一些的市郊房子，购买服装时面对自己喜欢的两款甚至以上的服装时，都常常出现这种冲突。在实际消费过程中，当两种目标的吸引力相差较大时，解决冲突比较容易；而当两种目标的吸引力比较接近时，解决冲突就比较困难。

(2) 双避式冲突

当两种或两种以上的目标都是人们力图回避的事物，又只能回避一个时，则产生双避式冲突。例如，某人感冒时，既不想吃药打针，也不想忍受感冒带来的发烧鼻塞的痛苦。像这种"两所恶必择其一"的困扰心理状态就是双避式冲突。如选购商品时，不想花很多的钱又不想买质量较低的商品，到酒店消费时既考虑不要浪费又考虑不能让客人抱怨等。消费过程中，如果两个目标的吸引力接近，消费者可以通过比较它们可能带来的消费风险，也就是把双趋式冲突转化为较容易解决的双避式冲突，较容易做出购买决策。

(3) 趋避式冲突

当同一目标或物体对人既有吸引力，又有排斥力，即一方面好而趋之，另一方面又恶而避之时，就产生趋避式冲突。例如，有些学生想当班干部又怕耽误时间影响自己的学习，想参加文艺晚会又怕自己表演节目，想选修一些新课又怕考试不及格等种种矛盾心理。消费者购物时既考虑商品是否最大限度地满足需要，又考虑尽可能地避免不必要的损失。

（4）双重趋避式冲突

在实际生活中，人们的趋避式冲突，常常出现一种更复杂的形式，即人们面对着两个或两个以上的目标，而每个目标又分别有吸引和排斥两方面的作用。人们无法简单地选择一个目标，而回避或拒绝另一个目标，必须进行多重选择，因此而拿不定主意，这时所遇到的冲突就是多重接近-回避型冲突。例如，两种工作，一种地位高待遇低；另一种待遇高地位低，选择哪种工作，难以拿定主意，由于对各种利弊、得失的考虑，产生了多重接近-回避型冲突。解决这种冲突要求人们对各种可能性进行深入的思考，因而要花费较长的时间。

3.5 购买动机与企业营销

消费者的购买动机与企业营销有密切的联系。通过研究购买动机，正确把握消费者购买行为，可以为广大企业的经营管理提供更加直接、更加有效的参考依据，用于指导他们的生产和经营。

① 企业可以利用购买动机的差异性进行市场细分寻找或选择目标市场。

② 抓准主导动机有针对性地进行广告促销，有利于提高广告效应。

③ 利用购买动机的可诱导性，创造新需求，开拓新市场。

④ 研究购买动机变化规律，预测购买动机的变化趋势，据此开发新产品，满足新需求。

【延伸阅读】　　　　　　　如何诱导消费者的购买动机？

诱导是消费者在购买时处于犹豫不决的状态时采用的有效的沟通方式，此时的诱导如果运用得当就会起到"四两拨千斤"的作用。

如何对消费者的购买动机进行诱导，进而影响其购买行为呢？一般而言，要围绕着影响消费者购买的环境因素进行诱导，也要根据影响购买行为的主要动机类型进行诱导。

（1）品牌强化诱导

消费者对于购买某种物品已经做出了决定，但是挑选哪个品牌心里没底，在购买现场会表现为这个品牌的情况问一问，那个品牌的说明书也拿来看一看，可还是下不了决心。此时运用品牌强化诱导方式，售货员可以突出介绍一个品牌，详细说明它的好处，以及其他消费者对这个品牌的认识、感受，就可以促进消费者的购买。而如果这个品牌介绍一下，那个品牌也介绍一下，最后，消费者还是不知选哪一个好。

（2）特点补充诱导

当消费者对选择某一品牌已有了信念，但是对其产品的优缺点还不能一时做出判断时，采用特点补充诱导方式，在消费者重视的属性之外，再补充说明其他一些性能特点，可以通过品牌之间的比较进行分析，帮助消费者进行决策，比如消费者在购买冰箱时，重视外观的好看与否，容量的大小、噪声的高低，但在这些因素进行了比较之后还不能决定时，可以提示消费者××牌的冰箱环保性能优越，还可以左右开门，方便在不同地点使用等来补充产品的优点，刺激其购买。

（3）利益追加诱导

消费者对产品带给他的利益是感性的，有限的，这就使得消费者对商品的评价具有局限性，此时应利用利益追加诱导方式，增加消费者对某一品牌、某一品种商品的认识，提高感知价值。还以冰箱为例，某消费者已对华凌三门 BCD-268W 大冰箱表示了浓厚兴趣，对于品牌、容量都比较满意，但是对于中间那个门的作用认识不足，这时厂家推销员过来介绍到："中间那个门里面有个温度控制开关可以把温度调高，扩充冷藏室的容积（空间），也可以把温度调低，扩充冷冻室的容积（空间），可以随您的需要进行调整。还有一个更重要的作用，一般而言冷冻室温度过低，把生肉等食物放进去以后会迅速冷冻，使得味道变差一些，但可以保持较长时间，中间那个门里放进熟食、熟肉，两三天内食用绝对不会改变味道，又不用拿出来化冻，可以作为熟食的专用柜。"这个消费者一听，马上就下定了购买的决心。

（4）观念转换诱导

消费者对某一品牌的印象较低，往往是由于这个品牌的商品在消费者认为比较重要的属性方面还不突出，不具有优势。此时可以采用观念（信念）转换诱导方式，改变消费者对商品的信念组合，这也是心理再定位的方法，改变消费者对商品属性重要性的看法。比如购买冰箱时，消费者把质量放在第一位，价格放在第二位，容量放在第三位，而××牌的价格不占优势，使得顾客在购买时难以下决心。此时告诉消费者，容量比价格更重要，容量选择过小以后要改变就很难了，而价格不是重要的，即使一次购买时价格略高一点，但要换冰箱就不太容易了。这样就会改变消费者对本企业冰箱价格高、容量大的原有看法，认为容量大比较适合需要，进而对价格也就不那么敏感了。

（5）证据提供诱导

有时消费者对于选择什么样的商品，选择什么品牌的商品都已确定下来了，但是还没有把握，怕风险而犹豫不决。此时运用证据提供诱导方式，告诉消费者什么人买了，有多少人买了这种商品，促使从众购买动机的强化，消除消费者的顾虑，也可以促成购买行为的产生。

有效的诱导，除了方式方法之外，还要掌握好时机。一个人说话的内容不论如何精彩，如果时机掌握不好，也无法达到应有的效果。因为听者的内心往往随着时间的变化而变化。要对方听你的话或接受你的观点、建议，都要把握住适当的时机。这就好比一个参赛的棒球运动员，作为一个击球手，虽然有良好的技术、强健的体魄，但是如果没有掌握住击球的"决定性的瞬间"，迟了或早了，都很难打出好球。

要想使诱导取得成功，还要注意克服一些不利因素的影响。比如消费者对推销员、售货员的不信任，会造成对产品的不信任，对介绍内容的不信任；销售现场的环境也会影响诱导的效果。

第 4 节　消费者的购买决策

【案例导入】

降价促销影响力有限　购车决策更看重品牌

汽车市场的消费行为正在发生改变，汽车正在从传统耐用消费品向快速消费品转型，由此带来的营销手段的改变被广泛关注。基于此，《每日经济新闻》、搜狐汽车和新华信共同发布了《2013汽车消费行为调查报告》，试图从市场角度发掘消费者购车趋势的真实变化。

根据报告，中国消费者对于汽车品牌的认知正在加速形成，从而带来的品牌溢价接受度正在提升。调查显示，在产品满足使用需求和价格预算范围内，消费者倾向于购买品牌形象最好的车型。"根据调研结果，消费者对于价格的敏感度正在降低，特别是再购用户，因此东风日产将营销重点转移到'价值营销'。"东风日产市场部副部长熊毅在《2013汽车消费行为调查报告》发布现场上表示。

初次购车决策趋于理性

调查显示，消费者在购买决策过程中，一般备选2～3款车型，最多不超过4～6款。其中潜在消费者（可视为初次购车者）在购买决策过程中备选车型的数量略多于现有消费者。在 2012 年的调查数据中，受访消费者备选车型也是 2～3 款车型，最多不超过 4～6 款。同时，约六成消费者在购买决策过程中，一般光顾不超过 3 家经销商，而潜在消费者在购买决策过程中光顾的经销商要多于现有消费者，更加倾向于"货比三家"。另外，66.7％的消费者购买决策周期在 6 个月以内，但与 2012 年调查数据相比，购买决策周期在 6 个月以内的比重提高了 8 个百分点，70％以上受访的潜在消费者购买决策周期超过 3 个月。过半消费者最终选择在就近、旗舰或知名经销商处完成交易。

购车者认为品牌大于促销

在受访消费者的购买决策过程中，产品质量、价格、油耗、安全性和品牌形象这 5 个因素是主要影响因素。随着用车成本的攀升和中国消费者的不断成熟，潜在消费者对价格、油耗和售后服务的关注程度远高于现有消费者。同时，潜在消费者在产品满足使用需求和价格预算范围内，更倾向于购买品牌形象最好的车型。调查显示，与促销相比，消费者在购买决策时更看重品牌。其中，61.9％的消费者认同价格在一定程度上代表了品牌的档次，高价高档，低价低档。超过 63％的消费者认为，如果价格大幅下跌，表明品牌档次正在下降。

因此在中国汽车市场容量日趋饱和的背景下，加强品牌建设，提升消费者品牌忠诚，避免消费者流失，对于汽车厂商的可持续发展极为重要。

【应用知识】

4.1　购买决策的含义及特点

4.1.1　购买决策的含义

决策是指人们在具有某些不确定性的情况下为了达到某个目标对几种可供选择的可能性进行比较、筛选从而确定最佳方案的行为和过程。对消费者而言，购买决策是指消费者为实现满足需求的目标，在购买活动前后对商品进行选择、评价、判断，最后做出决定的一系列过程。

购买决策在购买活动中居于核心地位，决策的正确与否直接决定购买行为的发生与否、发生方式、发生时间和地点、指向性及效用大小。正确的购买决策可以以较少的费用、精力，在短时间内购买到质优价廉、称心如意的商品，最大限度地满足自身消费需要；反之，则可能造成消费者时间、金钱的损失，会对消费者带来心理挫折感。

4.1.2　购买决策的主要内容

一般来说，消费者的购买决策离不开以下六个方面的内容，可概括为 5W1H。

（1）为什么买（Why）

此即权衡购买动机。消费者的购买动机多种多样，同样购买一台彩电，有的人为了消遣时光，有的人为了收看新闻，有的人则是为了显示富有。每种动机后面都有着消费者不同的需求。

（2）买什么（What）

此即确定购买对象。买什么是购买行为的核心和首要问题，决定消费目标不仅是类别上的，还包括其具体的内容，如品牌、质量、样式、包装和价格等等。

（3）买多少（How）

此即确定购买数量。购买数量一般取决于实际需要、支付能力及市场的供应情况。

（4）在哪里买（Where）

此即确定购买地点。市场经济背景下，消费地点是由多种因素所决定的，如环境品位，商家信誉，交通便利程度，价格水平和服务态度等等。这类决策既与消费者惠顾动机有关，也与其心理需求有关。

（5）何时买（When）

此即确定购买时间。这也是购买决策的重要内容，它与主导购买动机的迫切性有关。在消费者的多种动机中，往往由需要强调高的动机来决定购买时间的先后缓急；同时，购买时间也和市场供应情况、营业时间、交通情况和消费者可供支配的空闲时间有关。

（6）如何买（Which）

此即确定购买方式。是函购、邮购、预购，还是代购；是付现金、开支票，还是分期付款等。

4.1.3 购买决策的特点

（1）目的性

消费者进行决策，就是要促进一个或若干个消费目标的实现，这本身就带有目的性。在决策过程中，要围绕目标进行筹划、选择、安排，就是实现活动的目的性。

（2）过程性

消费者购买决策是指消费者在受到内、外部因素刺激，产生需求，形成购买动机，抉择和实施购买方案，购后经验又会反馈回去影响下一次的消费者购买决策，从而形成一个完整的循环过程。

（3）主体的需求个性

由于购买商品行为是消费者主观需求、意愿的外在体现，受许多客观因素的影响。除集体消费之外，个体消费者的购买决策一般都是由消费者个人单独进行的。随着消费者支付水平的提高，购买行为中独立决策特点将越来越明显。

（4）复杂性

① 心理活动和购买决策过程的复杂性。决策是人大脑复杂思维活动的产物。消费者在做决策时不仅要开展感觉、知觉、注意、记忆等一系列心理活动，还必须进行分析、推理、判断等一系列思维活动，并且要计算费用支出与可能带来的各种利益。因此，消费者的购买决策过程一般是比较复杂的。

② 决策内容的复杂性。消费者通过分析，确定在何时、何地，以何种方式、何种价格购买何种品牌商品等一系列复杂的购买决策内容。

③ 购买决策影响因素的复杂性。消费者的购买决策受到多方面因素的影响和制约，具体包括消费者个人的性格、气质、兴趣、生活习惯与收入水平等主体相关因素；消费者所处的空间环境、社会文化环境和经济环境等各种刺激因素，如产品本身的属性、价格，企业的信誉和服务水平，以及各种促销形式等。

（5）情景性

由于影响决策的各种因素不是一成不变的，而是随着时间、地点、环境的变化不断发生变化。由于不同消费者的收入水平、购买传统、消费心理、家庭环境等影响因素存在着差异性，因此，不同的消费者对于同一种商品的购买决策也可能存在着差异。

4.2 购买决策的影响因素

影响消费者购买决策的主要因素有消费者自身因素、经济因素、社会因素、企业和产品因素等。分析影响消费者购买决策的因素，对于企业正确把握消费者行为，有针对性地开展市场营销活动，具有极其重要的意义。

4.2.1 消费者自身因素

（1）消费者的经济状况

消费者的经济状况即消费者的收入、存款与资产、借贷能力等。消费者的经济状况会强烈影响消费者的消费水平和消费范围，并决定着消费者的需求层次和购买能力。

（2）消费者的职业和地位

不同职业的消费者，对于商品的需求与爱好往往不尽一致。一个从事教师职业的消费者，一般会较多地购买书报杂志等文化商品；而对于时装模特儿来说，漂亮的服饰和高雅的化妆品则更为需要。

（3）消费者的年龄与性别

消费者对产品的需求会随着年龄的增长而变化，在生命周期的不同阶段，相应需要各种不同的商品。如在幼年期，需要婴儿食品、玩具等；而在老年期，则更多需要保健和延年益寿产品。不同性别的消费者，其购买内容也有很大差异。烟酒类产品较多为男性消费者购买，而女性消费者则喜欢购买时装、首饰和化妆品等。

（4）消费者的个性与自我观念

性格是指一个人特有的心理素质，通常用刚强或懦弱、热情或孤僻、外向或内向、创意或保守等去描述。不同性格的消费者具有不同的决策风格。刚强的消费者在购买中表现出大胆自信，而懦弱的消费者在挑选商品中往往缩手缩脚。

4.2.2 社会因素

人是生活在社会之中的，因而消费者的购买决策受到诸多社会因素的影响。首先，社会文化因素对消费者购买决策的影响。文化通常是指人类在长期生活实践中建立起来的价值观念、道德观念以及其他行为准则和生活习俗。若不研究、不了解消费者所处的文化背景，往往会导致营销活动的失败。第二，家庭是消费者最基本的相关群体，因而家庭成员对消费者购买决策的影响显然最强烈。现在大多数市场营销人员都很注意研究家庭不同成员，如丈夫、妻子、子女在商品购买中所起的作用和影响。一般来说，夫妻购买的参与程度大都因产品的不同而有所区别。家庭主妇通常是一家的采购者，特别是在食物、家常衣着和日用杂品方面的购买，传统上更主要由妻子承担。但随着知识女性事业心的增强，男子参与家庭和家务劳动风气的逐步兴起，对于价值昂贵或是不常购买的产品，往往是由夫妻双方包括已长大的孩子共同做出购买决定的。第三，亲戚、朋友、同学、同事、邻居等也是影响消费者购买决策的重要相关群体。这些相关群体是消费者关系较为密切的一些人。由于经常在一起学习、工作、聊天等，使消费者在购买商品时，往往受到这些人对商品评价的影响，有时甚至是决定性的影响。

4.2.3 企业和产品因素

除消费者自身因素和社会因素之外，企业和产品因素也影响消费者购买决策和行为。产品的质量、价格、包装、品牌商标和企业的广告促销行为都会对消费决策产生直接或间接影响。例如，在商品的质量、功能相同或不易区分时，外观新颖、包装别致的商品更能激发消费者的消费动机；价格对消费者决策的影响比较复杂，消费者虽然更愿意购买价格便宜的商品，但在对商品缺乏了解时，出于"便宜无好货"的心理，消费者可能会选择价格较高的商品，认为价高必然质优。

4.3 购买决策的过程

消费者购买是较复杂的决策过程，其购买决策过程一般可分为以下五个阶段，并制定相应的营销策略。

(1) 认知需要

当消费者意识到对某种商品有需要时，购买过程就开始了。消费者需要可以由内在因素引起，也可以由外在因素引起。此阶段企业必须通过市场调研，认定促使消费者认识到需要的具体因素。

(2) 收集信息

在多数情况下，消费者还要考虑买什么牌号的商品，花多少钱到哪里去买等问题，需要寻求信息，了解商品信息。寻求的信息一般有：产品质量、功能、价格、牌号、已经购买者的评价等。消费者的信息来源通常有以下四个方面：①商业来源；②个人来源；③大众来源；④经验来源。企业营销任务是设计适当的市场营销组合，尤其是产品品牌广告策略，宣传产品的质量、功能、价格等，以便使消费者最终选择本企业的品牌。

(3) 比较评价

消费者进行比较评价的目的是能够识别哪一种牌号、类型的商品最适合自己的需要。消费者对商品的比较评价，是根据收集的资料，对商品属性做出的价值判断。消费者对商品属性的评价因人因时因地而异，有的评价注重价格，有的注重质量，有的注重牌号或式样等。企业营销首先要注意了解并努力提高本企业产品的知名度，使其列入到消费者比较评价的范围之内，才可能被选为购买目标。同时，还要调查研究人们比较评价某类商品时所考虑的主要方面，并突出进行这些方面宣传，对消费者购买选择产生最大影响。

(4) 决定购买

消费者通过对可供选择的商品进行评价，并做出选择后，就形成购买意图。在正常情况下，消费者通常会购买他们最喜欢的品牌。但有时也会受两个因素的影响而改变购买决定。

① 他人态度。如家人或朋友的观点，营销人员的服务态度，甚至其他社会评价也都会影响决策的执行。

② 意外事件。消费者修改、推迟或取消某个购买决定，往往是受已察觉风险的影响。"察觉风险"的大小，由购买金额大小、产品性能优劣程度，以及购买者自信心强弱决定。企业营销应尽可能设法减少这种风险，以推动消费者购买。

(5) 购后评价

消费者购买商品后，购买的决策过程还在继续，他要评价已购买的商品。企业营销须给予充分的重视，因为它关系到产品今后的市场和企业的信誉。判断消费者购后行为有两种理论。

① 预期满意理论。预期满意理论认为，消费者购买产品以后的满意程度取决于购买前期望得到实现的程度。如果感受到的产品效用达到或超过购前期望，就会感到满意，超出越多，满意感越大；如果感受到的产品效用未达到购前期望，就会感到不满意，差距越大，不满意感越大。企业在营销过程中，对商品的宣传应尽量实事求是，不要夸大其词，以免造成消费者在购买前的希望过高，使用后却对商品产生强烈不满。

② 认识差距理论。认识差距理论认为，消费者在购买和使用产品之后对商品的主观评价和商品的客观实际之间总会存在一定的差距，可分为正差距和负差距。正差距指消费者对产品的评价高于产品实际和生产者原先的预期，产生超常的满意感；负差距指消费者对产品的评价低于产品实际和生产者原先的预期，产生不满意感。消费者购买商品后，都会产生不同程度的不满意感。这是因为任何商品都有其优点和缺点，而消费者在购买时往往看重商品的优点，而购买后，又较多注意商品的缺点，当别的同类商品更有吸引力时，消费者对所购商品的不满意感就会越大。

企业营销应密切注意消费者购后感受，并采取适当措施，消除不满，提高满意度。如经常征求顾客意见，加强售后服务和保证，改进市场营销工作，力求使消费者的不满降到最低。

【延伸阅读】　　　　　电子商务条件下消费者购买决策的影响因素

陈慧和李远志采用传统购买决策中二因素论的理论框架，对电子商务条件下的网络消费者进行分析，从个体因素和环境因素两方面对相关研究进行分类，考察对网络消费者购买决策起作用的影响因素。

(1) 影响网络消费者购买决策的个体因素

影响网络消费者购买决策的个体因素的研究主要集中在态度、情绪、感知风险等几个方面，此外购物导向以及消费者对隐私关注程度等因素也对网络消费者购买决策产生影响。

① 态度。Laaksonen发现电子商务条件下，消费者对于网络消费的态度会直接影响到他们在网上的购买决策，对于网络消费持积极态度的消费者更容易做出购买决策。消费者态度对购买行为的影响主要通过三个方面体现：首先，消费者态度将影响其对商品和购物方式的判断和评价；其次，态度影响消费者的学习兴趣与学习效果；最后，态度通过影响消费者购买意愿，进而影响购买行为。

② 满意度和网络购物经验。网络消费者对网络商店服务质量的满意程度，会影响消费者是否再次光顾该网站以及消费者的消费意愿。Boston Consulting Group指出，有23％的消费者表示他们不会再到让他们有不满购物经历的网站购买商品。网络消费者放弃网络购物的原因主要有对网站不信任、怕受骗、担心商品质量问题和售后服务等。研究表明，网络顾客整体满意度问题会影响网络消费者的购买决策。

消费者的购买决策还建立在他们先前购物经验的基础之上，以往的购物经验对于消费者重复进行网络购物具有很强的影响作用。消费者以往的购物经验越丰富，在网络购物时，越容易做出购买决策。

③ 情绪。情绪在购买决策中所起的作用容易被忽略，实际上，情绪和理智及信息质量一样都在决策的过程中起着重要作用。Lan Xia研究发现，情绪对网络消费者的决策有着明显的影响。网站信息呈现的方式会影响人们的情绪体验；反过来，这些情绪体验影响消费者的购买决策。当虚拟的购买环境给人们带来愉悦情绪时，会促使人们继续搜索信息，这些信息会刺激人们的购买欲望，从而做出购买决策。

④ 购物导向。相对于传统购物，网络购物的最大优势就是方便和节约时间。追求便利导向的消费者比较容易接受网络购物，而且他们消费的金额也比较多。而娱乐导向与网络购物有负相关，娱乐导向会阻碍消费者进行网络消费。

⑤ 感知的风险。由于互联网络具有开放性（无国界）、虚拟性、数字化等特征，网络购物与传统购物模式相比，消费者感知到的风险会比较大。例如，由于无法像以前那样触摸产品，把商品及时带回家，从而使消费者感受到更高的风险；同时，消费者在网络消费时，需要提供一些个人信息，这些个人的信息可能被商家利用，带来更高的侵害个人隐私的风险。消费者感知的网络购物风险是阻碍消费者购买的主要因素。

⑥ 对个人隐私关注程度。由于互联网络是利用计算机和信息通信技术，尤其是利用数字化技术和多媒体通信技术实现位于不同国家和地区的计算机网络之间的通信，互联网络这一特征是网络隐私安全问题产生的最重要的根源。由于网络消费者在进行网络消费时，需要提供一些个人信息，当需要提供个人信息时，很多网络消费者就会选择结束浏览网页。大多数网络消费者都十分关注个人隐私，这样就增加了网络消费者做出购买决策的难度。IBM消费者隐私调查结果也表明，72％的网络消费者非常担忧网上的个人信息会被窃取或盗用。

（2）影响网络消费者购买决策的环境因素

① 价格因素。相对于传统消费模式，网络消费模式提供的产品更为丰富、价格更为诱人；又由于省时、便捷，消费者足不出户就可实现"货比三家"，进一步降低了交易成本。Reed 认为，85％的消费者在网络购物时关注价格，有竞争力的价格是刺激消费者网络消费的重要因素。我国香港市场研究也证实商品价格便宜是吸引消费者进行网络消费的主要因素。

② 品牌因素。由于网络消费风险较大，因此消费者会很谨慎地做出购买决策，尽力避免不必要的损失。为了降低风险，消费者会采取许多措施，比如选择品牌、规定包装样式等以确保决策的有效性。在网络消费模式下，品牌对购买决策产生的影响更加显著。KhaiSheangLee & SooJiuanTan 证明，很多消费者愿意在网上购买名气大的品牌，而不愿购买不知名的品牌。同时，他们还发现消费者在知名度较高的网络商店有较高的购物意愿。

③ 商务网站设计。作为网上交易的平台，商务网站发挥着尤为重要的作用。实用的网站有强大的商品搜索功能，同时能减少网络购物时间。实际销售数据分析发现：网络商店的特性（如商品目录单排列、网上搜索时间等）显著影响消费者流量和商品销售额。

消费者喜欢能提供有用信息、个性化内容的网站，此外，界面的清晰度、浏览的方便性和有效性也会影响消费者的决策。

④ 信任。在网络购物中，消费者与商家无法面对面，双方之间的交易是通过网络这一虚拟空间来进行的，同时网络购物不能像传统购物那样满足消费者对所购买商品触摸、比较的需要。因此在网络购物环境中，信任对于网络消费者购买决策的影响比对传统购买决策更为重要。Gefen 在 Amazo.com 网站调查了 217 名受访者，结果显示：信任程度越高，进行实际消费的比例越高。

⑤ 商品特性。网络消费环境中商品的类型也会影响消费者购买决策。Nelson 将商品分为体验型和搜索型。搜索型商品（如书、CD 等）的特征比较容易评估，购买风险较小，消费者比较容易做出购买决策。书、CD 和计算机软件是消费者网络购物的主要商品，而体验型商品（如衣服、首饰等）的特征在购买以前是不确定的，消费者较难做出决策。

⑥ 网站售后服务环节。由于网络购物的特点，售后服务如物流环节也会对网络消费者的消费决策产生影响。当消费者所购买的商品能够较快地递送到消费者手中，消费者对网络商店的满意度会有所提高，从而影响他们再次购买该网络商店的产品。此外，有研究发现，当网络商店对消费者提出的问题有较快的反应速度时，也会提高消费者对网络的信任程度，最后影响网络消费者的消费决策。

【实训练习】

项目一　现场促销体验

【实训目标】

1. 培养学生应用营销心理学研究方法（观察法）采集市场信息的能力。

2. 培养通过市场调研了解消费者购买动机影响因素的多元化以及采取相应对策的能力。

【内容与要求】

要求学生在与学校有合作关系的超市、商场参与商品的促销活动。每位同学选取典型顾客，记录分析其需要特点、购买动机，分析影响其购买与否的原因。实训结束后，总结激发消费者购买动机的策略，写出分析报告。

【成果检测】

根据分析报告进行计分评定。

项目二　购买动机类型自测和消费行为模式认知

【实训目标】

1. 帮助学生认识和了解自己在日常消费品方面的购买动机类型。

2. 帮助学生认识自己购买行为模式。

【内容与要求】

1. 根据自己购买使用日常消费品的频率、价格、品牌和商家选择，明确自己在该类商品上的购买动机类型。写出具体的判断依据。

2. 根据自己日常的消费习惯，以及对从需求出现到购买行为发生的整个过程的反思和总结，结合学习的某一种消费行为模式，画出自己的购买行为模式图。

3. 完成前两项任务后，以小组为单位进行分享、讨论。

【成果检测】

根据每位学生的购买动机分析报告以及购买行为模式图进行计分评定。

第 4 章　消费者的个性心理特征与消费

【教学目标】

★知识目标

1. 了解消费者的个性心理特征的基本内容；

2. 掌握消费者的气质、性格和能力及其对消费行为的影响；

3. 掌握在营销过程中如何针对消费者的个性心理特征提供服务的知识。

★能力目标

1. 培养学生自我个性心理的认知能力；

2. 培养学生在营销过程中针对消费者的个性心理采取积极、有效的营销策略的能力。

　　个性心理可以分为两类，一类称为个性心理倾向性，包括：需要、动机、兴趣、信念和价值观念等，它反映了个体的基本认识态度、行为趋向和活动动力等问题；另一类称为个性心理特征，包括：气质、能力和性格，它反映了个体典型的心理活动和行为，是个性结构中比较持久和相对稳定的成分。

　　消费者在购买商品活动中表现出共性的心理现象，在认识过程、情绪情感过程和意志过程中遵循一般的、普遍的规律性，但每一个消费者的购买行为又是各具特色的，第三章从个性倾向性的角度分析了消费者的购买行为，本章重点从消费者的气质、性格、能力三种个性特征分析消费者的个性心理。

 第 1 节　消费者的气质

【案例导入】

　　前苏联心理学家以去电影院看电影迟到为例，对人的几种典型的气质作了说明。假如电影已经放映了，门卫又不让迟到的人进去，不同气质类型的人会有不同的表现。

　　第一种人匆匆赶来之后，对门卫十分热情，又是问好又是感谢，急中生智想出许多令人同情的理由。如果门卫坚持不让他进门，他也会笑哈哈地离开。

　　第二种人赶来之后，对于自己的迟到带着怒气，想要进去看电影的心情十分迫切，向门卫解释迟到的原因时，让人感到有些生硬。如果门卫坚持不让他进门，也会带着怒气而去。

　　第三种人来了之后，犹犹豫豫地想进去又怕门卫不让进，微笑而又平静地向门卫解释迟到的原因，好像不在乎这电影早看一会儿或迟看一会儿。门卫一定不让他进去的话，也很平静地走开。

第四种人来到的时候，首先可能看一看迟到的人能不能进去，如果看到别人能够进去，也就跟着进去。如果门卫不让他进，也不愿意解释迟到的原因，默默地走开，最多只是责怪自己为什么不早点来。

这几种人其实代表着不同的气质类型。而不同气质类型的消费者在消费过程中往往会有不同的需要和消费动机，其购买决策和执行的过程也有很大的差异。

【应用知识】

1.1 气质的含义和特征

气质是指一个人与生俱来的、典型的、稳定的心理特征，它表现出人的心理活动的全部动力特征。这些动力特征表现为心理过程的强度、速度、稳定性、灵活性和指向性等方面，如情绪体验的强弱和快慢、思维的敏捷性、观察的敏锐度、注意集中时间的长短、意志努力的强度、耐受力的大小、心理活动是倾向于外部世界还是内心世界等等。

由于气质是在先天遗传素质基础和后天条件影响下形成的，个体之间在气质类型上存在多种差异，这些差异影响个体的心理和行为，使每个人的行为表现出独特的气质特点。如有的人热情活泼，善于交往，思维活跃，行动敏捷；有的人则沉默寡言，不善交往，反映缓慢，行动迟缓。

具有某种气质特征的人，常常在各种各样的活动之中表露出同样的动力特点。例如，一个活泼好动的人，在各种社会交往的场合中总表现出外向、情绪兴奋、富有表现力和感染力等特征；相反，一个安静的人，在各种场合下则常常表现出内向、情绪稳定、沉稳冷静的特征。一个具有某种气质特征的消费者无论购买什么商品，也无论出于怎样的动机和在什么场合，都会以同样的行为特点表现在不同的消费活动中。气质类型相同或相近的消费者常常有近似的行为特点，我们在评价一个人的时候，会概括出他的典型气质特征。

1.2 气质的类型

长期以来，心理学家对气质这一心理特征进行了多方面的研究，并提出各种气质类型的学说，如阴阳五行说、体形说、血型说、体液说、激素说、高级神经活动类型说等等，其中最具代表性的是体液学说和高级神经活动类型学说。

1.2.1 体液学说

公元前5世纪，古希腊医生希波克拉底在自己的临床实践中，首先提出人体内有血液、黄胆汁、黑胆汁、黏液四种体液。这四种体液的比例不同，就会形成不同的气质类型。在体液的混合比例中，血液占优势的人属于多血质，黄胆汁占优势的人属于胆汁质，黏液占优势的人属于黏液质，而黑胆汁占优势的人属于抑郁质。这四种分类的生理基础虽缺乏科学性，但这四种类型符合人的现实表现，较易理解，因而一直沿用至今。这四种气质类型在行为方式上的典型表现如下。

（1）胆汁质

胆汁质类型的人直率、热情、精力旺盛、易于冲动、性情急躁、心境变化剧烈、难以克制等。

（2）多血质

多血质类型的人活泼、好动、反应迅速、喜欢交往、兴趣广泛、注意力容易转移、情绪易起伏波动、善于适应变化了的环境等。

（3）黏液质

黏液质类型的人安静、稳重、反应缓慢、沉默寡言、善于忍耐、注意力稳定难以转移、情绪不易外露、交际适度等。

（4）抑郁质

抑郁质类型的人行动迟缓、感情体验深刻、心细敏感、感受力强、情感细腻、乐于独处、不善交际、孤僻多疑等。

以上是四种气质类型的典型表现。而在现实生活中绝对属于某种气质类型的人并不多，大多数人是以某一种气质类型为主，兼有其他气质特征的混合型。

1.2.2 高级神经活动类型学说

俄国生理学家巴甫洛夫认为人的气质是由人的高级神经活动类型决定的。他通过对高等动物的解剖实验，发现大脑皮层及其皮层下部位的高级神经活动在心理的生理机制中占有重要地位。大脑皮层的细胞活动有两个基本过程，即兴奋过程和抑制过程。这两种神经过程都具有三种基本特性，即发生的强度、均衡性和灵活性。神经过程的强度是指神经系统兴奋与抑制的能力。兴奋与抑制能力强，其神经活动就是强型；兴奋与抑制能力弱，其神经活动就是弱型。均衡性是指兴奋与抑制能力的相对强弱。根据神经活动的均衡性，可以将强型又分为两类：如果兴奋与抑制的能力基本接近，就是平衡型；兴奋能力明显高于抑制能力，就是不平衡型。灵活性是指兴奋与抑制之间相互转换的速度。根据这三种特性他把个体的神经活动分为四种不同的神经活动类型。

（1）强而不平衡型（兴奋型）

强而不平衡型人的神经素质反应较强，但不平衡。兴奋过程和抑制过程都很强，且兴奋过程比抑制过程相对占优势，容易兴奋而难以抑制。所以在很强的刺激作用下，容易产生神经分裂。

（2）强平衡灵活型（活泼型）

强平衡型人的神经素质反应较强，而且平衡。既容易形成条件反射，也容易改变条件反射。行动迅速活泼，一旦缺乏刺激就很快无精打采。

（3）强平衡而不灵活型（安静型）

强平衡而不灵活型人的神经素质反应迟钝，但较平衡。容易形成条件反射，但难以改善，是一种行动迟缓而有惰性的类型。

（4）弱型（抑制型）

弱型人的神经素质反应较弱，但较为平衡。兴奋速度较慢，容易形成条件反射，但难于改善，是一种行动迟缓而有惰性的类型。

高级神经活动类型与气质类型具有一一对应关系：兴奋类型相当于胆汁质，活泼型相当于多血质，安静型相当于黏液质，抑制型相当于抑郁质。

巴甫洛夫利用条件反射学说所揭示的高级神经活动的规律性和神经过程的基本特征，对气质作了科学的阐述，使气质理论建立在科学的基础之上。

1.3 消费者的气质类型与购买行为

消费者的气质类型特点，必然会影响消费者的购买行为。认识和掌握不同气质特征的消费行为，有助于提高商品销售活动的接待技巧。

（1）胆汁质类型消费者

胆汁质类型消费者在购买过程中反应迅速，一旦感到某种需要，购买动机就很快形成，而且表现比较强烈；决策过程短，情绪易于冲动，满意与否的情绪反应强烈并表现明显；喜欢购买新颖奇特、标新立异的商品；购买目标一经决定，就会立即导致购买行动，不愿花太多时间进行比较和思考，而事后又往往后悔不迭。在购买过程中，如果遇到礼貌热情的接待，便会迅速成交；如果营业人员态度欠佳或使消费者等候时间过长，则容易引发他们的急躁情绪乃至发生冲突。所以，接待这种类型的消费者，营业员要眼明手快，及时应答，并辅以柔和的语言与目光，使消费者的购物情绪达到最佳状态。

(2) 多血质类型消费者

多血质类型消费者在购买过程中善于表达自己的愿望，表情丰富，反应灵敏，有较多的商品信息来源；决策过程迅速，但有时也会由于缺乏深思熟虑而做出轻率选择，容易见异思迁。他们善于交际，乐于向营业员咨询、攀谈所要购买的商品，甚至言及他事。因此，对这类消费者施加影响比较容易起作用。接待他们，营业员要不厌其烦地有问必答，应尽量帮助他们缩短购买商品的过程，当好他们的参谋。

(3) 黏液质类型消费者

黏液质类型消费者在购买过程中对商品刺激反应缓慢，喜欢与否不露声色；沉着冷静，决策过程较长；情绪稳定，善于控制自己；自信心较强，不易受广告宣传、商品包装及他人意见的干扰影响，喜欢通过自己的观察、比较做出购买决定，对自己喜爱和熟悉的商品会产生连续购买行为。接待这种类型的消费者，营业员应有的放矢，避免过多的语言和过分的热情，以免引起消费者的反感。

(4) 抑郁质类型消费者

抑郁质类型消费者在购买过程中对外界刺激反应迟钝，不善于表达个人的购买欲望和要求；情绪变化缓慢，观察商品仔细认真，而且体验深刻，往往能发现商品的细微之处；购买行为拘谨，神态唯唯诺诺，不愿与他人沟通，对营业员的推荐介绍心怀戒备，甚至买后还会疑心是否上当受骗。接待这种类型的消费者，营业员要小心谨慎，细心观察，适当疏导，打消不必要的顾虑，使他们在平和愉快的气氛中购物。

【延伸阅读】 **不同气质类型大学生对饮料的消费偏好**

白少君和张雪的研究结果表明，大学生消费者的气质类型与其在饮料上的消费偏好存在着正相关关系。

(1) 胆汁质气质类型对饮料消费行为的影响

胆汁质气质类型是大学生心理的重要组成部分，胆汁质人的特点是：强而不平衡，感受性高，有一定耐受性，反应快而灵活，情绪兴奋性高，抑制能力差，外倾性明显，行为有一定的可塑性；直率、热情、精力旺盛，情绪易激动，心境变换剧烈，脾气急躁。

这类人的消费偏好是求新、求美、求名。所以他们对品牌的要求很高，而且，容易受广告的影响。这类人对饮料价格的选择偏高，也就是说，与价格相比，他们更注重的是品牌。这几项标准都与胆汁质的气质类型呈显著的正相关。属于胆汁质气质类型的这类人富于攻击性，所以他们大多选择刺激的碳酸饮料，比如可乐。相应的，他们所喜欢的包装也是外观鲜艳、质感较好的铝铁罐装。人的身心是内外对应的。在日常生活中，胆汁质的气质类型生活节奏较快，所以一般很少选择大包装的饮料。

(2) 多血质气质类型对饮料消费行为的影响

多血质的气质类型在大学生中所占的比例也很大。多血质人的特点是：强而平衡，灵活型（活泼型）；感受性低，耐受性高，反应快而灵活，情绪兴奋性高，外部表露明显，外倾性明显，行为可塑性大；活泼好动、敏感、反应迅速，喜欢与人交往，注意转移快，兴趣变化快，缺乏持久力。他们并不把精力直接投放在物质消费上，是饮料的中度消费者。这类人特有的思维和知觉的敏锐使得他们善于把握商品的发展趋势，敢于尝试市场上的新产品；相应的，他们在选择饮料时，最为注重饮料的口味。

多血质活泼的性格导致他们对包装的要求是轻便、易携带。所以，他们大多喜欢环保利乐包（纸盒装）。同时，他们喜欢比较甜的果汁和茶饮料。广告对这类人的影响也很大，因为他们比较关注时尚和流行脉搏，一则新颖或视觉冲击力强的广告饮料都会使他们的钱包牺牲。他们对购物的要求是方便、快捷，所以他们通常会在便利店购买饮料。

（3）黏液质气质类型对饮料消费行为的影响

黏液质的气质类型在大学生中也颇为常见，这种气质类型的人的特点是：强而平衡（不灵活型）安静型；感受性低，耐受性高，反应速度缓慢，具有稳定性，情绪兴奋性，内倾性明显，行为有可塑性；安静、稳重、反应缓慢，情绪不易外露，注意力稳定，难转移，善于忍耐。由于他们个性的稳定性，他们只是偶尔购买饮料，是饮料的低度消费者。

这类人性格比较沉稳，他们在选择商品时是务实主义者，讲究物美价廉。所以，价格成为他们选择饮料时的重要参考。而且，他们也比较喜欢购买大容量的饮料。因为这种饮料比较经济实惠。在包装方面，也比较倾向于通常的塑料瓶包装。但是同时，他们对品牌的忠诚度很高，大多不愿尝试新的口味。在口味选择上，他们喜欢比较淡的茶饮料和营养价值较高的植物蛋白饮料。比较稳重的黏液质通常会在超市购买饮料，因为这里的食品通常比较有保障。而广告对这类人的影响较小，他们一般不会被广告吸引。

（4）抑郁质气质类型对饮料消费行为的影响

抑郁质的气质类型在大学生中比较少见，这种气质类型的人的特点是：弱型（抑制型）；感受性高，耐受性低，速度慢，刻板而不灵活，情绪兴奋性高而体验深，内倾性特别明显，行为可塑性小；情绪体验深刻，行动迟缓，能察觉他人不易察觉的事物，富于幻想，胆小。这类人往往比较内向，他们不会经常买饮料，是饮料的低度消费者。

这类人对喜欢的事物是很执著的，所以他们认准的饮料产品，很少受广告的影响，拿定的主意不会轻易改变，两者的相关性一般。而且，通常他们也不太愿意尝试新的饮料口味。他们在经济方面是最注重成本节约的一类人，所以他们会选择价格较低的饮料，很少以品牌知名度作为选择标准。这类人总是生活在想象的世界里，钟爱充满情调的生活氛围，所以，在包装上，他们喜欢玻璃瓶。相应的，他们喜欢温和的乳饮料，而且喜欢小容量的饮料。

 第2节　消费者的性格

【案例导入】

（1）案例一

顾客站在柜台前，招呼道："对不起，麻烦您把那个拿给我看一下……"，刚说完，突然眼睛一亮，"咦，那边那个也不错，也看一下。"没多久，一转头，"啊！那个也不错……"顾客三心二意，很难抉择。

店员一一照办："是啊，这种目前正打广告，销得很好。"

（2）案例二

一位女顾客站在首饰专柜前流连已久，千挑万选，初步筛选出三种耳环："这三种看来都不错，依你看，哪一种更合适？"

店员机灵地答道："我看，这种似乎最适合您。"

女士将信将疑："哦？我看这种经常打广告，你看呢？"

店员反应很快："是啊，那种也很好！"

顾客又指向另一种耳环："这种目前也很流行，是不是？"店员连连称是："的确，这种看起来更美观。"

面对店员八面玲珑的回答，顾客完全失去选择能力了，最后无奈地说："我还是先回去考虑考虑吧，麻烦您费心介绍。"然后转身而去。

【应用知识】

2.1 性格的含义

性格是人们对待客观事物的态度和在社会行为方式中经常表现出来的稳定倾向。它是人的个性中最鲜明的、最主要的心理特征。例如，勤奋、懒惰、诚实、虚伪、正直、自私、慷慨、吝啬、谦虚、骄傲、谨慎、勇敢、懦弱等等，都属于性格特征。

面对客观事物，每个人会有不同的态度，并表现出与这种态度相符合的行为方式。如果这些态度和行为方式在生活中成为经验得到巩固，就会在不同场合以稳定的习惯方式表现出来。这种态度与行为方式的相互结合，就构成了人的性格特征。至于那种一时的、情境性的、偶然的态度与表现，就不能被看作是一个人的性格特点。例如，一个平常工作一贯认真、细致的人，也会偶尔出现失误和差错；一个平时处事果断的人，偶尔也会表现得优柔寡断。只有那些经常性、习惯性的表现，才能从本质上表现出一个人的个性特征，才是稳固的性格。

人的性格不是一朝一夕形成的，它是在人与客观世界的相互作用中，伴随着人的世界观、信念、道德品质等社会理念的确立而形成的。性格一旦形成，就会在人的行为中留下痕迹，打上烙印。因此，性格反映了人的社会本质属性，因而也就具有了直接的社会意义。例如，诚实、正直、认真负责是优良的性格特征，对社会有积极的影响；而虚伪、草率是不良的性格特征，对社会有消极的影响。

2.2 性格的特征

性格有着较复杂的结构，具有多方面的特征。概括起来，主要有以下四点。

(1) 态度特征

对待客观事物和现实的态度能够反映一个人的性格特征。这种特征主要体现在三个方面：一是对社会、集体和他人的态度上的差异，如热情或冷淡、大公无私或自私自利、富于同情心或冷漠无情、诚实或虚伪等；二是对事业、工作、学习、劳动和生活的态度上的差异，如耐心细致或粗心大意、勇于创新或墨守成规、勤劳或懒惰、节俭朴素或奢侈浮华、努力进取或松懈退却等；三是对自己的态度上的差异，如谦虚或骄傲、自信或自卑、严于律己或放任自流等。

(2) 意志特征

意志特征是指在意志的作用下，对自己的行为自觉调节方式和控制程度所表现出来的性格特征。这种特征体现在四个方面：一是行为目标明确程度的特征，如做事是有计划性的还是盲目性的，是积极主动的还是消极被动的；二是对自己的行为自觉控制水平的特征，如主动控制还是一时冲动，是自制力强还是放任自流；三是在紧急或困难条件下表现出来的意志特征，如沉着镇定还是惊慌失措，是果断顽强还是犹豫不决；四是对待长期工作的意志特征，如严谨还是马虎，是坚毅还是半途而废等。

（3）情绪特征

情绪特征是指个人对情绪的控制或情绪对个人活动影响的性格特征。主要体现在以下三个方面：一是情绪反应的程度，如对同一件事情，有的人反应强烈、体验深刻，而有的人则反应微弱、体验肤浅；二是情绪的稳定性，有的人稳重并善于自制，有的人则极易冲动变化；三是情绪的持久性，如有些人情绪持续的时间长，留下的印象深刻，而有些人情绪持续时间短，几乎不留痕迹。

（4）理智特征

理智特征是指人在对事物认知过程中表现出来的个体差异方面的性格特征。例如，在感知方面有主动观察与被动知觉的性格差异，在记忆方面有形象记忆与抽象记忆的性格差异，在想象方面有富于创造性想象和依靠模仿性想象的性格差异，思维方面的敏捷性、独创性、逻辑性、深刻性、综合性等也都存在着各种性格差异。

以上几方面的性格特征相互联系，构成一个统一整体，存在于每个人的身上。由于每个人不仅有不同的性格特征，而且这些特征的结构也不相同，从而使同一性格特征在不同的人身上表现出差异。人们个性特征差异是极其丰富的，很难从大千世界中找出两个性格特征和结构完全相同的人来。

2.3 性格的类型

性格的类型是指在一部分人身上所共有的某些性格特征的独特组合。性格特征和结构完全相同的两个人是很难找到的，可以依据某些方面共有的特征结构，将性格进行分类。常见的分类如下。

（1）按机能分类

按照理智、情绪、意志在性格结构中占优势的情况，可将性格分为理智型、情绪型和意志型三种。理智型的人常以理智的态度来评价一切，并用理智来控制自己的行动；情绪型的人往往凭感情用事，不善于冷静思考，但情绪体验深刻；意志型的人目标明确，行为主动，意志坚强，不怕困难，勇往直前。

（2）按倾向性分类

按照个体的心理活动倾向于外部或内部不同，可将性格分为外倾型和内倾型两类。外倾型的人，心理活动倾向于外部，又叫外向型性格，一般表现为活泼、开朗、善于交际、善于适应环境等；内倾型的人，心理活动倾向于内部，又叫内向型性格，一般表现为沉静孤僻，反应缓慢，不喜交往，适应环境困难，但耐力和容忍力较强。

（3）按独立程度分类

按照一个人的独立性程度，性格又可分为独立型和顺从型两类。独立型的人，独立性和自信心较强，不易受暗示和干扰，善于独立地发现问题和解决问题，面临紧急情况能临危不惧和果断处之，较易发挥个人特长，有时甚至企图把自己的见解强加于人；顺从型的人，独立性较差，易受暗示和外来干扰，少有主见，容易人云亦云，从众倾向较强，紧张情况下容易惊慌失措。

2.4 消费者的性格与消费行为

消费者的性格，是在其消费行为中起核心作用的个性心理特征。消费者之间不同的性格特点，形成了千差万别的消费行为。消费者性格特征也可以从不同角度来区分。

（1）从消费态度角度划分

① 节俭型。节俭型消费者崇尚节俭，反对不必要的开支和浪费。他们在选购商品时，

首先看重的是商品的质量和实用性，不太重视商品的品牌和外观，不喜欢华而不实、中看不中用的商品，受商品外在装潢及商品广告宣传影响较小，对营业员的推荐和介绍一般保持较为客观的分析态度，经常按照自己的购物经验来购买商品。

② 保守型。保守型消费者的性格一般比较内向，消费态度大都比较严谨、固执，习惯于传统的消费方式。接受新产品、新观念比较慢，有时甚至很困难，在购物时，喜欢购买传统的和有过多次使用经验的商品，不太愿意冒险尝试新产品。

③ 自由型。自由型消费者的消费态度比较随意，没有长久、稳定的消费模式。在选购商品时表现出较大的随机性，选择商品的标准也往往多样化。他们能接受营业员的推荐和介绍，但也不会依赖营业员的意见和建议，一般有较好的购买技巧。

（2）从消费方式角度划分

① 习惯型。习惯型消费者往往根据以往的购买和使用经验或消费习惯采取购买行动。当他们一旦熟悉并接受某一品牌商品后，会经常购买，不易改变自己的观点和看法。购买行为习惯化，受社会时尚和消费潮流的影响较小。

② 慎重型。慎重型消费者大都沉稳、慎重，遇事冷静、客观，情感体验深刻，情绪不易外露。选购商品时，常根据自己的实际需要和购物经验做出决定，受外界影响小，不易冲动，具有较强的自我控制能力。他们在购物之前，往往会广泛收集有关信息，经过慎重的考虑、比较和选择之后，才会做出购买决定。

③ 挑剔型。挑剔型消费者大都具有一定的商品知识和购买经验，因此在选购商品时主观性强，不愿与他人商量，善于发现不被人注意到的细微之处，选购商品极为小心，有时甚至很苛刻，对营业人员的推荐介绍有相当敏感的戒心。

④ 被动型。被动型消费者大多缺乏商品知识和购买经验，对商品没有固定的偏好，选购商品时缺乏自信和主见，常有不知所措的表现，希望得到别人的帮助，营业员的宣传和推荐往往会对其购买行为产生较大的影响。

⑤ 冲动型。冲动型消费者性格的情绪特征非常明显，对外部刺激的反应非常敏感。在选购商品时，以直观感觉为主，易受环境宣传、商品广告、产品造型等因素影响，并喜欢追求新产品和时尚商品，对商品价格、功能考虑不多，常凭个人一时兴趣冲动购买。

上述按态度和购买方式对消费者性格进行大概分类，只是仅从理论方面出发。在购买活动中，由于周围环境的影响，消费者的性格很少能完全按原来的面貌表露出来。所以，在观察、判断、分析消费者的性格特征时，必须考虑性格的稳定性特点，而不能凭一时的购买态度和偶然的购买行为来做出判断。

2.5 对不同性格表现消费者的销售策略

消费者的性格特征在购买活动中会以各种外部的形象表现出来，只要销售人员细心观察、认真揣摩、善于分析，总能及时捕捉到消费者的性格特征的某些方面。

一般地说，销售人员可以通过以下几个方面去了解消费者的性格特点。一是通过消费者的动作姿态、行为举止来了解。例如，性格高傲的消费者，走路昂首挺胸，说话摇头晃脑，旁若无人；性格急躁的消费者，往往急步行进，交往中容易激动，购买商品急于成交。二是通过消费者的面部表情及其变化来了解。例如，性格温和的消费者见到满意的商品时，脸上常呈现着微笑的表情；性格抑郁的消费者，常常紧锁双眉，愁容满面，表情很少变化。三是通过消费者的眼神来了解。常说眼睛是心灵的窗户，就是通过眼神变化来提示一个人的内心世界。例如，性格开朗的消费者，目光比较明亮有神；性格多疑的消费者，目光中常表现出怀疑和不信任。四是通过消费者的言谈方式和表达速度来了解。例如，性格直爽的消费者，说话直率、表达清楚、语速较快；性格懦弱的消费者，说话常犹豫不决、吞吞吐吐，表达含混不清，语速比较缓慢等等。为了使消费者的购买行为愉快、顺利地进行，销售人员必须根据消费者的不同性格表现，采取合适的、行之有效的销售策略。具体地说，大致有以下几方面。

（1）对待选购商品速度快和慢的消费者的策略

消费者的性格不同，选购商品的速度也有不同。一般地说，对慢性子的消费者，销售人员要有充分的耐心，千万不能因为消费者选购商品的时间长而沉不住气，更不能急躁，显出不耐烦的表情；对急性子的消费者，销售人员对他们没有经过充分思考匆忙做出的购买决定应谨慎稳重，要及时提醒他们仔细挑选商品；对敏感性的消费者，销售人员应根据他们的要求，需要买什么就拿什么，不要过多介绍商品性能和特点，以免引起消费者的误解和猜疑。

（2）对待言谈多和寡的消费者的策略

不同性格的消费者在购买活动中，有的爱说话，有的则沉默寡言。对爱说话的消费者，销售人员的接待要稳重，掌握分寸，多用纯业务性的语言，态度要热情；对少言的消费者，销售人员应根据他们的面部表情和目光注视方向等表现，及时摸清他们的购买意图，用客观的语言来介绍商品，并尽快找出共同语言，促使消费者的购买行为尽快实现。

（3）对待随意和疑虑的消费者的策略

随意型消费者对商品的性能和特点往往不太了解和熟悉，在选购商品时常表现出拿不定主意。销售人员应主动帮助他们出主意，检查商品的质量，挑选合适的商品，千万不要故弄玄虚，要诚信为本。对疑虑型消费者，销售人员的最好办法是尽量让他们自己去观察和选定商品，如果消费者有什么疑问的话，应该用真诚和客观的语言给以解释或介绍，尽可能帮助他们打消对商品的疑虑。

（4）对待购买行为积极和消极的消费者的策略

购买行为积极的消费者，购买目标明确，购买计划清楚，购买过程中的举止和语言表达比较流畅。销售人员在了解他们的意图后，应主动配合，使他们的购买行为迅速实现。购买行为消极的消费者，常常无明确的购买目标和意图，进店后能否产生购买行为，在很大程度上取决于销售人员能否积极、热情、主动地接待他们，并激发他们的购买热情，引发他们的购买行为。

（5）对待内向和外向型消费者的策略

内向型的消费者一般不愿和销售人员交谈，其中又包含两种情况：一种是自己不爱说话，但喜欢听别人讲，在别人的问话和鼓励下，有时也会滔滔不绝地讲自己的感受和需要；另一种是自己不爱讲话，也不喜欢别人话多，更讨厌别人的询问。对前一种消费者，销售人员要在热情主动介绍商品之后，谨慎地询问他的意见；对后一种人，销售人员要采取"关注，但是你不问，我也不回答你的态度"。这样，他们不会感到不热情，反而让其在轻松的心境中选购商品。外向型的消费者比较容易把握态度，这类消费者比较容易接待。

（6）对待不同情绪类型的消费者的策略

性格不同的消费者，在购买过程中，由于各种因素的影响，会有各种不同的情绪表现。对待情绪容易激动的消费者，销售人员应注意他们使用的语言，要冷静、耐心地接待，不能随便开玩笑，否则，会激起消费者情绪的兴奋而难以抑制。对待情绪温和的消费者，销售人员应该主动、热情地向他们介绍商品，为他们选择适合需要的商品，当好参谋。

【延伸阅读】　　　　　　　　　　**MBTI 性格类型**

世界上关于划分性格类型的理论有很多种，MBTI 性格类型理论是目前国际上最权威、最普遍使用的理论，因为只有它真正深入、系统地把握了人的性格（本我）。目前，它已被翻译成十多种语言的文字。据统计，世界前100强公司中有89％的公司引入使用MBTI作为员工和管理层自我发展、改善沟通、提升组织绩效的重要方法。

MBTI性格理论始于著名心理学家荣格的心理类型的学说，后经美国的Katharine Cook Briggs与Isabel Briggs Myers深入研究而发展成型。MBTI性格类型揭示了一个人深层的"本我"、真实的我、自我的核心，最本能、最自然的思维、感觉、行为模式，而不是在别人面前所表现出来的表面的性格特征。一个人的MBTI性格类型是由遗传、成长环境决定的，一旦形成，很难改变［存在有个别人在经历过特殊处境（如濒临死亡）后性格类型有改变的例外情况］，只有性格倾向的程度会随着年龄的增长而有所变化。

（1）五个维度

中国MBTI性格类型系统分为五个维度，每个维度有两个方向，共计10个方面，即共有10种性格特点，具体如表4-1所列。

表4-1　中国MBTI性格类型系统分类

我们与外界相互作用的程度以及自己的能量被引向何处	(E)外倾——内倾(I)
我们自然注意到的信息类型	(S)触觉——直觉(N)
我们做决定和得出结论的方法	(T)思维——情感(F)
我们喜欢以一种较固定的方式生活(或做决定),还是以一种更自然的方式生活(或获取信息)	(J)判断——知觉(P)
我们与其他人之间的相互作用方式	(A)主导——被动(B)

每个人的性格都在五种维度相应分界点的这边或那边，我们称之为"偏好"。例如：如果你落在外倾的那边，称为"你具有外倾的偏好"；如果你落在内倾的那边，称为"你具有内倾的偏好"。

在现实生活中，每个维度的两个方面你都会用到，只是其中的一个方面你用得更自然、更容易、更快、更舒适，就好像每个人都会用到左手和右手，习惯用左手的人是左撇子，习惯用右手的人是右撇子。同样，你的性格类型就是你用得更自然、更容易、更快、更舒适的那种。

（2）维度解释

① 我们与外界相互作用的程度以及自己的能量被引向何处。

外倾E：关注自己如何影响外部环境，将心理能量和注意力聚集于外部世界和与他人的交往上。例如，聚会、评论、聊天。

内倾I：关注外部环境的变化对自己的影响，将心理能量和注意力聚集于内部世界，注重自己的内心体验。例如，独立思考，看书，避免成为注意的中心，听的比说的多。

② 我们自然注意到的信息类型。

触觉S：关注由感觉器官获取的具体信息，看到的、听到的、闻到的、尝到的、触摸到的事物。例如，关注细节、喜欢描述、喜欢使用和琢磨已知的技能。

直觉N：关注事物的整体和发展变化趋势，灵感、预测、暗示，重视推理。例如，重视想象力和独创力，喜欢学习新技能，但容易厌倦，喜欢使用比喻，跳跃性地展现事实。

③ 我们做决定和得出结论的方法。

思维T：重视事物之间的逻辑关系，喜欢通过客观分析作决定评价。例如，理智、客观、公正。

情感F：以自己和他人的感受为重，将价值观作为判定标准。例如，对行为、对他人情感的影响敏感，认为圆滑和坦率同样重要。

④ 我们喜欢以一种较固定的方式生活（或做决定），还是以一种更自然的方式生活（或获取信息）。

判断 J：喜欢做计划和决定，愿意进行管理和控制，希望生活井然有序。例如，重视结果（重点在于完成任务），按部就班，有条理，尊重时间期限，喜欢做决定。

知觉 P：灵活，试图去理解，适应环境，倾向于留有余地，任事情自由发展。例如，重视过程，随信息的变化不断调整目标。

⑤ 我们与其他人之间的相互作用方式。

主导 A：倾向于主导别人。

被动 B：倾向于被别人主导。

 ## 第3节 消费能力与消费行为

【案例导入】

在消费维权领域有一个"职业打假人"群体，专门买假、买问题产品索赔，因此频频出入法庭并赢得官司。记者在沈阳采访发现，当地市区（县）两级法院进入司法程序的消费权益诉讼，九成是由职业打假人发起，被告多是沈阳各大超市，而原告总是固定的那么几个人。（2014 年 3 月 16 日新华网）

"职业打假人"的出现早已不是什么新闻，出现"职业打假人"群体，这没有什么不好，他们做的事都是法律允许范围内的事，而且是充满正能量的义举。既然可以名利双收，何乐而不为？但值得担忧的是，消费者维权不能只指望这些职业人，怎么让全民成为原告，这是一个大问题。

沈阳市区（县）两级法院称，在产品责任纠纷诉讼当中，被告多是沈阳各大超市，而原告总是固定的那么几个人。这不是什么值得庆幸的事。职业打假人的责任纠纷解决了，权益得到了维护，但并不代表广大消费者的权益就得了维护。而在新闻中我们也看到，这些职业打假人打假后，很多并未向工商、食品药品监管等行政部门进行举报，维权也仅仅停留在个人和某一次消费行为上。其他消费者的权益还会再次受到伤害。

而行政主管部门的位置往往比较被动，他们大多是在接到举报，查明确实有假冒伪劣商品后，才会责令经营者下架、召回商品、处罚等措施。当然，主管部门也应主动深入到商店、超市等基层突击检查，但作用也是有限的，因为你不可能时时刻刻盯着经营者，主管部门即使有这样的积极性，也没这样的能力。说白了，靠部门监管，那是力不从心。

职业打假人有限，行政主管部门乏力，消费者能靠谁？最靠得住的、最靠谱的还是自己。消费领域侵权行为屡屡发生，主要是因为以法律手段维护自身权益的人太少了，普通消费者往往没有这么浓厚的维权意识。姚明曾经在国外打了一个"一元钱"的官司，状告可口可乐公司侵犯其肖像权，外国人看了觉得很正常，而国内则有不少人认为姚明那么有钱，干嘛为了一元钱打官司？这就是典型的维权意识的匮乏。

此外，普通消费者缺乏对商品的认知、识别的能力，更缺乏应有的搜集证据、保留证据等能力。很多消费者在上当受骗之后，甚至完全没有意识到自己的权益被侵犯了，又何谈维权一说？

因此，在消费维权领域，消费者自身需要做的有很多。第一，加强自己的商品"敏感度"。购买商品时，要仔细看包装，多向售货员提问题，多了解产品。知情权固然有，但知

营销心理学实用教程

情的能力不可或缺。第二，增强自身"抗忽悠"的能力。卖方说得越好，越要警惕。第三，树立强烈的法律维权意识。国人遇事喜欢"忍"，这个性格必须改，法律的武器既然摆在那儿，就应懂得利用。

.　做到了这三点，消费者人人都成了"打假斗士"，职业打假人也就消失了，假冒伪劣商品自然也就成了过街老鼠，人人喊打。那时才是消费者维权的春天。（摘自大众网《消费维权不能只靠职业打假人》，作者：王磊）

【应用知识】

3.1　能力的含义和分类

能力是指人们顺利地完成某种活动所必须具备的、直接影响活动效率的个性心理特征。例如，在学习活动中，人们要具有观察能力、记忆能力、思维能力、想象能力、分析问题和解决问题的能力等等。

按不同的标准，能力有以下几种分类方法。

（1）按照能力的倾向性分为一般能力和特殊能力

一般能力是指人们从事各种活动所必须具备的，并在其中表现出来的能力。一般能力的有机结合称为智力，主要包括观察力、注意力、记忆力、想象力、思维能力等五种基本能力。特殊能力是指人们完成某种专业活动所需要具备的专门能力，如语言表达能力、运算能力、逻辑判断能力、鉴赏能力、音乐能力、绘画能力等。

（2）按照能力的功能分为认知能力、操作能力和社会交往能力

认知能力是指人们对客观事物观察、分析、概括、理解和掌握的能力，例如观察能力、分析能力、理解能力等。操作能力又称动手能力，是指操作、制作和运用的能力，如劳动能力、计算机操作能力、驾车能力、体育运动能力等。社会交往能力是指人们在社会交往活动中所表现出来的能力，如组织能力、管理能力、公关能力、言语表达能力等。

（3）按照能力的创造性程度分为再造能力和创造能力

再造能力又称模仿能力，是指仿效他人的言行举止而引起的与之相类似的行为活动的能力。创造能力又称创新能力，是指人们产生新思想、发现和创造新事物的能力。

3.2　消费能力

消费能力，包括对商品的辨别力、挑选力、评价力、鉴赏力、决策力等，消费者的消费能力如何，可以从他们购买商品的全部过程和购买结果中做出评价。

消费活动是一项范围广泛、内容复杂的社会实践活动。不同消费者的消费能力是有差异的，并影响着消费者自身的购买行为。

消费能力主要表现在对商品的认知能力、评价能力和选购商品时的决策能力、从事特殊消费具有的特殊能力、对自身权益的维护能力等多个方面。

（1）对商品的感知、记忆和辨别能力

对商品的感知、记忆和辨别能力是指消费者识别、了解和认识商品的能力。它是消费者认识商品的前提，也是形成对商品第一印象的条件。因此，可以说感知、记忆和辨别能力是消费者购买行为的先导。

由于消费者在生理机能、心理机能和生活环境方面的不同，以及在商品知识和购买经验上的差异，使他们对商品的感知、记忆和辨别能力存在较大的差别。同一件商品，有的消费者就其外形和内部结构能够迅速、准确地感知，并形成相应的看法，反映出较强的观察事物的能力；有的消费者则往往需要较长的时间才能形成对商品的认识，或只能从外表上了解大概，不能迅速抓住事物的主要特征。例如，普通消费者购买电冰箱，只借助一般的商品知识介绍和购买经验，从电冰箱的外观造型、颜色、大小来认识该电冰箱是否理想，而感知、记忆和辨别能力强的消费者，不仅要观察电冰箱的外部特征，而且要通过观察电冰箱的内部结构及其运行情况来认识该电冰箱品质的好坏。

（2）对商品的分析评价能力

分析评价能力是指消费者依据一定的标准，分析判断商品性能、质量，从而确定商品价值大小的能力。消费者的分析评价能力的高低，主要取决于其思维能力和思维方式，并受个人知识、经验、审美观的影响，直接影响其购买行为。

分析评价能力高的消费者购买商品时，能积极主动地收集有关信息，能清楚了解商品的优缺点，对于商品广告有比较全面而正确的认识，对于企业采取的一些正常的和不正常的促销手段有相当的判断力。有的消费者对商品知识的了解相当全面，甚至是某方面的行家里手，具有很高的鉴赏能力和审美能力。鉴赏能力是一种较高层次的分析评价能力，审美能力是用美的价值标准来评价商品的能力。审美和鉴赏能力高的消费者善于从美学角度出发，发现商品美的价值，提高自己的审美情趣和美化自己的生活环境。

消费者分析评价能力的高低对一些新产品的销售有着很大的影响。分析评价能力高的消费者能依据一定的标准和收集到的各种信息，及时地分析判断，准确地做出评价，而分析评价能力低的人往往要等大多数人都使用了后才购买。

（3）购买决策能力

购买决策能力是指消费者及时、果断、正确地做出购买决定，购买到满意商品的能力。这是消费者购买行为中最主要的能力，直接决定消费者的购买行为能否实现。购买决策能力的高低，直接受消费者自信心、情境因素的影响，在不同消费者身上具有很大的差异。有的消费者能根据自己对商品的判断，及时做出决定，采取购买行动，而有的消费者在购买行动中常常表现出犹豫不决、优柔寡断、受别人看法的左右，不能根据实际情况果断采取行动，常常错失良机，后悔不已。消费者在购买过程中除了需具备上述一般的购买能力之外，有时还需要具有一些特殊的能力，如视听能力、皮肤感受能力、色彩辨别能力、商品检验能力、言语沟通能力以及讨价还价能力等，以便在选购某些特殊商品或在特殊的购买场所顺利地实现自己的购买行为。

（4）从事特殊消费活动的特殊能力

特殊能力是指消费者购买和使用某些专业商品时所应具有的能力。通常表现以专业知识和专业技能为基础的消费技能。特殊能力在各种各样的商品中有着不同的表现形式，例如购买古玩、艺术品、数码电子产品、名贵药材等不同商品需要有各自特殊的能力，可以辨别鉴赏，防止上当。

（5）消费者对自身权益的保护能力

保护自身权益是现代社会消费者必须具备的又一重要能力。消费者首先要树立权益保护意识，当合法权益受到侵犯时，消费者能够果断识别，通过合理、合法的渠道和方式维护自身权益。

3.3　能力理论对营销活动的意义

消费者在消费活动中，能力表现存在明显差异，有的消费者具有全面的能力，对商品、价格、市场等信息非常熟悉，有的甚至超越销售人员。对此，需要按照消费者自己的意志做出购买决策和行为。对于能力一般的消费者而言，需要销售人员耐心提供广泛参考意见，帮助消费者决策购买。对于能力不足的消费者，需要关心照顾，不可挖苦嘲笑。

消费者在购买活动中的能力，除本身素质是重要的基础外，还有许多其他因素也发挥了作用。如向消费者传递商品信息，讲解商品知识，培训保养维修方法，示范使用操作技术等，能够培养消费者的消费技能。

消费实践活动是消费者能力发展的决定性条件，它制约着能力发展的性质与水平。人的能力是在实践中表现出来的，因此，在营销活动中，消费者购买行为的多样性或差异性也一定会在购买活动中表现出来。这就为促进销售，引导消费创造了依据。另一方面，企业的营销工作应讲究职业道德，切不可有意利用顾客的能力弱点去推销伪劣商品，欺诈顾客。由于营销服务人员的营销能力与服务效果有密切的联系，所以营销人员也要通过实践和加强理论学习，不断提高自己的营销能力。

【延伸阅读】　　　　培育消费技能：提高消费满足程度的关键

消费技能是指在一定的货币支付能力前提下，消费者为了满足自己的物质文化生活需要而和消费资料相结合的技术和能力，也就是消费者所具备的关于如何购买消费资料、使用消费资料的知识和技能。这种能力不同于货币支付能力。因为后者仅仅决定着消费者能否买得起消费资料，而前者却从根本上决定着消费者能否从产品中获得消费满足，即消费目的能否实现，进而决定着消费者再消费的热情，并最终影响到整个社会再生产的持续进行。

消费技能的内容很广泛，主要包括消费决策技能、商品识别技能、商品使用维护技能以及劳务和精神文化产品等服务性消费技能等。

戎素云和郭广辉认为，社会的发展对消费者提出了越来越高的知识和技术要求，消费者只有紧跟时代发展的步伐，提高消费能力，才能实现与消费资料的完美结合。他们提出，企业可以运用以下几种策略培育消费者的消费技能。

(1) 提高对培育顾客能力的认识

顾客能力属于消费力范畴。消费力和生产力关系密切，生产力决定着消费力的性质、状况和发展，但消费力反过来又制约着生产力。马克思曾说过："消费的能力是消费的条件，因而是消费的首要手段。而这种能力是一种个人才能的发展，一种生产力的发展。"可见，顾客能力的发展是生产力发展的重要前提之一。顾客能力的提高，一方面通过顾客的购买消费活动，创造出新的消费需求，为生产力的发展开拓新的生产领域，使社会生产力得以进步；另一方面又使更为丰富多彩的消费对象被纳入消费领域，为消费力自身的实现提供了更优越的条件，使生产力中人力要素的再生产得以高水平进行，从而可以更好地"生产出生产者的素质"，推动生产力的发展。所以，要实现消费力和生产力的良性互动，必须要提高顾客能力。当前，我国企业的现代化建设正在进行，促进这一目标的早日实现，顾客的现代化是关键。

(2) 通过企业的良好信誉来提高顾客能力和顾客忠诚度

企业的良好信誉是企业的无形资产。它是企业产品（包括服务）吸引顾客的前提。作为优质的信号，信誉良好可以提高顾客对产品的认知程度，降低顾客的搜寻成本和购买的风险，使顾客获得更多的满意。顾客满意度越高，顾客价值也就越大，顾客忠诚度就越易提高。Mckinsey咨询公司的研究结果表明，客户忠诚带来重复购买的价值相当于新客户购买价值的两倍。可见，树立企业的良好信誉有利于提高顾客能力和提升顾客价值。

(3) 加强对农村顾客等弱势顾客群体的能力培育

目前，我国农村顾客思想观念比较保守、落后，文化知识水平较低，所以其不仅对产品的识别能力和使用、维护能力较差，而且接受新产品、新技术的能力较城市顾客也略逊一筹。另外，我国农村顾客维权能力薄弱。有资料显示，我国农村消费者有 9 亿之多，其消费权益受到损害数量之多、程度之深已是尽人皆知，但农村消费者维权者寥寥无几，每年涉及农村消费者的投诉竟不足 5 万件。这种情况一定程度上影响了农村顾客的购买水平和质量，也影响了农村顾客的价值评判。而当前我国顾客能力培育的薄弱环节恰恰在农村。根据"木桶原理"，可以说在推进我国顾客现代化的进程中，农村顾客现代化水平的改善从根本上决定着我国顾客整体的现代化程度。因此，加强农村顾客能力培育时不我待。

（4）开设顾客能力培育课堂

对顾客进行能力培育，是在新形势下企业适应市场发展，谋求自身可持续发展的内在要求。课堂形式可以灵活多样，比如，企业聘请专门人员在固定教室授课，也可以通过远程教育形式在网上授课；还可进入社区、乡村或家庭现场授课。授课的内容要贴近顾客生活，重点向顾客传授购买决策技术、商品识别技术、使用技术和维护保养技术，普及精神文化产品的欣赏艺术等。同时，还要向顾客传授有关市场知识、新兴产品知识、服务内容、消费方式和新的生活方式，以期影响顾客的价值观念，丰富顾客的市场知识和商品知识，使顾客于潜移默化之中乐于接受新鲜事物，从而改善顾客的价值评判标准。

（5）通过促销活动提高顾客能力

企业促销活动的基本功能是沟通信息。通过广告、人员推销、营业推广和公共关系，企业一方面可以把产品和服务信息传递给顾客，使顾客拥有产品和服务知识；另一方面，还可以诱导和说服顾客，影响顾客改变其购买行为和消费方式，改变传统的观念和对价值的判断。从而对顾客能力的培育产生极为有效的推动作用。

【实训练习】

项目一　根据以下案例分析顾客的个性心理特征，并总结应该如何正确接待不同个性的顾客

【实训目标】

1. 培养学生分析、判断消费者个性心理的能力。

2. 培养学生根据消费者个性提供销售服务的能力。

案例一

（某建材超市内）

销售人员：这款得尔地板是最新到的，卖得特别火，您看……

顾客：得尔？噢，我知道，不就是×××做的广告吗？你们为什么请×××做广告呀？×××是老星了……

销售人员：请谁做广告那是公司的事，我们也没权决定，再说了公司请×××做广告，总有公司的考虑，（顾客显然意犹未尽，销售人员不等顾客表达完，也抢过话题，担心顾客的话题偏离销售跑道）其实，怎样能够买到称心如意的地板才是关键。您看这款新品，颜色花纹都很精致……（销售人员极力介绍产品优点，但顾客对产品的兴趣还是没有打开）

顾客：请×××做广告，我们消费者还得为×××付广告费！（强行把话题又拉回到×××的广告主题来，欲再表现一番）

销售人员：请谁做广告还不都得花广告费，不单单是请×××呀！（也毫不示弱）

顾客：我才没傻到为别人花冤枉钱的地步！（丢下销售人员扬长而去）

案例二

（一大卖场内某保健品促销导购与一欲买脑白金顾客的销售对话）

一位 30 多岁的男性顾客，大踏步直接来到保健品柜台前，拿起脑白金就走。（注意其行为：动作大、目标感明确，讲究效率，果断、直接的顾客）

销售人员：先生买脑白金呀，它只管睡眠的，你睡眠不好吗？（说话直接、果断，还略带强势的质问）

顾客：我当水喝，可以吧?!（语气生硬，厌烦销售人员直接拷问的销售方式。到此，销售人员如意识到客户是黄色性格，应马上变逞强为示弱）

销售人员：您别当水喝呀！这水也太贵了呀！你倒不如看看金日心源素，它解决睡眠可以治本。

顾客：我就要脑白金了，就不要金日心源素，（招呼其他导购）给我拿两盒脑白金，帮我提到收银台！（顾客声调提高 8 度，语气强硬，支配欲大增）

案例三

（保健品销售专区，一位 40 岁左右的知识女性在认真、仔细挑选保健品）

销售人员：大姐，您好！买保健品？

顾客：（不答话）

销售人员：是自己吃还是送人的？

顾客：（还是不答话）

销售人员：大姐，您看这盒西洋参口服液卖得挺好的，大品牌，真材实料，吃了有效果，也放心！（见顾客的眼光落在西洋参口服液上，销售人员随即介绍）

顾客：（持续无反应）

销售人员：大姐，要不您看看这个产品，心源素，养心健脑、延缓衰老，特别适合像您这样工作压力大的知识分子服用！（销售人员拿下产品，递给顾客）

顾客：哦……（终于开口，接过产品）

销售人员：您看配方，西洋参、三七、五味子、VE，每种都是珍贵补品！对于头晕、失眠有很好的作用！大姐，您睡眠好吗？

顾客：（放下产品，无表情无语言，离开了保健品专区）

销售人员自言自语：真难侍候，半天不说一句话，一看就不是来买东西的！

案例四

一对母女在挑选保健品，比较了好几个厂家的产品，销售人员已为其介绍了 5 种滋补保健品，每介绍一种产品，顾客都客气地点头说好，但左好右好，总是拿不定主意，最后女儿终于为母亲挑中"虫草鸡精"，女儿正欲去付款，母亲又犹豫了。

母亲：闺女，不要了，太贵，一盒 100 多呢！这可是我一个星期的伙食费了！

（母亲推托，女儿也有点犹豫了，销售人员见状，微笑着上前）

销售人员：阿姨，您真有福气！女儿这么孝顺，别人大多是自己到商场买一些保健品，也不知道父母合不合适吃！您闺女就不一样，亲自带您来精心挑选！阿姨，真羡慕您！（赞美中暗暗推动鼓励，一推一鼓励，帮助她拿主意，做决定）

大姐，您真孝顺，也很有眼光，冬虫夏草的确具有"补肾益肺"的功能，对老年人的腰也有强壮作用！（转向女儿，赞美中再次暗暗推动鼓励，二推二鼓励!）

女儿：是吗？

母亲：东西是不错，可价格高了。（语气不再坚定、信心开始动摇）

销售人员：阿姨，女儿有这个孝心，您就给她一次机会，成全女儿的孝心，否则女儿也会难过的！（三推三鼓励）

母亲：您真会说话，那就买吧，时间不早了，我们来超市都 1 个多小时了，赶紧回去吧!

销售人员:好的,我拿一个礼品袋给您装上,大姐,您对您妈这么好!我加送你们一盒赠品吧!(微笑,再顺势送上本来就配备有的小礼品)

【成果检测】

分小组讨论,根据分析和讨论情况以及给出的建议对每位学生进行计分评定。

项目二　分析自己的个性与购买行为

【实训目标】

1. 培养学生自我认知的能力。

2. 培养学生理解消费者个性与购买行为关系的能力。

【内容与要求】

将班级以4～5人分成小组。

1. 各组内同学对自己的气质类型进行剖析,其他同学予以补充完善。

2. 以购买服装为例分析不同个性同学在购买过程中的行为表现,每小组形成一份总结报告。

【成果检测】

根据分析和讨论情况以及小组的总结报告对每组学生进行计分评定。

项目三　气质测试

下面共有60个问题,只要你能根据自己的实际行为表现如实回答,就能帮助你确定自己的气质类型,但必须做到:

• 回答时请不要猜测题目内容要求,也就是说不要去推敲答案的正确性,以下题目答案本身无所谓正确与错误之分。

• 回答要迅速,整个问卷限在5～10分钟之内完成。

• 每一个都必须回答,不能有空题。

• 在回答下列问题时,你认为很符合自己情况的,记2分;比较符合自己情况的,记1分;介乎符合与不符合之间的,记0分;认为不符合的,记-1分;完全不符合的记-2分。

① 做事力求稳妥,不做无把握的事。

② 遇到可气的事就怒不可遏,想把心里话全说出来才痛快。

③ 宁肯一个人干事,也不愿很多人在一起。

④ 到一个新环境很快就能适应。

⑤ 厌恶那些强烈的刺激,如尖叫、噪声、危险镜头等。

⑥ 和人争吵时,总是先发制人,喜欢挑衅。

⑦ 喜欢安静的环境。

⑧ 善于和人交往。

⑨ 羡慕那种善于克制自己感情的人。

⑩ 生活有规律,很少违反作息制度。

⑪ 在多数情况下情绪是乐观的。

⑫ 碰到陌生人觉得很拘束。

⑬ 遇到令人气愤的事,能很好地自我克制。

⑭ 做事总是有旺盛的精力。

⑮ 遇到问题常常举棋不定,优柔寡断。

⑯ 在人群中从不觉得过分拘束。
⑰ 情绪高昂时，觉得干什么都有趣；情绪低落时又觉得干什么都没有意思。
⑱ 当注意力集中于一事物时，别的事很难使我分心。
⑲ 理解问题总比别人快。
⑳ 碰到危险情景，常有一种极度恐怖感。
㉑ 对学习、工作、事业怀有很高的热情。
㉒ 能够长时间做枯燥、单调的工作。
㉓ 符合兴趣的事情，干起来劲头十足，否则就不想干。
㉔ 一点小事就能引起情绪波动。
㉕ 讨厌做那种需要耐心、细致的工作。
㉖ 与人交往不卑不亢。
㉗ 喜欢参加热烈的活动。
㉘ 爱看感情细腻，描写人物内心活动的文学作品。
㉙ 工作或学习时间长了，常感到厌倦。
㉚ 不喜欢长时间谈论一个问题，愿意实际动手干。
㉛ 宁愿侃侃而谈，不愿窃窃私语。
㉜ 别人说我总是闷闷不乐。
㉝ 理解问题常常比别人慢。
㉞ 疲倦时只要短暂地休息就能精神抖擞。
㉟ 心里有话宁愿自己想，也不愿说出来。
㊱ 认准一个目标就希望尽快实现，不达目的，誓不罢休。
㊲ 学习、工作同样长时间，常比别人更疲倦。
㊳ 做事有些莽撞，常常不考虑后果。
㊴ 老师讲授新知识时，总希望他讲慢点，多重复几遍。
㊵ 能够很快地忘记那些不愉快的事情。
㊶ 做作业或完成一件工作总比别人花的时间多。
㊷ 喜欢运动量大的体育活动，或参加各种文艺活动。
㊸ 不能很快地把注意力从一件事转移到另一件事上去。
㊹ 接受一个任务后，就希望把它迅速解决。
㊺ 认为墨守成规比冒风险强些。
㊻ 能够同时注意几件事物。
㊼ 当我烦闷的时候，别人很难使我高兴起来。
㊽ 爱看情节起伏、激动人心的小说。
㊾ 对工作抱认真严谨、始终如一的态度。
㊿ 和周围人们的关系总是相处不好。
(51) 喜欢复习学过的知识，重复做已经掌握的工作。
(52) 希望做变化大的、花样多的工作。
(53) 小时候会背的诗歌，我似乎比别人记得清楚。
(54) 别人说我“出语伤人”，可我并不觉得是这样。
(55) 在体育活动中，常因反应太慢而落后。
(56) 反应敏捷，头脑机智。
(57) 喜欢有条理而不麻烦的工作。

⑧ 兴奋的事常使我失眠。

⑨ 老师讲新知识常常听不懂，但弄懂后就很难忘记。

⑩ 假如工作枯燥无味，马上就会情绪低落。

（1）简介

该气质问卷测验是由陈会昌、张拓基同志根据传统的四种气质类型学说编制而成的，人们大多采用气质测验来确定个体的气质类型或特征。

（2）内容

气质量表共有 60 题，每种气质类型 15 题，测验方式是自陈式。它包含的气质类型有：胆汁质（不可抑制型，战斗型，兴奋型）；多血质（活泼型）；黏液质（安静型）；抑郁质（弱型）。

（3）评分方法

气质量化评分采取数字等级制，选择很符合自己情况的记 2 分；比较符合的记 1 分；完全不符合的记－2 分；比较不符合的记－1 分；介于符合与不符合之间的记 0 分。四种气质类型相应的题号见如下所列。

胆汁质：2，6，9，14，17，21，27，31，36，38，42，48，50，54，58。

多血质：4，8，11，16，19，23，25，29，34，40，44，46，52，56，60。

黏液质：1，7，10，13，18，22，26，30，33，39，43，45，49，55，57。

抑郁质：3，5，12，15，20，24，28，32，35，37，41，47，51，53，59。

（4）测试结果

如果某一种气质类型的得分明显地高于其他三种（均高出 4 分以上），则可定被测试者为该气质类型。如果两种气质的得分接近（差异低于 3 分），而又明显地高于其他两种（高出 4 分以上），则可定其气质为两种气质的混合型。如果三种气质的得分接近但均高于第四种，则可定其气质为三种气质的混合型。由此，计有以下 13 种气质类型：胆汁质、多血质、黏液质、抑郁质、胆汁质-多血质、多血质-黏液质、黏液质-抑郁质、胆汁质-抑郁质、胆汁质-黏液质、多血质-黏液质-抑郁质、胆汁质-多血质-抑郁质、胆汁质-黏液质-抑郁质、胆汁质-多血质-黏液质-抑郁质。

第5章 不同人口学特征消费者的消费心理

【教学目标】

★**知识目标**

1. 掌握不同年龄阶段消费群体的消费心理特点；

2. 掌握女性和男性的消费心理特点；

3. 掌握受教育程度不同和不同职业消费者的消费心理差异及表现。

★**能力目标**

1. 培养针对不同年龄阶段消费群体制定和实施营销策略的能力；

2. 培养针对不同性别消费者制定和实施营销策略的能力；

3. 培养针对不同受教育程度和职业消费者制定和实施营销策略的能力。

 第1节 不同年龄段消费者的消费心理

【案例导入】

手机已经成为现代大众生活中一种必备的通信工具。但不同年龄段的消费者有不同的消费心理。12～15岁的消费人群正处于初中阶段，手机一般是由家里人买。到了15～18岁，这一阶段的消费者多为高中或者是中专生，手机多数仍为家人购买，但他们已经开始有了攀比的心理，追求样式和品牌，可能不会买太新潮的，但也不会用牌子很老的手机。18～22岁的消费人群，一类是在校大学生，他们购买手机特别强调是自己喜欢的，追求样式、功能、质量、品牌；对价格不是特别在意；还有一类是高中或中专毕业的学生，他们开始工作了，自己赚钱买手机，会注重价格因素，一般不会买价格特别高的。22～30岁的消费人群，职业生涯已经开始，并逐步走向稳定。他们比较注重流行元素，多数会买知名名牌的手机，对功能、样式、质量、都会追求，并很在乎周围的人是否认同。30～40岁的消费人群，多是赚钱养家的人，也是负担最重的时候，上有老下有小，不管买什么，都会想很久。所以这个年龄段的消费者购买手机时，会根据自身的收入和消费情况以及需求来选择，更注重质量和品牌。

【应用知识】

1.1 少年儿童的消费心理

少年儿童消费者群体是由0～14岁的消费者组成的群体。这一部分消费者又可根据年龄特征分为儿童消费者群体（0～11岁）和少年消费者群体（11～14岁）。这部分消费者在人口总数中占有较大比例。从世界范围看，年轻人口型国家中，0～14岁的少年儿童占30％～40％；老年人口型国家中，儿童占30％左右。我国人口的这一比例为30％～40％，这一年龄阶段的消费者构成了一支庞大的消费大军，形成了具有特定心理特点的消费者群体。

受生理发育和外部环境因素的影响，少年儿童的消费心理变化幅度最大。这种变化在不同的年龄阶段表现得最为明显，一般可以把0～11岁儿童分为三个年龄阶段，即乳婴期（0～3岁）；学前期（3～6岁，又称幼儿期）和学龄初期（6～11岁，又称童年期）。在这三个阶段中，儿童的心理与行为会出现三次质的飞跃，表现在心理上，逐渐有了认识能力、意识情趣、爱好、意志、情绪情感等心理品质；学会了在感知和思维的基础上解决简单的问题，行为方式上也逐渐从完全被动转为不断主动，尤其是11～14岁少年消费者群体，生理上呈现第二个发育高峰，心理上也有较大变化，如有了自尊与被尊重的要求，逻辑思维能力增强。

1.1.1　儿童消费者群体的消费心理特征

(1) 从纯生理性需要逐渐发展为带有社会性的需要

儿童在婴幼儿时期，消费需要主要表现为生理性的，且完全依赖他人完成，随着年龄的增长，自我意识不断增强，儿童的消费需要从本能的需要发展为带有社会性的需要。学前期的儿童学会了比较，年龄越大，这种比较越深刻。此时的儿童仅是商品和服务的使用者，而很少成为直接购买者。进入学龄期的儿童则具有了一定的购买意识，并对家长的购买决策产生影响。有的还可以单独购买。

(2) 以依赖为主，逐渐增强个人意识

由于儿童的购买能力还没有完全独立，在购买商品时，往往缺少自己的主见，因此，他们表现出很大的依赖性，而且年龄越小，依赖性越大。他们只知道要这样购买商品，而不考虑为什么要如此购买。通常，老师、父母对他们的购买决策有重要的影响。在学习用品上通常老师的建议更具影响力，而在生活上，父母的建议显得更为重要。

(3) 好奇心和模仿动机强

儿童在购物时明显表现出天真好奇的消费心理。他们对商品的兴趣和注意往往由商品的外在刺激引起，如鲜艳的颜色、奇怪的形状、漂亮的包装等对儿童都会形成视觉刺激，引发儿童的购买欲望。儿童的需求标准往往是成人所难以理解的，如一些制作精美的高级糖果引发不了孩子们的食欲和兴趣，而那些制作简单的糖果却因为包装内附有各种不同的小玩具则备受他们青睐。超市商家总是将琳琅满目的儿童食品、玩具等不失时机地放置在儿童伸手可及的货架上。正是儿童的天真好奇，使他们具有很强的模仿动机，在选购商品时，他们不断受到外来因素的影响，主要是模仿自己的父母和身边的伙伴，许多风靡一时的儿童玩具，如赛车、滑板等，之所以畅销到几乎每名儿童都会拥有的程度，正是由于儿童竞相模仿购买的结果。

(4) 消费的直观性和可塑性心理

儿童对外界事物的认识主要是直观表象的形式，缺乏逻辑思维。他们只从商品的直观印象上而不注意商品的品牌和生产厂家、比较商品的质量和性能等。由于少年儿童又处于认识事物的学习阶段，易于接受新生事物，同时他们的思维批判性尚未发展成熟，对老师、书本知识和传播媒体的观点往往深信不疑，在消费心理上，通常表现为容易被那些动人的推销宣传所说服和左右。

1.1.2　少年消费者群体的消费心理特征

少年期是儿童向青年过渡的时期。少年期是依赖与独立、成熟与幼稚、自觉性和被动性交织在一起的时期。少年消费者群体的消费心理特征可以从以下几点表现出来。

（1）有成人感，独立性增强

有成人感是少年消费者自我意识发展的显著心理特征。他们认为自己已长大成人，应该有成年人的权利与地位，要求受到尊重，学习、生活、交友都不希望父母过多干涉，而希望能按自己的意愿行事。在消费心理上，表现出不愿受父母束缚，要求自主、独立地购买所喜欢的商品。他们的消费需求倾向和购买行为尽管还不成熟，有时会与父母发生矛盾，却正在形成之中。

（2）购买行为趋向稳定

少年时期的消费者，对社会环境的认识不断加深，有意识的思维与行为增多，兴趣趋于稳定。随着购买活动次数的增加，对商品的分析、判断、评价能力逐渐增强，购买行为趋于习惯化、稳定化，购买的倾向性也开始确立，购买动机与实际的吻合度有所提高。

（3）从受家庭的影响转向受社会的影响，受影响的范围逐渐扩大

儿童期的消费者主要受家庭的影响。少年消费者则由于参与集体学习、集体活动，与社会的接触机会增多、范围扩大，受社会环境影响比重逐渐上升。这种影响包括新环境、新事物、新知识、新产品等内容，其消费影响媒介主要是同学、朋友、明星、书籍、大众传媒等。与家庭相比，他们更乐于接受社会的影响。

1.1.3　面向少年儿童消费者群体的营销心理策略

少年儿童消费者构成了一个庞大的消费市场。把握少年儿童的心理特征，是为了刺激其购买动机，满足他们的心理和物质需求，积极培养、激发和引导他们的消费欲望，从而大力开发这一具有极大潜力的消费市场。为此，商家可以采用以下几种营销策略。

（1）根据不同对象，采取不同的组合策略

乳婴期的儿童，一般由父母为其购买商品。企业对商品的设计要求、广告诉求和价格制定可以完全从父母的消费心理出发。商品质量要考虑父母对儿童给予保护、追求安全的心理，生活用品和服装要适应不同父母审美情趣的要求。学龄前期的儿童不同程度的参与了父母为其购买商品的活动。因此，企业既要考虑父母的要求，也要考虑儿童的兴趣。玩具用品的外观要符合儿童的心理特点，价格要符合父母的要求，用途要迎合父母提高儿童智力及各方面能力的需要。

（2）改善外观设计，增强商品的吸引力

少年儿童对商品的选择多依赖商品的外观形象。商品的外观形象对他们的购买行为具有重要的支配作用。为此，企业在儿童用品的造型、色彩等外观设计上，要考虑儿童的心理特点，力求生动活泼、色彩鲜明，如用动物头像做成牙刷，用儿童喜爱的卡通形象，如奥特曼等作为服装装饰图案，以此增强商品的吸引力。

（3）树立品牌形象

少年儿童的记忆力很好，一些别具特色并为少年儿童喜爱的品牌、商标图案和造型在进行广告宣传时，要针对少年儿童的心理偏好，使他们能够对品牌产生深刻印象，并且还要不断努力在产品质量、服务态度上狠下功夫，使少年儿童能够长期保留对企业及商品的良好印象。

1.2　青年的消费心理

1.2.1　青年消费群体的心理特点

青年是指由少年向中年过渡的人群。处于这一时期的消费者，形成了青年消费者群体。

不同的国家和地区由于自然条件、风俗习惯、经济发展水平不同，人的成熟早晚各异，所以青年的年龄范围也不一致。在我国，青年一般指年龄在15～35岁的消费者。青年不仅已经形成巨大的消费市场，而且是一个潜力巨大的消费群体。这不仅因为青年人数众多，而且由于青年的消费需求广泛，内容丰富。国际上统计数字表明，青年约占总人口的1/5。目前，我国青年人数近3亿，约占总人口的1/4。

在消费心理上，青年消费者群体与其他消费者群体有许多不同之处，表现在以下几方面。

(1) 追求时尚，尝试创新

青年人典型的心理特征之一就是思维敏捷、思想活跃、追求新潮，对未来充满希望，并具有冒险和创新精神。任何新事物、新知识都会使他们感到新奇、渴望并大胆追求。这些心理特征反映在消费心理方面就是追求新颖与时尚，力图站在时代前列，领导消费新潮流。青年消费群体往往是新商品、新的消费方式的追求者、尝试者和推广者。例如，青年是追求时尚的第一代人，也是信息技术、化妆品、服装、休闲食品等时尚产品最主要和最有实力的购买群体。青年群体目前成为网上购物和信用卡消费的主力军，他们率先享受新型购物方式带来的便利和乐趣。

(2) 追求个性，表现自我

处于青春时期的消费者自我意识迅速增强。他们追求个性独立，希望确立自我价值，形成完美的个性形象，因而非常喜爱个性化的商品，并力求在消费活动中充分展示自我。以耐克、可口可乐、三星、苹果、星巴克为代表的成功品牌迅速崛起的背后反映的是"新新人类"时尚、个性消费文化极速扩展的历史现象。正是依托于新新人类张扬个性、背逆传统、追求自我、追随时尚的文化特征，这些品牌成功地建立起以"新新人类、时尚个性、消费文化"为核心的品牌内涵，形成了"时尚、快乐、青春"的品牌个性。

(3) 科学消费与冲动性购买并存

青年消费群体消费倾向趋于稳定成熟，在追求时尚、表现个性的同时，也具有较强的追求科学和使用消费的心理，要求商品货真价实、经济实用。由于青年群体大多具有一定文化水准，接触信息多，在选购商品时有独特眼光，购买行为表现出成熟性。但同时，处于少年到成年的过渡阶段的青年消费者并未彻底成熟，加上阅历有限，思想倾向、志趣爱好等还不完全稳定，行动易受感情支配，反映在消费活动中，表现为青年消费者易受客观环境的影响，情感变化剧烈，经常发生冲动性购买行为。同时，在购买时容易感情用事，直觉告诉他们商品是好的，他们就会产生积极的情感，从而迅速做出购买决策。靠直观选择商品的习惯使他们特别看重商品的外形、款式、颜色、牌子和商标。往往忽略商品的内在质量、价格、是否会很快过时等问题，这也是冲动购买的一种表现。青年消费的冲动性对那些刚入市的新产品而言无疑是促销的最佳着眼点。

(4) 具有超前消费意识

青年人消费观念新颖，时代感强，加上追求个性和展现自我，在消费中也常常表现出一些消极的心理，如贪图享受、虚荣性强。收入水平与消费水平不成比例，在青年学生群体中，表现尤为突出。一项大学生消费行为调查表明，大学生总体消费行为健康，但存在享乐消费、攀比消费和盲目从众的现象。

对于走上工作岗位的青年来说，他们的超前消费意识或许更具积极意义。许多青年群体戏称自己为"房奴、车奴、卡奴"，反映了青年群体在追求消费的同时也依靠自身的努力奋斗补偿透支的消费。

营销心理学实用教程

1.2.2　面向青年消费者群体的营销心理策略

企业要想争取到青年消费者市场，必须针对青年消费者群体的心理特征，制定相应的营销心理策略。

（1）满足青年消费者多层次的心理需要

产品的设计、开发要能满足青年消费者多层次的心理需要，以商品刺激他们产生购买动机。青年消费者进入社会后，除了生理、安全保障需要之外，还产生了社会交往、自尊、成就感等多方面的精神需要。企业开发的各类商品，既要具备实用价值，更要满足青年消费者不同的心理需要。比如，个性化的产品会使青年消费者感到自己与众不同。名牌皮包、时装会表现拥有者的成就感和社会地位感，特别受到青年消费者的青睐。

（2）开发时尚产品，引导消费潮流

青年消费者学习和接受新事物快，富于想象力和好奇心，在消费上追求时尚、新颖。每个时期、每个年代的时尚是不断变化的，企业要适应青年消费者的心理，开发各类时尚产品，引导青年消费者消费。

（3）注重个性化产品的生产、营销

个性化的产品、与众不同的另类商品被青年消费者称为"酷"而大受欢迎。企业在产品的设计、生产中，要改变传统思维方式，要面向青年消费者开发个性产品。尤其是服装、装饰品、书包、手袋、手机、MP3 等外显商品的设计生产，要改变千篇一律的大众化设计，寻求特性，以树立消费者的个性形象。在市场销售过程中也应注重个性化，如在商场设立形象设计顾问，帮助顾客挑选化妆品、设计发型；在时装销售现场，帮助青年消费者进行个性化的着装设计，推荐购买穿着类商品和饰物。

（4）缩小差距，追求商品的共同点

青年消费者由于职业、收入水平不同，产生了不同的消费阶层。他们在商品的购买上，也有因收入不同带来的差别。但是，青年人好胜、不服输的天性又使这种差别的表现方式不十分明显。例如，城市中青年人结婚的居室布置也广为农村青年所模仿，房屋装修、家用电器一应俱全。但是其商品的品牌、质量还是有所不同。企业在开拓青年消费者市场时，要考虑到这些不同的特点，生产不同档次、不同价格水平、面向不同收入水平的同类产品。这些产品在外观形式上差别不太大，但在质量价格上应能形成多种选择，以满足不同收入水平青年消费者的需要。

（5）做好售后服务工作，使青年消费者成为推动市场开拓的力量

青年消费者购买商品后，往往会通过使用和其他人的评价，对购买行为进行评判，把他的购买预期与产品性能进行比较。若发现性能与预期相符，就会基本满意，进而向他人推荐此产品。如果发现产品性能超过预期，就会非常满意，进而大力向他人展示、炫耀，以显示自己的鉴别能力；相反，若发现产品达不到预期，就会感到失望和不满，会散布对此商品的否定评价，进而影响这种商品的市场销路。企业在售出商品后，要收集相应信息，了解顾客反映以改进产品。同时，要及时处理好顾客投诉，以积极的态度解决产品存在的问题，使青年消费者对企业的服务感到满意。

1.3　中年群体的消费心理

1.3.1　中年消费群体的心理特点

中年消费者群体指 35～55 岁的消费者组成的群体。中年消费者购买力强，购买活动多，购买的商品既有家庭日用品，也有个人、子女、父母的穿着类商品，还有大件耐用消费品。

争取这部分顾客，对于企业巩固市场、扩大销售具有重要意义。中年消费者群体的消费心理特点主要表现为以下几个方面。

（1）经验丰富，注重实用

中年消费者生活阅历广，购买经验丰富，情绪反应一般比较平稳，能理智地支配自己的行动。他们注重产品的实际效用、价格与外观的统一，从购买欲望形成到实施购买往往要经过分析、比较和判断的过程，随意性很小。在购买过程中，即使遇到推销人员不负责任的介绍与夸大其词的劝诱，以及其他外界因素的影响，他们一般都能够冷静理智地进行分析、比较、判断与挑选，使自己的购买行为尽量合理。

（2）量入为出，计划性强

中年消费者大多肩负着赡老抚幼的重任，是家庭经济的主要承担者。在消费上，他们一般养成了勤俭持家、精打细算的习惯，消费支出计划性强，他们在购物时往往格外注重产品的价格和实用性，并对与此有关的各项因素，如产品的品种、品牌、质量、用途等进行全面衡量后再做选择。一般来说，物美价廉的产品往往更能激发中年消费者的购买欲望。

（3）注重身份，稳定性强

中年消费者正处于人生的成熟阶段，他们内心既留恋青年时代的美好岁月，又要担负家庭顶梁柱的作用，在消费方面，不再像青年时那样赶时髦、超前消费，而是注意建立和维护与自己所扮演的社会角色相适应的消费标准与消费内容，中年消费者以沉稳、老练、自尊和富有涵养的风度区别于青年群体，更注重个人气质和形象的体现。

1.3.2　面向中年消费者群体的营销心理策略

根据中年消费者群体的心理特征，企业可采取以下几种营销心理策略。

（1）注重培育中年消费者成为忠诚顾客

中年消费者在购买家庭日常生活用品时，往往是习惯性购买，习惯去固定的场所购买经常使用的品牌。生产者、经营者要满足中年消费者的这种心理需要，使其消费习惯形成并保持下来。不要轻易改变本企业长期形成的历史悠久的商品品牌包装，以免失去顾客。商品的质量标准和性价比要照顾到中年消费者的购买习惯，也不要轻易变动。

（2）在商品的设计上要突出实用性、便利性

中年消费者消费心理稳定，追求商品的实用性、便利性，华而不实的包装，热烈、刺激的造型，强烈对比、色彩动感的画面往往不被中年消费者喜爱。在销售那些中年人参与购买的商品时，应根据中年人的消费习惯，提供各种富有人情味的服务，如提供饮水、休息、物品保管、代为照看小孩等，这样会收到良好的促销效果，使中年消费者成为下次光顾、经常光顾的忠诚顾客。

（3）切实解决购物后发生的商品退换、服务等方面的问题

中年消费者购物后发现问题，多直接找经营者解决，而且态度坚定、理由充分。经营者应切实给他们解决问题，冷静面对，切忌对他们提出的问题推诿、扯皮、不负责任，因而失去忠诚顾客。

（4）促销广告活动要理性化

面向中年消费者开展商品广告宣传或现场促销活动要理性化。中年消费者购物多为理性购买，不会轻易受外界环境因素影响和刺激。在广告促销活动中，要靠商品的功能、效用打动消费者，要靠实在的使用效果、使用人的现身说法来证明。在现场促销时，营业员面对中年顾客要以冷静、客观的态度及丰富的商品知识说服顾客来推荐商品并给顾客留下思考的空间和时间，切忌推销情绪化、过分热情而招致中年消费者反感。

总之，面向中年消费者开展市场营销，要充分认识中年消费者的心理特征，采取适宜的策略。当然，这里介绍中年消费者的心理特征，是就多数人行为特点而总结归纳的，并不排除特殊情况。如现代社会中，一些中年消费者仍然表现出青年消费者的心理特征。可见，在制定市场营销策略时不能绝对化。

1.4 老年群体的消费心理

1.4.1 老年消费群体的心理特点

老年消费者群体一般是指退休后离开工作岗位的，男 60 岁以上、女 55 岁以上的消费者组成的群体。在我国这部分人占人口总数的 10% 以上，并且仍有增加的趋势。由于老年人在吃、穿、用、住、行方面都有特殊要求，因此，这个群体要求有自己独特的产品和服务。对老年消费者消费需求的满足，从一个侧面反映了一个国家的经济发展水平和社会性稳定程度。老年消费者由于生理机能的逐渐变化，他们表现出独特的消费心理特点。

（1）消费习惯稳定，消费行为理智

老年消费者在几十年的生活实践中，不仅形成了自身的生活习惯，而且形成了一定的购买习惯。由于年龄和心理的因素，与年轻人相比，老年人很少关注消费的时尚化和个性化，对消费新潮的反应会显得较为迟钝，他们很少赶时髦，讲究实惠。消费观较为成熟，消费行为理智，这类习惯一旦形成就较难改变，并且会在很大程度上影响老年消费者的购买行为；反过来，这会使老年型商品市场变得相对稳定。

（2）商品追求实用

老年消费者把商品的实用性作为购买商品的第一目的，他们强调质量可靠、方便实用、经济合理、舒适安全。至于商品的品牌、款式、颜色、包装装潢是放在第二位考虑的。我国现阶段的老年消费者经历过较长一段时间的艰苦生活，他们生活一般都很节俭，价格便宜对于他们选择商品时有强大的吸引力。但是随着人们生活水平的改善，收入水平的提高，老年消费者在购买商品时也不是一味地追求低价格，他们会考虑商品的质量和实用性。

（3）消费追求便利

老年消费者由于生理机能逐步退化，因此对商品消费的需求着重于其易学易用、方便操作，以减轻体力和脑力的负担，同时有益于健康。老年消费者对消费便利性的追求还体现在对商品质量和服务的追求上，老年消费者对商品质量和服务质量的要求高于一般消费者，这是老年消费者的消费特征。质量高、售后服务好的商品能够使老年消费者用得放心、用得舒服，不必为其保养和维修消耗太多的精力。

（4）部分老年消费者抱有补偿性消费心理

在子女长大成人独立、经济负担减轻之后，部分老年消费者产生了强烈的补偿心理，试图补偿过去因条件限制而未能实现的消费愿望。他们不仅在美容美发、穿着打扮、营养食品、健身娱乐、旅游观光等方面和青年消费者一样有着强烈的消费兴趣，而且还乐于进行大宗消费活动。近年来，老年保健品、旅游市场比较红火，反映了老年人补偿消费的心理。

（5）注重健康，增加储蓄

由于老年人身体机能下降，许多疾病产生，健康无疑是他们最关心的问题。老年人一般注重保养身体，关注养生保健的知识，注重科学的饮食和消费习惯。老年人退休之后，他们的收入有所下降，特别是大多数农村的老年人，一旦不再劳作，就几乎没有收入来源，而得依靠自己以往的储蓄来生活，或是由子女抚养。随着年龄的增加，为了保证以后有足够的医疗保障，他们会更加节省开支以增加储蓄，为以后防治疾病做更多的准备。

1.4.2 面向老年消费者群体的营销心理策略

针对以上老年消费者的消费心理特点，企业不但要提供老年消费者所希望的方便、舒适、有益于健康的消费品，还要表达对老年消费者的尊敬和关心，提供良好的服务。同时，要考虑老年消费者娱乐休闲方面的要求，提供适合老年人特点的健身娱乐用品和休闲方式。此外，老年消费者用品的购买者既可能是老人自己，也可能是子女、孙子女等，因此，针对老年消费者可采取以下市场营销心理策略。

① 生产商要针对老年消费者注重实用性、方便性、安全性及舒适性的消费心理，开发、生产出适合老年消费者需要的各类商品。目前我国市场上真正适合老年人的商品品种仍显单调，大有潜力可挖。如专为老年消费者生产各种食品、保健品等。

② 开展恰当的广告促销。广告的受众既可以是老年人群体，也可以面向其子女。如保健品市场的广告，诉求主题在于年轻、营养、健康、尊敬、关爱老人等，这类广告激发了人们的购买愿望，使人感觉到看望老人理所应当购买这一类产品。同样，对于衣着服饰商品，也需要通过引导改变老年人及其子女的消费观念，鼓励对老年人服饰的品位、舒适和健康的追求，倡导现代的生活方式和消费观念。

③ 销售过程中应充分体现对老年人的尊重和细致关心，为老年人提供尽可能的便利。老年人购物时往往仔细比较，思维反应缓慢，营销人员应热情接待，提供必需的帮助和特殊照顾，切忌冷淡和不耐烦。适度的问候和细微的帮助都能够打动老年人的心，从而维护企业良好的形象。

【延伸阅读】   "婚补"消费热冰城

拍婚纱照、办婚庆宴、蜜月旅游，是年轻人新婚的盛举，消费的必然项目。然而，如今它已不再是年轻人的专利了。伴随人们生活水平与消费观念的转变，许多老年人也纷纷进行"婚补"消费，掀起一股不小的消费热潮。

(1) 身披婚纱补婚照

如今走进档次较高的影楼，常常会看到一些上了年纪的老年夫妇在补拍婚纱照。他们浓妆淡抹，身着婚纱、礼服，情意绵绵，相依相随，那种安然自得的默契与和谐的情景，着实让年轻人不免产生几分羡慕。

这些补拍婚纱照的老人，多为 20 世纪五六十年代结婚的夫妻。由于当时条件、环境所限，没有拍摄一生难得的结婚纪念照，即使条件优越一些的也只能照张黑白照。如今生活水平提高了，他们不想遗憾终生，因此，纷纷到影楼补拍婚照。正如记者在哈尔滨摄影中心遇到的一对补婚照的老年夫妇所说："拍婚纱照，弥补上过去的遗憾，焕发出青春活力，也算潇洒一把！"

(2) 亲友相聚补婚宴

年轻人结婚少不了举办婚宴，这在目前城乡均颇为盛行。亲朋好友借机一聚也本是快乐之事。如今一些年过花甲者也不甘示弱。生活条件好了，休闲时间多，往往萌发补婚宴的念头，而且，大多数选择在银婚之日，也有选择在金婚纪念日这一喜庆之日的。补婚宴一是让亲友同事一同分享快乐；二是感谢大家长期对自己各方面的关照与支持。宾朋满座，饮酒欢歌，不时起舞，其乐融融。

(3) 游览名胜补蜜月

蜜月旅行，这项婚期消费同样引起了老年人的兴趣。从旅游、服务业等有关方面了解到的情况表明，如今老人旅行度"蜜月"者不亚于年轻人。他们纷纷利用节假日或结婚纪念日之机，不惜行程千万里，到祖国著名风景区一睹为快，借以追求昔日未曾享受蜜月旅行生活的甘美。一对曾在教育界、医务界工作整整大半辈子的老年夫妻不无感慨地说："在岗工作的年代，只是一个劲地埋头于工作，夫妻间在感情沟通上有空白。离岗后携手一游，不但加

深了彼此的感情，而且加深了热爱祖国美好河山之情怀，同时增强了自豪感。"（引自《中国商报》）

第 2 节　不同性别消费者的消费心理

【案例导入】

随着中国车市的发展，汽车的大规模普及，女性车主逐渐发展壮大，而快节奏的都市生活，也为女性用车的刚性需求提供了土壤。近日，中国汽车技术研究中心发布了《中国乘用车市场消费特征新趋势》调查报告，调查结果显示，现代中国女性已经成为汽车市场一股新的购买力，女性在购车时更务实、更注重安全性，也更环保。

随着现代女性在社会和家庭生活中的地位的提高，以及职业女性比例的日益上涨与购买力的提高，女性对汽车的需求快速增长，正在成长为新型主力购车人群。女性大致自以下几种渠道了解汽车资讯：汽车专业性网站（如易车网、购车网和凤凰汽车等）；平面媒体（如电视、公交车上的电视广告以及一些电脑新闻等）；车展。在购车时，女性也喜欢带着自己的"参谋团"，会更多参考来自家庭成员、同事、同学和社会团体的意见。女性在购车时最关注车辆的安全性、节油、车内空间、外观、质量，而操控性能、动力性能，仅仅排在内饰和配置丰富程度之前，这可能跟大多数女性驾车者对于速度的追求不是很强烈有关。

从调查数据来看，男性车主的购车费用主要集中在 10 万～20 万元，而女性车主的购车费用则相对分散，且购车费用在 30 万元以上的女性车主比例是男性车主比例的 2.89 倍之多。由此可见，男女在购车价格上有较大差异，女性对中高级车方面的消费远远大于男性。在品牌选择上，女性消费者购车时存在明显的地域差异。以广东市场为例，丰田保持着独特优势，其在广东市场 26.5％的市场份额令对手望尘莫及；而在北京市场，大众的市场份额达到 10.3％，丰田、通用和奇瑞的市场份额则只有 6％左右。

由于女性在购车时的心理与男性存在差异，从而造成了男性和女性钟爱的车型各有不同。女性对车型的偏好呈两极趋势，要么是小巧灵活的两厢车，要么是高大威猛的 SUV。女性偏好小巧灵活的车型，一是好开，二是好停。此外，底盘偏低的车型，不但上下方便，车子行驶起来也更加平稳。不容忽视的是，也有相当数量的女性钟情于身材高大、视野开阔、更具男子气概的 SUV，女性正成长为 SUV 的另一主力消费人群。

随着女性购车比例大增，汽车厂商也更加重视面向女性的节日营销，很多商家都会在三八节期间，推出针对女性的购车享受优惠或赠送名牌香水礼品等活动，试图通过多种手段向女性购买者展现品牌的亲和力。调查发现，超过 70％的女性认为更低的价格才是硬道理；20％的女性表示会被超值大礼包所吸引；只有不到 10％的女性表示会对抽奖类的活动感兴趣。由此可见，不管商家使用什么吸引眼球的手法来吸引顾客，真正地降低价格是让消费者最满意的方法。由于女性车主普遍对机械操作缺乏感觉，应对突发状况能力差，在汽车操控方面是"怎么方便怎么来"，因此自动挡成为女性车主的首选。同时，女性车主更青睐大油箱、小排量的车型。这不仅反映出女性比男性更注重细节的性格特点，也符合时下的汽车环保理念。

从调查数据不难发现，与男性消费者相比，女性消费者更关注产品安全性、质量、价格、舒适性等因素。在她们眼里，拥有一辆车，不仅仅是追求汽车时髦和舒适，体现个性，更是生活品质的综合反映。随着汽车普及率的提高，女性对于汽车的兴趣、关注度和话语权也在飙升，如何把握女性消费者，洞察她们的心理及消费需求，并适时作出调整，也将成为

众多车企市场营销的重要内容。（摘自新华网文章《女性成车市新购买力》）

【应用知识】

2.1 女性的消费心理

2.1.1 女性消费群体

女性消费群体感情丰富，乐于交际，注意力集中，观察细致，表达记忆能力强，联想丰富，具有爱美心理；与男性相比，她们更喜欢购物，也更善于购物。女性在消费市场中的地位比较特殊，她们不仅对自己所需的消费品进行购买决策，而且也是家庭用品的主要购买者。在家庭中，她们同时承担着母亲、女儿、妻子等角色，她们也是绝大多数儿童用品、老年用品和男性用品的购买者。

近年来，我国女性的经济独立性更强，在购买家庭耐用消费品时，女性作为主要决策者的比例呈逐年上升的趋势。女性的家庭和事业观较男性更多地偏重于家庭。因此，女性往往更愿意付出时间和精力致力于建立一个理想的家庭，营造一个舒适的生活氛围。这就要求女性不仅要关心柴米油盐这些家庭日常生活用品，也要关心冰箱、彩电，甚至家用汽车、家庭住宅等这些家庭耐用品。由此可知，女性日益成为购买家庭耐用消费品的主要决策者是必然的结果。

2.1.2 女性消费者的心理特征

由于女性在消费活动中处于特殊的角色地位，在家庭消费中拥有重要的发言权，因而有必要研究女性独特的消费心理特征。

（1）爱美心理

爱美是女人的天性，这种心理在消费活动中表现为女性通过消费活动表现和增加自己的美，她们不惜花费很大代价用于美容、化妆护肤品、服饰和首饰等方面的消费，在挑选商品时，重视商品的外观形象。

（2）情感心理

男性消费者购买商品时，较多地注重商品的功能和效用，而女性消费者购买的主要是日常生活用品，比如，服装、鞋帽等，因而对其外观形象、感性特征等较重视，往往在某种情绪或情感的驱动下产生购买欲望。这里导致情绪、情感萌生的原因是多方面的，比如，商品名称、款式色彩、包装装潢、环境气氛等都可以使女性萌发购买欲望，甚至产生冲动性购买行为。在给丈夫、子女和父母购买商品时，这种感性色彩更加强烈。

（3）挑剔选择心理

由于女性消费品品种繁多，弹性较大，加之女性特有的细腻、认真，因而她们对商品的选择挑剔程度较男性更高。另外，女性通常具有较强的表达能力、感染能力和传播能力，善于通过说服、劝告、传话等方式对周围其他消费者发生影响。

（4）实惠心理

由于女性消费者在家庭中的作用和家务劳动的经验，使她们对商品的关注角度与男性大不相同。表现为对商品的实际效用和具体利益要求强烈，特别是细微之处的优点，往往能迅速博得女性消费者的欢心。

（5）炫耀心理

女性消费往往在满足自己和家庭的基本生活消费之外，还可能通过追求高档次、高品位和高价格的名牌商品以显现自己的富有或地位，或选择外观奇特、超俗、典雅、与众不同的商品显示自己超乎别人的心理。

(6) 有较强的自我意识和自尊心

女性消费者有较强的自我意识和自尊心，对外界事物反应敏感。她们往往以选择的眼光、购买的内容及购买的标准来评价自己和别人。希望通过明智的、有效的消费活动来体现自我价值。即使作为旁观者，也愿意发表意见，并且希望被采纳，而对别人的否定意见不以为然。在购买活动中，营业员的表情、语调、介绍、评论等，都会影响女性消费者的自尊心，进而影响其购买行为。

2.1.3 针对女性消费者的营销心理策略

鉴于女性消费者的上述心理与行为特征，企业在制定营销组合策略时，要迎合这些心理，采取适宜的营销策略。

第一，在销售环境的布置上要凸显整洁明亮，购物气氛热烈，环境温馨明快。为女性营造安静、舒适的购物场所，有助于她们自由浏览和选购商品。

第二，在商品设计上，要注重细节，商品的款式设计、色彩运用要注意诱发女性消费者的情感；商品的包装装潢要新颖趋时、细致方便；广告宣传要突出商品的实用性和具体利益，注意尊重其创造性。

第三，企业的现场促销还应注意语言的规范性，讲究语言艺术，做到礼貌待客，尊重女性消费者，以欣赏和赞美的眼光对待女性消费者的选择，以赢得其好感。切忌对她们冷淡、顶撞。

第四，对女性消费者经常购买的商品要进行广告宣传。女性对各类广告比较敏感，女性更容易接受更生动和感性化的媒体，比如电视和杂志。而男性常会被一些理性的文字所吸引。女性更习惯于晚上待在家中，那么电视便会成为她们最易于也是最乐于接受的信息媒介，电视广告自然较平时受到更多女性的瞩目。

第五，商品价格要真实合理。女性较之男性更加相信"货比三家，价比三家"的道理。女性消费者往往会针对自己的生活需求进行谨慎的决策。决定购买后，通常还会比较几家商店的同类商品价格，经过一番斟酌比较后，往往会选择最便宜的商品。如果店铺虚标价格，则可能失去一些女性顾客。

2.2 男性的消费心理

2.2.1 男性的消费心理特征

男性消费者与女性消费者相比，消费心理要简单得多。一般来说，男性消费者群体的消费心理比较突出地表现在以下几点。

(1) 求新、求异、求癖心理

男性相对于女性而言具有更强的攻击性和支配性。这种心理在消费上表现为求新、求异、求癖和开拓精神。他们对新产品的奇特性往往有较高的要求。此外，男性大多数有特殊嗜好，例如，有人烟酒成癖，有人爱好钓鱼、养花、养鸟，也有人酷爱摄影、集邮、收集古董、珍藏古画等，而这些在女性中表现得不太普遍。

(2) 购买产品的目的明确，果断性强

男性消费者购物时往往都有明确的目标，他们进商场后就直奔目标而去，碰到符合心理要求的目标时，他们能果断决策，将购买愿望立即转化为购买行动。与女性消费者相比，男性消费者购买产品时的理智和自信要多一些。他们一般在购买前就选择好购买对象，往往不愿意在柜台上花更多的时间挑选产品。即使买到有瑕疵的产品，他们也认为大体上过得去就算了，购买后不满意和退货的情况比女性少。特别是有些中年男性，若不是在妻子的逼迫和陪伴下，甚至不轻易进商店的门。在购买上敢于冒险、富有主见、个性和独立性明显，有时甚至武断等，这些都是男性消费心理特征的表现。

（3）注重产品的整体质量和使用效果

男性消费者购物多数为理性购买，他们对产品，特别是一些价格昂贵、结构复杂的高档产品的性能与知识了解更多，购物时很注重产品的整体质量。只要整体质量可靠，他们就能做出购买决策。同时，男性消费者购物时善于独立思考，很注重产品的使用效果，不会轻易受外界环境的影响。

（4）购买产品时力求方便、快捷

一般男性消费者很少逛商场，即使去商场也很少像大多数女性消费者那样花很多时间"闲逛"。遇到自己所需要的产品，他们一般会迅速购买，尽快离店。他们对商家出售产品时的种种繁琐的手续、拖延时间的作风十分反感。男性消费者这种力求方便、快捷的心理，在购买日常生活用品时表现得尤为突出。

2.2.2 针对男性消费者群体的营销心理策略

尽管女性消费者是商场最亮丽的一道风景线，商家纷纷瞄准女性消费者的腰包展开攻势。但是，男性消费者也不应该被企业所遗忘。只要悉心研究就会发现，男性消费市场同样存在着意想不到的潜力。除了男性消费者以选购烟酒、书报、家电、装修材料为主的传统购买模式外，越来越多的男性消费者主动分担家务，也经常光顾超市采购家庭消费品。由于男性购物者的增加，吸引男顾客兴趣的促销方式以及专门针对男性的广告信息就值得营销者精心策划。男性消费者群体与女性消费者群体对采购活动、购物计划和购买中的节省，都有不同的看法。与女性消费者相比，男性消费者基本上不太在意购物时省下的那点钱。因此，对于不同性别的消费者，商品减价策略往往会导致截然不同的结果。营销者重新设计迎合男性消费者口味的商品包装和售点广告（POP广告）不失为上策。

【延伸阅读】 "霸王"的男性市场之路

长期以来，人们对于男性魅力的普遍审美观就是硬朗、不拘小节，这些造成男性普遍都对个人的"形象工程"漠不关心。然而随着社会的发展，不修边幅已经不符合现代的审美观，作为一个魅力男士，其实更应该注重个人的外表形象。特别是对于都市职业男士来说，优秀的个人形象往往能为其带来更好的职场人际关系、工作机遇和晋升机会；所以，越来越多的男性开始关注自己的形象。由于男士个人护理意识的觉醒，越来越多的男性加入个人护理消费中来，而对于商家而言，男性日化品市场就像一个有待开发的金矿，蕴藏着无限商机，其中男性洗发水市场的竞争最为激烈。

随着一片哄抢之声，众多国际知名品牌纷纷加入这场男性洗发水的市场战役中，而作为本土品牌的代表——"霸王"亦顺势推出了霸王"男士系列"洗发水，此举正是霸王对于男性洗发水市场发起的一轮强而有力的冲击。据了解，霸王"男士系列"洗发水源于中药世家的霸王国际科研中心历经多年精心研制，是目前市场中首款针对男士头发问题研发的专业中药洗护发产品，一系列6款产品全部采用多款名贵中草药研制，与霸王"中药世家"一脉相承，一如既往地延续了传统中国中草药精髓，以专业的中草药护理，从而展现男人成熟、优雅、自信的一面。

数年前，霸王跳出传统日化品的固有模式，独辟"中药养发"的蹊径，致力于中草药洗护发产品的研发，开创了一条既传统又新颖的发展道路；而事实也证明，霸王"中药养发"的市场切入点是成功的；凭借"中药养发"的差异化品牌策略，霸王逐渐形成了自身独有的强大品牌竞争力，成为中药洗发水市场的"霸王"。

可以说，霸王"男士洗发系列"上市之强势，与霸王个性鲜明且差异化的品牌核心价值——"中药养发"有着承前启后的关系；中药作为中国的国粹，其安全、健康、温和、绿色的特性备受大众推崇。中草药养发在中国有着几千年的历史，霸王的"中药养发"把传统中药文化融入了现代洗发产品中，突出祖传秘方与现代科技的结合，给消费者带来了全新中药养发的理念，而霸王"男士系列"则是在原来霸王洗发水的基础上再进行专业细分，将力量更集中在男性洗发的细分领域里，无疑将会引领新一轮的中药养发潮流。

据行业相关人士称，2010 年我国男性化妆品至少有 40 亿元的市场，未来 5 年更将以每年 96％的速度递增，这意味着霸王男士洗发水将在未来拥有更为广阔的市场空间，但是否就能够在市场上与各大外资品牌分庭抗礼呢？至少在目前来说，这个系列的推出，精准地锁定了男性市场，机会还是很大的。

 ## 第 3 节　不同受教育程度和职业的消费者的消费心理

【案例导入】

斯堪的那维亚航空公司（简称"斯航"）是由挪威、瑞典和丹麦三国合资经营的公司。1982 年初，"斯航"首先设计了一种新的、单独的商务舱位等级，这种商务舱是根据工商界乘客不喜欢与那些旅游者同舱的特点设立的。工商界乘客常常因为一些情况必须改变日程，他们需要灵活性；他们在旅途中关心的是把工作赶出来，这意味着他们需要读、写，为会议或谈判做准备，或睡觉，以便到达目的地后能够精力充沛地投入工作。

"斯航"的商务舱票价低于传统的头等舱，高于大多数的经济舱，但给予顾客更多的方便。在每个机场，"斯航"都为商务舱的乘客设置了单独的休息室，并免费提供饮料，有的还可看电影。在旅馆，为他们准备了会议室、电话和电传设备的专门房间，并提供免费使用的打字机，使他们能够完成自己的工作，他们还可以保留这些房间，而且不受起程时间、时刻表变动及最低住宿时间的限制，所有这些都以经济实惠的价格提供。

"斯航"开辟了一个独特的市场，并正在赋予它更多的价值。对工商界乘客来说，头等舱太贵，经济舱又太嘈杂，太不舒服。他们可能与旅游者挤在同一舱内，享受与旅游者同等的待遇但却承担较高的价格——因为他们不能像旅游者那样，由于可以不受日程限制而等待减价或折扣机票，商务舱成为工商界乘客及航空公司双方都很适宜的较好的供需办法。

【应用知识】

3.1　不同受教育程度消费者的消费特点

人们的受教育程度对人们的消费水平、消费结构、消费方式、消费观念等方面都有着重要影响。

一般说来，社会阶层的划分主要通过三个指标区分，分别是经济收入、受教育程度和职业。其中，受教育程度是最具价值的指标，它除了能影响人们的观念外，也能对收入和职业产生直接或间接的影响。

有关调查和研究表明，受教育程度与消费者的消费特点存在密切关系。

（1）消费支出水平

它是指平均每个消费者一年内在物质文化生活中所投入的消费总额，通常用货币表示。研究表明，具有较高学历的消费者的总体消费水平高于低学历者。

（2）消费结构

随着经济条件的不断改善，人们的消费结构发生了很大变化，消费者逐步从基本生活资料消费转为向享受和发展资料消费，消费者旅游、购房、购车成为消费的亮点，在消费中注重个人投资理财和知识消费、智力投资。这些消费结构的变化与消费者的受教育程度也是相互关联的。

（3）消费方式

它表明消费者实现消费活动的途径，即通过何种方法满足消费需求的。目前，较为流行的网络购物和信贷就是新颖的消费方式，对此，不同受教育程度的消费者的态度是有明显差异的，例如，初中及以下学历人群绝大多数对网络购物基本持否定态度，或者根本不清楚什么是网络购物，对信贷购物持肯定态度的也占很小比例；反之，受教育程度较高的消费者，则持肯定态度，更多地接受网络购物和信贷消费。

（4）消费观念

消费观念是人们对待其可支配收入的指导思想和态度以及对商品价值追求的取向，是消费者主体在进行或准备进行消费活动时对消费对象、消费行为方式、消费过程、消费趋势的总体认识评价与价值判断。研究表明，受教育程度高的消费者，更注重产品或服务的信誉、质量，更强调时尚和个性消费。

营销人员应针对不同受教育程度的消费者开展营销活动。熟悉他们的以上消费特点，特别是消费者的消费方式和消费观念，取得不同消费者的认同感，有针对性地进行宣传引导。

3.2 不同职业消费者的消费心理

3.2.1 职业对消费者心理和行为的影响

职业的产生会受到政治、经济、社会、文化以及个人素质等多方面因素的影响，不同职业的人们由于工作条件、工作内容、工作性质和收入状况等差异导致人们心理特点的差异，这种差异会直接或间接影响人们的消费心理和消费行为。

不同职业的社会地位高低对人们的消费模式产生影响。具有不同社会地位和声望的职业的消费者往往都会购买符合自己身份地位的商品，如职业声望高的消费者，喜欢购买高档、名牌商品，而职业声望较低的消费者则购买实用、实惠的商品。例如，农民消费群体的求廉动机、实用性的消费动机、储备性动机比较明显也较为普遍，消费行为往往受传统习俗的影响深刻。但是，随着经济的发展，特别是城市化进程的加速发挥，农民的工作条件和工作性质也发生了较大变化。他们的消费行为也呈现出新的特点，在吃穿住用行等方面的消费水平都有大幅提高，消费结构也大幅改进。

3.2.2 对不同职业顾客的营销策略

职业特征是市场细分的一项立足点，鉴于不同职业的顾客消费心理特点，企业应从以下两个方面开展营销行为。

（1）合理确定自身产品和服务的市场定位

企业在开展营销行为时，要根据不同职业特征的人群，确定产品和服务的内容，找准目标顾客，占领目标市场。有一位十分成功的投资人发现在一些高档的办公区上班的人群的穿着，从以往西装革履或职业套装正在逐步变得休闲，于是他将在一些投资在职业装的实业中的资金转投向休闲服装企业，结果取得了很好的投资收益。

（2）根据不同消费者的职业特点和消费心理开展营销

营销人员应分析各种职业的消费者是否对自己的产品和服务感兴趣，能否成为其购买者，分析企业产品为哪类职业设计，有针对性地进行生产和促销活动，特别是现场促销时，更要通过观察确定消费者的职业类别，根据其职业特点和消费心理开展促销。以图书店销售为例，对于从事涉外工作的人们，外语工具书、各类商贸外语的专柜是他们喜欢的；对于从事电脑和网络工作的人们，计算机技术、编程教材、网页设计等是他们感兴趣的；对于家庭主妇们来说，烹调、育儿、时尚服饰、家庭装饰等书籍是她们愿意经常买来参考的，掌握这些顾客的职业特点，更有利于拉近与顾客的心理距离，有针对性向顾客介绍商品。

【延伸阅读】 受教育程度对居民消费影响研究

对受教育程度与居民消费关系的调查分析发现，教育对人们的消费水平、消费结构、消费方式、消费观念等方面都有着重要影响。教育不仅促进人作为生产要素的人力资本的发展，也应该促进人作为消费主体的消费水平、消费观念、理性消费的发展和所应该具备的消费技能的提升。

（1）受教育程度与消费方式

以下从网上消费、信贷消费两种未来重要的消费方式来说明受教育程度对消费方式的影响。

① 网上消费。互联网的出现改变着人们的生活方式，当然包括消费方式，虽然真正的网络时代尚未到来，但网络经济正快步向我们走来。网上消费是在互联网迅猛发展的背景下出现的一种新型消费方式。

表 5-1　不同学历群体对网上购物的态度　　　　　　单位：%

项目	赞成	一般	不赞成	不清楚	合计
初中及以下	24.14	6.90	34.48	34.48	100.00
高中	38.78	16.33	28.57	16.32	100.00
大专	42.00	24.00	22.00	12.00	100.00
本科及以上	50.67	25.33	22.67	1.33	100.00

根据表 5-1 列出的调查统计结果，可以清楚地看出随着受教育程度的增加，居民对网上购物持肯定态度的比例也在增大。初中及以下学历的人群总体来说对网上购物持否定态度，不赞成和不清楚的比例都高达 34.48%，共计 68.96%。而本科及以上学历的人群共计有76%的人对网上购物持肯定态度，仅有 1.33%的人持不清楚态度。

② 信贷消费。信贷消费的实质是一种信用消费，信用消费是指由工商企业、金融机构向家庭和个人提供用于生活消费需要的信用。它是在商业信用的基础上发展起来的，是信用的高级形式。这种消费方式在世界市场经济发达国家和地区发展得非常充分。个人消费贷款在居民生活中的地位正在日益凸显，消费信贷改变着百姓的消费心理和消费方式。

表 5-2　不同学历群体对信贷消费的态度　　　　　　单位：%

项目	赞成	一般	不赞成	不清楚	合计
初中及以下	33.33	26.67	26.67	13.33	100.00
高中	28.89	28.89	17.78	24.44	100.00
大专	54.00	32.00	8.00	6.00	100.00
本科及以上	56.94	33.33	9.73	0.00	100.00

表 5-2 给出了被调查者中不同学历群体对信贷消费的态度。可以看出，学历越高，对信贷消费持赞成态度的比例也越高。说明受教育程度对信贷消费有较大的影响，学历越高的群体越倾向于接受这种消费方式。

信贷消费不仅是一种信用消费，也是一种超前消费，从图5-1可以看出，不同学历人群对超前消费态度的比例分布趋势与对信贷消费的态度大体一致。随着受教育程度的升高，对超前消费持赞成态度的比例逐步升高，对超前消费持否定态度的比例则逐步减少。

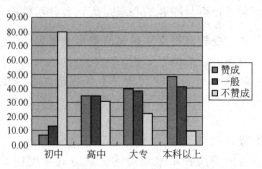

图 5-1 不同学历群体对超前消费态度的分布

（2）受教育程度与消费观念

对消费观念的调查结果（见表5-3）显示，在品牌、质量和外观款式几项中，本科及以上学历人员所占比例都是最高的，说明高学历人员较其他人员更注重产品或服务的信誉、质量，更强调个性消费。而在首选价格因素的人当中，本科及以上学历人员所占比例最低，只有16.67％。

表 5-3 不同学历人员购买商品或服务首选因素　　　　单位：%

项目	初中及以下	高中	大专	本科以上	合计
价格	19.44	41.67	22.22	16.67	100.00
外观款式	9.52	28.57	26.19	35.72	100.00
品牌	6.67	3.33	23.33	66.67	100.00
质量	1.49	26.87	28.36	43.28	100.00
服务	0.00	30.00	50.00	20.00	100.00
环保或节能	6.25	43.75	18.75	31.25	100.00

在把环保或节能作为考虑因素的32人当中，初中及以下学历的人占6.25％，高中为43.75％，大专为18.75％，大学本科及以上为31.25％，高中及以下和大专及以上学历各占50％，说明受教育程度对绿色消费没有明显的影响。

此外，调查结果还显示：年龄、收入、学历与消费习惯均有显著的直接关系；年龄与消费习惯的关系显著度最强；其次是收入；学历与消费习惯的关系显著度则最弱。

【实训练习】

项目一　不同年龄、性别消费者的消费需求差异调查

【实训目标】

1. 培养学生应用营销心理学研究方法（观察法）进行市场信息采集的能力。

2. 培养学生通过实证调查掌握不同年龄、性别消费者的消费需求差异的能力。

【内容与要求】

班级内分组，针对不同大类的日常消费品设计研究内容，选择一些商场或超市，对不同年龄和性别的消费者进行观察。观察结束后小组内讨论总结，写出调研报告。

营销心理学实用教程

以小组为单位写出观察分析报告，在全班举行一次交流座谈会。根据观察分析报告和讨论情况对每小组计分评定。

项目二　不同受教育程度消费者的消费需求状况调查

【实训目标】

1. 培养学生应用营销心理学研究方法（调查法）进行市场信息采集的能力。

2. 培养通过市场调研了解不同受教育程度消费者消费需求的能力。

【内容与要求】

以小组为单位设计调查问卷，调查了解不同受教育程度消费者对某类商品的消费需求。调查内容可包含价格、品牌、款式、质量、是否流行、是否受社会群体影响等。

【成果检测】

以小组为单位写出调研报告，在全班举行一次交流座谈会。根据问卷的设计质量和调研报告对每小组计分评定。

第6章　经济、文化与消费心理

 ## 第1节　经济因素对消费心理的影响

【案例导入】

　　新华网江苏频道南京7月18日电（记者邓华宁）南京市统计局新近公布的2005～2009年南京市居民家庭消费结构分析表明，南京市居民在收入不断增长的同时，消费却呈逐年下降趋势，消费支出没有与收入增长同步。

　　平均消费倾向是居民消费支出占可支配收入的比例，数值越低，反映居民基本日常消费占收入比例越低。统计结果显示，2005～2009年，南京市居民家庭平均消费倾向分别为0.714、0.698、0.654、0.654、0.644，呈现逐年下降趋势。这说明南京市居民家庭尽管五年来钱包越来越鼓，花钱却越来越"小气"。

　　"边际消费倾向"能反映居民未来的消费欲望。2005～2009年，南京市居民家庭的边际消费倾向分别为0.693、0.602、0.376、0.661、0.507。数值的起伏下降，表明南京市居民家庭消费预期较低，在现有收入水平上进一步挖掘消费的空间较大。

　　南京市统计局相关人士分析，公共产品长期不足，财政投入过少，应由政府承担的那部分教育、医疗等负担，通过市场化改革又转给了民众。子女上学、结婚房购置、家庭成员医疗、养老等诸多现实问题拖住了多数中下、偏低收入的居民家庭后腿，这些家庭储蓄倾向较强，不敢花钱。尤其是对于低收入群体，社会应创造条件使他们提高消费能力。

（资料来源：新华网）

【应用知识】

经济因素对消费者的行为具有极大的影响。一定时期内消费者收入的多少、储蓄所占的比重、能否取得消费信贷、市场物价水平及其变动状况，这一切都制约着消费者的行为。

1.1 消费者的收入

改革开放以前，我国的低收入政策，使得消费者除了即期消费之外，几乎所剩无几，因此收入与消费的关系并未构成什么问题。改革开放以后，随着个人收入的增加，个人收入与消费的关系引起人们的关注。收入是决定市场规模的一个重要因素。严格来说，构成市场规模的人是有支付能力的人。

消费者的收入主要由以下几个部分构成：

① 劳动收入（包括从事第一产业、第二产业和第三产业活动所获的工资、奖金等）；

② 租金收入（房租和其他租金的收入）；

③ 资本收入（包括股票的股息收入、债券的债息收入和银行存款的利息收入等）；

④ 福利性收入（生活补助金、失业救济金和其他福利性收入）；

⑤ 其他收入（从保险公司得到的收入、遗产、馈赠等个人间的转移收入）。

从上述个人收入中减去个人纳税后的余额，就是个人可支配收入。个人可支配收入再减去维持个人和家庭基本生活必须支付的费用和固定支出费用（包括食物、房租、水电、交通、购买耐用消费品的分期付款、保险和孩子上学费用），就是个人可任意支配收入。

消费者的收入对其心理和行为的影响，通常可以表现为以下几种形式。

1.1.1 消费者的绝对收入与相对收入变化

（1）消费者的绝对收入变化

这是指消费者所获得货币及其他物质形式的收入总量的升降变动。对大多数以货币收入为主的消费者来讲，影响其心理变化的主要因素是货币收入绝对数额的上升与下降。一般来说，消费者货币收入增加时，消费者的心理需求欲望也随之增强；反之，当消费者货币收入减少时，其心理需求欲望也随之减弱。这种增强与减弱的心理倾向，常与消费者的简单思维活动有关。

（2）消费者的相对收入变化

这是指在消费者绝对收入不变时，由于其他社会因素，如价格、分配等的变化，引起原有对比关系的变动，而使收入发生实际升降的变动。相对收入变化时，对消费者的心理影响主要表现在：

第一种情况，消费者本人的绝对收入没有变化，而其他消费者的绝对收入发生变化；或消费者本人绝对收入变动幅度大于或小于其他消费者绝对收入的变动幅度。这种变动，消费者在短时间内一般不易察觉，对消费者的短期消费心理也不构成影响。只有经过一段时间的对比之后，才会构成对消费心理的影响。例如，当某消费者或消费者群体的消费收入相当于其他消费者或其群体下降时，最初并未察觉，由于模仿心理的作用，继续与其他相对收入已提高的消费者或其群体在同等水平上进行消费，经过一段时间以后，便会感到由于消费支出能力降低，已不能与那些相对收入已提高的消费者保持同等的消费方式，而必须逐步降至与自身收入相等的消费水平上来。

第二种情况，消费者的绝对收入没有发生变化，而市场商品价格发生变化，使原有收入可购买的商品量发生了增减变化。或者是消费者绝对收入的变化幅度大于或小于价格变动的幅度，这种变动对消费者心理欲望会产生直接影响。对消费者的货币投向、消费结构及消费数量都会产生明显的制约作用。

(3) 消费者绝对收入与相对收入之间存在着两种变动关系

第一，当消费者绝对收入与相对收入呈同向变动时，即同升或同降，对消费者心理变化不会产生过大的影响。

第二，当消费者绝对收入与相对收入呈反向变动时，即一升一降，对消费者心理的影响较大。它一般表现为绝对收入的上升，相对收入的下降。例如，当消费者的绝对收入增加以后，需求和购买欲望随之增加，但是当消费者进入市场以后，发现物价上涨幅度大于自己收入上升幅度或他人收入增加幅度大于自己收入增加幅度时，就会使原已膨胀的消费欲望受到打击，转而出现不稳定或失望的心理感觉。

1.1.2 消费者现期收入与预期收入的变化

(1) 现期收入

指消费者在当前一定时期内所获得的收入。包括工资、奖金、利息、消费信贷收入，也可以包括能转化为货币的财产。一般来说，消费者收入增加时，消费也会增加；收入减少时，消费也会减少。但是，收入和消费并不总是按相同比例增加或减少的。经济学家认为，从较长时期看，消费增长的幅度小于收入增长的幅度。因为消费者会按一个不断增大的比例把收入的一部分转化为储蓄。现期的实际收入与其他收入的最大区别在于它为消费支出额规定了一个客观上限。

(2) 预期收入

指消费者以现期收入为基础，以当时的社会环境为条件，对今后收入的一种预计和估算。这种预计和估算取决于消费者对个人能力的信心和对社会发展前景的信心。

在一般情况下，当消费者的预期收入将相对地高于现期收入时，他可能增加现期的消费支出，甚至敢于举债消费，以提高现期的消费水平；反之，当消费者估计预期收入将绝对或相对低于现期收入时，他将降低现有消费水平，减少日常支出，而较多地用于储蓄或投资，以期获得未来收益，以使未来消费水平不至下降，或可以提供基本生活保证。这种估计的心理基础往往是出于对社会发展和个人能力成长缺少信心。

(3) 消费者的过去收入

实际上消费者的消费行为并非仅仅受现期收入的制约，过去收入和过去收入的消费习惯，也往往对消费者的购买行为发生显著影响。过去收入使消费者养成一种消费习惯，使消费支出水平难以逆转。因此，当现期实际收入发生变化后，过去收入就对现在的消费支出有一种调节作用。

另外，过去收入对储蓄存量也有影响，储蓄存量与过去收入的高低成正比，而储蓄存量是消费能力的一部分。

(4) 收入与消费倾向的关系

消费倾向是指消费与收入之间的一种函数关系。若以 Y 表示收入，C 表示消费，则 $C=f(Y)$。

消费倾向有平均消费倾向（APC）和边际消费倾向（MPC）之分。平均消费倾向是指总消费量和总收入量之比（C/Y）；边际消费倾向是指消费增量（ΔC）和收入增量（ΔY）之比（$\Delta C/\Delta Y$）。

一般说来，当消费者收入增加时，人们的消费会随着增加；但不如收入增加那么快，就是消费的增加总是小于收入的增加。因此，平均消费倾向随收入的增加而逐步减少，边际消费倾向是正数，小于1但大于0。而且它的趋势是越来越小于1，但仍大于0。因此，总收入的绝对量越大，收入与消费之间的差距也越大。

消费倾向除受收入变动、消费品本身的性质影响外，还受国家投资和消费政策的制约。如果一国为了刺激有效需求，采取鼓励消费的政策，伴之以各种优惠措施，如贷款、分期付款、对利息收入课税等，就会提高消费倾向；相反，如果一国为了抑止经济过热的势头，采取抑制消费的政策、提高利率、鼓励储蓄等，就可能降低消费倾向。

随着消费者收入的增加，人们用于生存消费、享受消费和发展消费的资金都会增加，但生存消费的增量最小，而享受和发展消费在消费结构中的比重越来越大。

1.2　消费者的储蓄

这里要讨论的消费者储蓄是指狭义的储蓄，即消费者在银行和其他金融机构存入各种储蓄存款的行为活动。随着消费者收入水平的提高，消费者用于基本生存的必要消费支出占其收入的比重越来越小，储蓄率逐渐提高。所以，有必要研究一下储蓄与消费行为之间的关系。

1.2.1　消费者储蓄心理与动机

（1）人的储蓄动机

西方著名经济学家凯恩斯认为，人们的储蓄动机主要体现在以下几方面。

① 谨慎——建立准备金，以防不测。

② 远虑——预防未来用钱。

③ 计算——享受利息增值。

④ 改善——使以后开支可以逐渐增加。

⑤ 独立——享受独立感、能力感。

⑥ 企业——获得从事投机或发展事业的本钱。

⑦ 自豪——遗留财产给后人。

⑧ 贪婪——满足纯粹的吝惜欲。

（2）当前消费者储蓄的心理与动机

① 防备急用心理。

② 为子女积蓄教育费用的心理。

③ 购（建）房的心理。

④ 防老养老的心理。

⑤ 对意外事故的防患心理。

⑥ 储币待购心理。

⑦ 保值生利心理。

1.2.2　影响消费者储蓄的因素

影响消费者储蓄的因素是多方面的，主要有以下几点。

（1）物价水平

消费者储蓄倾向与物价水平呈负相关。储蓄对物价的即期反应往往是强烈的。

（2）利率水平

储蓄倾向与利率水平呈正相关。利率提高会增加储蓄；利率降低会减少储蓄。例如，2002 年 2 月，央行出台人民币存、贷款降息规定，存款利率平均下调了 0.25 个百分点，贷款利率平均下调 0.5 个百分点。很多居民说："存钱原本利息就不高，这次又把利息调低，还是等等买国债或是买车、买房吧。"

（3）通货膨胀率

如果通货膨胀率高于利率，消费者会认为购物比存钱更合算，这时他会减弱储蓄倾向，甚至提款抢购。

（4）消费者心理预期

例如，2011 年，政府亮出的限购限贷款等房地产市场调控组合拳，11 月份主要城市市场的成交速度持续放缓。北京、上海、广州、深圳、天津、沈阳、杭州、南京、无锡、苏州、东莞、佛山、成都、武汉等 14 个城市 11 月的批准预售面积环比、同比均变化不大，但成交面积环比 10 月份下降 18％，和 2010 年同期相比则下降 47％。这与消费者持币观望，期望房价下降的心理预期是密切相关的。

（5）消费者个人因素

消费者的职业、收入状况、家庭消费习惯、个性心理特征，等等。

1.2.3　消费者储蓄与消费之间的关系

（1）储蓄对宏观经济的作用与影响

首先，消费者储蓄对宏观经济具有多方面的积极作用。银行通过储蓄可以聚集城乡居民手中的闲散资金，通过转贷为企业扩大再生产提供资金支持。

其次，通过储蓄可以有效调节消费与积累的比例关系，保持适度消费，以利于促进生产的发展。

再次，通过储蓄回笼货币，对市场供求矛盾起到调节作用。

最后，国家还可以通过储蓄利息的调整引导消费。

（2）储蓄对消费者的影响

第一，储蓄为消费者购买高档消费品提供了可能，资本性储蓄为需求层次的提高准备了条件。

第二，储蓄是待实现的购买力，是延期的消费。因此，储蓄对即期消费需求和远期消费需求产生不同的影响。

当消费者收入一定时，储蓄与即期消费需求存在此消彼长的关系。储蓄多了，即期市场需求就减少；反之就增多。储蓄与远期市场需求呈正向变动，储蓄越多，远期市场潜在需求越大；反之就小。

第三，储蓄可以减缓消费者暂时性收入降低给正常市场需求带来的影响，使市场需求相对较平稳。同时，保证了消费者消费的连续性。

1.3　其他经济因素对消费者心理的影响

在影响消费者心理活动的一系列因素中，社会经济发展水平是最基本的因素，它从总体上制约着消费者心理活动的具体范围。

（1）消费需求弹性

消费需求弹性是指商品的需求量对价格变化反映的灵敏程度，通常用需求弹性系数（EP）来表示。需求弹性系数是指需求量变动率与价格变动率的比值。通常用其绝对值来表现。需求弹性的大小，以其系数 1 为分界线，EP>1，说明有需求弹性，其系数越大，说明其弹性也越大；EP<1，说明需求缺乏弹性；EP＝1 为单一弹性，EP＝0 为无弹性。

影响需求价格弹性的因素主要有以下几方面。

① 相似替代品的可获得性。有相似替代品的商品需求弹性往往很大。例如黄油和人造黄油就可以很轻易地替代。而代用品越多，当一种商品价格提高时，消费者就越容易转向其他商品，所以弹性就越大；反之则越小。

② 必需品与奢侈品。产品的性质，一般而言，生活必需品的需求弹性较小，奢侈品需求弹性大。

③ 市场的定义，任何一个市场的需求都取决于我们所划定的市场范围。市场小则容易找到替代品。

④ 商品用途的广泛性，如果一种商品的用途很广泛，当商品的价格提高之后消费者在各种用途上可以适当地减少需求量，从而弹性越大；反之越小。

⑤ 商品消费支出在消费者预算支出中所占的比重，当一种商品在消费者预算支出中占很小的部分时，消费者并不大注意其价格的变化，如买一包口香糖，你可能不大会注意价格的变动。

⑥ 消费者调整需求量的时间，一般而言，消费者调整需求的时间越短，需求的价格弹性越小，相反调整时间越长，需求的价格弹性越大，如汽油价格上升，短期内不会影响其需求量，但长期人们可能寻找替代品，从而对需求量产生重大影响。

（2）消费者收入与消费支出结构

消费者收入水平直接影响消费者支出模式。收入是决定消费者购买行为的根本因素。如果消费者仅有购买欲望，而无一定的收入作为购买能力的保证，购买行为就无法实现。

消费支出结构指消费过程中人们所消耗的各种消费资料（包括劳务）的构成，即各种消费支出占总支出的比例关系。

随着消费者收入的变化，消费者支出模式也发生相应变化，继而使消费结构发生变化。德国统计学家恩斯特·恩格尔于 1857 年发现了家庭收入变化与各方面支出变化之间的规律性。它通常用恩格尔系数来表现，即：

$$恩格尔系数 = \frac{食物支出金额}{家庭消费支出总金额} \times 100\%$$

此式通常又称为食物支出的收入弹性。它反映了人们收入增加时支出变化趋势的一般规律，即在一定条件下，当家庭个人收入增加时，收入中用于食物开支部分的增长速度要小于教育、医疗、享受等方面的开支增长速度。食物开支占总消费数量的比重越大，恩格尔系数越高，生活水平就低；反之，食物开支占总消费数量的比重越小，恩格尔系数越小，生活水平就高。

【延伸阅读】　　　　**日本消费税提高影响消费市场，经济预期走低**

《经济日报》记者闫海防报道，日本提高消费税严重影响了消费市场，居民的消费预期大打折扣，个人消费降温且短期内难以恢复。

提高消费税是 2014 年日本经济运行中存在的最大隐患，该政策对企业生产、销售以及居民消费均将产生难以估量的影响。近来，日本政府和民间机构多项调查和分析结果表明，自 4 月 1 日日本正式提高消费税后，日本经济的走势难言乐观，部分指标甚至在不断恶化。

据日本政府最新公布的数据显示，提高消费税前的 1 月至 3 月，日本经济增速环比为 1.5%，同比高达 5.9%，这很大程度上归结于增税前的抢购效果。但随着日本消费税的提升，情况急转直下。日本政府部门最近发布判断经济前景的先行指数，结果显示相关指数 2 月份下降 4.6%，3 月份下降 2.2%，这说明对经济形势的预期正在走低。同时，日本政府还公布了街头景气调查，结果 4 月份降幅高达 16.3%，其中居民消费和企业库存的情况都在恶化。

民间机构的调查更加详尽。来自日本部分民间机构的调查数据表明，日本全国超市的销售情况 4 月第一周下降了 17%，第二周下降了 10%，第三周下降了 8%。大型电器商场的销售第一周下降 19%，第二周有所反弹，下降 2%，但第三周又大降 12%。汽车的销售情况比较典型。据调查，在增税前的 3 月份，新车销售达 78 万辆，但增税后的 4 月份只售出

34 万辆，降幅超过 50％。此外，三越、高岛屋等大型百货商店的销售额也不尽如人意，平均降幅为 13.3％。有关机构直接对居民家庭的调查表明，12％的家庭已经开始节俭支出，66％的家庭回答"除非必需品，尽量减少支出"。

日本媒体公布的情况同样不乐观。提高消费税后，相当部分的大企业将涨价危机转嫁给中小企业，或逼迫中小企业降价，或减少从中小企业的订货，直接从海外进口廉价的零部件。据调查，被转嫁危机的中小企业高达 60％，结果中小企业的库存猛增 30％，占压资金达 3000 多亿日元。由于日本中小企业多为大企业承包生产，所以对大企业的不合理要求只能忍气吞声，逆来顺受。

对于增税后市场逐日萧条的状况，日本政府认为"基本在预料范围内"，日本央行也表示："没有发生超出预料的事态"。但据日本媒体报道，日本政府内部对今后形势的走向并不乐观，主要原因有三个：一是提高消费税的同时，物价也在上涨，特别是与生活相关的商品和服务价格涨势很快。相反，社会保险的支出却在增加，政府的社保改革让承保者掏出更多的钱。二是尽管日本政府要求企业提高职工工资，以对冲消费税上调后的负面影响，但占日本企业总数 96％的中小企业在大企业的压力下，根本无力提高职工工资。由于中小企业的职工人数约占总数的 80％，这部分人的生活水平下降会严重影响消费的回升。三是国际经济环境恶化，大量资金从新兴经济国家和发展中国家回流发达国家，致使日本的出口形势十分严峻。

日本经济专家普遍认为，提高消费税对经济的不良影响可能还在后头，最令人担忧的是消费市场，由于各种因素严重影响居民的消费心理和预期，所以短期内个人消费很难恢复。同时，占日本 GDP60％的个人消费降温，对经济的影响可想而知。

（文章来源：国际在线网站）

 ## 第 2 节　文化因素对消费心理的影响

【案例导入】

据《参考消息》2 月 27 日报道，【美国《华尔街日报》网站 2 月 26 日报道】题：韩国电视剧在中国引发炸鸡和啤酒热。

炸鸡一度失去了中国消费者的欢心，但新播出的一部热门韩国电视剧让它恢复活力。

浪漫喜剧《来自星星的你》讲述了一名韩国女演员和她的外星男友的故事，剧中女主角热爱炸鸡和啤酒。她尤其喜欢用炸鸡和啤酒来庆祝初雪。随着该剧的粉丝大买炸鸡和啤酒，这一银幕上的爱好正在中国各地现实版的炸鸡店里上演。

北京某房地产公司员工、自称热爱韩剧的埃达·何（音）说："我和朋友这些天聚会时都会点炸鸡和啤酒。"北京望京韩国炸鸡店"吧沙酷"的老板沈准甫（音）说，他发现自从该剧播出以来，餐馆的中国顾客大幅增加。他说："我做炸鸡生意已有八年了，但还是头一次看到这么多中国顾客来点炸鸡和啤酒。"沈准甫说："过去，我们的顾客中点炸鸡的 40％是中国人，60％是韩国人。现在 80％是中国人，20％是韩国人。"他还说，上周有一天，等着买外卖炸鸡的多达 100 人。

在望京另一家外卖炸鸡店里，一名姓张（音）的雇员说，该店的营业额也显著增长。他说："过去我们的日收入约为几百元，但从上个月开始，收入迅速增长，每天能达到 3000 元。"连那些不追剧的人也为炸鸡和啤酒热沦陷了。（文章来源 2014 年 02 月 27 日新华网）

消费心理是一种复杂的社会心理现象，它不仅受消费者自身的需要、动机等心理因素的影响，而且更受消费者活动的外界环境的影响。人的社会属性决定了消费者作为一名社会成员，必然地生活在一定的社会环境中，并与其他社会成员、群体和组织发生直接或间接的联系。因此，消费者的购买行为不可避免地受到社会环境和各种群体关系的制约和影响。其中，社会文化在很大程度上影响和制约着消费者的消费心理。

2.1　文化因素对消费心理的影响

社会文化是影响消费行为和心理的重要因素。它是指人类在社会历史发展过程中所创造的物质财富和精神财富的总和。包括民族传统、宗教信仰、风俗习惯、教育层次和价值观等。每个消费者都是在一定的文化环境中成长的，并在一定的文化环境中树立其价值观念、生活方式、消费心理，进一步形成自己的购买习惯等。人类创造了文化，文化又成为人类欲望的统治者。人们在生存、发展过程中，会有各种行为活动，但活动的内容则是由文化影响或决定的。同样，人们会产生各种行为活动，但活动的方式也是文化教化的。

2.1.1　文化的含义和特点

(1) 文化的含义

关于文化的科学概念，从 18 世纪的启蒙思想家开始探索以来，一直众说纷纭，有 200 多种说法，我们采用被称为"人类学之父"的英国人类学家爱德华·B. 泰勒于 1971 年在其代表作《原始文化》中给文化下的定义："文化是一个复合的整体，其中包括知识、信仰、艺术、道德、法律、风俗以及作为社会成员而获得的其他方面的能力和习惯。"由此可见，文化是一个综合的概念，它几乎包括了影响个体行为与思想过程的每一事物。同时，文化又是一种共同的生活方式，是习惯行为，是为一个社会群体的多数人所共享、所认可的。虽然在一个群体中人不可能对某些行为有完全相同的认识，但通过文化的影响力，使人们在某种程度上达成了一致。文化的影响是潜移默化的，它就像空气一样弥漫在我们周围，影响着我们的行为。尤其是随着社会的进步和生产力水平的提高以及社会变革都会使人们的价值观、理解力及认同的行为方式发生巨大变化。

社会文化是一种客观的历史现象，每一个社会都有与之相适应的社会文化。从横向看，各个国家由于历史、地理、民族以及物质生活方式等方面的差异，形成各自独特的社会文化，从而使社会成员在价值观念、生活方式、风俗习惯等方面带有该文化的烙印。

(2) 文化的特点

文化是人类社会在漫长的发展过程中所创造的物质财富和精神财富的总和，尽管每个民族都有着自己独特的文化特色，但就整体而言，各种形态的社会文化具有某些共性。文化的特点主要有以下几点。

① 共有性。文化是由社会成员在生产劳动和生活活动中共同创造的。因此，它为全体成员所共有，并对该社会中的每个成员产生深刻的影响，使其心理倾向和行为方式表现出某些共同特性。就消费活动而言，文化影响表现为：消费者之间通过相互认同、模仿、感染、追随、从众等方式，形成共有的生活方式、消费习俗、消费观念、态度倾向、爱好禁忌等。如：我国四川人喜爱麻辣食品，南方人喜爱甜食等；中国人以"春节"、"中秋节"为合家团聚、互赠礼品的传统节日；数字上西方人对 13 讳言等。

社会文化的共有性特点，为企业采取有针对性的营销策略奠定了基础，使之有可能通过迎合特定文化环境中消费者的共同要求，从而赢得消费者对产品的喜爱。

② 差异性。每个国家、地区、民族都有自己独特的、区别于其他国家、地区、民族的社会文化，即有自己的独特的风俗习惯、生活方式、伦理道德、价值标准、宗教信仰等，这些方面的不同构成了不同社会文化的差异。如风靡世界的可口可乐在世界大部分地区采用红白相间的色彩包装，而在阿拉伯地区却改为绿色包装，因为那里的人民酷爱绿色，对于他们来说，绿色意味着生命和绿洲。又如红色在中国人的观念中象征着热烈、吉庆、美好，但西方有些国家却认为红色是一种危险、令人不安、恐惧的颜色，容易使人联想到流血、事故、赤字等。由于观念上的差异，我国出口到德国的鞭炮曾被要求换成灰色的外包装后才被接受。即便是同一民族，由于居住区域的不同，也会有不小的文化差异。例如，同样是汉族，东北人过春节吃饺子，上海人就没有这个习惯。

③ 变化性。社会文化不是固定不变的。随着社会的发展演进及生产力的不断提高和社会力量的变更，社会文化也将不断演化、更迭。与之相适应，人们的兴趣、爱好、生活方式、价值观念也必然随之发生变化和调整。消费品市场是反映社会文化变化的一个最敏感的神经，因为社会文化的发展变化经常导致市场上某种消费时尚及商品的流行。例如，从时装的发展来看，过去人们讲求的是服装的质地精良、做工考究、款式庄重，而现代消费者对服装的要求已摆脱了"实用"的观念，那些款式新颖、造型大胆、突出，体现舒适、自然的服装更受消费者的青睐。又如，20世纪60年代以前，西方国家的消费者大都喜欢高脂肪、高蛋白的食物，结果导致很多人患肥胖症、心血管疾病等"富贵病"。进入70年代后，在注重健康、讲求营养平衡和回归自然的消费导向下，西方国家消费者的饮食结构发生了巨大变化，各种低糖、低热量、低胆固醇、纯天然的健康食品备受消费者的青睐。

④ 适应性。社会文化的适应性是多种社会因素乃至自然因素综合作用的结果。一方面，文化是服务于人类需要的，随着时间的推移，人的需要必然发生变化，从而导致了文化的调整和演进。另一方面，社会与社会之间并不是封闭的，它们之间有着千丝万缕的联系，存在着各种沟通形式，尤其是在经济一体化不断深入与完善的今天，这种文化间的借鉴与吸收更加明显。因此，企业唯有适应环境，适应特定环境中消费者的特殊要求，才能使自己在激烈的市场竞争中立于不败之地。日本精工公司在这方面取得了成功的经验。他们推出了一种"穆斯林"手表，该表除了设计新颖、构思巧妙外，最成功之处在于这种手表能把全世界114个城市的当地时间转换成穆斯林圣地麦加的时间，并且每天定时鸣响五次，提醒穆斯林按时祈祷。此举使日本精工公司的手表大受阿拉伯国家消费者的欢迎。相反，我国许多企业却因忽视了这方面的因素而导致了营销失败。天津市某鞋厂出口到埃及的女鞋，因鞋底的防滑图案与阿拉伯文"真主"二字相似，而受到当地消费者的误解，以致被迫停止销售。

2.1.2 文化中价值观念对消费心理和行为的影响

价值观念指人们对社会中各种事物的态度和看法，即人们在社会里崇尚什么，这与人们对商品的选择有直接关系，也影响到市场营销活动。以行销东南亚的黄杨木刻为例，我国出口公司的黄杨木刻一直因用料考究、精雕细刻，尤其是采用传统的福、禄、寿三星或古装仕女的造型，受到东南亚地区消费者的普遍喜爱，而出口到欧美一些国家时，却很少有人问津。这就是因为东西方文化差异造成的价值观念和审美观方面的不同，导致的消费者阻碍。后来，我国出口公司改变过去的传统做法，采用一般技术做简单的艺术雕刻，涂上欧美人喜爱的色彩，并加上适合于复活节、圣诞节、狂欢节等的装饰品，便很快打开了市场。可见，生活在不同的社会环境中，人们的价值观念会相差很大。消费者对商品的需求和购买行为深受价值观念的影响。因为价值观是为社会大多数成员所信奉并被认为是社会普遍倡导的信念，它是通过一定的社会规范来影响人们行为的。社会规范进一步告诉人们什么是可接受的行为，什么是不可接受的行为。价值观念主要体现在消费者对时间、对新事物、对财富的态度以及如何看待风险上。

对时间的态度直接影响到人们对产品的欢迎程度。美国人有三条谚语："时间就是金钱"，"时间就是生命"，"今天的事不要拖到明天"，反映了美国人对时间的珍惜，所以在美国节省时间的产品很受欢迎，如一些快餐、快速食品、速溶食品等，而在英国等国家却被认为这是一种"懒惰行为"。

对新事物的态度，也在很大程度上影响着人们的消费行为。美国人和中国香港地区的人一般很好奇，乐于接受新产品。所以在美国可以以新取胜，而保守的德国人、法国人则不易相信广告，购买行为保守而且慎重。

对财富的态度不同，人们的消费行为也大不一样。注重节俭的消费者，在购买过程中体现出求廉、求实动机。如中国人通常把商品是否坚固耐用认为是评价商品质量好坏的标准，美国人则喜欢标新立异，与众不同。

对风险的态度主要包括三个方面：一是经济风险，产品质量不好会使购买者蒙受经济损失；二是安全风险，尤其是化妆品、食品之类；三是声誉风险，如低价产品有失身份等。

2.1.3　中国文化与消费行为

中国文化博大精深，五千年的历史源远流长。在历史上的各个朝代，展现了不同的文化特色，形成了独立于世界而自成体系的中华文化。中华民族一向有勤劳、节俭的传统，在消费上表现为重积累、重计划等。在选择商品时追求实用，相对而言，不太注重外观包装。

中国传统文化以儒学为代表，讲求伦理纲常，崇尚道义规范。古代中国的黜奢崇俭、宗亲趋同和保守文化传到现在，仍具有一定的影响力，形成具有中国特色的消费行为。时至改革开放的今天，随着社会经济体制的变革与经济一体化的国际接轨，更使我国目前的消费领域，无论是从理论上还是在实践上都呈现出异彩纷呈的局面，形成具有中国特色的消费行为。

(1) 循例从众的认知方式

"循例"就是以传统和先例为评价原则，"从众"就是缺乏自主观念，行为随大流。中国人受传统文化的影响，思想比较保守，个人的价值必须由别人来评价，即用自己组成的"人伦"关系来定义自己。而"我行我素"、"独断专行"都被认为是不好的状态。这导致了中国人的从众心理。在这种认知模式下，导致消费者在对商品、企业、市场进行认知时，容易受到经验、朋友、同事、情景等因素的影响，独立思考比重较小。以我国目前消费市场为例，曾出现"黄金首饰热"、"皮革服装热"、"大平米热"等消费热，均与人们的认知模式有关。

(2) 拘谨自制的情感方式

与认知模式相适应，人们在从众心理主导下，一般不轻易表达自己的喜怒哀乐，甚至淡化自己的情感意识和审美标准，形成拘谨自制的情感方式。使消费者在审美观上"从众"，放弃自己的好恶个性，形成了近乎"标准化"的需求，以至于将自己的审美个性隐藏起来，将消费"隐私化"或直接将自己的审美情趣扭曲为相互攀比，以宣泄自己压抑的情趣。

(3) 重义轻利的评价方式

中国的传统文化就是讲求礼仪，重义轻利。通常"义"是指道德规范，"利"是指个人利益，重义轻利的评价方式，使中国消费者在对社会存在的是非曲直进行理性判别时，道德因素重于利益实惠，从而具有"舍利取义"的特点。具体表现为：克己利人、畸形消费、重视商业伦理。现实中我们经常可以看到，那些自己节俭得近乎苛刻的人为子女一掷千金，在应酬场合等所谓的"外面"上不惜财力"透支"，很大程度上就是这个原因。

(4) 个性意识逐渐增强，科学的消费理念初步形成

随着改革开放的进一步深入，目前循例从众的局面逐步被打破，个性意识逐步增强，消费者已初步树立起科学的消费理念。

改革开放以来，随着经济一体化进程的不断加快，尤其是中国加入 WTO 以来，中国的传统文化开始变革，传统文化中开始渗入现代因素。不仅改变了传统的特权消费意识，而且树立了平等交易、效率意识、创新意识等科学理念。过去以"新三年，旧三年，缝缝补补又三年"的传统观念为荣，而今求新、求美、追求时尚、美化生活的新观念不仅为青年人所接受，而且也得到了中老年人的普遍认同。从 20 世纪 80 年代开始的此起彼伏的服装热、快餐热、装饰热以及今天又兴起的旅游热、房屋装修热等就可略见一斑。

2.2 亚文化与消费心理

亚文化是社会文化的组成部分，又称为副文化。它是指仅仅为社会上一部分社会成员所接受或为某一社会群体所特有的文化。亚文化的形成主要是由于一个国家或地区的社会内部并不是整齐划一的，其中某些社会成员由于在民族、地域、职业、年龄、性别、教育程度、宗教信仰等方面有着共同特性而组成一定的社会群体或集团。在某一个群体或集团内的社会成员之间往往具有相同的价值观念和习俗，相互间具有认同感，从而构成了该社会群体特有的亚文化。亚文化一般并不与主文化相抵触。由于社会成员一般都归属于不同的群体，亚文化对其心理和行为的影响更为直接和具体，比主文化的影响力更强。

2.2.1 民族亚文化

民族亚文化是一个社会中各个民族所特有的文化。例如，我国的 56 个民族在参加社会整体生活的同时，有些仍保留着本民族的语言、文字、生活方式等。许多民族都有自己独特的偏好和禁忌、宗教信仰、图腾崇拜、消费习俗、审美意识及生活方式等。民族亚文化的特点对消费行为的影响是直接的、巨大的。这种由于亚文化影响而形成的消费习俗与行为，是很难改变的。近年来，随着经济的发展和现代生活方式的影响，我国少数民族也同汉族一样，在消费观念上发生着变化，比较乐于接受能够给人们生活带来舒适与享受的商品，如沙发、电视机、电冰箱等。

当然，民族亚文化和主文化并不是泾渭分明而是彼此交融的。中华民族的文化传统就是 56 个民族亚文化交融的结果。

2.2.2 地域亚文化

地域亚文化是因自然地理环境的影响而造成的，与气候条件和地理条件有关。我国是一个地域辽阔、人口众多、分布广泛的国家，文化差异较为明显，消费者的生活方式和消费习惯也因此而不同。我国北方地区和南方地区就分属于两个不同的亚文化群体，由于地理位置、气候条件的差异，北方人和南方人在饮食、穿着、性格上都有所不同。如在性格上，北方人多豪爽，而南方人多细腻。在饮食上，闻名全国的川菜、鲁菜、京菜等八大菜系，皆风格各异，自成一派。同是面食，北方人最喜欢吃饺子，南方人则喜爱包子。在对食品的选择上，南方人，特别是广东、上海人，更注重食品的新鲜程度。以洗脸毛巾说，由于北方人和南方人的洗脸方式不同，对毛巾的要求也就不一样。在商品的包装上，北方人喜欢大包装，买一次够几次消费，南方人似乎更偏爱小包装，甚至喜欢拆零出售，满足于一次性消费。就服装的消费形象来讲，广州人新潮、个性，上海人经济、优雅，北京人庄重、大方，大连人时髦、高档。在消费观念上，南方比北方要开放些。如一些新潮服装、现代生活用品，往往首先是从南方地区开始流行，然后向北方渗透，最后才向西部扩散。总之，各地人对各类商品在消费上各有所爱。

至于不同地域自然条件和气候对消费心理的影响也显而易见，例如，北方气候寒冷干燥，南方生产的家具到北方后容易干裂；北方生产的自行车在南方，也会因"水土不服"而脱漆。这些差异必然导致消费者的需求区域化。

地域亚文化是多方面的，企业了解不同地区文化的差异性，有助于更好地掌握消费者的购买心理及购买行为规律，从而更好地开发消费品市场。

2.2.3 籍贯亚文化

中国人的乡土观念比较重，各地的人都或多或少地保留着他们本乡本土的生活习惯。在饮食方面，湖南、四川人爱吃辣的，苏州、无锡人爱吃甜的。现在许多地区都在努力恢复地方的土特产、风味小吃的生产，目的在于满足不同籍贯消费者的饮食需求。企业如能注意籍贯亚文化群的特点，针对这些特点扩大新产品，增设新服务，其发展潜力应当是很大的。例如，对于一些远离家乡、工作在外的人来说，到了老年大多会产生一种思念家乡的心理。他们会不由自主地回忆起伴随他们度过童年、青年时代的一山一水，一草一木，产生一种回故乡去看看的愿望。旅游企业即可针对老年消费者的这种思乡心理，组织"回到您的家乡去看看"为主题的旅游。这样，既满足了老年消费者思乡的需求，帮助他们解决了旅途无人照料、拥挤和需家人接送等困难，也扩大了旅游服务的范围。

2.2.4 年龄亚文化

年龄亚文化是不同年龄阶段的人所特有的文化。不同年龄的人往往分属于不同的群体，有着不同的价值观念和消费习惯。如青年亚文化群体容易接受新生事物，富于创造性和进取精神，他们追求新奇和时尚，追逐潮流，乐于尝试，易产生诱发性和冲动性购买。而老年亚文化群的价值观念已基本固定，他们不太容易接受新事物，一般遵循以往的消费习惯，对消费品多要求实用方便。

2.2.5 职业亚文化

职业亚文化是指不同的职业群体所特有的文化。各种专业性较强的职业都经过一些专门的训练，有专门的职业术语、职业道德、职业习惯等，不同的职业形成了不同的职业亚文化。在不同职业亚文化中的消费者有不同的消费心理和行为，而且在装束、言谈举止、生活方式等方面会有比较明显的区别。研究这些差别，有助于企业更好地生产适销对路的商品，更好地针对消费者的不同特点，提供各种服务。

（1）农民的消费心理

在我国，农民受传统的消费习惯影响较大。消费观念属于节俭和保守型，更以勤俭持家，精打细算过日子为荣。所以，农民消费心理的最大特点是商品要经济实惠，耐穿耐用。近年来，随着农村商品经济的发展，农民收入有了普遍的提高，富裕起来的农民消费观念有了很大变化，消费心理也由保守型向开放型转化，使得高档商品、流行商品大量涌入农村市场。

（2）工人的消费心理

工业部门分工较细，重工业中有采掘、冶金、机械制造等，采掘工人劳动量大，收入较高，在消费观念上属于"奢侈型"，购买商品不大计较得失，注意商品的内在质量和营养价值。而轻工业则包括纺织、印染、服装加工等，从事这一行业的女同志较多，她们的购买心理特点是，喜欢借助商品把自己和家庭装扮得美观、漂亮，她们既喜欢购买经济实惠的商品，又喜欢追逐潮流，购买各种时兴、流行商品。就工人整体来看，在消费方式上受社会风气影响较大，他们是大众化商品、流行商品的主要购买者。

（3）知识分子的消费心理

知识分子文化程度较高，他们购买与使用商品的主要标准是要求商品与自己的身份相符，能显示出自己具有一定的文化知识和修养。如教师往往受工作性质和群体内其他成员的影响，对服饰的要求为大方、文雅。这类消费者选购商品的标准往往是艺术性和实用性，并对商品的整体协调性要求较高。同时，他们对名牌商品情有独钟。

（4）学生的消费心理

这里讲的学生主要是中学以上的学生。他们虽然没有职业，但有一定的购买能力，属于不完全消费者。他们所购买的商品，大多与学习内容有关，并充分体现青年人的特点，例如书籍、文具、报刊杂志、磁带、光碟以及文体用品等。

职业对消费心理与行为的影响是广泛的，各国心理学家、社会学家和经济学家都十分重视研究这个问题。他们不仅根据人们的职业来划分社会阶层、收入标准，而且特别注意由职业差别所产生的消费差别。比如，商界、政界男士喜欢穿深色、庄重的西装，医生、护士及其家属很少穿红色衣服或用红色用品等。综上所述，从事不同职业的消费者的消费心理和购买行为存在的差别可以归为两大类：一类是机关干部、知识分子、学生的消费意向偏重于满足精神的、社会的、自我设计的消费需求；另一类是工人、农民等消费者较为侧重于满足物质的、个人和传统的消费需要。

2.2.6 性别亚文化

长期以来，性别特征和角色的文化意义在不同的社会制度下的理解是不同的。在西方，如美国把攻击、竞争、独立和自信视为传统的男性特征，而把八面玲珑、温柔和饶舌视为传统的女性特征。在角色方面，认为妇女在历史上扮演的角色是抚养孩子的家庭主妇，男子则是家庭的供养人。在中国，由于长期受封建的男尊女卑的礼教约束，社会活动及人际交流的角色几乎全是男人充当。随着"男女平等"的提倡和对传统礼教的冲击，当代中国的妇女已冲出了家庭圈子，走上了社会，肩负起操持家庭的生活消费和参与决策的重任。在消费行为方面，她们有着与男子不同的个性。

研究主文化和亚文化有助于我们更好地了解消费者的文化背景，有效地进行市场细分，正确地选择目标市场，准确进行市场定位，从而对特定消费群体有针对性地采取营销策略。

【延伸阅读】 中国文化对中国人消费心理的影响

中国文化历史悠久，庞大纷繁，且现在正处于急剧转型时期实难概括出一般的特征，再加上中国社会的各种繁杂关系造就的复杂多变的心态，中国消费者则更难把握了。他们可能恪守传统，但又为面子而竞逐时髦；他们可能注重实惠，但又为攀比而挥霍无度；他们可能只管现世，但又为死人一掷千金。当然，表面的矛盾，放到实际的背景中或许也能得到解释，正是本着这个理由，这里将简要地列举一些与消费有关的文化特征。

首先，中国文化一向强调天人合一，人是万物之灵，与天、地并为三才。在我国现今的广告中仍可以看到这种观念对语言表达和接受的影响。比如"天有不测风云，我有人身保险"，是对"天有不测风云，人有旦夕祸福"的仿改，巧妙地利用了中国人对天人合一的特殊感受，把不宜之言的意思通过暗示和联想而烘托出来了；再如一家公司在宣扬自己的精神时说："做人要顶天立地"，借此显示了一种恢宏气魄，让人敬佩，并吸引了不少能人专家前去效力。天人合一的观念在消费习惯上也有体现。比如中国人喜以自然界的"珍品"来滋补身体，无论天上飞的，地上走的，水里游的，还是山里长的，都有可采之物，以至到了药物、食物不分的地步。由此延伸，中国消费者一般喜欢新鲜的原汁原味的食物，对于冷冻的可能兴趣不大，除非迫不得已。

其次，中国文化一向强调血缘关系，也就是以家庭为本位。现在虽然家庭核心化，三世或四世同堂的现象有所减少，但传统的家庭伦理观念仍然保持着，亲子之间的相互依存关系很是明显。个人的消费行为往往与整个家庭密切联系在一起，一个人要考虑到整个家庭的需要，在目前的广告中，不少便是以温馨的家庭氛围为背景，"家有＊＊，如何如何"、"保您全家＊＊"之类的口号不绝于耳。其中更富有中国特色的是运用亲慈子孝的心理，子女孝敬父母，而父母为子女的前途不惜倾囊投资，这类广告场面在电视中时有所见。由于现在一般只生一个孩子，所以对于后代的重视似乎又要超过对于上辈的，在让孩子"全面发展"的竞争中，许多父母惟恐落后（因为中国一向把孩子看作是自己的延伸，对孩子的成功甚至比对自己的成功还要感到自豪），都想让自己的孩子比别人的孩子强。但怎么个强法？不少父母便是通过孩子所消费的东西来体现的。

第三，中国文化一向看重人情关系。这种人情关系可从几个层次来了解。一是人情往来，即凡有婚丧嫁娶之类的事情，都要赠送礼品或现金，亲戚、朋友、同事之间，这种人情交换一般是不可免的。在一些包装精致的商品上，印有"馈赠佳品"，即是这种倾向的反映。二是人之常情，亦即一种求同心理。既然重视维持人与人之间的关系，那么就要与人保持一致，不可鹤立鸡群，使自己突出于众人之上，也不可使自己落后于众人之下。向别人看齐，便有了相符行为，你有我也要有，你买我也要买，所以在中国人的消费中，从众现象甚多，某一产品畅销起来，那真是红火，而一旦滞销，就无人问津。这种情况真让厂商们怀疑，中国消费者的"不约而同"，是不是事先串通好的。三是人前面子。人都有一种"自我实现"的欲望，怎可一味地抹去"个性"呢？总得有个"傲视群雄"的时候吧？于是，在高消费的相互攀比中，一个盖过一个，一个胜过一个，在求同中立异，也是中国人消费观中的一个成分。

第四，中国文化一向比较怀旧恋古。对故乡的眷念，对往事的回忆，对先人旧友的缅怀，往往超过对未来的憧憬。而在消费上，这种"思古之幽情"又加上了现代科技的包装（有时可能是反过来，现代科技加上"思古之幽情"的包装），像"集传统秘方之精髓，采高科技研究创新之大成"，像"皇家贡品"，或者干脆"重新发现了久已失传的……"似乎都让人觉得可信。

第五，中国文化一向比较崇尚谦逊含蓄。自我谦逊和尊重他人始终是中华民族的一贯道德准则，像谦称"敝"、"拙"、"在下"等，现在还频繁地出现。做广告不免要夸耀自己，但也应在一种谦逊的前提下进行，在这一点上，日本企业的广告最能迎合中国人的心理，所以中国人听得特舒服，掏钱也特爽快。要谦逊就得含蓄一些，中国人传统思维模式的特点又是模糊性和意会性，这样，广告中的"弦外之音"和"言外之意"就能引起中国消费者的丰富想象。当然，最好是引起美好的想象，于是，各种吉利的声音或其谐音纷纷蹦出。

以上几种文化特征，并不一定会在每个中国消费者的身上体现出来，也不一定会在每种消费行为上表现出来，随着商品经济的发展和外来文化的冲击，现代社会中一些共同的核心价值观念也开始在我们的社会中生根发芽。如成就与成功、效率与实用、进步、自由、物质享受、年轻、健美等也逐步在中国盛行，其结果则直接影响到国人的消费观念和习惯。

【实训练习】

项目一　不同收入群体的消费需求调查

【实训目标】

1. 培养学生观察分析收入变化与消费心理及购买行为关系的能力。

2. 培养根据收入水平制定营销方案的能力。

【内容与要求】

选择一个你感兴趣的商品，然后进行相关调查，分析商品的销售是否随着消费者的收入的变化而变化，分析这种现象产生的原因及在销售过程中的应对方法。

【成果检测】

每人写出调研与分析报告。依据报告情况为每位同学打分。

项目二　不同地域文化的消费心理调查

【实训目标】

1. 培养分析不同地域消费者心理的能力。
2. 培养针对不同地域消费者心理制定营销方案的能力。

【内容与要求】

以小组为单位分析讨论，调查了解不同地域文化背景下消费者的消费心理，注意南北方的差异，山区和平原的差异，分析不同地域文化的消费者对某类商品的消费偏好，以及消费过程中的差异。

【成果检测】

由小组形成讨论报告。依各小组报告情况与表现进行评估。

第7章　社会群体的消费心理

【教学目标】

★知识目标

1. 了解消费习俗的种类和特点；
2. 掌握消费习俗对消费心理的影响；
3. 了解流行的产生和发展；
4. 掌握流行的方式、阶段和应对策略；
5. 了解影响消费心理的社会群体的类型及特点；
6. 掌握不同社会群体对消费心理的影响。

★能力目标

1. 培养根据消费习俗制定营销策略的能力；
2. 培养针对消费流行趋势或阶段制定营销策略的能力；
3. 培养根据社会群体对消费心理的影响制定产品推广策略的能力。

 ## 第1节　消费习俗与消费流行

【案例导入】

2010年农历大年初一，又恰逢西方的"情人节"，让虎年这个春节黄金周别具浪漫气息。人们在与亲朋好友团聚之余，纷纷来到电影院、书店、公园、商场、超市，享受难得的假日休闲时光。大街上，火红的灯笼、喜庆的春联、闪烁的彩灯，衬托出节日的欢乐、祥和气氛。商场、超市、书店里，更是熙熙攘攘、人头攒动。

从除夕到大年初六，影乐宫影视公司经理赵先生没顾上休息，看着节节攀升的票房，他的心里也乐开了花："春节黄金周这7天，我们影院的上座率平均在八成以上。尤其是《全城热恋》博得情侣们的喜爱，大年初一那天，上座率接近100％；《喜洋洋之虎虎生威》颇受小朋友的喜爱，单场票房在1万元左右。"

春节期间，石家庄各大商贸企业普遍延长营业时间至21点，与往年相比今年在晚20点至21点期间也出现了客流高峰。北国商城、东购等还推出了消费夜场活动，如北国商城正月初一推出"玫瑰之夜、绽放2010"活动，营业时间延长至23点。餐饮市场是夜消费活动的主要场所，年夜饭是春节餐饮市场的重头戏。河北省各大餐饮企业在春节前两三个月前就进行策划准备，节前一个月知名饭店酒店年夜饭就预订一空，有的饭店还推出了错时段年夜饭预定服务。石家庄、唐山、秦皇岛等特色酒店的年夜饭2个小时一翻台，直至晚上22点以后依然宾朋满座。

另据 H 省商务厅统计，春节黄金周期间全省重点监测的 75 家商场、超市实现销售额 10.1 亿元，同比增长 19.1%，客流量达到 705 万人，同比增长 15%。

【应用知识】

现实生活中存在的任何消费行为，都不是孤立的现象，它的产生、发展和存在，总是与特定的社会环境有关，并受到社会环境的牵制和影响。一方面，任何消费者总是生活在一定的民族传统、文化习惯、社会制度中，消费心理和行为打上了民族或地域的烙印。同时，随着社会的发展，新事物、新现象不断涌现，推着消费者一步一步勇往直前。

1.1 消费习俗的特点与分类

消费习俗是指世代相传而形成的消费习惯，是人们社会生活习俗中的重要习俗之一。主要是指人们在日常生活消费过程中由于自然的、社会的各方面原因而形成的各具特色的风俗习惯，包括人们对信仰、饮食、生日、婚嫁、丧葬、节日、服饰等物质与精神产品的消费习惯。消费习俗是通过非正式的社会控制来推行，它不像法律规范那样重要或必须遵守，但是一旦形成，就对人们的日常生活产生重要的影响。虽然各个国家、民族、地区都有自己的消费习俗，但是在特点上，却有很多相似、相近、相通的地方。

1.1.1 消费习俗的特点

（1）独特性

消费习俗的产生和形成，总是与一定的自然和社会基础相对应，与一定地域的生产、生活条件相联系。消费习俗通常是特定地区范围的社会生活的产物，并在长期发展中建立起为众人共同认可与遵从的完整体系，显示出一定的独特性。如，江浙一带寺庙腊八舍粥；藏族百姓 7 月 1 日雪顿节施酸奶子给僧人，等等。这些习俗，都是与众不同、非常独特的。

（2）社会性

习俗是社会生活的重要组成部分，它离不开社会环境，消费习俗是人们在共同从事的经济活动与社会活动中相互影响产生的，因而带有浓厚的社会色彩，具有一定的社会性，并且随着社会的进步而不断发生变化。如：红男绿女；白种人喜欢穿花衣服，黑种人喜欢穿浅色衣服；东方人"爱在心里口难开"，讲究含蓄美，西方人大胆追求，公平决斗；汉族人生日吃长寿面，大不列颠人喜欢吃蛋糕；艺术家、画家留长头发，军人留短发，等等。这些体现出一定的社会性，但是也构成了群体的刻板印象，其实这些都在慢慢地发生着变化。

（3）地域性

消费习俗会由于自然环境、气候及各种历史原因等，常常带有强烈的地域色彩，是特定地区的产物。随着经济的不断发展、科学技术的日益进步以及信息沟通的手段、范围、速度和内容的变化，人们的社会交往范围不断扩大、频率不断增加，因此，消费习俗的地域性有逐渐淡化的趋势。例如，在饮食方面，北方人爱吃面食、喝花茶，南方人喜米饭、饮绿茶，沿海居民吃得清淡，内地人吃得浓郁，而藏族人喜欢喝酥油茶、奶茶和甜茶；在服饰方面，藏族人的服装宽领敞口、肥腰长袖，而傣族人的肥筒长裤、无领对襟或大襟小袖短衫，就跟暖湿气候有关。这些都表现出一定的地域特点。

（4）民族性

消费习俗还与一定的民族文化特点有千丝万缕的关系，它总是受到民族经济生活、民族社会结构以及民族心理、信仰、艺术、语言等文化传统的多方面制约，形成了民族性的特点。如我国各族习俗与世界其他各国各民族的民俗也各有差异。

（5）非强制性

消费习俗的产生和沿袭往往不是采用强制方法推行，但是具有无形的、强大的影响力，它以潜移默化的方式影响着人们，通过无形的社会约束力量发生作用，使生活在其中的消费者自觉、不自觉地遵守这些习俗，并规范自己的消费行为。所以，消费习俗是一种"独特的一致性行动"，任何人在任何意义上都没有"要求"个人对它永远遵奉，但是人们会不假思索地模仿而在意识中内化。比如婚俗，我国满族的下茶、插车、坐帐；蒙古族的奶茶会、骑马迎娶时的男女双方答辩、女方老人的祝福赐装；朝鲜族的迎娶，男方到女方家"接大桌"，等等，都各有本民族的风情和惯例。我国西南少数民族还有"抢婚"、"偷亲"仪式，拦路开路、对歌跳舞，以及"不落夫家"、"从妻居"、"试婚"等多种多样的习俗。虽然这种强制力量已经减弱了很多，但生活在其中的人们，不知不觉中仍受到了影响。

（6）长期性

消费习俗是人们在长期的经济活动与社会活动中，由于政治、经济、文化、历史等方面的原因，逐渐形成和发展起来的。这种消费习俗一旦形成，经过若干年或更长的时间，乃至世代相传，进入人们生活的方方面面，稳定地、不知不觉地、强有力地影响着人们的购买行为。如清明节原是汉族历法中的二十四节气之一，节期在阳历 4 月 5 日前后（农历三月内），这一时节，我国大部分地区寒冬已经过去，春天真正来临，是春耕播种的好时期，主要有祭祖礼俗，一直延续至今；又融入了踏青、插柳、荡秋千、放风筝、吃鸡蛋等习俗，给消费生活增添了新的内容。

1.1.2 消费习俗的分类

从大的方面划分，消费习俗可分为物质生活习俗和社会活动习俗。物质生活习俗主要包括饮食、服饰、日用和住宿等生活方面的习俗。社会活动习俗主要包括喜庆、宗教信仰、地域性、社会文化等方面的习俗。

从习俗与消费生活的关系来划分，消费习俗可分为以下几种。

① 喜庆性消费习俗。这是消费习俗中最重要的一种形式，主要是人们来表达各种美好的情感，释放美好心情，实现美好愿望而引起各方面的消费需要中形成的习俗。

② 宗教性消费习俗。主要是由宗教信仰所引起的消费习俗，多受宗教教义、教经、教规、教法影响，从而产生具有浓郁宗教色彩的消费行为或思想。

③ 纪念性消费习俗。纪念性消费习俗是人们为了纪念某人或某事而形成的某种消费风俗与习惯，虽然具有浓厚的地域性和民族性特点，但也同时具有相当广泛的影响，是一种非常普遍的消费习俗。

④ 地域性消费习俗。地域性消费习俗是由于受自然、地理及气候等方面的差异影响而形成的消费习俗。随着经济发展水平的提高、社会交往的频繁、人口流动的加强，地域性消费习俗将有逐步弱化的趋势。

⑤ 社会文化性消费习俗。社会文化性消费习俗是由社会经济、文化发展引起的消费习俗，它是建立在较高文明程度基础上的消费习俗。

1.2 消费习俗对消费心理的影响

消费习俗跟人们的生活和生产息息相关，涉及的内容也相当广泛，如饮食方面、着装方面、传统观念方面、生活方式方面等，而且形成过程历史悠久，因此对人们消费心理与消费行为的影响也是深刻而广泛的。

（1）使消费心理具有相对的稳定性，形成了习惯性购买

某种消费习俗一旦形成，就具有稳定性的特点，人们在无形中遵守着习俗，并在实践的过程中强化了对习俗的学习和内化，从而形成了习惯性购买，对于符合消费习俗的各种商品，人们总是把它纳入购物范围，不假思索地进行消费，不易改变。如人们习惯在节日里送礼，讲究人情。像中秋节，不管你喜不喜欢吃月饼，不管你会不会去吃月饼，你都会去购买月饼。而且节日里注重"感情消费"，尊老爱幼，礼品越高档越好。因此，给商家带来了无限商机，现在的月饼包装越来越好，内容越来越少，价格越来越高，出现天价月饼和贵族月饼。这是个值得让人回味和研究的问题。

（2）造成从众心理，使消费行为具有普遍的一致性

消费习俗的长期性使消费者自觉、不自觉地周期性购买某种符合消费习俗的商品，使消费行为具有普遍的一致性。同时，有的消费者由于不知不觉地受到群体的影响，使自己在知觉判断和行动上，放弃了自己的想法和意见，而采取与大多数人相近或相同的意见和行为，从而产生从众现象。如很多饭店和商场，最忌讳的就是冷清，最强调的是"人气"，人越多，莫名其妙跟着过来的人也就越多，出现"扎堆"现象。所以，有些商家不惜重金装修场地，突出节日气氛，吸引消费者眼球。甚至出现了各种各样的"托儿"，买衣服的"衣托"、买鞋子的"鞋托"、饭店里吃饭的"饭托"等，都是为了吸引更多顾客而造成热闹的假象。

（3）强化消费偏好

消费者由于受消费习俗的影响而经常重复购买某一商品，如果产品符合消费者某一方面的喜好，消费者就会做出肯定的积极的评价，从而形成一定的信任感，对产品或商标产生偏好，并在重复购买和使用中，这种偏好得到了强化。如讲信誉、守信用、买卖公平、货真价实的"老字号"、"老牌子"往往在消费者心目中具有稳定的地位和显著的号召力。同时，在新年期间推出的增值保值性质的贵重纪念币、生肖币、像章等，符合人们纪念的消费习俗，从而受到一些消费者的喜欢，每当有新币发行上市时，部门团购已成为当前消费的主流。

（4）消费习俗影响了消费者心理的变化速度

消费习俗会影响消费者消费的稳定性和习惯性，对消费者心理的变化既可以起阻碍作用，也可以起促进作用。当与消费习俗相吻合的新产品或新的消费方式出现时，消费习俗会促进消费心理的变化，使消费者迅速接受新产品或新的生活方式；反之则起阻碍作用，延缓消费心理的变化。

一方面，消费习俗对消费心理有阻碍作用。如西方很多国家习惯将美女头像用在商品包装上来促进商品销售，而在非洲某些国家则视抛头露面的女性为女巫。美国一家罐头厂，向该地区出口牛肉罐头，采用了美女吃牛肉的半身像做包装，在市场上受到了冷落，后改为一头牛像做外包装，销路就打开了。

另一方面，消费习俗可以促进消费心理的变化。如"古绵纯"在广东市场运作的时候，适逢方言川剧《重庆棒棒军》在广东热播，因此，川菜流行，川酒飘香。吃惯了早茶的广东人开始尝试麻辣的川菜，"古绵纯"正是抓住这个机会，用四川话"出窖了，又是一坛好酒。来杯古绵纯，要得。"抓住了消费习俗，达到提升品牌的目的。

所以，正是由于消费习俗对消费心理和行为的重大影响，营销者在进行市场拓展时，特别是进行跨国、跨地区经营时，要深入了解当地的文化和消费习俗，进行研究，采取针对性的策略。如到阿拉伯国家就得取一个阿拉伯文的品牌名称，到了美国和欧洲国家就得取一个以英文字母为主的品牌名称，而且不能有不良联想，不能触犯禁忌。中国的传统审美"美就是更白、更细、更光洁"，在美国这个多肤色人种的国家，表述就存在很大问题。很多国际品牌进入中国市场时，也考虑到了中国的传统习俗，如麦当劳身着唐装的吉祥物"小猫"，马爹利在"人人更显面子"的礼盒套装广告用的是四张颜色不同的京剧脸谱。又如，在世界级大饭店中一直排在第二位的喜来登饭店在苏州的连锁店，在中秋、国庆两节期间的广告中，用的就是一位头戴红盖头的新娘形象，都很好地迎合了我国人民喜爱喜庆的消费习俗。

1.3 消费流行的概念和特点

1.3.1 消费流行的概念

消费流行是指一定时期内广为流传的生活方式。具体地说，是一个时期里相当多的人对特定的趣味、语言、思想和行为等各种模式的随从和追随。

消费流行是时代的一种表现，它往往以不同的面貌特征反映各个历史时期的政治运动、经济发展、科技进步及文化思潮的变化，它在一定程度上折射出人们的文化心理和社会心态。同时，消费流行是消费者在追求时兴事物的消费风潮中所形成的从众需求，有人说"流行并不是自然形成的，而是有意制造出来的"，通过制造新奇，利用消费流行的特点可以催发和引导流行。

透过可口可乐公司和百事可乐公司近一个世纪的大战，我们可以看到一些社会思潮和方式的变化：20世纪20年代，可口可乐以"提神、解乏、令人爽快"为定位，向社会输送着崭新的时代观念"喝新鲜饮料，干新鲜事儿"；20世纪30年代，百事可乐崛起，面对竞争对手，可口可乐从美国经济飞速膨胀、积极向世界扩展这一基础上确立了广告的诉求点"可口可乐，一个全球性的符号"；到"二战"结束，可口可乐这一响亮的广告语已不单纯是一种行销手段，它包含了更多的经济、文化乃至政治的意味，成为世界范围内的时尚品牌；20世纪60年代，百事可乐瞄准"二战"后成长起来的新一代，亮出了"新生代的选择"这一面旗帜，很快被崇尚个性、张扬自我的新生代所认同，百事可乐成了"年轻、活泼、时代的象征"，喝百事可乐成了年轻一代人的时尚；20世纪80年代，可口可乐痛定思痛，紧随时代，推出了"挡不住的感觉"这一口号，又一次把美国文化渗透到世界各地，成为宣传美国生活方式的"大使"。

进入20世纪90年代以来，流行的变化速度越来越快，影响的范围越来越广，加上大众传播媒介的推动作用，流行成为人们生活中重要的组成部分。

1.3.2 消费流行的方式

在现实生活中，各种消费流行并不是分散孤立的，而是交叉重叠在一起的，它们互相渗透、互相影响，并通过一定的方式和运动阶段扩展开来。

从消费流行的起源来看，消费流行有以下三种方式。

（1）滴流

即由上至下形成和发展的消费流行。具体情况有两种：一是上层社会人士或社会领袖人物首先提倡和使用某种消费方式或商品，然后向下传播，使之流行起来；二是统治阶级或政府颁布法令或规定，对人们的某种消费活动进行鼓励，引起消费流行。该种消费流行方式的主要特点是：速度快，来势迅猛，传播面广，不仅对某些企业或行业的生产经营活动产生影响，甚至会对整个社会风气产生影响。

（2）横流

即社会各阶层之间相互诱发横向流行的方式。具体情况是：社会的某一阶层率先使用或倡导某种商品或消费方式，然后向其他阶层渗透、普及，形成消费流行。

（3）逆流

由下至上形成和发展的消费流行。具体表现为：某种商品或消费方式由普通消费者率先使用或倡导，然后逐渐扩散开来，被社会各阶层、各行业的消费者所接受，从而形成消费流行。该种消费流行方式的主要特点是：流行速度缓慢，但持续时间较长。

消费流行无论是以何种方式出现，企业都必须注意引导消费新潮流的"消费领袖"的带头作用和商品与舆论的影响，以便把握消费流行的发展趋势。

1.3.3　消费流行的特点

与一般消费相比，消费流行具有如下特点。

(1) 骤发性

消费者往往对某种商品或劳务的需求急剧膨胀，迅速增长。这是消费流行的主要标志。

(2) 短暂性

消费流行具有来势猛、消失快的规律。故而常常表现为"昙花一现"，其流行期或者三、五个月，或者一、两个月。同时，对流行产品，其重复购买率低，多属一次性购买，从而也缩短了流行时间。

(3) 一致性

消费流行本身由从众需求所决定，使得消费者对流行产品或劳务的需求时空范围趋向一致。

(4) 集中性

由于消费流行具有一致性，这种从众的购买活动，在流行产品流行时间相对短暂的影响下，使得流行产品购买活动趋向集中，从而易于形成流行高潮。

(5) 地域性

这是由于消费流行受地理位置和社会文化因素等影响造成的。在一定的地域内，人们形成了某种共同的信仰、消费习惯和行为规范，区别于其他地域。因而甲商品在 A 地流行，但在 B 地就不一定流行，甚至是被禁止使用。

(6) 梯度性

这是由于消费流行受地理位置、交通条件、文化层次、收入水平等多种因素影响决定的。消费流行总是从一地兴起，然后向周围扩散、渗透。于是在地区间、在时间上形成流行梯度。这种梯度差使得流行产品或劳务在不同的时空范围内处于流行周期的不同阶段。

(7) 变动性

从发展趋势来看，消费流行总是处于不断变化中。求新求美是消费者永恒的主题，也是社会进步和需求层次不断提高的反映，这势必引起消费者不断变化，流行品不断涌现。

(8) 群体性

一种消费流行往往是在特定区域的特定人群中开始发生的。如果这种消费流行具有通用性和群众性，就会为更多的人口群体所接受和仿效，迅速发展壮大。

(9) 相关性

人们的消费需求不仅仅是相互关联、相互依存的，而且还往往组成某种消费需求群，表现出奇特的系统组合特征，例如，在西服热兴起的时候，消费者的需求并不仅仅局限于西服本身，而是随着对西服需求量的增加，对衬衫、领带、皮鞋、袜子等消费品的需求量也都同时上升。这里，消费者对西服的需求实际上就是一个需求群，或者说是一个需求系统。

(10) 回返性

人类消费的需求、兴趣、爱好和习惯，在历史发展的路程上常常出现一种回返特征，在消费市场上，一段时间里为人们所偏爱的某种商品，往往供不应求，十分紧俏。但是，只要消费"热"一过，这种曾风靡一时的俏货，就会成为明日黄花而无人问津。然而，过一段时间后，那些早已被人们遗忘了的东西，又可能重新在市场上出现和流行。

(11) 周期性

消费流行尽管具有突发性、短暂性等特点，但同时，某种消费倾向自发端于市场到退潮于市场，有一个初发、发展、盛行、衰老、过时的过程，这个过程即为消费流行周期。

1.4 消费流行各阶段与应对策略

无论何种方式的消费流行，都有其兴起、高潮和衰落的过程。这一过程通常呈周期性发展，反映了消费流行的运行规律。具体分为消费流行的初发期、发展期、盛行期、衰退期和过时期。

1.4.1 初发期

是指社会上小部分人对即将流行的产品产生需要，引发兴趣，采取购买行为。主要是有名望、有社会地位及具有创新意识的消费者，他们的行为对社会产生示范作用，这是流行的初发期。在这个阶段，市场上对即将流行的该产品的需要量非常小，不过，企业在此阶段如果采取相应策略，是可以利用流行，催发流行，从而让产品销售量缓慢上升、持续扩大。

（1）利用新闻引导舆论

新闻传播具有较强的导向性和权威性，同时具有快速传递、广泛扩展等特点，具有很强的公众影响力。在这一阶段，可以利用新闻媒介的力量，获取舆论话题。像国际知名的时装、化妆品、箱包饰品、珠宝等，通过召开流行预测、新品发布会来引导流行。

（2）利用广告造势

广告文化是一种大众文化，是简单的、浅层次的、易被复制的，所以也是易传播的。利用广告可以使消费者产生新的需要，介绍新产品的有关知识，尽快使消费者对产品由陌生到熟悉，引起兴趣，产生信任感。可以利用各种广告媒体，造成较大的广告声势。像"今年过节不收礼，收礼只收脑白金"，脑白金引发了保健品新的流行。保健品一般在宣传时往往注重它的保健功能，如"红桃K"是补血的，"三株"是调理肠胃的，但是，"脑白金"的定位是"礼品"，制造了"礼品概念"，中国人向来是"礼尚往来"的，脑白金把含蓄的观念说了出来，并且进行广告媒体的全方位宣传，制造了消费流行。

1.4.2 发展期

在此阶段，由于新商品早期被迅速采用，消费者对某种流行有了更多的认识，开始产生大量的需要，原来观望、等待的心理迅速转变为购买的行动，开始不断购买这种产品。此时，由于需要的急剧增加，往往出现产品供不应求的局面，销售量急剧上升，利润也随之增长较快，企业应迅速扩大生产能力，尽快占领市场，争取更大的市场占有率。同时，应确保流通渠道的畅通，增加销售网点，为消费者大量购买提供便利条件。在宣传上，也要注意重视销售成本和广告费用的问题，要注意把宣传重点从向消费者介绍产品功能等转到引导消费者对产品的兴趣和偏好上来，争取诱发他们的购买欲望。

1.4.3 盛行期

当消费流行在一定的时空范围内受消费者普遍青睐，消费者争相购买和仿效，消费流行便进入了盛行期。在此阶段，企业销售量虽有增长，但已接近和达到饱和状态，增长率呈下降趋势；利润达到最高点，并开始下降；许多同类产品和替代品进入市场，竞争十分激烈。对于实力不是很雄厚或产品优势不大的企业，可采用防守型策略，即通过实行优惠价格、优质服务等，尽可能长期地保持现有市场。对于无力竞争的产品，也可采用撤退型策略，即提前淘汰这种产品，以集中力量开发新产品，以求东山再起。与产品较长的生命周期不同的是，消费流行普及期十分短暂，普及的同时即意味着消费流行衰退期的到来。

1.4.4 衰退期

当某一流行商品在市场上大量普及，基本满足了市场需求，消费者会由于缺乏新奇感而使消费兴趣发生转移，使流行商品在一定时空范围内较快地消失，即进入消费流行衰退期。此时，企业应把重点转向推广原产品的使用价值上去，并说明为消费者提供哪些售前、售后服务和便利条件，保持企业信誉，稳住产品的晚期使用者。同时在广告策略上运用提醒式广告策略，及时唤起消费者注意力，巩固习惯性购买，尽量延长产品生命周期，尽力消除存货。

1.4.5 过时期

指人们对某种商品或劳务、某种生活方式需求的热情逐渐消失，只在少数人身上看到这一流行的痕迹。企业在此阶段应进行"冷研究"，重点在于从中总结经验，获取可以利用的价值。如流行产品满足消费者"求新奇"的心理，而"过时"产品则迎合了消费者求实惠的心理，也能给企业创造财富。例如，黑白电视机在一些发达国家已成为历史，电视机生产厂家纷纷转产彩色电视机。可是近年，一些外国生产厂家终于"发现"黑白电视机因体积小、适用广、不影响儿童视力等优点，而使消费者纷纷怀旧起来的信息，便立即生产黑白电视机，仅去年其产销量就达 300 多万台，从而获得了十分可观的效益。同样，不久前国内某知名家电企业，通过市场调查发现，国内很多家庭由于生活条件的改善，已不只满足于厨房里一台大冰箱，就连卧室、客厅里也需要存放饮料。点心、水果之类的小冰箱，于是该企业重新启用一条原来专门生产被同行称之为"过时"产品的单门小冰箱投放市场，果然异常畅销。

总之，消费流行的发展阶段主要取决于顾客的心理变化过程，是有规律可循的。企业应加强市场调查和预测工作，把握顾客心理发展趋向，按照消费流行运动的规律，制定切实可行的营销策略。

1.5 消费流行与消费心理的相互作用

1.5.1 消费心理对消费流行的影响

消费流行是以心理因素为基础形成的，具体表现为以下两个方面。

(1) 个性意识的自我表现对消费流行的影响

个性意识的自我表现对流行的产生和普及有很大的影响。现代人自我意识更加强烈，如兴趣方面追求多样性，敢于对事物进行批判和否定，不受教条约束，对新鲜事物感兴趣，喜欢创新变化，等等。当一种新商品或新的消费方式出现时，就会以它独特的风格引起人们的注意，自我表现欲越强的消费者，求新、求变的愿望就越迫切，往往愿意最先尝试和采用新产品，使产品流行的概率大大增强，流行的速度越来越快。随着时间的变化，原有的商品或消费方式不再满足自我表现的需求，马上又会尝试新的商品和消费方式。流行就在人们的"喜新厌旧"中循环往复、永无止境。

(2) 从众心理对消费流行的影响

从众是指群体成员的行为跟从群体的倾向。当群体中的个体发现自己的意见与群体不一致时，或与群体中大多数人有分歧时，会产生一种紧张心理，群体压力促使他趋向一致流行，也就是社会上一部分人在一定时期内一起行动的心理倾向。从众的心理带动了流行。比如，当在商店看到别人排队时，也跟着排队，排上队之后，才问为什么排队，是买什么商品。再如，一些人为自己有乐感的孩子买钢琴，培养孩子的特殊能力，社会上很多人也就跟着盲目买钢琴，而钢琴很可能只是家里的摆设。任何一种消费流行的开始，都必须在一定时空范围内被多数人认同和参与。而在社会实践活动中，人们往往认为凡是流行的、合乎时尚的，都是好的、美的，于是纷纷仿效，加入到潮流中来。

1.5.2 消费流行对消费心理的影响

在消费流行的影响下，消费心理也会发生许多微妙的变化，主要表现为以下几个方面。

（1）消费流行引起顾客认知态度的变化

认知即对一个事物的看法与解释。消费者消费的过程，也是一个认知学习的过程，当一种新产品或新的消费方式出现时，消费者一开始总是对它不熟悉、不了解，抱着怀疑和观望的态度，如果与已有的态度发生冲击时，总是通过学习、认知来消除各种疑虑，决定是否跟从流行。有时，消费者不愿意表露自己真实的态度，做出从众、顺从的行为。但每一次流行的发生，总会给消费者带来更多的新信息、新观念。

（2）消费流行引起顾客心理的反向变化

在正常的生活消费中，顾客往往要对商品进行比较和做出评价后，再决定是否购买。但是，在消费流行的冲击下，常规的消费心理会发生反向变化。如 20 世纪 70 年代，中国人对头发里的头屑根本不屑一顾，在宝洁公司旷日持久的广告宣传下，中国人认识到，有头屑是件丢人的事，于是用高级洗发水去头屑成为流行。但是，现在很多人仍喜欢用一些价格低廉的中国老牌洗发水。

（3）消费流行引起顾客消费习惯与偏好的变化

由于消费者长期使用某种商品，对该商品产生了特殊的好感，习惯性地、反复地购买该商品，还会在相关群体中进行宣传，形成惠顾动机。在消费流行的冲击下，消费者由于生活习惯、个人爱好所形成的偏好心理，也会发生微妙的变化，社会风尚的无形压力会使他自觉或不自觉地改变原有的消费习惯和消费偏好。例如，20 世纪 80 年代；由于人们物质生活水平不高，礼品的选购倾向于解决温饱方面的物品；到了 90 年代，随着人们生活水平的提高，在解决了温饱问题后，礼品的选购趋向于保健类产品；到了新世纪，礼品的选购则呈现出个性化与情趣化趋势，尤其是科技类产品，越来越受消费者的青睐。

【延伸阅读】　　　　　　　文化衫穿出爱国心

2008 年 5 月 12 日汶川大地震之后，各式各样的爱国文化衫悄然出现在今夏的西安街头，"我爱中国"、"四川加油"、"北京奥运"等主题的文化衫，为时尚增加了具有特殊意义的文化味。

（1）爱国之情不再含蓄

"中国人的爱国之心不再是含蓄地表达了。"记者的一位加拿大朋友 Sam 在谈到西安街头各式各样的爱国文化衫时，用这样的话概括了他的感受。的确，当人们习惯了看到国外的各种物品出现国旗、国家名称等爱国符号时，多是将自己的爱国之情深深埋在心中，并未习惯以高调的方式表达出来。而此次汶川大地震之后，国人的爱国之心和团结之心高涨，人们也非常愿意将这种爱的情感通过这个特殊方式表达出来，这些特殊文化衫应运而生。"让中国心不仅在网络上跳动，在我们的心里跳动，也要让我们的中国心，在整个中国大地跳动，在世界跳动。穿爱国文化衫是我们以实际行动支持祖国的一种表现"。一位网友在采访中这样评价爱国文化衫。记者发现，为了推广爱国文化衫，网店的很多卖家将各种爱国文化衫的售价降到了 15～35 元之间，这一做法得到了众多网友的力挺。

（2）三大爱国主题受热捧

2008 年夏季街头爱国文化衫的三大主题是中国心、抗震救灾和支持奥运，其中，以"I＋红心＋CHINA"的经典款式最深入人心。以五星红旗为背景的红心生动地跃然于 T 恤的正面，饱满的红色和完美的弧线为 T 恤增加了时尚感觉，而简约大方的图案则打破了对年龄的界限，从而受到普遍青睐。此外，以"奥运火炬＋CHINA"、"奥运五环＋BEI-

JING"、"五星红旗＋中国加油"、"相信爱支持汶川"等上百款图样的爱国文化衫也成为从演艺明星到普通百姓的最爱。"不夸张地说，爱国文化衫是今年出镜率最高的单品"。浙江杭州一家专营爱国文化衫的小店店主孟小舒，仅 2008 年 5 月份一个月就销售了 190 件，力证了爱国文化衫的受欢迎程度。记者了解到，目前爱国文化衫热卖的方式是网购，此外，在小寨路和康复路也有一些经营爱国文花衫的商户，而购买主力仍是年龄在 20～35 岁之间的年轻人。

（3）爱国之心就是设计灵感

爱国文化衫之所以在 2008 年夏季受到广泛欢迎，除了因为文化衫可以表达爱国之心，另外就是文化衫的设计与以往相比加入了更多时尚的设计元素。一些小店除了经营经典款式的爱国文化衫外，还免费提供设计服务，比如买家可以拿来自己的白 T 恤，由小店将设计好的爱国图样印在 T 恤上。在电子城工作的西安女孩小董前不久为自己和老公印制了两件情侣版爱国文化衫，图案是长着翅膀的立体感十足的小红心旁边，分别印着"中国"和"加油"的字样。小董说这是将自己的意图与网上一家经营爱国文化衫的店主沟通之后，对方为他们精心设计的图案，图样很跳跃，搭配牛仔裤穿很有动感，也很时尚，非常具有纪念意义。

第 2 节　社会群体对消费心理的影响

【案例导入】

林先生是广州某报负责股票版的编辑，1998 年，在私家车还不是很普遍的广州，林先生成为为数不多的有车一族。

买车前半年的一次同事聚会后，林先生坐了同事胡先生的顺风车。胡先生是当时报社买车第一人。林先生对胡先生的"壮举"颇为羡慕，但考虑到他与胡先生在收入上的较大差异，只能望洋兴叹。

但是这次与私人汽车的亲密接触深深拨动了林先生的心弦。一路上，胡先生向林先生展示自己私家车的音响系统，这使得平素喜欢音乐的林先生十分向往。在此后的日子里，购买私家车的想法在他心中开始萌生，而且日渐强烈。

3 个月后，报社忽然一下子多出好几个"有车一族"，而且这些"有车一族"清一色是刚参加工作不过 5 年、年纪不超过 28 岁的年轻人。他们有着这个年轻人群的共同特征：收入不高，积蓄甚少，消费感性，超前消费意识强烈，并都是向家里"借贷"部分资金来买车的。

同伴的超前消费意识和先"富"起来的生活方式让林先生受到震撼。他原来打算在 5 年后实现其心中的梦想，这些同事的示范给了他冲击。他盘算了一下，自己手头已有 8 万元左右，每个月的收入虽不高，但应付生活还是有余，自己的父母是退休知识分子，手上有二十来万的存款，向他们"借贷"10 万应该没有问题。这两笔钱加起来，正好可以支付一辆中档车的车款和其他税费款。他说服了自己的父母，虽不容易，但父母在他的坚持下唯有同意。

当他开着自己的新车出入报社或者探亲访友的时候，他感到非常惬意。他提前 5 年实现了自己的梦想，而且也比大多数的同事和国人更早享受了拥有私家车的乐趣。事后他想，这个决定只不过来自同事购车行为的鼓励，没有他们的示范，他也许还下不了这个决心。

【应用知识】

由于消费行为本身是一个社会化行为，受着社会各种因素的影响，在这些影响因素中，尤以参照群体、家庭、社会阶层对消费者的购买行为产生重要影响。

2.1 参照群体

2.1.1 参照群体的含义

参照群体是指能够直接或间接地影响个体消费者的价值观念，并影响着他对商品和服务的看法，影响其购买行为的人的总称。参照群体可能是消费者个人所属的群体，亦可能是个人"心向往之"的群体。

影响消费心理和行为的参照群体主要有以下两大类。

一是成员群体（membership group），即自己为成员之一的群体。例如，家庭、社会阶层、亲朋好友、邻居、同事同学、学术团体和政治团体等。

二是崇拜性群体（aspiration group），即自己虽非成员，但是这些群体的成员是自己的崇拜偶像，比较和模仿的榜样。主要包括影视明星、体育明星、社会名流等。

2.1.2 参照群体对消费者的影响

参照群体对消费者的行为产生有形或无形的影响，它会影响消费者的态度和自我认知，甚至产生群体压力，影响消费者对产品和品牌及服务的选择。

考察群体对个人行为的影响有两个基本视角：一是作为现实社会关系网络的群体，在这种群体中，不仅存在着意见领袖的个人影响，由成员的多数意见所产生的群体压力也对个人的言行具有重要的制约作用；二是作为个人行为的精神依托的群体，即由过去和现实的群体归属关系所产生的观念、价值、行为准则的内在化，统称为"群体规范"。在现实生活中，许多看起来似乎完全出于个人决定的行为，实际上在很大程度上受内在化的群体的影响。同样，群体归属关系和群体规范对大众传播效果也具有重要的制约作用，它不仅影响着受众对媒介和内容的"选择性接触"，而且影响着他们对观点的接受，对价值或行为的认同。在消费过程中，对消费者有影响的主要参照群体有家庭、朋友和正式社会群体等。

还有一种参照群体是正式社会群体。正式群体是指有明确的目标和固定的组织形式的群体，如企业、学校等。正式群体有共同的目标和行为规范，它会对群体中的个体造成一种无形的压力，这就是规范压力。规范压力常常导致从众行为，即个体与群体保持态度和行为的一致性。这一点与朋友这种非正式群体有相似之处。广告对正式群体诉求，利用正式群体成员的规范压力而导致人际的消费扩散，也有利于加强广告效果。例如儿童食品"金喇叭"，就针对小学生这一正式群体诉求，以"好学生的奖品"为号召，并和小学生的行为规范联系起来，如"上课不迟到"、"功课先做好"等，从而获得了相当大的成功。

另外，参照群体之间产品信息的沟通状况（沟通网络、沟通速度等）关系到一种产品能不能尽快地介绍给其他消费者，这也是销售人员应注意的因素。有些产品比较容易显示在其他消费者面前，如新款式的手机、时装、轿车等。所以这些商品的信息在群体中容易沟通，也容易引起从众行为；而另一些产品，如内衣等，其商品信息在群体中就不易沟通，所以也不可能产生从众行为。对于在群体间沟通性较差的商品，营销人员应多通过各种信息传播渠道，将它们介绍给消费者，让他们多加了解。

2.1.3 参照群体影响消费者行为的心理依据

消费者为什么能被参照群体影响呢？从社会心理学的角度看，每个消费者都有以下一些心理表现。

（1）模仿心理

模仿是仿照一定榜样做出类似动作和行为的过程。社会心理学家和社会学家的研究表明，人们在社会行为上有模仿的本能，这一本能同样存在于人们的消费活动中。消费活动中的模仿可以理解为，当某些人的消费行为被他人认可并羡慕时，便会产生仿效和重复他人行为的倾向，从而形成消费行为模仿。

（2）从众心理

从众是个体在群体的压力下改变个人意见而与多数人取得一致认识的行为倾向。与模仿相似，从众也是在社会生活中普遍存在的一种心理和行为现象。在消费领域中表现为，消费者自觉或不自觉地跟从大多数消费者的消费行为，以保持自身行为与多数人行为的一致性，从而避免个人心理上的矛盾和冲突。这种个人因群体影响而遵照多数人消费行为的方式，就是从众消费行为。

（3）提示心理

提示与人的数目有关。众多消费者的一致行为，会形成一股无法抗拒的力量，这种力量迫使消费者的购买行为趋同。

（4）认同心理

消费者在一个群体中长期生活，消费需求、购买动机、购买方式等会逐渐产生较多的心理认同。相互产生一种默契，取得共识，个体消费行为逐渐被群体意识同化。

（5）循环刺激心理

在一个群体内部，若干个消费个体相互联系、相互影响、相互刺激，形成了互动关系。群体内某一个消费者产生的消费欲望，通过信息沟通可能会使群体消费产生连锁反应，或者成员之间消费需求产生共鸣，形成新的消费心理和行为，又作为新的刺激因素发生作用，由此构成一种群体的循环反映。

2.2 家庭

家庭是指以婚姻、血缘或有继承关系的成员为基础组成的一种社会生活组织单位。

在家庭经济生活中，消费占有极其重要的地位，家庭的消费活动不仅包括家庭成员共同的消费活动，而且也包括家庭中个别成员即每一位消费者的消费活动。

在研究家庭对消费者购买行为的影响时，企业应该注意以下几个问题。

2.2.1 家庭对消费者的影响

在消费者购买行为中，家庭影响是至关重要的。这是因为：①家庭作为一种社会范围内的微型经济活动单位，家庭消费的遗传性特征十分显著，家庭强有力地影响着消费者的态度、信仰和行为；而每一个消费者的消费行为、消费方式、消费习惯等最先是从家庭继承和发展而来的；②家庭成员，尤其是父、母亲，为其他家庭成员充当着购买代理人的角色；③家庭本身就是一个消费单位，许多商品和劳务是以家庭为购买单位计算的。而在我国大多数家庭消费是相对稳定的。

2.2.2 家庭规模和家庭类型

家庭按其成员构成可分为以下几种类型：

① 单身家庭是指只有一个家庭成员或一对夫妇的家庭；

② 核心家庭是指由父母亲、未婚子女组成的家庭；

③ 直系家庭是指在核心家庭基础上加上祖父母、外祖父母的家庭；

④ 扩大家庭是指家庭成员血缘关系较远或没有血缘关系的人组成的家庭。

家庭类型不同，家庭消费也就不同。例如，拉美国家贫民居住地区，不少家庭拥有彩电甚至汽车；实际上，这是由于那里家庭人口众多，彩电和轿车是全家消费的对象，全家有能力购买一些耐用消费品。

从现代家庭类型的发展趋势看，核心家庭在各种类型家庭中的比重逐渐上升。而且由于核心家庭成员之间的联系最为紧密、频繁，对家庭消费行为和购买决策的影响也最大，因此，在营销活动中通常以核心家庭作为研究重点。现在我国是以核心家庭为主，据1996年的统计，所占比例为67.31%。核心家庭消费的特点是：①平均年龄比较小，受过较高程度的教育，阅历较广，知识比较丰富；②由于家庭主妇也参加工作，家庭收入比较多，消费者可以比较自由地选择消费项目；③核心家庭增多，会使儿童消费品趋于高档化、多样化，儿童娱乐用品、服装、营养品的需求量将逐步增大；④核心家庭注重子女从幼儿园到大学的教育投资；⑤他们会购买一些自己并不真正需要的商品，他们会花钱去旅游，甚至到国外去旅游；⑥核心家庭比较讲究商品的形式、包装、色彩和风格，比较注意购物环境，但不那么忠实传统的品牌；⑦他们通过消费来寻找自我表现的形式，因此，常常别出心裁、标新立异。

2.2.3 家庭生命周期

家庭生命周期是指家庭从组建到发展到衰亡的全过程。家庭生命周期是由各生活阶段组成的。一般划分为七个阶段：①未婚期；②初婚期；③生育期；④满巢期；⑤离巢期；⑥空巢期；⑦鳏寡期。

2.2.4 家庭消费决策分工

一个家庭时常要进行购买决策，有时甚至要天天决策。在不同的决策场合，每个家庭成员可以扮演如下的角色。

① 提议者：促使家庭中其他成员对商品发生购买兴趣的人。

② 影响者：提供商品信息和购买建议，影响挑选商品的人。

③ 决策者：有权单独与家庭中其他成员共同做出决策的人。

④ 购买者：亲自到商店从事购买活动的人。

⑤ 使用者：使用所购买的商品或服务的人。

了解不同家庭成员在购买决策中的角色，可以帮助企业把握以下几个对制定营销策略较为关键的问题。

① 谁最容易对企业的产品发生兴趣？

② 谁将是产品的最终使用者？

③ 谁最可能成为产品的最终决策者？

④ 不同类型的商品通常由谁承担购买任务？

2.2.5 影响家庭购买决策方式的因素

在家庭购买决策过程中，每个家庭成员也许担任其中一种角色，也许身兼几任，根据在家庭购买决策中担任角色的多少，可以将家庭购买决策方式分为以下几种形式。

① 家庭中某一个成员为中心做出决策。

② 家庭成员共同商定决策。

③ 家庭部分成员一起商定决策。

家庭购买决策究竟采取哪一种方式，其决定因素有以下几点。

(1) 家庭购买力

一般来说，家庭购买力越强，共同决策的观念越淡薄，一个成员的决策容易为家庭其他成员接受；反之，购买力弱的家庭，其购买决策往往由家庭成员共同参与制定。

（2）家庭属于什么社会阶层

在西方国家，低阶层和高阶层家庭经常是由各个家庭成员独立决策，而中等阶层的家庭更多的是共同决策，显示一种民主气氛。

（3）所购商品的重要性

一般来说，价值较低的生活必需品，在购买时无需进行共同决策；但购买高档耐用消费品及对全家具有重要意义的商品时，大多数家庭成员共同协商决策。

（4）购买风险的大小

通常，在购买那些家人比较陌生、缺乏足够市场信息、没有充分把握的商品时，由于所察觉到的购买风险较大，所以家庭成员共同决策的情况较多。

（5）家庭权威类型

家庭权威类型可以分为：自治型、丈夫至上型、妻子至上型、共同支配型四类。在不同的类型中，决策方式是不同的。例如，在自治型家庭中，每个成员都有相等的决定权，而在丈夫（或妻子）至上的家庭里，往往是丈夫（或妻子）一人说了算。

另外，具体购买活动中，夫妻购买决策的形式也因所购商品的类型不同而有所不同。一般来说，妻子对食品、化妆品、服装、生活日用品、室内装饰用品等商品的购买有较大决策权，而在购买家电、家具、汽车、住房等大件商品时，丈夫所起的作用就要大一些。此外，夫妻在商品特性选择方面的影响作用也存在差异。如表 7-1 所示，列举了美国研究者的一项调查结果。

表 7-1　夫妻在商品特性选择方面的影响

购买因素	汽　车	礼服用白衬衫	电　视　机	洗　衣　机
品牌	H	＝	H	W
功能	H	W	H	W
式样	W	H	W	W
规格	H	H	H	W
维修保证	＝	－	H	W
价格	H	W	H	H
商店	H	＝	W	H
服务	H	－	H	H

注：H 丈夫影响大；W 妻子影响大；＝丈夫和妻子影响相同；－没有意义。

从表 7-1 的结果可以看出，丈夫和妻子对购买决策的影响作用是随所购商品的不同特性而发生变化的。由此，企业在研究家庭购买决策时，有必要根据商品的具体特性来调查夫妻在决策中的作用。

随着我国独生子女家庭迅速增长，子女在家庭购买决策中的作用是不能忽视的。年龄是影响子女参与消费决策的一个重要因素。另外，所购买商品与子女的关系也是子女参与购买决策的一个重要因素。

由上述分析可见，家庭对消费者的购买决策和购买行为有极为重要的影响。把握二者之间的内在联系，是企业制定营销策略的重要依据。

2.3　社会阶层

2.3.1　社会阶层的含义与特征

（1）社会阶层的含义

社会阶层是依据经济、政治、教育、文化等多种社会因素所划分的相对稳定的社会集团和同类人群。这里应当指出的是，社会阶层不同于社会阶级，其划分测量的标准不仅仅是经济因素，还有其他各种社会因素，如社会分工、知识水平、职务、权力、声望等。社会阶层有两种类型：一种类型是阶级内部的阶层，同一阶级的人在他们与特定生产资料的关系上是共同的，其根本利益和社会经济地位是一致的；另一种类型是阶级之外的阶层，它们与阶级形成交叉并列关系，划分这一类阶层的客观依据是阶级因素之外的知识水平、劳动方式等社会因素的差异。

（2）社会阶层的特征

第一，同一阶层的成员，其行为远较不同阶层的成员更为相似。无论何种类型的阶层，其内部成员都具有相近的经济利益、社会地位、价值观念、态度体系，从而有着相同或相近的消费需求和消费行为。

第二，人们根据他们所处的社会阶层而占有优劣不同的地位。

第三，人们归属于某一社会阶层不是由单一参数变量决定的，而是由职业、收入、财产、教育程度、价值观、生活方式等多种因素综合决定的。

第四，人们所处的社会阶层不是固定不变的。在其生命历程中，人们可以由较低阶层晋升到较高阶层，也可能由较高阶层降至较低阶层。在现实社会中，这种变动的范围随其社会分层限度的大小而定。

2.3.2 社会阶层对消费者心理与行为的影响

（1）社会阶层方面的三种消费者心理

基于希望被同一阶层成员接受的"认同心理"，人们常会依循该阶层的消费行为模式行事。

基于避免向下降的"自保心理"，人们大多抗拒较低阶层的消费模式。

基于向上攀升的"高攀心理"，人们往往会喜欢采取一些超越层级的消费行为，以满足其虚荣心。

（2）不同社会阶层消费者的心理与行为差异

不同社会阶层的消费者则表现出明显差异。具体表现在以下几个方面。

① 不同阶层的消费者对信息的利用和依赖程度存在差异。一般来说，高阶层的消费者更善于比低阶层消费者利用多种渠道来获取商品信息。高阶层的消费者大都受过良好教育，他们读书、看报、翻阅杂志、上网的时间和机会较多，因而可以充分利用不同媒体获取有价值的商品信息；而低阶层的消费者受教育较少，平时较少读书看报，却比较喜欢看电视，因而电视广告往往成为他们获取信息的主要来源。如表7-2所示为美国的一项研究，表明了中产阶层和下等阶层的心理差异。

表 7-2 美国中等阶层和下等阶层的心理差异

中 等 阶 层	下 等 阶 层
着眼于将来	着眼于现在
生活在长远时间里	生活在短暂时间里
倾向于理智	倾向于感情
对世界有发展性意识	对世界只有维持性意识
视野宽阔，无限制	视野狭窄，有限制
做决定时周密思考	做决定时略加思考
充满自信，愿意冒险	重视安全
思考倾向于无形的、抽象的	思考倾向于有形的、知觉的
较关心国家大事	不关心国家大事

② 不同阶层的消费者在购物场所的选择上存在差异。不同阶层的消费者喜欢光顾的商店类型明显不同。高阶层的消费者乐于到高档、豪华的商店去购物，因为在这种环境里购物会使他们产生优越感和自信，得到一种心理上的满足；而低阶层的消费者在高档购物场所则容易产生自卑、不自信和不自在的感觉，因而他们通常选择到与自己地位相称的商店购物。

③ 不同社会阶层的消费者在购买指向上存在差异。美国商业心理学家和社会学家将美国社会划分为六个社会阶层，各阶层消费者的购买指向和消费内容特征如下所述。

a. 上上层：由少数商界富豪或名流家族组成。他们是名贵珠宝、古董、著名艺术品的主要购买者，也是高档消遣、娱乐方式的主要顾客。

b. 上下层：主要由工商界人士、政界显要人物或经营特殊行业而致富的人组成。他们大都经过艰苦奋斗而由中产阶级进入上流社会，因而有着强烈的显示自我的愿望，渴望在社会上显示其身份、地位。他们是私人别墅、游艇、游泳池及名牌商品的主要消费者。

c. 中上层：由各类高级专业人员如律师、医生、大学教授、科学家等组成。他们偏爱高品质、高品位的商品，注重商品与自己的身份地位相匹配。他们大都拥有良好的住宅条件、高级时装、时尚家具等。

d. 中下层：由一般技术人员、教师和小业主等组成。他们喜欢购买大众化、普及性的商品，对价格较为敏感，努力保持家庭的整洁和舒适。

e. 下上层：由生产工人、技工、低级职员等组成。他们整日忙于工作和生活，很少有精力和兴趣去关心社会时尚的变化，喜欢购买实用价廉的商品。

f. 下下层：他们属于贫困阶层，几乎没有受过教育，收入属于社会最低水平。他们通常没有固定的购买模式，是低档商品的主要消费者。

④ 不同阶层的消费者对消费创新的态度存在差异。不同社会阶层的消费者之间的差别还表现在对消费创新的态度上。

由上述分析可见，不同社会阶层的消费者无论在获取信息、购买方式、商品投向或消费态度上都有着明显差别。把握这些差异，有助于企业根据不同阶层消费者的需求偏好进行市场细分，以便更好地满足目标市场消费者的需求。

2.3.3 同一社会阶层消费者行为的差异

如上所述，同属一个社会阶层的消费者，在价值观念、生活方式及消费习惯等方面，都表现出基本的相似性。但由于各个消费者在经济收入、兴趣偏好和文化水准上存在着具体差别，因而在消费活动中也会表现出不同程度的差异。

美国学者考尔曼通过对汽车与彩色电视机市场的分析，认为在同一阶层中，人们的收入水平存在三种情况：一种是"特权过剩"类，即他们的收入在达到本阶层特有的居住、食品、家具、服装等方面的消费水平之后，还有很多过剩部分；一种是"特权过少"类，即他们的收入很难维持本阶层在住房、食品、家具、服装等方面的消费水准，几乎没有剩余部分；还有一类，他们的收入仅能够达到本阶层平均消费水平。

考尔曼用"特权过剩"与"特权过少"的概念来解释某些消费现象。例如，在美国曾有一段时期，各阶层消费者都等量购买彩色电视机，从表面看对彩电的购买与社会阶层无关，但经认真分析后发现，购买彩电的消费者大都是各阶层的"特权"家庭；同样，购买小型汽车的人大都是各阶层的贫困族。由此可以看出，即使在同一阶层内，人们的消费行为也存在一定差异。

【延伸阅读】 不同社会阶层消费行为的差异

消费心理学研究表明，同一阶层的消费者在价值观、需求特点、消费动机等方面都具有相似性，而不同阶层的消费者消费观念有较大的差异性。这对广告策划与营销方案制定有着重要的作用。

（1）在产品的选择和使用上的差异

有关研究认为，像服装这类具有象征意义的产品，消费者大都根据自我意象或者根据对于自己所属阶层的知觉来选购；而像家庭的日常用具，则更多地取决于收入。一些研究表明，尽管各个阶层的妇女都对时装怀有兴趣，但上层和中层的妇女（主要指经济收入较高）比下层的妇女在这方面卷入的程度要深，表现为更多地阅读时装杂志、参观时装表演、与朋友和丈夫讨论时装，原因可能在于上层的妇女在时装的品位上也有差别。

（2）不同社会阶层的休闲活动上的差异

社会阶层从很多方面影响个体的休闲活动。一个人所偏爱的休闲活动通常是同一阶层或邻近阶层的其他个体所从事的某类活动，他采用的新休闲活动往往也是受同一阶层或较高阶层成员的影响。虽然在不同阶层之间，用于休闲的支出占家庭总支出的比重相差无几，但休闲活动的类型却差别颇大。马球、壁球和欣赏歌剧是上层社会的活动，桥牌、网球、羽毛球在中层到上层社会的成员中均颇为流行，玩老虎机、拳击、职业摔跤是下层社会的活动。

（3）广告与营销信息接收和处理上的差异

广告与营销信息搜集的类型和数量也随社会阶层的不同而存在差异。处于底层的消费者通常信息来源有限，对误导和欺骗性信息缺乏甄别力。出于补偿的目的，他们在购买决策过程中可能更多地依赖亲戚、朋友提供的信息。中层消费者比较多地从媒体上获得各种信息，而且会更主动地从事外部信息搜集。随着社会阶层的上升，消费者获得信息的渠道会日益增多。不仅如此，特定媒体和信息对不同阶层消费者的吸引力和影响力也有很大的不同。比如，越是高层的消费者，看电视的时间越少，因此电视媒体对他们的影响相对要小。相反，高层消费者订阅的报纸、杂志远较低层消费者多，所以，印刷媒体信息更容易到达高层消费者；另一方面，不同阶层的消费者所喜欢的节目、所订阅的报纸和杂志存在相当大的差异，消费者获得信息的渠道会日益增多。

（4）购物方式上的差异

人们的购物行为会因社会阶层而异。一般而言，人们会形成哪些商店适合哪些阶层消费者惠顾的看法，并倾向于到与自己社会地位相一致的商店购物。研究表明，消费者所处社会阶层与他想象的某商店典型惠顾者的社会阶层相去越远，他光顾该商店的可能性就越小。同时，较高阶层的消费者较少光顾主要是较低阶层去的商店，相对而言，较低阶层的消费者则较多地去主要是较高阶层消费者惠顾的商店。另一项研究发现，"客观"对"感知"的社会阶层也会导致消费者在店铺惠顾上的差异。客观上属中层而自认为上层的消费者，较实际为上层但自认为中层的消费者更多地去专卖店和百货店购物。与一直是劳动阶层的消费者相比，从更高层次跌落到劳动阶层的消费者会更多地去百货店购物；同时，中层消费者较上层消费者去折扣店购物的次数频繁得多。

【实训练习】

项目一　消费流行现象调研

【实训目标】

1. 培养观察分析流行现象的能力。
2. 培养根据顾客群体对消费流行的心理特质制定营销策划的能力。

【内容与要求】

1. 调查你所见过的某种流行现象。

2. 运用所学理论进行分析。

3. 在全班组织一次交流与研讨。

【成果检测】

1. 每人写出心理分析报告。

2. 对学生的分析报告和研讨中的表现进行评估。

项目二　商品需求调查

【实训目标】

1. 培养学生观察分析顾客群体消费心理及购买行为的能力。

2. 培养根据年龄、性别及收入对不同群体进行营销的能力。

【内容与要求】

1. 选择一个你感兴趣的商品，然后进行相关调查，分析商品的销售是否随着消费者的年龄、性别和收入的变化而变化。

2. 针对某种商品或某类顾客的需求情况进行市场调查，如本市少儿、青年、中年、老年用品市场的需求变化。

【成果检测】

每人写出调研与分析报告。依据报告情况为每位同学打分。

第8章　商品与消费心理

【教学目标】

★知识目标

1. 了解新产品的概念及其分类；
2. 掌握消费者心理需求与开发策略；
3. 掌握品牌使用策略；
4. 掌握包装设计的心理策略。

★能力目标

1. 培养学生针对特定产品制定品牌策略和包装策略的能力；
2. 培养学生开发新产品的能力。

 ## 第1节　新产品与消费心理

【案例导入】

　　2007年9月6日，海尔洗衣机在北京、上海两地同时举办了盛大的新闻发布会，宣告其最新研发的全球首款洗净即停洗衣机——"净界"正式在全球上市。

　　据了解，海尔"净界"洗衣机的最大特点是，具有海尔洗衣机全球首创的"洗净即停"技术，完全颠覆了传统的洗衣模式，通过精确智能控制，自动调整洗涤、漂洗时间，衣服洗干净了便自动停止。这一产品的上市是海尔在技术上的又一次创新。

　　2001年7月13日随着中国申奥成功，海尔也成为奥运会唯一家电赞助商，海尔人有一个梦想，为奥运研发一款世界顶级的洗衣机。

　　海尔开发人员经过历时一年的调研，深入几千个用户家中、全球各地卖场，与不同用户面对面沟通、倾听意见、深层把握用户需求。在调研的消费者中有高达70%的人认为：洗衣机应该更智能。如果有一款洗衣机可以自动判断衣物的脏污程度，设定时间，那么将会把洗衣这项繁重的家务劳动变成一种享受。

　　海尔人把市场需求变成了一个追求的目标，全球研发团队对采集来的大量数据进行分析，对洗衣机原材料进行严格检验、筛选、论证，选用了上千种洗涤面料，进行了上万次反复模拟试验，历时四年，潜心研发，突破行业技术壁垒，首创了"洗净即停"技术。据悉，该产品采用全方位的光电检测技术，通过即时检测桶内水的脏污变化程度，来决定衣物的洗涤时间。"洗净即停"技术的运用，有效地为用户实现省水约30%，省电约30%，降低衣物磨损约 25%。

"净界"洗衣机除拥有海尔独创的"洗净即停"技术外,还拥有不用洗衣粉、SPA 烘干、液晶触摸、双动力、风干空气洗、智能变频等获得国内外众多机构认可的七大核心技术,被誉为全球首款七星级洗衣机。可以说,这款产品的面世,将为消费者开启家庭生活的新时代。

据悉"净界"系列还没有上市,已经接到近 10 万台的订单,各大渠道竞相争夺该系列产品的首销权。

【应用知识】

1.1　新产品开发与市场接受过程

产品生命周期理论为我们提供了一个重要的启示:在当代科学技术水平迅速发展、消费需求变化加快、市场竞争激烈的情况下,企业得以生存和成长的关键就在于不断地创造新产品和改进旧产品。创新可以说是使企业永存青春的唯一途径。为了使企业的总销售量和总利润始终保持上升的势头,或者至少保持平稳,避免大起大落,每一个企业都必须把开发新产品作为关系企业生死存亡的战略重点。

1.1.1　新产品开发

从企业营销角度来说,新产品是指在某个市场上首次出现的或者是企业首次向市场提供的,能满足某种消费需求的整体产品。它与因科学技术在某一领域的重大突破所推出的新产品在概念上不同。产品整体概念中任何一部分的创新、变革和改良,都可视为新产品。据此,新产品可划分为以下几类。

(1) 全新型产品

这种产品是指那些运用新的科学技术、新的材料研制出的具有全新功能的产品,全新型产品的出现和使用往往会在消费者的消费观念、消费方式、消费过程、消费心理等方面产生重要的影响。如第一台收音机的问世就属于全新型产品,在它出现之前,市场上没有类似产品,其功能也是其他产品所不能代替的。

(2) 换代产品

指在原有产品的基础上,采用或部分采用新技术、新材料、新工艺研制出来的新产品。如普通自行车——电动自行车、模拟电视——数字电视。

(3) 改进型产品

指对老产品的性能、结构、功能加以改进,使其与老产品有较显著的差别的新产品,如普通牙膏——药物牙膏。

(4) 仿制产品

指对国际或国内市场上已经出现的产品进行引进或模仿、研制生产出的产品。如市场上出现的新型号的电视机、手机等大都是模仿已有的产品生产的。

1.1.2　新产品开发的过程

与不同行业的生产条件和产品项目不同,新产品开发的具体过程也有所差异,但企业开发新产品的过程一般由以下八个阶段组成。

(1) 新产品构思

开发新产品首先需要有充沛的创造性构思,搜集的新产品构思越多,从中选出最合适、最有发展希望的构思的可能性也越大。企业能否搜集到丰富的新产品构思,不在于意外的发现和偶然的机会,关键在于企业必须有鼓励人们提建议、出点子的制度以及建立一种系统化的程序，使寻求来的任何新产品构思都能被产品开发部门所了解。新产品构思的来源是多方面的，主要包括：顾客、竞争者、企业营销人员、企业高级管理人员和经销商。

（2）构思的筛选

筛选的目的是剔除那些与企业目标或资源不协调的新产品构思，筛选过程应分为两个阶段。第一阶段要求做出迅速和正确的判断，判别新产品构思是否适合企业的发展规划、技术专长和财务能力，以剔除那些明显不合适的建议，从而使宝贵的资源不至于浪费在复审不切实际的提案上。这种判断应由有见识的经理和专家做出。筛选的第二阶段要求进行更细致的审查，常用的方法是对通过第一阶段筛选后剩下来的产品构思，利用评分表评出等级。

（3）新产品概念的形成与测试

新产品构思经过筛选后，需进一步发展形成更具体、明确的产品概念，这是开发新产品过程中最关键的阶段。产品概念是指已经成型的产品构思，即用文字、图像、模型等予以清晰阐述，具有确定特性的产品形象。一个产品构思可以转化为若干个产品概念。如一家食品公司获得一个新产品构思，欲生产一种具有特殊口味的营养奶制品，该产品具有高营养价值，特殊美味，食用简单方便（只需开水冲饮）的特点。为把这个产品构思转化为鲜明的产品形象，公司从三个方面加以具体化：①该产品的使用者是谁；②使用者从产品中得到的主要利益是什么；③该产品最宜在什么环境下饮用。

（4）初拟营销规划

新产品主管部门在新产品概念形成和通过测试之后，必须拟定一个把这种产品引入市场的初步市场营销规划，并在未来的发展阶段中不断完善。初拟的营销规划包括三个部分：第一部分，描述目标市场的规模、结构、消费者的购买行为，产品的市场定位以及短期的销售量、市场占有率、利润率预期等；第二部分，概述产品预期价格、分配渠道及第一年的营销预算；第三部分，阐述较长期（如5年）的销售额和投资收益率，以及不同时期的市场营销组合策略。

（5）商业分析

商业分析实际上是经济效益分析。其任务是在初步拟定营销规划的基础上，对新产品概念从财务上进一步判断它是否符合企业目标。这包括两个具体步骤：预测销售额和推算成本与利润。预测新产品销售额可参照市场上类似产品的销售发展历史，并考虑各种竞争因素，分析新产品的市场地位、市场占有率，以此来推测可能的销售额。

（6）产品研制

如果产品概念通过了商业分析，研究与开发部门及工程技术部门就可以把这种概念转变成产品，进入试销阶段。这一阶段应当搞清楚的问题是，产品概念能否变为技术上和商业上可行的产品。在研制阶段产生产品原型后，还必须对其进行一系列严格的功能测试和消费者测试。

（7）市场试销

如果企业的高层管理者对某种新产品开发实验结果感到满意，就着手制定该产品的品牌、包装和市场销售方案、使用和再购买这种新产品的实际情况以及市场大小，然后再采取适当对策。市场实验的规模决定于两个方面：①投资费用和风险大小；②市场实验费用和时间。投资费用和风险高的新产品，试验的规模应大一些；反之则应小一些。

（8）批量上市

在这一阶段，企业管理者应做出以下决策：何时推出新产品；何地推出新产品；向谁推出新产品；如何推出新产品。只有这方面的问题得到解决，企业才能真正实现其批量上市的目的。

1.1.3　产品生命周期

任何一种产品在市场上都有自己的生命周期。产品生命周期是指一种产品在市场上出现、发展到最后被淘汰所经历的全部时期。它一般分为引入期、成长期、成熟期和衰退期四个阶段。产品生命周期各阶段的消费心理特点及营销策略详见如下所述。

（1）引入期

引入期是指产品刚刚进入市场的时期，由于生产工艺还不成熟，技术上不够完善，因而产品尚未最后定型，性能和质量都不够稳定。但由于市场竞争对手少，新产品本身又具有创新和改良的特点，所以对消费者具有一定的吸引力。

这一时期消费者的心理反应及主要特点是：极少数消费者在求新、好奇、趋美的心理需求驱使下，起带头消费新产品的作用，而大多数的消费者则由于对新产品的性能、用途等知之甚少，或者不愿承担风险，或者受原有消费习惯的影响，或受经济条件的制约，不同程度地表现出拒绝购买的心理。

这一时期的营销策略是：利用各种形式开展广告宣传，宜以报道性、纪实性的广告手法为主，着重宣传新产品的功能、特性、用途、优点、价格等，以便消费者对产品有较为全面的认识，消除疑虑心理；由于市场上无价格参照物，少数消费者为满足好奇、求新心理，不太计较价格因素，同时新产品又具有新颖性和较好的品质，新产品可适当定高一些；快捷灵活地选择销售渠道，即扩大与市场接触面，为消费者了解和熟悉新产品提供条件，扩大产品的销售，迅速占领市场。

（2）成长期

成长期是新产品在市场上打开销路后，新产品已经定性，市场需求量与销售量明显增加，并出现持续增长的趋势，厂家和商家的利润明显增长，竞争者开始出现。

这一时期消费者的心理反应及主要特点是：消费者对商品已有初步认识，购买的兴趣和欲望有所增强。一些热衷于消费的消费者，也已加入到购买新产品的行列中。但是由于新产品进入市场的时间还不长，大多数消费者还未完全消除心理上的障碍，他们仍在继续观察，尤其注意已购买者的购后感受以作为下一步行动的参考。

这一时期的心理策略是：进一步提高产品质量，增加花色品种，努力创品牌；改变广告宣传方式，重点宣传介绍产品的优点，充分利用新产品的消费带头人进行证词性的宣传，创造消费者间接试用新产品的效果，打消消费者的疑虑，消除或减轻心理上的"不安全感"；价格方面，如在引入期采用高价格策略，本阶段应适当降低价格，以增强产品竞争能力，吸引潜在消费者。对销售渠道进行评价、调整，使之更合理。加强与销售网点的联系，注意采用新的销售渠道，方便消费者购买。

（3）成熟期

成熟期是在市场上走向鼎盛并趋向饱和的时期。这时的新产品已定型，工艺成熟；商品销售继续上升，企业利润达到高峰；同类产品在市场上不断出现，价格趋向一致，市场竞争激烈。这一时期消费者的心理反应及主要特点是：消费者购买欲望强烈，并纷纷付诸行动。其中，有相当一部分消费者出于从众心理而进行购买。同时，由于大量竞争者的加入，市场竞争激烈，消费者购买时的选择心理加强，对产品的功能、款式、颜色、价格、售后服务及零部件供应等方面的要求更高了。

这一时期的营销策略是：在产品策略上，应注意发展变型产品、多功能产品，提高产品的质量，改进产品的特色和款式，为消费者提供新的利益，以吸引新的消费者或使现有的消费者提高再使用率；在宣传广告策略上，应根据消费者的选择心理采用对比式广告，更多地向消费者介绍本产品的独创性和优异性；在价格策略上，应更多地运用心理定价方法，如折扣定价、威望定价等，吸引老用户和争取新用户。

（4）衰退期

衰退期是商品在市场上由高峰逐渐走向衰落直至销声匿迹的时期。这时，产品已陈旧、老化，对消费者已失去吸引力，市场销售量急剧下降，利润也大量减少，竞争者纷纷退出市场，竞争者相对变弱。

这一时期消费者的心理反应及主要特点是：一部分消费者已将兴趣转向其他商品，但仍有一些新产品的"守旧者"采取购买行为，以适应其保守心理和求廉心理；消费者的心态是既期待新产品的出现，又希望老产品能降价处理。

这一时期的营销心理策略是：首先，利用产品质优价廉的优势去吸引那些经济收入不高，注重产品使用价值而不重视产品时尚的保守购买者；其次，要积极研制更新换代的产品，及时以新产品替代旧产品；最后，要对产品的衰退期有个正确判断，如判断不当过早淘汰，企业便不能获得预期的或可能的收益，如果延误时机又会带来不必要的损失。

1.1.4 消费者接受新产品的过程

营销心理学家罗吉尔把个人接受新产品的过程分成五个阶段，即知觉、兴趣、评价、试用及采用。每个阶段都受各种因素的影响，下面我们就具体谈谈消费者对新产品采用的过程。

（1）知觉

当消费者接触到产品的物理刺激或社会刺激的那一刹那，就进入了知晓阶段。此时，消费者只是了解到有这种新产品的存在，但缺乏详细的了解和深入的认识。

（2）兴趣

当消费者对新产品感到好奇时，就进入了兴趣阶段。此时消费者会去寻找有关的信息，这些信息包括：新产品比已有的产品好吗？价格贵吗？别人对新产品的看法和评价如何？等等。当然由于个人的价值观、消息的接受方式、个性、个人对风险的知觉以及社会影响力各不相同，因此，所搜寻的信息也有所不同。

（3）评价

消费者在掌握一定资料、信息的基础上，对产品予以评价，并考虑是否值得购买这种新产品。一般来说，评价的主要目的是降低不确定性。

（4）试用

一般来说，只有当消费者使用了新产品并感到满意后，个人才会接受新产品且继续采用。这个使用新产品的阶段，我们称之为试用阶段。依照营销心理学家罗吉尔的看法，消费者在试用阶段，购买的数量极少，如果没有机会试用，则消费者采用新产品的可能性会大为降低。

（5）购买使用

消费者对试用结果满意后，决定经常选用该产品，开始正式购买和大量重复购买。有些人甚至乐于为产品作义务宣传。

企业要成功地推出新产品，就必须使消费者尽快、顺利地通过这五个阶段。除了尽可能快速、广泛地传播产品的各种信息外，还应采用一些促销手段予以一定的刺激。

1.2 消费者对新产品的心理需求与新产品开发策略

1.2.1 消费者对新产品的心理需求

消费者购买商品的动机绝大多数是生理需要与心理需要的合力促成的，但就每一具体商品来说，需要的侧重点不同。有些商品，消费者除追求其基本功能满足需要外，更多地是追求精神上的满足。具有满足消费者精神需要的商品构成因素就是商品的心理功能。为了使设计生产的新产品能够适应消费者的购买心理，企业应当了解消费者对新产品的心理需求。

消费者对新产品的心理需求包括以下几个方面。

(1) 象征意义

消费者的购买行为要受到其个性心理特征的制约。新产品如果不具备独特个性，就不能满足具有不同个性消费者的需要，新产品的个性是通过其具有象征意义的心理功能而发挥作用的。由于各种社会因素的影响，消费者的某些心理需求，通过想象、比拟、联想等心理作用，便与商品的某些意义产生了人为的联系而赋予该商品某种象征性。这些象征性有：时代象征性、地位象征性、性格象征性、年龄象征性、性别象征性、职业象征性等。

(2) 时式流行

时式流行是一种社会消费现象。时式是指一定时期内，受社会欢迎的式样。消费者对商品时式流行的需求，反映了人们渴望变化、趋同从众、顾应时代、完善自我等多种心理需求。商品的时式流行有其运行规律，一般要经过：倡导—传播—流行—减弱—消失几个阶段，但不同商品的运行周期的时间长短不同，如耐用消费品时式流行的周期较长，日用小商品流行周期较短。现在，市场商品丰富，可选择性增强，因此，企业应不断推出新产品，以满足消费者求新、求变的心理需求。

(3) 审美情趣

消费者对新产品的接受和购买，还与商品是否具备某种属性而能够满足人的审美需要，引起人的审美感受有关。这种能引起人的审美情趣的商品属性就是商品美。商品美主要是由商品的线条、色彩、形态、声音等因素构成的，诉诸消费者的感官，影响其思想感情，给予人们物质和精神上的满足。虽然，消费者的审美情趣因人而异，且随时代的发展变化而变化，但一个时代、一个阶层、同一个消费者群体也有共同的审美标准。如现代青年人追求的美感，男性青年要潇洒、大方，女性青年要温柔、典雅等。

(4) 个性创造

消费者在购买商品为自己服务的同时，还希望通过消费商品来发挥自己的创造潜力，丰富生活情趣，拓展生活意义，展示并创造自身个性。如一个初学摄影的消费者对购买自动相机的欲望强烈，而当他的技能提高了，却不喜欢"全自动"了，而渴望根据自己的需要与兴趣调节曝光、焦距等。因此，当消费水平发展到一定阶段，人的个性创造欲望就会显现出来。商品如能适应这种需要，就会吸引消费者，增强市场竞争能力。

总之，企业能否在商品设计、制造和推销过程中，充分考虑到构成新产品基本功能及心理功能的因素，是满足消费者需要的关键，也是企业在市场上成败的关键。

1.2.2　新产品开发策略

在现代市场上，企业要得到新产品，并不意味着必须由企业独立完成新产品的创意到生产的全过程。除了自己开发新产品外，企业可以通过购买专利、特许经营、联合经营，甚至直接购买现成的新产品来取得新产品。

(1) 获取现成的新产品

企业采取获取现成的新产品的策略，又可以分为以下几种具体形式。

① 联合经营。如果某小企业开发出一种有吸引力的新产品，另一家大公司就可以通过联合的方式共同经营该产品。这样做，小企业可以借助大公司雄厚的资金和销售力量扩大产

品的影响，提高自己的知名度，同时也能收回其开发费用并获得满意的利润；大公司则可以节省开发新产品的一切费用。也有的大公司直接收购小企业，取得该企业的新产品经营权。

② 购买专利。企业向有关科研部门、开发公司或别的企业购买某种新产品的专利权。这种方式可以节省时间，这在复杂多变的现代化市场上极为重要。

③ 特许经营。某企业向别的企业购买某种新产品的特许经营权。如世界各地的不少公司都争相购买美国可口可乐公司的特许经营权。

④ 外包生产。一般地，当企业的销售能力超过其生产能力，或没有能力自己生产该产品，或觉得自己生产不合算时，就会把新产品的生产外包给别的企业。这种方式可以分为全部外包和部分外包、部分自制两种。前者如汽车零部件的生产全部包给小企业，自己只进行加工组装；后者在服装行业中较常见。

（2）企业自主开发

企业自主开发可以划分为以下两种形式。

① 独立研制开发。企业通过自己的研发力量来完成产品的构想、设计和生产工作。但是企业要认真考虑如何把握住消费者需求的认知性，只有做到这些才能使新产品更好地满足消费者的需求。

② 协约开发。雇佣独立的研究开发机构或企业为自己开发某种产品。前者与后者相比，可以对产品进行有效的控制，包括产品的技术、质量、品牌等，甚至在某种程度上对价格也有决定权。后一种方法则可以克服企业在技术力量上的不足。

1.3 新产品推广的心理策略

新产品的推广过程是企业与消费者之间传递和沟通信息的过程，有效的新产品推广策略主要有以下几种。

（1）广告宣传策略

新产品最初出现在市场时，消费者对它还很陌生，因而在心理上缺少"安全感"，这种心理障碍会导致许多消费者采取等待观望的态度。特别有些新产品的问世，是对消费者原有的消费习惯、消费方式及价值观念的否定，很多消费者在心理上没有接受及顺应这一变化的准备，这会导致他们对新产品采取消极甚至抵制态度。针对这些问题，企业应该采用有效的宣传策略，大力宣传和介绍新产品的性能、质量、用途、使用方法以及为消费者所提供的服务，消除消费者心理上的障碍。

（2）价格策略

一般来说，新产品的价格比旧产品要高，消费者拒绝购买新产品的原因之一也是价格。那么，为什么新产品在价格上会出现阻碍消费者购买的情况呢？原因有两个：一是消费者对新产品无购买习惯，心理上对价格疑虑较大；二是由于新产品的性能、质量、原材料运用上有所改进，所以价格高于原有的同类产品，价格选择障碍大。企业的做法是：第一，同类产品在性能、质量上进行对比，从而说明价格提升的情况；第二，运用灵活的价格策略，对不同的产品采用不同的定价方法。凡消费弹性大的、替代品和同类产品多的、市场竞争强的产品，价格不宜定得太高；反之消费弹性小、专业性强、性能和质量改进大的商品，价格适宜定得高些。具体方法有：撇脂定价法、渗透定价法。

（3）带头人的策略

带头人即最早购买者，他们起着替其他消费者试用、验证产品的作用。带头人虽然人数少，但他们是推广新产品的中坚力量，影响力强。如果企业能有效的影响这些人，无疑对新产品的推广有明显的积极作用。因此，企业除了运用各种方式和手段宣传新产品的优点外，还要充分利用新产品的消费带头人进行证词性的宣传，创造消费者间接使用和尝试新产品的效果，打消消费者的顾虑，消除或减轻心理上的"不安全"感，带头人的策略的做法是：①选准带头人，要借助有影响的人物；②要给带头人适当的鼓励；③要尽快收集有关带头人的反应信息。

（4）销售策略

主要包括：①样品试用法。挨家挨户免费送样品，这种方法适合于单价低且购买次数多的商品，如牙膏、洗发水等。消费者使用产品后，能判别出其独特的品质时，推销也就成功了；②示范表演法。为了使消费者相信新产品的价值，消费者要当众示范操作表演。不过，这种表演最好采取比较式而非竞争式；③特殊推销法。运用特殊手段进行推销，如有奖销售、展销会、附赠礼品等，吸引、刺激消费者购买新产品。

【延伸阅读】 新可乐的失败

自从 1886 年亚特兰大药剂师约翰·潘伯顿发明神奇的可口可乐配方以来，可口可乐在全球开拓市场可谓无往不胜。1985 年 4 月 23 日，为了迎战百事可乐，可口可乐在纽约宣布更改其行销 99 年的饮料配方，此事被《纽约时报》称为美国商界一百年来最重大的失误之一。

在 20 世纪 80 年代，可口可乐在饮料市场的领导者地位受到了挑战，其可口可乐在市场上的增长速度从每年递增 13％下降到只有 2％。

在巨人踌躇不前之际，百事可乐却创造着令人注目的奇迹。它首先提出"百事可乐新一代"的口号。这一广告活动抓住了那些富于幻想的青年人的心理。这一充满朝气与活力的广告，极大地提高了百事可乐的形象，并牢固地建立了它与软饮料市场上最大部分的消费者之间的关系。在第一轮广告攻势大获成功之后，百事可乐公司仍紧紧盯着年轻人不放，继续强调百事可乐的"青春形象"，又展开了号称"百事挑战"的第二轮广告攻势，在这轮攻势中，百事可乐公司大胆地对顾客口感试验进行了现场直播，即在不告知参与者在拍广告的情况下，请他们品尝各种没有品牌标志的饮料，然后说出哪一种口感最好，试验过程全部直播。百事可乐公司的这次冒险成功了，几乎每一次试验后，品尝者都认为百事可乐更好喝，"百事挑战"系列广告使百事可乐在美国的饮料市场份额从 6％猛升至 14％。

可口可乐公司不相信这一事实，也立即组织了口感测试，结果与"百事挑战"中的一样，人们更喜爱百事可乐的口味。市场调查部的研究也表明，可口可乐独霸饮料市场的格局正在转变为可口可乐与百事可乐分庭抗礼。20 世纪 70 年代 18％饮料消费者只认可可口可乐这一品牌，认同百事可乐的只有 4％，到了 80 年代只有 12％的消费者忠于可口可乐，而只喝百事可乐的消费者则上升到 11％与可口可乐持平的水平。而在此期间，无论是广告费用的支出还是销售网站，可口可乐公司都比百事可乐公司高得多。它拥有两倍于百事的自动售货机、优质的矿泉水，更多的货架空间以及更具竞争力的价格，但是为什么它仍然失去了原属自己的市场份额呢？

1984 年 9 月，可口可乐公司技术部门决定开发出一种全新口感、更惬意的可口可乐，并且最终拿出了样品，甜、汽泡更少，因为它采用了比蔗糖含糖量更多的谷物糖浆，是一种带有柔和的刺激味的新饮料。公司立即对它进行了无标记味道测试，测试的结果令可口可乐公司兴奋不已，顾客对新可乐的满意度超过了百事可乐，市场调查人员认为这种新配方的可乐至少可以将可口可乐的市场占有率推高 1％～2％，这就意味着多增加 2 亿～4 亿的销售额。

为了确保万无一失，在采用新口味之前，可口可乐公司投入 400 万美元，进行前所未有的大规模口味测试。在 13 个城市中约 19.1 万人被邀请参加了无标记的不同配方的可口可乐的比较。55％的参加者更喜欢新可乐，这表明可口可乐击败了百事可乐。调查研究的结果似乎证明，支持新配方是不容置疑的了。

新可乐投产之前，一系列辅助性的决定必须相应地实施。例如，必须考虑是在产品大类中加入新口味的可乐还是用它来替代老可乐。在反复考虑以后，公司的高级经理们一致同意改变可口可乐的味道，并把旧可乐撤出市场。

1985 年 4 月 23 日，可口可乐公司董事长戈伊祖艾塔宣布经过 99 年的发展，可口可乐公司决定放弃它一成不变的传统配方，原因是现在的消费者更偏好口味更甜的软饮料，为了迎合这一需要，可口可乐公司决定更改配方调整口味，推出新一代可口可乐。为了介绍新可乐，戈伊祖艾塔和基奥在纽约城的林肯中心举行了一次记者招待会。请柬被送往全国各地的新闻媒介机构，大约有 200 家的报纸、杂志和电视台的记者出席了记者招待会，但他们大多数人并未信服新可口可乐的优点，他们的报道一般都持否定态度。新闻媒介的这种怀疑态度，在以后的日子里，更加剧了公众拒绝接受新可口可乐的心理。

消息迅速地传播开来。81％的美国人在 24 小时内知道了这种转变，这一数字超过了 1969 年 7 月知道尼尔·阿姆斯特朗在月球上行走的人数。1.5 亿人试用了新可口可乐，这也超过了以往任何一种新产品的试用记录，大多数的评论持赞同态度，瓶装商的需求量达到 5 年来的最高点。决策的正确性看来是无可怀疑了，但这一切都是昙花一现。

在新可乐上市 4 小时之内，接到抗议更改可乐口味的电话达 650 个；到 5 月中旬，批评电话每天多达 5000 个；6 月份这个数字上升为 8000 多个。由于宣传媒介的煽动，怒气迅速扩展到全国。对一种具有 99 年历史的饮料配方的改变，本来是无足轻重的，可如今却变成了对人们爱国心的侮辱。堪萨斯大学社会学家罗伯特·安东尼奥论述道："有些人感到一种神圣的象征被粗暴地践踏了。"甚至戈伊祖艾塔的父亲也从一开始就反对这种改变。他告诫他的儿子说这种改变是失败的前奏，并开玩笑地威胁说要与儿子脱离关系。公司的领导们开始担心消费者联合起来，抵制其产品。

他们看到的是灾难性的上市效果："我感到十分悲伤，因为我知道不仅我自己不能再享用可口可乐，我的子孙们也都喝不到了……我想他们只能从我这里听说这一名词了。"人们纷纷指责可口可乐作为美国的一个象征和一个老朋友，突然之间就背叛了他们。有些人威胁说以后不喝可口可乐而代之以茶或白开水。下面是这些反应中的几个例子："它简直糟透了！你应该耻于把可口可乐的标签贴在上面……这个新东西的味道比百事可乐还要糟糕。""很高兴地结识了你，你是我 33 年来的老朋友了，昨天我第一次喝了新可乐，说实话，如果我想喝可乐，我要订的将是百事可乐而不是可口可乐。"

在那个春季和夏季里，可口可乐公司收到的这样的信件超过了 4 万封。在西雅图，一些激进的忠诚者（他们称自己为美国喝可口可乐的人）成立"美国老可口可乐饮用者"组织来威胁可口可乐公司：如果不按老配方生产，就要提出控告。在美国各地，人们开始囤积已停产的老可口可乐，导致这一"紧俏饮料"的价格一涨再涨。当 7 月份的销售额没有像公司预料的那样得到增长以后，瓶装商们要求供应老可乐。

公司的调查也证实了一股正在增长的消极情绪的存在。新可乐面市后的三个月，其销量仍不见起色，而公众的抗议却愈演愈烈。最终可口可乐公司决定恢复传统配方的生产。这一消息立刻使美国上下一片沸腾，当天即有 18000 个感激电话打入公司免费热线。当月，可口可乐的销量同比增长了 8％，股价攀升到 12 年来的最高点每股 2.37 美元。但是可口可乐公司已经在这次的行动中遭受了巨额的损失。

第 2 节　品牌与消费心理

【案例导入】

　　1956 年，美国心理学家 G. 米勒发表了一篇题为一种"奇数 7 加减 2"。文中明确提出短时记忆的容量为 7 加减 2。简单地讲，就是普通人在处理信息的时候，大脑无法同时处理远多于 7 个单位的信息，其能够处理的信息范围一般在 7 个单位左右。这就是为什么我们能够记住并说出来的东西往往在 7 项左右，如电话号码、车牌、世界七大奇迹、一周中有七天等。大家可以试试自己一口气能够说出几种品牌的手机，说出几种品牌的化妆品，背出几个牌子的汽车。特别是对于那种自己并不熟悉的产品，可能一般人也就只能记住一两个品牌名称，甚至一个也说不出来。看来，我们的怀疑并不是多余的，在这个传播过度的社会里，我们的大脑确实不是一个合格的容器。要赢得人们的大脑并非易事。过去，商家只要生产出能够满足人们需要的产品，并给大家留下一个良好的印象，产品就不愁卖不出去。如今，"酒香不怕巷子深"的时代已经过去了，有些产品的质量很不错，但仍然难逃厄运。相似的产品太多了，而且质量也都不差。焦点最后还是不得不落在消费者的大脑上。而我们的"大脑"又太不争气，容量太小，那到底该如何是好呢？显然，通过神奇的"7 加减 2"，我们可以看到，在信息的"量"上做文章已经行不通了，只能在信息本身上面做做文章，即在品牌上做文章。

【应用知识】

　　从饮料到软件，我们拥有无数的选择。仅从网络上看，只要打开电脑，单击鼠标，大量的商品及销售信息便五彩缤纷地闪现在我们的眼前。此时如果没有品牌作为我们选择的原则，那么购物将无从下手。在发达国家，对于每一个企业来说，品牌的重要性都超过了以往任何时候。如今这种情况在我国的商品市场也屡见不鲜了。但是品牌是一个重要的决策领域，我们怎样才能成功地塑造一个品牌。

2.1　品牌的含义

　　品牌即商标的牌子，著名市场营销专家菲利普．科特勒在其所著的《市场营销管理》中有精辟的定义，品牌是一种名称、术语、符号或设计，或是他们的组合运用，其目的是借以辨认某一个销售者或某销售者群体的产品或服务，并使之同竞争对手的产品和服务区分开来。品牌主要包括品牌名称和品牌标记两部分。

　　品牌名称，是指品牌中可以用语言来称呼和表达的部分。如蒙牛、伊利、海尔、长虹、海信等。

　　品牌标志，是指品牌中可被识别而不能用语言表达的特定标志，包括专门设计的符号、图案、色彩、文字等。如奥迪的四个圈标志，联想的表识字体 LENOVO，李宁服装的特定标识等。

　　商标是经过注册登记，受法律保护的品牌或品牌中的某一部分。经注册登记的商标一般有 ® 标记或注册商标的字体。商标的实质是品牌，但却是受到法律保护的产权标志，是经过商标局核准注册而取得的特殊权利，具有独占性，不容他人或企业侵犯。品牌只有根据商标法规定进行登记注册后，才能成为商标，受到法律的保护。因此可以说商标是品牌，但品牌不一定商标。根据商标的地位不同我们又可以把商标分为著名商标和驰名商标。

2.2　品牌的心理功能

商品品牌具有以下几个功能。

（1）识别的功能

品牌作为对消费者的一种知觉线索，是产品质量、声望、用途和价值的反映，是区别某一商品与其他同类商品的标志。品牌本身具有的相对稳定性，有助于消费者在购买过程中，对众多的同类商品进行辨别、比较和区分。品牌具有的鲜明形象，能给消费者以深刻印象，并有助于记忆和传播。

（2）保护功能

品牌商标在国家的商标管理机构一经注册登记后，就取得专利权，受到国家法律的保护，他人不得假冒或仿制，从而可以维护企业的正当权益，保护知识产权。同时，消费者一旦购买了该品牌的产品，就可获得咨询、维修、零部件更换等服务，或索取赔偿，从而保护了消费者的合法权益。

（3）象征功能

对于个别企业来说，品牌代表了该商品是某一企业生产和经营的，反映了该企业的经营特色和企业形象，有着与其他商品不同的质量与功效，便于宣传推广，有助于在市场上占领一席之地。品牌信誉建立之后，有利于稳定商品的市场价格，同时有利于带动同类品牌进入市场。

（4）增值功能

品牌内在具有无形资产价值存在，它本身可以随着自身价值的含金量增值或贬值。某一品牌产品因其质量、外观、知名度、美誉度等得到消费者的认知和忠诚，该品牌产品即拥有了无形资产的价值，品牌资产不仅能够为消费者带来收益，还能够给企业带来效益。

2.3　消费者对品牌的心理需求

当代社会，随着科技的进步和生活水平的提高，人们的消费需要已经从低级的生理、安全需要上升为尊重、求美、自我实现等高层次需要，消费者购买商品时，不再单纯是为获得商品的使用价值，更主要的是为了获得心理上的满足，而这种心理需要是通过品牌消费来实现的，品牌对消费者的意义有以下几个方面。

（1）品牌的象征意义

品牌的象征意义是指在消费者心中，品牌所代表的与特定形象、身份、品位相联系的意义和内涵。此时，品牌不再是一种符号、图形，而是一种精神意义的载体。一定意义上，品牌象征是商品赋予消费者表达自我的一种手段。

消费者心理需要的内容之一是社会象征性需要，也就是人们的一种认识自我，表现自我并且期待得到他人和社会肯定的需要，它包括消费者的文化、生活方式、社会地位、自我形象和自我价值等方面的象征。

（2）品牌的情感意义

品牌的情感意义是指在消费者心目中，与品牌相联系的审美性、情感文化意蕴。它巧妙地构建了一种生活格调，一种文化氛围和一种精神世界，引导人们通过移情作用，在商品的消费中找到自我，得到慰藉，获得情感上的寄托和心理共鸣。

品牌的情感意义来源于消费者的情感需要。情感是与人的社会性需要和意识紧密联系的内心体验，具有较强的稳定性和深刻性。情感对消费者的影响是长久的和深远的。

(3) 品牌的文化意义

从社会角度看，商品是由品质、品韵和品德三种属性所构成。商品的品质体现了商品的使用价值；品韵体现了商品的欣赏价值；而品德体现了商品的伦理价值，这种伦理价值就是品牌的文化氛围。一个被消费者广泛认同的品牌，必定为社会提供优质产品的同时，创造或弘扬一种文化。这种文化在直接形态上表现为企业文化，如经营宗旨、企业精神、理念追求、风格风貌。

品牌文化容易使消费者产生良好的品德意象。品牌意象是指一种品牌在消费者心中的印象以及加之于消费者的一切特性和信念。消费者对某商品品牌一旦形成良好的意象之后，就会引起积极的心理效应，如产生偏好和有助于形成认牌购买的行为倾向。

2.4 品牌使用的心理策略

只有成功的品牌设计，而不巧妙地加以运用，品牌的潜在功能就得不到很好的发挥。因此我们要进一步研究品牌心理策略的运用。

(1) 品牌化决策

企业首先要决定是否给产品建立一个品牌。并不是所有的产品都必须使用品牌，但市场上大多数产品都是使用品牌的。使用品牌，特别是运作比较成功的品牌，它给企业带来的益处是不可低估的。

产品有可能是没有品牌的。一般来说，以下几种情况可以不使用品牌：①产品技术要求简单，不会因为企业不同而形成不同的特点，如电力、煤炭、自来水、木材等；②顾客习惯上不是认品牌购买的产品，如打火机、白糖、面粉；③小范围的生产、销售、没有明确技术的标准的产品，如土特产、手工艺品等；④企业临时性或一次性生产的产品，如接受外来的加工业务等。

(2) 品牌使用决策

品牌使用决策是指在决定使用品牌后，对要使用谁的品牌做出的决策。一般影响消费者需求的有以下三种选择。

① 企业品牌：也称生产者品牌，即企业使用属于自己的品牌。如"海尔"电器为青岛海尔集团制造。

② 中间商品牌：也称经销商品牌，即企业把产品销售给中间商，由中间商使用他自己的品牌将产品转卖出去。

③ 混合品牌：即企业对一部分产品用自己的品牌，而对另一部分产品用中间商的品牌。

(3) 品牌名称决策

产品走向市场必须有一个名字，企业如何为产品命名，一般有以下几种策略可供选择。

① 个别品牌策略。个别品牌策略是企业对它的不同产品分别冠以不同的品牌。如上海牙膏厂生产的"美加净"、"中华"、"白玉"等不同品牌的牙膏，其优点是可以针对消费者不同的需求，设计不同的品牌形象，有利于严格区分不同档次的产品，显示企业的雄厚实力。尤其对于那些生产或销售许多不同类型产品的企业而言，企业的整个声誉不至于受其某种商品的声誉的影响，增强企业的竞争性，提高市场占有率，同时增强抗风险能力。其缺点是广告费和促销费用高，而且，多个品牌同一企业的形象难以建立。

② 同一品牌策略。同一品牌策略也叫家族品牌，即生产者的各种产品使用相同的品牌推向市场，如美国通用电器公司（GE）。使用这一策略的优点在于：推出新产品可以省去命名的麻烦，可以节省发展多产品的各种费用，以及节省广告费；能以同一品牌的众多产品来显示企业实力；新产品上市可以借助已有品牌的信誉更容易打入市场；如果企业的整体形象

营销心理学实用教程

比较好，则其各种产品均可从中受益。其缺点是：家庭品牌中一个成员出了一个问题，很容易牵连其他成员，甚至影响品牌声誉；档次质量不同的产品难以区分，令消费者感觉不便。因此使用同一品牌的企业，必须对所有产品的质量加以控制。

③ 分类品牌策略。即企业所有产品在分类基础上对各类产品使用不同的品牌。如法国欧莱雅集团公司拥有不同价位的产品线，兰蔻等面对富有阶层，美宝莲、欧莱雅则走大众路线。这种策略实际上是前两种策略的一种折中，它既可以区分在需求上具有显著差异的类别，又可以反映出强强联合的产品的优势，对于多角化经营企业尤其适用。

④ 主副品牌策略。通常以企业名称作为主品牌，同时给各产品打一个副品牌，以副品牌来突出产品的个体形象。例如，"海尔－小神通"主品牌是洗衣机，副品牌小神通表达了"体积小、电脑控制、全自动、智能型"等特点和优势，但消费者对它的认可，主要是基于对海尔品牌的信赖。这种策略可以使新产品与老产品统一化，进而享受企业的整体信誉，同时各种不同的品牌名称，又可以使新产品个性化。

（4）品牌延伸策略

指企业利用已成功的品牌推出改良产品或新产品。如耐克，从运动鞋起步，后来逐步扩大到运动服和其他运动产品。这种策略的优点是可以降低广告宣传费用，有利于新产品投入市场也有利于企业创名牌。但若推出的新产品不好，就会影响产品形象。其表现为：损害原品牌的高品质形象，如果把高档品牌使用在低档产品上，就可能落入这种陷阱。

（5）多品牌策略

指同一企业在同一种产品上设立两个或多个相互竞争的品牌。美国的宝洁公司，它在洗发水等产品上都使用海飞丝、飘柔、潘婷等多个品牌。多品牌策略可以给企业带来几方面的好处：①多种不同的品牌只要被零售商店接受，就可以占用更大的货架面积，而竞争者占用的货架面积当然会相应减少；②可以吸引喜好新牌子的消费者；③使组织内部直接产生竞争，有利于提高企业的工作效率和管理效率；④可以满足不同的细分市场的需要，为提高销售量创造条件。其存在的风险是使用的品牌量过多，导致每种产品的市场份额很小，使企业资源分散，而不能集中到少数几个获利水平较高的品牌。

（6）重新定位策略

指全部或部分调整或改变原有市场的做法。由于市场环境的变化，品牌往往需要重新定位。品牌的重新定位一般需要改进产品性能或产品外观或广告宣传。但是有些著名品牌在消费者心目中的地位已经根深蒂固，很难改变。

【延伸阅读】 　　　　　　　**品牌文化内涵国际文化的思考**

日本学者本村尚三郎指出：企业不能像过去那样，光是生产东西，而是要出售生活的智慧和快乐。他又说："现在是通过商品去出售智慧、快乐和乡土生活的时代了。"文化是品牌的灵魂，中国品牌要走向全球，不仅要提供优良的产品和服务等品牌的使用价值，更需要为消费者提供品牌的文化价值。这种品牌文化必须是独特的，并被消费者认同、接受乃至向往。那么中国企业如何培养独特的国际品牌文化内涵呢？

（1）品牌有独特、鲜明的核心价值主张

品牌的价值主张是品牌及所辖产品感。任何品牌都有一些特性，在消费者看来，其中的一些比另一些更有价值，因而受到重视，这些受重视的品牌特性正是品牌核心价值主张的体现。特定的品牌名称来自特定的文化，它携带着特定的文化信息，反映不同地域的文化习俗、文化特性。品牌标志可以将品牌名称视觉化和形象化，它具有品质、身份、地位和时代的象征意义，品牌标志通过其设计和造型传达出品牌的文化、精神与追求。如果品牌符号能凝聚品牌的核心价值主张即品牌有了符号价值，就可以成为全球消费者的使者。Kodak 连同它那黄底红字的标志在全世界家喻户晓，看到该标志就会联想到 Kodak 的"简单"、"家庭"等核心价值主张，我们在自然而亲切地接受它时，很容易忽略它的"老外"身份。

（2）品牌有民族特色且能与东道国民族文化融合

每个民族都有自己的独特文化传统和风俗习惯，这种文化和风俗对于其他民族而言则充满新鲜感和异国情调，因此品牌文化的民族色彩越浓，便越能吸引追求新鲜感、异国情调的消费者。"马爹利"成功进入中国市场，依靠的正是其品牌背后的法国艺术与文化——"马爹利"乘着用 8000 万美元特制的豪华古帆游船进入中国，随后在装饰得像法国中世纪的宫廷的上海大酒店举行豪华气派的"马爹利王者之宴"，以及在中国各主要消费城市上演的"马爹利"艺术晚会等等，这些足以让中国消费者感受"马爹利"的高贵和艺术气质。当人们在古典音乐、珠光宝气、鲜花、美女的烘托下打开万余元一瓶的金王马爹利时，享受的不仅是酒香，更多的是在感受贵族化的艺术和中世纪的宫廷文化。对于品牌而言，如果其民族特色能与东道国传统文化、风俗习惯、价值观相融合，则能更好地赢得消费者的青睐。消费者最熟悉的莫过于自己的民族文化，若品牌的文化传递中能体现东道国的传统文化、风俗习惯、价值观，他们将更容易接受该品牌。消费者从麦当劳获得的不仅是"清洁、方便、美味、家庭氛围"，更重要的是能体验一种异国文化情调——美国文化。靠传递这种独特民族文化，麦当劳在市场上所向披靡，但是麦当劳并没有固执己见的一味传播、销售美国观念，而是充分融入进当地文化中。在中国，麦当劳把"吉祥如意"、"福"、"春"、"寿"、"喜"和"招财进宝"之类的吉祥字眼四处悬挂，或送给顾客；还把中国的十二生肖做成纪念品送给在店里过生日的小朋友；北京的麦当劳分店甚至把中国的长城、北方的四合院等做背景图，这些中国人熟悉的文化、风俗和人文景观使消费者对麦当劳的文化产生情感共鸣，可以说麦当劳已成为具有中国文化特色的"美国文化"。

（3）品牌文化与宗教相融合

宗教深刻影响人们的生活方式、信仰、价值观，对品牌文化自然会产生复杂、微妙的影响。托姆·麦克安在孟加拉经营一家鞋业公司，由于其鞋底的签名像阿拉伯语种的"Allah"，引起穆斯林教徒的愤怒，从而导致一场暴乱；肯德基在印度的一家分店被 100 多名暴徒夷为平地，最后黯然退出印度市场也与宗教密切相关；麦当劳吸取肯德基失败的教训，向消费者宣传不出售任何牛肉或牛肉制品，推出鸡肉、羊肉做的"汉堡王"，按素食主义和非素食主义的要求分别严格生产食品，最后才在印度站稳脚跟。因此在品牌文化的全球推广中，中国企业应熟悉宗教的各种禁忌，使品牌文化能与宗教相融合。

（4）品牌文化推广应考虑当地教育水平

尽管全世界大多数国家的升学率在提高，但事实上每个国家都存在教育上的不平等，甚至有些国家以阶级、性别甚至部落为基础来决定受教育的权利。一个国家的教育水平决定了该国的市场容量及该国消费者喜爱的品牌类型及品牌推广方式。巴基斯坦有 3/4 的居民是文盲，品牌文化推广中的文字说明不会产生什么影响，采用形象化的品牌推广更为适合。

（5）根据当地文化价值主流选择形象代言人和支助公益活动

在这个崇拜明星的年代，明星的巨大影响力使得许多人趋之若鹜，企业利用明星效应推广其品牌也是屡试不爽。由于价值观、人文风俗、文化偏好的不同，全球不同的区域市场都有不同的文化价值主流，因此中国企业一定要选择符合当地文化价值主流、深受消费者喜爱、道德品质和公众形象良好的明星做代言人。跨国公司通过支持符合当地主流文化价值的公益活动，能拉近与消费者的距离，更有利于品牌文化的渗透。《商业周刊》在评选 2003 年度全球最具价值品牌时说："美国的品牌拥有者现在更加关注的另一点是，需要被人们视为负责任的'世界公民'。其含义包罗万象，比如为当地的乡村小学提供经费，也可以将资源用于解决环境问题。实践证明，这些情感投资在西欧和亚洲地区发挥的作用尤其强大。"

在国际品牌文化内涵的建设中，企业的品牌文化内涵可以根据世界各地的民族文化、种族、宗教、教育水平及当地的主流文化价值来采取不同的表现形式，但是企业须保持品牌的基本价值取向不变。若要向公众传递稳定、一致的品牌核心价值主张，企业须维持稳定的品牌形象。品牌的市场影响力在于通过明确、稳定的品牌形象使消费者产生独有、强烈的品牌联想，从而占据消费者的心理空间，影响其消费行为。品牌具有稳定的形象，有利于强化品牌联想，巩固品牌独有的文化内涵和核心价值取向。自 20 世纪 70 年代以来菲利普·莫里斯公司一直使用西部牛仔形象强化万宝路（Marlboro）品牌独立、自由、力量文化内涵的特征，从而创造出巨大的品牌影响力。若频繁改变品牌形象，将模糊品牌的文化内涵和核心价值取向。

 ## 第 3 节 包装与消费心理

【案例导入】

　　世界上最大的化学公司——杜邦公司的营销人员经过周密的市场调查后，发明了杜邦定律：即 63％的消费者是根据商品的包装进行购买决策的，到超级市场购物的家庭主妇由于被精美包装所吸引，所购物品通常超过她们出门时打算购买数量的 45％。国内也有一项调查发现一个随意走进商场的消费者在浏览货架的过程中，目光平均在每件商品上只停留不足 0.5 秒的时间，而 53％的购买行为却是在浏览时产生购买冲动的。毋庸置疑，要使商品在这么短的时间内吸引住顾客，使其对商品进行更进一步的了解或产生购买行为，商品的包装起着至关重要的作用。由此可见，商品的包装在销售中有着举足轻重的地位，它已成为商品生产不可缺少的部分。包装作为商品给予消费者的"第一印象"，强烈地撞击消费者购买与否的心理天平。那么，什么样的包装能够打动消费者的"心"，赢得消费者的欢迎呢？本节我们将带您走进商品包装的世界，学习包装的心理功能、包装设计的心理要求、心理策略等内容。

【应用知识】

3.1 商品包装的含义及心理功能

　　包装是指产品的容器或外部包装物，有着识别、便利、美化、增值和促销的功能。商品包装一般包括三个层次：内包装、中层包装和外包装。

　　商品包装对消费者购买的心理的影响功能，主要表现在以下几方面。

　　（1）识别功能

　　商品包装是协助和指导消费的理想媒介。一种商品的包装，一般都是与相对固定的材料、色彩、图案来显示其独特性，以区别其他种类的商品或其他牌号的商品。商品包装便于消费者识别和记忆，便于商品的比较选择，促进了消费者对商品的认识过程。

　　（2）便利功能

　　包装还能使商品以适当的分量、可靠的保藏手段和方便的开启方式，使消费者易于携带、保管和投入使用。同时，包装上的有关商品的构成成分、使用方法、注意事项等图画文字，为指导消费者正确使用商品提供了必要的依据，给消费者购买、消费带来了方便。

　　（3）美化功能

　　构思独特、设计精良的商品包装，不仅能起到保护商品的作用，而且起到了美化商品的作用。色彩鲜艳、构图新颖、造型奇特、文字醒目的包装，不仅能够吸引消费者的视觉，使消费者赏心悦目，得到美的享受，而且能够引起消费者的兴趣，激发起购买欲望。

（4）增值功能

良好的包装能赋予商品一种特殊象征，建立商品的高贵形象，提高商品在消费者心目中的身价，使消费者的自尊、社交心理得到满足。营销心理学家发现，商品的外包装可以影响消费者对商品内在质量的判断，进而对商品产生依赖感，并愿付出更高的价钱。国际上零售方式的变化，如超级市场、货仓式商店、开架售货方式的盛行，使得向消费者介绍商品的责任，更多的由包装来承担。这样，包装不但是商品的承载者和保护者，而且成为宣传广告和无声的推销员。

3.2 消费者对商品包装的心理需要

在包装设计中，面对品种繁多、各具特色的商品，不论采取什么材料、什么形式以及如何进行装潢设计，都要注意到商品包装如何才能满足消费者心理需要，产生更好的心理效果。一般来说消费品对商品包装的心理需要主要有以下几方面。

（1）突出商品形象

美观实用的包装虽然能产生较强的吸引力，但对大多数消费者来说，最关心的还是包装的内容物。因此，包装设计必须运用多种手段，直接或间接地反映商品特性，生动、如实地显露商品形象。例如，采用透明或开窗式包装，可使消费者亲眼见到商品的实体形象，消除顾虑和不信任心理。

（2）富有时代性

在消费者购买活动中，求新求变的心理最具有代表性。这种心理支配下的购买行为不仅要求商品的性能、特点具有时代性、新鲜感，对商品的现代化要求十分强烈。因此，商品包装设计应在材料研制、制作工艺、装潢造型方面，充分利用现代科学技术，采用现代工艺，赋予包装以浓厚的时代色彩，给消费者以新颖独特、简洁明快、科学先进的感觉。

（3）使用安全便利

包装设计要考虑消费者购买商品后携带、搬运、保管、使用等方面的便利和安全问题，力求包装设计科学、合理。因此，包装设计应在充分研究商品的性质、重量和用途的前提下，首先，根据不损坏商品及不伤害消费者的安全、健康的原则，选择适当的包装材料；其次，根据便于携带、搬运、保管使用的原则，设计好包装的结构、形状、规格和开启方式；最后，根据消费者所担心的问题，在商品包装上印有使用和保管方面的介绍，也是为消费者提供方便、不可缺少的设计因素。

（4）诱发美好的联想

不同的消费者由于民族、文化、地域、宗教、年龄、性别、收入等各不相同，对同一事物也会产生不同的理解。对同样一种商品包装，不同的消费者也会持有不同的看法和感受，产生不同的联想。因此，包装装潢的每一项设计，如造型、文字、绘画、色彩等都应全面考虑目标市场的各种因素，力求使包装设计积极、健康、美好、能够吸引消费者的积极联想；同样，包装的色彩也能引起消费者的不同心理联想，如绿色给人以安宁、生机盎然的联想。总之，商品包装应力求符合消费者各方面的心理需要，以激发消费者的购买欲望和兴趣，从而达到促进销售的目的。

3.3 商品包装设计的心理策略

对比许多生活消费品来说，商品包装是吸引消费者注意力、刺激消费者购买欲望、提高产品销售量的根本手段。为了使商品包装设计成功，就必须要求设计人员对商品本身诸因素、市场诸因素和消费者的心理因素加以综合分析研究，从而设计出既能体现商品特点，适应市场竞争，又能迎合消费者心理需要的包装样式来，具体表现有以下几方面。

(1) 按照消费者的消费习惯设计的包装

在人们的日常生活中，生活经验、传统观念、生理特点等原因，都会形成一定的消费习惯，消费习惯的差异是根深蒂固的，并且对消费者的购买行为有着深远影响，因此，按照消费者的习惯设计包装，是一种十分重要的心理策略。属于这种设计的一般有以下四种包装方式。

① 传统型包装：是指某类商品长期沿用的特有的包装，这种包装更能适应消费者的习惯或传统的观念，便于他们记忆和识别商品。

② 配套包装：是指将关联大的不同类型和规格的商品组合在一起的包装。这种包装能适应消费者对某些商品具有消费连带性、匹配性的要求。

③ 系列包装：是指将同一企业生产的不同产品采用相同或相似的图案、形状、色彩的包装。这种包装易于消费者识别、便于记忆、信任名牌等心理要求。

④ 分量包装：是指将商品按不同分量分装的包装，这种包装能使消费者在使用时有方便感，有的商品价格高，一次购买量大，消费者难以接受，而分量少、体积小的包装却能使消费者产生便宜感，也便于消费者尝试性购买。

(2) 按照消费者的消费水平设计的包装

消费者由于其经济收入、家庭负担及文化背景的不同，消费水平也会有很大的差别，而不同的消费水平，会对商品的包装提出不同的要求。因此，企业针对这一特点，在包装设计上可采用以下五种策略。

① 等级包装：是按照商品的价值等级设计与其匹配的包装，也可以对同质同类商品采用精装、简装两种区分等级的包装，这种包装是为了适应不同经济收入、不同社会地位和不同购买用途消费者的要求。

② 特殊包装：是指为适应消费者的某些特殊要求，对价格昂贵、货源稀缺、工艺精良的名贵商品采用具有较高欣赏价值或珍藏价值、突出商品名贵性的包装。

③ 复用包装：是指一种能周转使用或具有双重用途的包装。这种包装是为了适应消费者一物多用及求利心理要求。它所具有的使用性、耐用性和艺术性，不但使消费者愿意付出较高的价格购买商品，而且客观上起到了长期广告的作用。

④ 礼品包装：是指用于赠送他人商品进行的包装。它符合消费者进行社交活动和希望与人沟通的心理要求。这种包装在装潢上应力求富丽堂皇，富有喜庆色彩，以便提高礼品的档次。尽管礼品包装使商品价格有所提高，但它增加了礼品的价值感，消费者仍会乐意接受。

⑤ 简单包装：是指构造简单、成本低廉的包装。包装形式主要是塑料袋、纸袋、纸盒等，通常用于大量的生活用品。

(3) 按照消费者的性别年龄特征设计的包装

人们在性别年龄上的差异，必然导致生理和心理需要的不同，从而引起对商品的不同的要求，随着市场细分化的发展，这种包装设计的作用越来越显著，成为拓展市场的策略之一。具体表现在以下五个方面。

① 男性包装：是以表现男性消费者追求刚劲、坚毅、粗狂、庄重、大方等心理要求为特征的包装，包装设计要突出其科学性和使用性。

② 女性化包装：是以表现追求温柔、典雅、清新、纤秀等心理要求为特征的包装。包

装设计要线条柔和、色彩别致、造型精巧，突出其艺术性和流行性。

③ 少年儿童用品包装：是以表现少儿消费者活泼好动、求知欲强、爱模仿和幻想等心理要求为特征的包装，包装设计要鲜明、明快，突出其知识性和趣味性。

④ 中青年用品包装：是以表现中青年消费者追求新颖、时尚、美观、大方等心理需求为特征的包装，包装设计采用时尚与实用相结合、知识与情感相结合，突出其个性和时尚性。

⑤ 老年用品包装：是以表现老年消费追求朴实、庄重、便于携带、使用安全的心理需求为特征的包装，包装设计采用传统与实用相结合，突出舒适性和便利性。

【延伸阅读】 　　从现代流行歌曲视角看唐宋词的"包装策略"

俗话说："佛要金装，人要衣装。"在市场竞争日益激烈的现代社会，包装对于流行歌曲而言同样重要。或者可以说，商业包装已经成为现代流行歌曲"流水化生产线"上必不可少的一环，大部分歌手的专辑在投放市场之前，都要经过商家的包装策划和大肆炒作，以期获得最优的商业利益，成功的包装策略不但能直接影响顾客的消费心理导向，诱发消费者的购买欲望，增强自身的市场竞争力，而且能够确保歌曲以最快的速度在最大范围内"流行"。随着唱片公司对歌手的发掘、包装和推广，如今的歌星多如过江之鲫，流行歌曲也以排山倒海之势席卷全世界。作为当时"流行歌曲"的唐宋词，其风靡于社会各个阶层，最终成为一代之文学，也同样离不开其成功的包装策略。而且，从一定意义上讲，现代流行歌曲所采用的不少包装策略都可以在唐宋词中找到源头。现择其大端分述之。

(1) 音乐、舞蹈加美女——烘托唐宋词演出效果的三元素

舞台表演是现代流行歌曲最主要的传播途径之一，大大小小的歌舞晚会、各种各样的音乐盛典以及形形色色的个人演唱会为歌手们展示自我、宣传新歌提供了绝佳的机会。因此，对现场演出效果的包装也就显得至关重要。演唱者百变的造型、令人目眩的舞美特技和纷繁复杂的音乐元素的变幻组合是吸引观众眼球、烘托现场气氛最常用的包装手段。例如，在"周杰伦 2004 无与伦比演唱会"上，主办方就采用了歌手悬吊高空开场、热歌劲舞、烟火瀑布和巨大火焰、古董车登台，而对蔡依林 2005 年举办的"只有蔡依林 J1 Live Concert 演唱会"，唱片公司更是斥资 3000 万极尽宣传和包装之能事。有人这样描述被称为现代"重金属之父"的莱德泽普林乐队的一次演唱会实况："场内人山人海，观众的呼声一阵高过一阵。当乐队成员出现在舞台上，舞台灯光骤然大亮，观众的欢呼声达到了沸点。这时候，一阵结实而不间断的声浪从巨大的扩音系统传出，观众的五脏六腑开始震荡起来。整场演出的曲目是在暴风骤雨般的原始摇滚乐和温柔甜蜜的情歌间跳跃着前进的。尽管歌曲的风格不时在变化，但观众的热情丝毫未减。几乎没有间隙的三小时演出使得台上台下大汗淋漓。"这就展示了流行歌曲在现场演出时，各方面共同作用所造成的令人心醉神迷的舞台效果。而实际上，现代流行歌曲这种以俊男美女、舞美音响来烘托现场演出效果的包装策略，古已有之。

(2) 精美的物语和景语——唐宋词对于唯美画面的摹绘

用影像来诠释歌曲内容，演绎歌词情境，这是现代流行歌曲常用的另一种包装手段，它主要通过"可视音乐来"来实现。"可视音乐"，原称"电视音乐"（简称 MTV 或 MV，即 Music Video），是指经由电子媒介，以可视的形式传播的音乐作品（主要限于流行歌曲）。它实质上就是流行歌曲唱片的视频广告，其包装、宣传歌手和歌曲的目的显而易见。近几年来，由于科学技术的发展，"音乐视频"不仅局限于电视，还可以单独发行影碟，或者通过手机网络的方式发布，流传面更加广泛。

这种"可视音乐"，以镜头的组合、转、接、跳、跃等方式，配合电脑绘画、蓝幕合成、视觉特技等现代科技手段，以及构图、色彩、用光、服装道具等精心布局，将音乐符号和文学语汇直接转化为视觉造型语言，为观众制造出一个个或纯情唯美，或热闹火爆，或光怪陆离的情景世界，加速了观众对于流行歌曲本身的认知和接受。例如在美国获得全美音乐电视网最佳外语片提名的中国 MTV 作品《阿姐鼓》，其画面以西藏地域的自然生活空间为情境依托，以藏族传统文化中典型的事物表象为语汇，勾勒出一个极具抽象意味的民族生活图景，给观众留下深刻的印象。唐宋词虽无上述现代化手段，但在营造唯美词境方面却也有其独到的秘诀。

（3）你的柔情我永远不懂——唐宋词的柔情攻略

音乐评论家彭根发在《近年来歌曲艺术的"软化"现象》一文中指出：由于长期紧张动荡的政治生活转入稳定状态，人们普遍有了安全感，精神突然松弛下来，转而要求环境更进一步地适应这种心灵的宁静。人们追求新异性的审美心理，社会生活节奏的加快，也使人们比较注重文艺作品娱乐性的一面。这样就孕育和促进了具有消遣性、娱乐性，具有轻松甜蜜、舞蹈性节奏强烈的作品的出现，使这类作品得到流行。在这样一种社会心理的指引下，"柔情似水"的情感世界和"宛转妩媚"的柔性美感成为现代流行歌曲的审美时尚，也就不足为奇了。综观现代流行歌坛，花前月下、卿卿我我一类作品满天飞，如齐秦在《柔情主义》中所唱："我不知不觉，无可救药地为爱感伤，柔情是我们的主张，我们说着千篇一律的地久天长"。这种以柔动人、以柔诱人、以柔媚俗的总体趋势，正体现了柔情攻略在现代流行歌曲产业化过程中的深远影响，究其源头，唐宋词堪称其典范。

嗜柔尚弱是整个宋代社会中较为普遍的审美取向。如理学家程颐就曾经慨叹："今人都柔了。"并这样解释其中的原因："盖自祖宗以来，多尚宽仁，不曾用大刚之属，由此人皆柔软。"南宋词人陈人杰《沁园春》词序亦云："东南妩媚，雌了男儿。"抛开音乐和传播方式的影响不谈，这种偏于柔弱的社会文化生态正是导致唐宋词以柔为美，坚持不懈地向听众展开柔情攻势的重要原因。

（4）结语

屈原《离骚》云："纷吾既有此内美兮，又重之以修态。"可见，内美与修态相统一，乃是屈原追求的目标。而采用"修态"与"内美"并重的包装策略，既重视流行歌曲的"外包装"，如利用多种手段渲染演出氛围，营造唯美词境等；又强调流行歌曲的题材选择和情感取向等内在特质符合大众口味，以获得消费者感情上的认可和共鸣，这正是唐宋词与现代流行歌曲迅速占领文化消费市场的法宝。

美国著名的跨国公司杜邦公司曾提出著名的"杜邦定律"，即有 63％的购买者是根据产品的包装而进行购买决策的。我国古代"买椟还珠"的寓言，也从另一个侧面揭示了包装的重要作用。但是，换角度言之，商业包装无疑又是一把双刃剑，它在为流行歌曲市场带来巨大经济利益的同时，却往往因过分强调外因作用，从而导致了重包装炒作而忽视作品质量的浮躁心态，阻碍了优秀歌曲的产生。相比较现代流行歌曲积极主动的、有意为之的商业包装行为，唐宋词的"包装策略"则更多地体现出"集体无意识"的非自觉性特征，它的包装指向，也主要集中于对作品本身质量的精益求精，这也许正是唐宋词多美文、多经典传世，而大多数现代流行歌曲往往昙花一现的原因之一。

【实训练习】

项目一 "品牌名称和标志"设计

【实训目标】

1. 培养学生深刻认识品牌设计在现代营销心理学中的重要作用。

2. 培养学生掌握品牌设计的基本技能。

【内容与要求】

1. 要求学生构思一新产品，然后予以命名，并设计品牌标志。

2. 把班级学生分成若干小组，教师对"品牌名称和标志设计"的实践应用价值予以说明，调动学生课业操作的积极性。

【成果检测】

1. 品牌名称设计要求从消费者认知心理和消费模式角度进行设计，设计鲜明、独特，富有个性的品牌名称。没有达到要求的要给小组酌情扣分。设计说明要求充分、正确、简练。

2. 品牌标志设计。要求从消费者视觉吸引、记忆规律的特点出发，设计简洁、凝练、独特的品牌符号和图案。没有达到要求的小组酌情扣分。设计说明要求充分、正确、简练。

项目二　包装的推广方案

【实训目标】

1. 培养学生包装设计的能力。

2. 培养学生在产品包装设计过程中，有大胆创意、设计新颖、具有特色的包装改进的能力。

【内容与要求】

1. 以实训项目一中的新产品为包装设计对象，结合其产品定位和市场需求进行包装设计。

2. 把班级学生分成若干小组，分别对不同行业的产品包装进行市场调查。并指出产品的包装存在哪些问题，并且为该企业设计出具有全新创意的包装设计。

【成果检测】

包装设计要能体现出消费者对包装的心理需求，具有创新特色。根据包装策略所具备的新颖性给每小组打分，没有达到要求的酌情扣分。

项目三　新产品开发方案

【实训目标】

1. 培养学生开发新产品的能力。

2. 培养学生在新产品开发过程中创新的能力。

【内容与要求】

把班级学生分成若干小组。以大学生活中某一生活必需品为对象，通过"头脑风暴法"予以创新设计，包括功能、结构、外观、材料、品牌等。

【成果检测】

根据小组形成的新产品设计资料，从可行性、创新性及市场投资回报率等几个维度进行计分评价。

第9章 价格与消费心理

【教学目标】
  ★知识目标
  1. 了解价格的概念及企业定价的心理倾向；
  2. 掌握价格的心理功能；
  3. 掌握消费者的价格心理；
  4. 掌握商品定价的心理策略；
  5. 掌握价格调整的心理策略。
  ★能力目标
  1. 培养学生掌握灵活应用定价方法的能力；
  2. 培养学生根据市场和产品特征对价格实施调整的能力。

 ## 第1节 商品价格的心理策略

【案例导入】

不 二 价

相信每个人都有类似的经历，对于消费者来说，总是希望能够以较低的价格买到自己中意的商品（相对其心中的理想价而言）或者说可以物超所值。而作为商家，当然希望以高于成本的价格售出自己的商品，从而获得更大的利润。正是在这种矛盾下，买卖过程中出现了"讨价还价"的现象，它已经成为商家和消费者都想占领的高地，无论哪一方都希望在讨价还价中赢得主动。

在中国台湾，制鞋业较发达，因而竞争激烈。台北市的金华皮鞋公司在经营上出别人不敢轻易尝试的新招，并常取得意想不到的成绩。一天，地处延平北路的金华皮鞋公司门口，挂出了"不二价"的特大招牌。所谓"不二价"即不还价。这在当时的延平北路可谓风险冒得太大。因为人们到延平北路买东西，即使打心眼里喜欢某物，也还要还点价，否则就觉得吃了亏。人们已形成概念：买东西照标价付钱是最傻不过的。久而久之，厂商们索性把定价提高两倍左右，以便还价时折扣能让买卖双方满意。金华公司实施"不二价"不久，很多顾客对某双皮鞋非常中意，可就是由于根深蒂固的"怕吃亏"心理，总觉得照标价付钱亏了，使许多眼见成交的生意吹了。金华遇到了历史上最冷清的时期。许多职工抱怨："创什么新，干脆恢复原先的做法，制定虚泛价格，来满足顾客捡便宜的心理。"公司老板叫杨金彬，主

159

意是他出的。听到职工们的抱怨，杨考虑："以自己多年经营皮鞋的经验来看，此次打出'不二价'新招，是有点令人发寒；但从价格上看，本公司售价是依据皮鞋质料、做工、市场状况而确定的，且比别人的标价低一倍，自己没有亏待顾客。"经再三权衡，他认为"顾客会货比数家，再来金华的"。便决定挺一阵子。果然不出杨老板所料，时隔不久，金华公司门庭若市，许多顾客到可以讨价的商店购买，打折后，皮鞋价格往往仍比"金华"高。因此，顾客们纷纷回头光顾金华。"不二价"的真正用意，总算被顾客了解并接受了。职员们愁眉锁眼的脸上也露出笑颜。许多厂商看到"金华"的成功，纷纷效法，渐渐地搞起了"不二价"和"公开标价"。现在到延平北路，再也不见以往那种漫天要价和顾客大杀价的现象了。

由此可见，价格对于消费者和商家无疑都是最为敏感的因素，本节将带您走进顾客的价格心理世界，看看神奇的价格杠杆在调节顾客心理中起着怎样的作用。

资料来源：http://wenku.baidu.com

【应用知识】

1.1　商品价格概念

经济学理论认为，价格是商品价值的货币表现，是商品与货币交换比例的指数，是商品经济特有的一个重要经济范畴。具体地说，价格就是在一次交易中用来换取一件商品或服务的条件，一般指交换商品或服务的货币。例如，一件羽绒服售价800元，那么这就是该羽绒服价格。价格实际上就是利用货币单位表现出的商品的价值，不过这只是商品的相对价值，而不是它的绝对价值。至于商品的真正价值，是指生产这种商品所消耗的社会必要劳动时间的多少。我们知道，钻石的价值远远高于普通的挂件，这主要是由于相比较后者，对钻石的加工需要极其精细的工艺和程序，消耗了大量的社会必要劳动时间。而营销心理学有关价格的含义则是建立在消费者心理基础之上的各种商品价值的货币表现形式。例如，如果一件羽绒服的平均市场价是800元，不同的消费者会选择不同价位的羽绒服。有的消费者会选择价格在1000元以上的羽绒服，这样的消费者认为价格高的商品表示商品质量好，或者认为价格高的商品能够代表自己的社会地位、经济收入、文化修养等。有的消费者会选择低于800元以下的羽绒服，这样的消费者选择商品的心理动机是经济实惠或者是物美价廉。

商品的价格往往不是一成不变的，它在多种因素的影响下会不断波动与涨落，这些因素主要体现在以下几方面。

（1）产品成本

产品价格由生产成本、流通费用、税金、利润四大要素构成，企业在实际定价中，首先考虑的是产品成本，它是产品定价的基础因素，产品成本是企业经济核算的盈亏临界点，产品定价应该补偿成本，这是保证企业再生产的最基本条件。正常情况下，成本与价格成正比例的关系，因此，降低产品成本，是现代企业竞争的一个重要手段，通过控制产品成本从而适当降低产品价格，以扩大产品的销售量，使自己在竞争中处于有利地位。想降低成本，一方面要加强管理，另一方面努力扩大规模。一般来说，随着规模的扩大，单位产品成本会降低。

（2）供求关系

市场上的产品供求关系是暂时的、相对的。供求关系经常处于不平衡的动态状态，一般情况是：当产品供过于求时，价格下降；当产品供不应求时，价格上升。如图9-1所示。

这种循环变化主要取决于市场需求量对价格变动的灵敏程度，即价格需求弹性。但对于

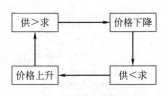

图 9-1　价格与供求关系

不同的产品，由于价格需求弹性大小不一，其供求关系对价格影响各不相同。价格需求弹性小的产品，其供求关系对价格的影响较小，价格需求弹性大的产品，其供求关系对价格的影响较大。因此，企业必须预先测定产品的供求状况和价格需求弹性，作为定价的依据。

（3）市场竞争结构

在完全竞争的市场模式下，买卖双方按照市场供求关系决定的市场价格定价，在垄断竞争的市场模式下，产品价格是在各企业彼此竞争中形成的。在这两类市场中，顾客购买商品时，总是在质量、服务等方面货比三家，因此竞争者产品的价格肯定会影响到本企业产品价格，制定产品价格时应注意收集有关竞争者的相关信息，如果本企业产品优于竞争者，则可以考虑把价格提高一些；反之，如果本企业产品总体不及竞争对手的产品，则可以把价格定低一些，不然卖不出去；如果品质相当则价格相当。

（4）货币价值与货币流通量

首先，货币价值对产品价格的影响表现为：如果产品价值量不变，货币价值量提高，则产品价格下降；如果产品价值量不变，货币价值量降低，则产品价格上升。如果产品价值量与货币价值量同时向同方向、同比例变化，则产品价格不变。用公式表示为：

$$产品价格 = \frac{产品的价值}{货币的价值}$$

其次，货币流通量对产品价格变化的影响是：在纸币流通的条件下，纸币所代表的价值取决于纸币的发行量，如果纸币的发行量超过了商品流通的正常需求，就意味着通货膨胀，产品的价格必然上涨，而币值就会下降，所以产品价格与货币流通量成正比。

在一定时期内，流通领域中所需要的货币量，与产品价格总额成正比，与同一货币单位的平均流通次数成反比。用公式表示为：

$$流通中需要的货币量 = \frac{产品价格总额}{同一货币单位的平均流通次数}$$

因此，一定时期内，货币发行量和货币流通量，必须与产品流通量保持适当的比例关系，与单位货币的平均流通次数保持适当的反比例关系，只有这样，才能保持币值的稳定，保持市场上产品价格的稳定。

（5）消费者对产品的认知价值

认知价值是指消费者对产品价值的主观判断。如果消费者认为他们得到的商品价值低于价格，即"值得那么多钱吗？"就不愿意购买商品。消费者的认知价值的形成过程及与定价的关系，如图 9-2 所示。

在图 9-2 中，产品的实际效用借助于广告、推销和其他企业行为，被转化为产品认知效用。消费者的认知价值，是在产品的认知效用的基础上形成的，这个阶段，它要受到替代产品的认知效用的影响。消费者愿意支付的最高价格决定于他对产品的认知价值，它是企业定价的上限。

（6）产品特性

产品特性包括产品的包装、功能、品质、颜色等。对高度流行或品质威望具有高度要求

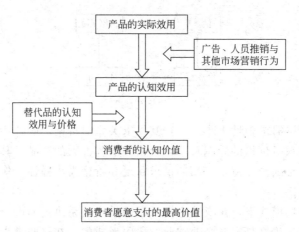

图 9-2　消费者认知价值过程及定价的关系

的商品，价格乃属次要。如设计欠佳的服装，不会因价格便宜而畅销；购买机器设备，首先考虑的是货物的品质，价格仅在货比货时才觉得重要；在耐用消费品方面，商品的威望直接和价格相关；某些消费品如糖、卷烟、罐头等，在难以跟竞争者相抗衡时，稍稍降价，销量即可增大，定价对促销甚为有益。

1.2　企业定价的心理倾向

企业定价的心理倾向与定价目标有着直接的关系。所谓定价目标是指企业通过制定产品价格来谋求经济效益最大化的目标。它是定价决策的基本前提和首要依据。企业给产品定价，定高价？低价？中价？跟企业的定价目标有着密不可分的关系，企业的定价目标有以下几方面。

（1）以扩大利润为目标

首先，以追求预期收益为目标。预期收益是指企业将预期收益水平规定为占投资额或销售额的一定比率，也称投资收益率。

在产品成本费用不变的情况下，价格的高低取决于投资收益率的大小，此时价格与投资收益率呈正比例的关系。

其次，以追求最大利润为定价目标。该目标一般通过制定高价来实现，但不是制定最高价格。企业的盈利来自全部收入扣除全部成本费用和税金及附加后的余额，而不是单位商品价格中所包含的预期利润水平，更大的盈利往往是更多地取决于合理价格推动更多需求、扩大销售规模。

选择这一定价目标的企业要以良好的市场环境为前提，即企业在市场上享有较好的声誉，生产技术、产品质量在市场上处于领先地位，同行业竞争对手的力量薄弱，消费者对产品的需求评价较高。

（2）保持价格的稳定

一般的企业，都希望能保持自己商品的价格稳定，如果价格过多地随供求的升降波动，跌得太低，企业的投资就无法收回；上涨过高，容易受到消费者的抵制和政策干预，不利于企业进一步扩大市场份额。稳定的价格，通常由大型企业或市场声誉较高的企业先定出一个领袖价格，由于这些企业在同行业中竞争能力较强，因此一般中小型企业都愿意遵照这个领袖价格来制定自己商品的价格，同这个价格保持一定的比例，而不随意自己变动价格。

（3）获得较高的市场占有率

市场占有率的大小，反映了企业竞争能力和市场声誉，企业若准备长期经营，获得一定的市场占有率是十分重要的。市场占有率大，企业的长期利润就多。有时一个企业营销的成败与否，往往以市场占有率的大小为标准。为了达到一定的市场占有率，企业在商品刚刚进入市场时常采用较低的价格，甚至亏本经营。

（4）应对市场竞争

如果一种商品同时有许多企业生产或销售，相互之间必然会发生竞争，因此企业在定价时就不得不考虑这个因素。如果企业的商品有较强的竞争能力，自然可以维持较高的价格。如果竞争能力较弱，则可以把价格定得较低。但低价策略人人都会采用，若实力较弱的企业无法长期维持低价，则可与竞争对手保持相同或相近的价格，以避免剧烈的竞争。

（5）以提高企业信誉和产品形象为目标

信誉是企业的生命，一个企业信誉的好坏，直接影响产品的销量、市场占有率、利润的高低及竞争对手的强弱。一个有着良好信誉的企业，往往对企业价格的制定也有着特定的要求，如对名贵商品的价格要求定得高一些，而对一般商品的价格则要求定得低一些。只有这样，才能显示出名贵与一般的差别，获得消费者的认可。可见价格是树立企业信誉的一种有力手段，而信誉又反过来为企业制定价格提供依据，信誉能为企业带来丰富的利润，是企业的一项无形资产。

【延伸阅读】　　　　　　　　　长虹的价格战

四川长虹电子集团的前身，是 1958 年创建的军工企业"国营四川无线电厂"，位于四川省绵阳市。1965 年，"国营四川无线电厂"更名为"国营长虹机器厂"。1973 年长虹厂率先在军工系统成功研制出第一台电视机，注册商标"长虹"，长虹品牌由此创立。1998 年长虹提出"世界品牌，百年长虹"的战略目标，长虹彩电以正式走向全球市场为新起点，长虹产品由彩电向空调器、数字视听、电子产品、电池等相关产业拓展。2004 年，长虹品牌价值达 330.73 亿元，成为中国最有价值的知名品牌之一。

在发展过程中，长虹通过多次的降价活动，成长为我国的"彩电大王"，同时也成为我国家电行业的一面旗帜，将家电行业带动成为我国最具市场经济特征的行业之一。长虹今天的表现归功于长虹的几次主动降价行动。

第一次，开启自主调价之路。1988 年彩电严重紧缺，抢购倒卖之风盛行，普通老百姓以高于国家牌价一倍的价格还很难买到彩电。在国家牌价的制约下，出现"百姓多花钱，厂家挣不到钱"的局面。长虹以略高于国家牌价而低于黑市的价格卖给省工商银行一批彩电开始自己的自行价格调整旅程。1989 年国内彩电生产厂引进了大量彩电生产线，同时国家开征彩电消费税，彩电市场顿时供过于求，厂家彩电积压严重。光上半年长虹就积压近 20 万台彩电，占用资金 3.2 亿，资金严重紧张。在请示省物价局后，1989 年 8 月 9 日长虹进行自行降价活动，每台彩电降价 350 元，长虹积压彩电一销而空，同时也提升了长虹在彩电行业的地位。为此而受到"不让涨价你涨价，不让降价你降价"的责难，引发了一场"长虹现象"大讨论。1989 年 9 月，围绕 1988 年和 1989 年长虹两次价格调整，由《中国体改研究会通讯》发起，《中国电子报》积极响应的"长虹现象"大讨论在全国范围内轰轰烈烈地展开。1991 年 3 月，国家统计局公布：长虹 1990 年首次荣登彩电行业销售冠军。

第二次，也是一场具有决定意义的降价行动，国产彩电开始"当家作主"。1996 年，进口品牌在 25 英寸以上大屏幕彩电市场占有绝对优势，在北京、上海、广州的市场份额更是高达 80% 以上，但众多合资厂尚未投入规模生产。1996 年 3 月 26 日长虹彩电凭借"同样的技术、同样的质量"，祭起降价大旗，首次向洋彩电宣战。面对铺天盖地的洋彩电，长虹宣布在全国范围内降价 18%，带动国产彩电夺取市场份额，由此国产彩电在国内中低端彩电市场占据了绝对主导地位。而长虹的市场占有率由 1995 年的 22％提高到 1996 年的 27％左右，彩电销量比上年同期增长 61.96％。长虹在 1996 年发起的价格战对于国产彩电的翻身功不可没。

第三次（1999～2001 年），长虹针对传统彩电的洗牌行动，逐步向高端市场挺进。对于长虹来说，1998 年是一个转折点。长虹为了遏制对手，从当年 8 月份起大批量购进彩管，最多时控制了国内彩管 70％以上，使应付款项、票据从 35.51 亿元直线上升到 61.9 亿元，当年长虹计划生产彩电 800 万台，但实际销量只有 600 多万台，到 1998 年末，长虹库存达到 77 亿元，比上年增加一倍，到 1999 年，长虹销售业绩同比下滑 14.5％，销售成本反而上升 25.5％。"囤积彩管"事件不仅使企业不得不承担起 70 亿元库存的压力，也使 TCL、创维、康佳这三剑客对抗长虹的联盟更加坚固。其结果是，长虹从习惯先声夺人沦为在频繁的价格战中疲于应招。在这一年，长虹主业收入锐减 4 亿元。经过 1997 年和 1998 年由别人发起的价格战，长虹的彩电霸主地位岌岌可危。为了挽回颓势，1999 年 4 月，长虹彩电开始降价行动。但康佳对长虹降价早有应对，降价幅度超过长虹 80～300 元。长虹主营利润由 1998 年的 31.6 亿元下降到 1999 年的 15.7 亿元，净资产收益率仅 4.06％，1999 年下半年长虹利润仅 1 亿多元。

国内彩电市场 2000 年销量为 2000 万台，而生产能力却超过了 4000 万台，重复建设导致的过度竞争，逼使产品同质化的企业为了生存，只有不断举起价格利刃展开肉搏。2000 年伊始国内彩电业便笼罩在全行业亏损 147 亿的浓重的阴影中。为了避免发生 1999 年惨烈的价格战，2000 年 6 月 9 日，9 大彩电企业在深圳召开的"中国彩电企业峰会"上，签下了彩电销售最低价协约。在不到一个月后，各地彩电掀起了规模空前的降价狂潮，29 寸彩电最低跌至 1680 元，而此时彩电峰会上的一纸协定墨迹未干。这之后，同盟军内纷纷"背叛"，同盟者厦华、熊猫率先降价，到了 8 月，盟主康佳和根本没参加同盟的四川长虹分别宣布大幅度调低彩电售价，其中康佳最大降幅为 20％，而长虹的降幅更高，达 35％。此次彩电降价是 1996 年四川长虹挑起价格战以来，规模和降价幅度最大的一次。在这次降价中，29 英寸纯平彩电售价不到 2000 元。截至 2000 年 12 月中旬，长虹销售收入已突破 800 亿元，其中主要产品彩电的销售量已达 4500 万台。2000 年，长虹彩电总销量 694 万台，索尼彩电销量为 50 万台，但两者的利润却几近相同。长虹彩电 2000 年度再次成为销量第一名，在行业大滑坡的情况下，市场占有率重新回升到 25％。

2000 年，在国产品牌全线降价的同时，进口品牌发起大规模反扑，率先在中国市场推出最先进的产品，并靠越来越接近的价格和已有的品牌优势，将 29 英寸以上大屏幕彩电的市场份额从 15％提升到 30％，在市场占有率十强中占得三席。虽然经过几次价格战，淘汰了许多彩电企业，但到 2001 年全国彩电行业还有七八十家生产企业，100 多条生产线、5000 万台的年生产能力，而国内销售量仅有 2000 万台，经过努力出口达到 1000 万台，还有 2000 万台的闲置生产能力。为了夺取被跨国公司占据的市场和进一步清理国产品牌，2001 年 4 月中旬由长虹发起的自称为"五一战役"将这次意料中的价格战提前了半年。4 月 13 日，长虹将其十多个品种的高档彩电在全国范围内大幅度降价，而这些彩电大都是以前被人们认为高不可攀的大屏幕超屏彩电。在市场畅销的 29 英寸大屏幕"国礼精品"彩电从 4000 元左右直接降到了 2000 元左右，价格仅为进口品牌同档次机器的 40％～50％。

第四次（2002 年至今），开创国产彩电主导高端之路。1998 年，我国背投电视销量为 4795 台，2000 年超过 10 万台，2001 年则达到了 35 万台，连续四年超过 300％的增幅。在长虹产品投放市场以前，彩电高端产品一直是日韩企业的天下。出于技术、利润周期的考虑，日韩企业在背投市场上采用区别对待策略：在发达国家市场投放第三、四代背投，而在中国市场则主要投放第一、二代背投，从而用普通背投延长自己在中国市场的利润赚取时间。2002年4月29日，长虹投影公司宣布即日起将全面停止内销一、二代（即50Hz及100Hz）普通背投彩电的生产，将全部精力转移到第三代及第四代（60/75Hz＋逐行扫描背投）彩电的生产和销售。此时，离2001年1月1日中国首台精密显像电视在长虹成功下线仅16个月。2002年5月，长虹率先强力推出精显背投，打响了国内彩电业全面进军高端市场的第一枪；之后，跨国公司才开始向国内企业转让高端背投技术，于是TCL、创维、海信等国内彩电品牌相继推出了等离子、液晶彩电高端产品，7月，TCL、创维先后以29800元的超低价启动了等离子彩电市场。至此，国内彩电企业成功地完成了由低端市场向高端市场的转型。在2002年中报中，低迷长达5年之久的长虹终于拥有了回到从前的感觉。8月10日公布的中报显示，长虹彩电主营业务收入同比增长65.38％，净利润同比增长435.67％，彩电出口额达27.96亿元，同比增长1789％，在中国彩电行业中排名第一。另外，长虹精显背投彩电仅用了一年时间，就直逼东芝和索尼，无可争议地成为中国背投彩电的代言人。2001年10月，长虹背投市场占有率不足1.5％，而2002年同期市场占有率则高达18.5％。

2003年4月8日，中国彩电大王长虹在捧回2002年全国彩电销量冠军后不到半个月时间内，又出重拳，推出"长虹背投普及风暴"活动，在高端市场全面反击跨国背投品牌。长虹精显王背投彩电价格全线下调，平均降价幅度为25％，最高降幅达40％，进一步巩固和增加自己背投的市场份额。2004年10月，长虹开始"虹色十月"行动，"虹色十月打造新一代数字阶级"活动在全国如火如荼地进行。

资料来源：http://wenku.baidu.com

 ## 第2节　消费者的价格心理

【案例导入】

让一分利给顾客

鲍洛奇从不使用廉价竞销的方式，他的方法是"厚利多销"，希望自己的每件产品都能带来最大限度的利润。他认为，对于一个没有多大实力可言的企业来讲，每一笔生意都应当尽可能地多多获利，这样才能迅速地增加资本积累，从而扩大生产规模。鲍洛奇非常清楚，优质高档产品所带来的利润是低档产品所无法比拟的。所以，他总在绞尽脑汁地想，如何才能在产品的形象上大做文章。他认为，中等收入的人家，一般都挺讲究面子。他们花起钱来固然心疼，但在虚荣心的支配下，往往要硬着头皮买高档品，竭力把自己装扮成上等人家的样子。因此，每当新产品上市之初，鲍洛奇就会针对这一类消费群体，把产品的价格定得偏高。

著名的例子就是"杂碎罐头"。接惯例，这种罐头价格每听不应超过50美分。负责经销的经理里万提议将价格定在47美分到49美分之间，而鲍洛奇却将价格定在59美分。里万一听，简直不敢相信自己的耳朵，急忙找到鲍洛奇理论。鲍洛奇却自有他的道理："49美分的价格在市场上已被用得太滥，顾客早已感到厌烦。顾客会把50美分以下的商品视作低级品，一般家庭也都避免买50美分以下的廉价品，以免被人笑话；将价格定在59美分，并不显得太贵，又易于被人视作高级品，销路必然会好。"为达到目的，鲍洛奇还掀起了一场大规模的促销活动，口号是"让一分利给顾客"，似乎他的杂碎罐头完全可以卖60美分，之所以卖59美分，是出于给顾客让一分利的考虑。果然不出鲍洛奇所料，59美分的高价非但没在顾客心理上造成任何障碍，反倒诱发了顾客选购的欲望。

资料来源：http://wenku.baidu.com

【应用知识】

2.1 商品价格的心理功能

在日常的市场营销和消费者费者购买活动中，经常可以看到这样的现象：同一种商品，标以不同的价格，会导致消费者完全不同的心理反映。根据市场运动的一般规律，同一种商品的定价越高，消费者的需求也就越少；而降低价格会引起消费需求的增加。但在现实生活中消费者的购买行为并未表现出这一关系，有时还会出现相反的情况。这主要是由于在此过程中，消费者的心理因素起到了举足轻重的作用。不同的商品价格会影响消费者的心理产生不同的影响，在这种影响过程中，消费者也会产生不同的价格心理，这就是商品价格的心理功能，具体表现为以下三个方面。

(1) 衡量商品价值和品质的功能

商品的价格是价值的货币表现，价格以价值为中心上下波动，商品价值凝聚了生产和流通过程中社会必要劳动时间的耗费。但对于普通的消费者而言，他们所拥有的专业知识非常有限，再加上对于大多数商品的生产工艺和专业技术特点缺乏了解，无从把握商品的社会必要劳动时间的多少，因此在衡量商品价值、判断其品质时，把商品价格当作衡量商品价值高低和品质优劣的尺度，认为价格高的商品价值高，品质也好，价格低的商品价值低，品质也得不到保障。人们常说的"一分价钱一分货"、"便宜没好货，好货不便宜"，这种认知心理与成本定价方法及价格构成理论相一致。正是在这种心态的驱使下，在新产品刚刚投放市场、价格比较昂贵的情况下，持币抢购者仍大有人在，而一些处理品及清仓的商品，却无人问津。所以，便宜的价格不一定能促进消费者购买，相反可能会使人们对商品品质、性能产生怀疑。

(2) 消费者比拟自我的功能

商品的价格不仅可以作为衡量商品价值的直接标尺，同时在某些消费者看来，商品价格还具有反映自身社会地位、经济地位高低的社会象征意义。也就是说，他们购买商品的目的，不只是为了获得商品的使用价值，也是为了满足其自身的某种社会心理需要。消费者在购买商品的过程中，会通过联想把购买商品的价格同个人的愿望、情感、人格特点联系起来，让价格成为反映他的经济实力、社会地位、文化水平、生活情趣和艺术修养的工具，从而获得心理上的满足。因此，有些消费者认为购买高价格商品可以显示自己优越的社会地位、丰厚的经济收入、高雅的文化修养，可以获得别人的尊敬，并以此满足自己的心理需求。

(3) 调节消费需求的功能

应该说，商品价格对消费者需求量的影响是显而易见的。经济学理论指出："在其他条件不变的情况下，价格与消费需求量成反比。"即当价格上涨时，消费需求量减少；价格下降时，消费需求量增加，表现为价格对消费者需求的反向调节作用。然而，在现实生活中，常常表现出价格对消费需求的同步调节作用，当某种商品的价格上涨时，本应抑制消费需求，但却出现了消费者争相购买的情况；而当商品价格下降时，消费者反倒冷静地持币观望，产生"买涨不买落"的心理。由此可见，价格调节消费需求并不完全像传统经济学所认为的那样，它会受到消费者心理因素的制约。

总而言之，现代市场经济条件下，价格是影响消费者心理与行为的诸因素中最具刺激性和敏感性的因素。深入研究价格对消费者的心理影响，把握其价格心理，是企业正确制定价格策略的基础和前提。

2.2 消费者的价格心理

消费者价格心理是指消费者购买活动中对商品价格刺激的各种心理反应及其表现，它是由消费者自身的个性心理和其对价格的知觉判断共同构成的。消费者的价格心理与价格心理功能两者之间是互相联系、相互作用的。因此，要充分发挥价格的心理功能，有利于促进销售，必须研究消费者在认识商品价格问题上的心理影响，消费者的价格心理主要分为以下几种。

(1) 消费者对价格的习惯性

价格的习惯性，是指消费者在多次购买的实践活动中，通过对价格的反复感知，形成了对某种商品价格的习惯性认识。商品价格作为一种客观实在，必然具有其客观标准，他们能从多次的购买活动中，经过逐步体验来认识价格，并因此形成了特定商品价格的习惯性。消费者产生对特定商品的习惯性后，在习惯价格以内的价格，就认为是合理正常的，价格超过上限则认为太贵，价格低于下限会对商品质量产生怀疑。

(2) 消费者对价格的敏感性

价格的敏感性，是指消费者对商品价格的反应程度。因为价格的高低和变动直接关系到消费者的切身利益，所以消费者对价格的变动会做出不同程度的反应。消费者对价格的敏感性是因商品而异的。一般来说，与消费者日常生活密切相关、购买频率高的商品，消费者对价格的敏感性较高。如肉类、蔬菜、食品的价格略有提高，消费者马上感到难以适应。相反，一些非生活必需品、购买频率低的商品，消费者对其价格的敏感性就低。如电脑、汽车、空调，即使价格上调几十元、上百元，也不会引起消费者很强烈的反应。企业应利用消费者这种敏感的价格心理，对不同的商品采取相应的行之有效的策略，如对于敏感性较大的商品，在调价时应特别注意掌握一次调价的幅度不宜过大，同时应掌握好这类商品调价的时机，以避免引起消费者心理上的过度反应。

(3) 消费者对价格的感受性

价格的感受性是指消费者对商品价格高低的感受程度。消费者对商品价格的高低的认识和判断，一般不以商品的绝对价格为标准，也不完全基于某种商品价格是否超过或低于他们认定的价格尺度，而是通过感觉和直接感受来完成的，即通过不同的商品价格的比较来认定的。一般来说，消费者对价格的高低的判断是通过以下比较获得的：一是同类商品比较；二是不同类商品的比较；三是通过商品的品牌、包装、产地进行比较。由于消费者对价格的判断受到客观因素的影响和心理的制约，因此价格的判断同时具有主观性和客观性的特点。影响消费者价格的判断的因素主要有：一是商品的本身的外观、包装、商标、轻重、大小、色彩等，以及商品在出售时的货位摆放、服务方式、环境气氛等因素；二是消费者对商品需求的迫切程度；三是消费者的经济收入，这是影响判断的主要因素。消费者对价格的感受心理在现实生活中的反应是多方面的，因此，企业应重视这种心理现象，在营销活动中用幽雅的环境、优质的商品、优美的商品展示来影响消费者的心理活动，从而促进商品的销售。

(4) 消费者对价格的倾向性

价格的倾向性是指消费者在购买过程中对商品价格所表现的倾向。商品的价格一般有高、中、低档的区别，他们分别标志着商品不同的品质与质量标准。由于消费者在个性、经济收入、价值尺度、购买经验、生活方式及文化修养等方面均存在差异性，所以在选购商品时的价格倾向也不同。选择高档商品的消费者经济状况较好，一般怀有求名、显贵、炫耀的心理；选择低档商品的消费者多属于经济状况一般，怀有求实惠的动机较多。

综上所述，消费者价格心理是在心理功能基础上所形成的比较稳定的或带有规律性的心理倾向，它会使消费者对不同的商品价格做出不同的心理反应，企业在指定商品价格时，除了要研究市场的供求关系之外，还要仔细研究消费者的价格心理反应，使制定的商品价格既适合自身经济利益的要求，也适应消费者的心理要求。

2.3　影响消费者的价格心理的因素

影响消费者价格心理的因素是多方面的，诸如消费者的收入状况、市场竞争程度、国家的宏观政策、消费者的时间与主动性情况等。在此仅对消费者的需求、消费预期、购买体验、商店信誉以及参与程度的高低几个方面进行简单的分析。

（1）需求。需求是一定时期内以各种价格在市场中可能销售的商品数量。经济学认为，人作为纯理性的"经济人"，购买商品的数量取决于商品的价格。商品的价格越高，消费者对该商品或服务的需求就越少，反之则增加。同时，消费者对需求的判断也会影响价格，消费者若认为当前需求比较旺盛，超过了供给能力，则倾向于接受较高的价格，否则不会接受。

（2）消费预期。消费者结合商品的供给和需求状况及未来趋势，会对商品价格趋势做出判断，若认为某种商品或服务供大于求将出现，或认为随着技术的进步，某种技术产品面临着淘汰的可能，则会倾向于以低价购买甚至延迟购买。比如现在的 VCD 和 CD 在遇到互联网免费音乐和 MP3 的冲击下，价格一再下降，以靠出租影碟的音像商店出租价格也由较早的 1.5 元/盘降至 0.3 元/盘仍无人问津，许多出租影碟的音像店纷纷关门。但当消费者认为某种商品可能会涨价时，则倾向于立即购买或提前购买。

（3）购买体验。消费者在购买时会把某一商品标价与他们在头脑中已经形成的这类商品的价格做比较。消费者在头脑中为进行这类比较而形成的价格被称为内部参照价格。例如，某一消费者可能认为 1 元钱是一瓶矿泉水或纯净水的合适价格。当商店提供的价格超过 1 元时消费者可能就会不接受。

（4）商店信誉。有时消费者会对他们经常进行购物的商场的价格信誉形成依赖，因此不用认真地比较分析价格信息。在一些以货物齐全、价格低廉著称的大型连锁商店中如家乐福、沃尔玛等，消费者会认为所有商品的价格都比其他场所的优惠而大量购买。

（5）消费者参与程度的高低。一般来说，对于消费者参与程度较低的商品或购买过程，价格对消费者的购买行为影响很小甚至没有影响。

【延伸阅读】　　　　　　　　　明码标价与消费信任

随着很多商品价格战愈演愈烈，促销恐慌症成为现代消费者的又一新病症。以地板产品为例，地板价格高低不一，甚至同一品牌同种产品在不同店里都有差别。而经常逛建材市场的人都知道，地板产品上标的价格只是参考价，如果消费者购买，导购会给一个内部折扣。这种价格乱象常常让消费者摸不着头脑，也使得行业"明码实价"成了一大难题。

明码实价需决心，"折扣心理战"何时休？

标价即售价，明码实价买东西。对于品类繁多的地板等家居产品来说，如此简单直接的购买方式，的确可免去消费者与商家之间的"折扣心理战"，让人省心省力。此外，明码实价的实现还能避免地板商家报价虚高、折扣不一以及不打折就卖不出货等令买卖双方纠结已久的问题。

标出"实价"但从不按照实价成交，"标价"基础折上折随时可见，同一品牌不同卖场折扣不一等现象，令原本让家居消费更简单的明码实价计划遭遇阻滞。"标价即售价"的实现的确能帮消费者和商家解决许多问题，但在实操阶段存在困难。比如，一个成熟地板品牌产品更新换代快，产品有几万件，如果将每件产品的原价和折扣价都统一上报管理，费时费力，也容易出现错漏。而另一个施行明码实价的品牌则称，品牌内部价格管理体系如果是健全而严谨的话，随时上报新品价格，也并不那么难，关键看品牌的决心。

产品标价≠最终售价，"信任危机"亟待拯救

商家的定价、调价和折扣力度都被监管，定价有依据，折扣有规律，消费者最终在店内看到的"标价＝售价"，遇到特定时段推出优惠，也是透明公开，这才是"明码实价"最理想的状态。如今，部分品牌在"标价"和"售价"上玩起了猫腻，并未将"明码实价"实施到底，"产品标价≠最终售价"的情况正在发生。

据消费者透露，折扣多而杂考验买家算术能力，成"消费时最熬人的事"。他们表示，商家的折扣都不一样，不仅要挑样式，还得做笔记、算账、砍价，脑子都乱了。另外，他们发现，工作日、周末和特殊节假日，同一品牌的折扣相差不少，不想花冤枉钱，还是得花把子力气，多逛多算多比较。至于"明码实价"，有些品牌在不同卖场的标价和折扣都不相同，再加上各种返券、签售，最终价格哪里划算，还得根据各种情况，自己算。

当然，也有坚决实行明码实价的品牌表示，地板产品价格体系混乱，给整个行业造成了长久的"信任危机"，先抬高，再打折，这种行为不仅令消费者烦躁不安，实际上也给品牌把关质量埋下了隐患。随着消费者成熟，品牌和品质将更能左右他们的选择，靠价格战生存，并非长久之计。

（引自 http://news.pchouse.com.cn/67/676096.html）

第3节　商品定价与调价的心理策略

【案例导入】

如何给家园集团玫瑰鲜花液定价

1996 年小康食品有限公司控股的徐州市家园食品有限公司在市政府的支持下和法国国际饮品有限公司合作，组建了江苏家园集团。江苏家园集团是一家专业从事玫瑰花卉种植和深加工的企业。公司已经研制、开发并形成产品的有玫瑰鲜花汁、玫瑰鲜花酒、玫瑰花保健茶、干制玫瑰花等系列无污染绿色食品。该公司并于 2000 年 9 月通过了 ISO9002 国际质量体系认证及中国进出口商品质量体系认证。目前该公司拥有年产 900 万瓶装鲜花汁生产线及1000 万听装鲜花汁生产线各一条，年产鲜花汁 60 万件、鲜花酒 20 吨、干花蕾 10 吨，年处理玫瑰鲜花 500 吨的能力。位于徐州市南郊的汉王乡，有着悠久的玫瑰花种植历史。该地区特有的微酸性土壤，适宜的阳光、气候及丘陵地貌极宜玫瑰花生长，这一气候特点也决定了玫瑰花在此地能够得到广泛的种植。汉王乡曾被提名为"全球生态五百乡镇"，被评为"中国绿色种植基地"。家园集团结合汉王乡过去种植玫瑰花的经验并与中国农科院、南京农大、无锡工学院等科研院所联合开发、研制了一些新的玫瑰花品种和新型的种植技术。

家园玫瑰鲜花汁是公司开发出来的一种新产品。它是精选天然上好玫瑰花原料，结合现代食品科学技术配以上等枣花蜂蜜精制而成，保存了玫瑰鲜花独有的天然色，具有养颜姿容、润喉生津、健脾降火、柔肝醒胃的作用。（资料来源：http://wenku.baidu.com）

思考题：公司的营销部门准备将此产品推向市场，如果你是营销部经理，你将如何为这种新产品定价？

【应用知识】

3.1 新产品定价的心理策略

新产品定价是企业价格策略的一个关键环节。因为新产品的成本高，顾客对它不了解，竞争对手也很可能还没有出现，所以新产品价格确定的正确与否，关系到新产品能否顺利进入市场，并为以后占领市场打下基础。常见的定价策略有三种。

（1）撇脂定价

撇脂定价策略是一种高价策略，是新产品刚投入市场时，企业将产品价格定得比成本高出很多，尽可能在产品生命周期的最初阶段，获得最大利润，尽可能收回投资。撇脂是指从鲜奶中提取乳酪，取其精华，因此而得名。采用这种定价策略的优点是：高价格高利润，能够迅速收回投资，随着产品销量的扩大，成本降低，可降价空间大，当竞争者加入时，可调低价格，巩固和进一步扩大市场，树立企业形象，创造名牌产品。其缺点是：定价较高，会限制需求，销路不易扩大；产品获利大，易诱发竞争，给企业形成大的压力；高价高利的时期也短。

实行撇脂定价策略的条件如下：①企业产品同市场上现有产品相比，有明显的差异，优势差异，能引起顾客的偏好；②短期内没有替代品或替代品少，如受保护的专利品；③短期内竞争者不易进入市场以同样价格参加竞争。

（2）渗透定价

渗透定价策略是一种低价策略，是新产品刚刚投入市场，企业把价格定得相对较低，以利于被市场所接受，迅速打开销路；随着销量的增加，产品单位成本可因生产批量的扩大而降低，从而提高竞争力。采用渗透策略的优点是：低价薄利不易诱发竞争，能有效抑制竞争者的加入，能快速扩大产品销路；随着销量的增加，产品单位成本可因生产批量的扩大而降低，从而提高竞争力。其缺点是：投资回收期长，当企业提价销售时，消费者反感力强。

实行渗透定价策略的条件如下：①产品差异性小，价格需求弹性大，低价能迅速扩大销量和提高市场占有率；②产品市场已被他人领先占领，为了挤进市场只好低价销售；③潜在市场大，对新进入者有较大吸引力。

（3）满意定价

满意定价策略是一种温和中价定价策略，是新产品刚投放市场时，企业把价格定在一个比较合理的水平，使消费者比较满意，企业又能获得适当的利润。这种策略兼顾了生产者、中间商及消费者的利益，使各方面都感到满意。即便当企业处于优势地位，本可采用高价时，但为了赢得顾客的好感和长期合作，仍然选择中价，这样可赢得各方尊重。

满意定价策略的优点是：价格比较稳定，在正常情况下能实现企业盈利目标，赢得中间商和消费者的广泛合作。其缺点是：应变能力差，不适合复杂多变和竞争激烈的市场环境。

运用这一策略的具体定价一般是采用反向定价法，即企业先通过调查，拟出消费者易于接受的零售价，然后反向推出其他环节的价格。

3.2 价格折扣策略

价格折扣策略指企业根据产品的销售对象、成交数量、交货时间、付款条件等因素的不同，给予不同价格折扣的一种定价决策，其实质是减价策略。这是一种舍少得多，鼓励消费者购买，提高市场占有率的有效手段，价格折扣策略主要有以下几种。

（1）现金折扣

这是对按约定日期或者说提前以现金付款的购买者，根据其所购买商品原价给予一定优惠的策略。采用现金折扣一般要考虑三个因素：折扣率、给予折扣的时间期限、付清全部货款的期限。折扣率的高低，一般由买方付款期间利率的多少、付款期限和经营风险的大小来决定，这一折扣率必须提供给所有符合规定条件的消费者。现金折扣在许多行业已成习惯，其目的是鼓励消费者提前偿还欠款，加速资金周转，减少坏账损失。

（2）数量折扣

指根据购买数量的多少，分别给予不同的折扣，购买数量越多，折扣就越大。这种折扣必须提供给所有的消费者，但不能超过销售商大批量销售所省的费用。数量折扣的实质是将大量购买时所节约的费用的一部分返还给购买者，其目的是鼓励消费者大量购买或集中购买，期望顾客与本企业建立长期商业关系。数量折扣的关键在于合理确定给予折扣的起点、档次及每个档次的折扣率。

（3）季节折扣

季节折扣是生产季节性产品的企业对在消费者淡季购买产品的顾客提供一定的价格折扣，目的在于鼓励淡季采购，以减少企业的仓储费用和资金占用。这一策略主要用于常年生产、季节销售的产品。

3.3 差别定价策略

所谓差别定价，也叫价格歧视，就是企业按照两种或两种以上不反映成本费用的比例差异的价格销售某种产品或劳务。差别定价有以下四种形式。

（1）顾客差别定价

即企业按照不同的价格把同一种产品或劳务卖给不同的顾客。例如，某汽车经销商按照价目表价格把某种型号汽车卖给顾客 A，同时按照较低价格把同一种型号汽车卖给顾客 B。这种价格歧视表明，顾客的需求强度和商品知识有所不同。

（2）产品形式差别定价

即企业对不同型号或形式的产品分别制定不同的价格，但是，不同型号或型式产品的价格之间的差额和成本费用之间的差额并不成比例。

（3）产品部位差别定价

即企业对于处在不同位置的产品或服务分别制定不同的价格，即使这些产品或服务的成本费用没有任何差异。例如剧院，虽然不同座位的成本费用都一样，但是不同座位的票价有所不同，这是因为人们对剧院的不同座位的偏好有所不同。

（4）销售时间差别定价

即企业对于不同季节、不同时期甚至不同钟点的产品或服务也分别制定不同的价格。

3.4 商品定价的常用心理策略

消费者对于商品的需求是千差万别的，如何根据不同类型的消费者购买商品的心理规律来制定商品的价格，迎合他们不同的心理需求呢？在本节中，我们向大家展示几种常用的定价心理策略。

3.4.1 尾数定价策略——让顾客信赖的定价策略

所谓尾数定价，是以零头数的定价形式，通常是以喜欢的数字结尾。此类价格的例子不胜枚举，如 49.95 元、16.88 元等。那么为什么这样的定价比较好？这又对消费者心理产生了怎样的影响呢？

首先，这种定价方法可以在直观上给消费者一种降价的错觉，使其感觉商品便宜，从而激起购买的欲望。举例来说，一件商品定价 4.9 元和 5.0 元相比，尽管仅相差 1 角钱，但对于标价 4.9 元的商品，顾客会认为"这件东西四块多钱"，而若标价 5.0 元，顾客则认为这件东西已经五块了。正是这种心理上的差别感受，决定了两种商品销售量的巨大差异。有研究表明，同样的商品，标 4.9 元比标价 5.0 元的销售量更大。

其次，利用精确的零头定价可以增强顾客对商品的信赖。对于尾数定价的商品，顾客会感到定价非常认真、仔细，连一角一分都算得清清楚楚，从而认为商品的价格是准确、合理、实实在在的，买这种商品是不会上当受骗的。例如，消费者购买钢笔，标价是 6.32 元，便认为这支钢笔的定价是精确计算的，是可以信赖的。若标价恰好为 6.00 元，反倒会引起消费者的疑惑，怎么刚好 6.00 元？这个价格一定有水分。

再次，商品定价的数字可以满足消费者的某种心理需求。人们在购买商品时，不仅仅获得了商品的使用属性，有时还会把自己的心理需求通过商品的价格表达出来。在现实生活中常常看到在不同国家的文化背景下，对于数字的好恶也不尽相同。前面提到，中国人喜欢的数字是"8"和"6"，前者寓意发财，后者表示"顺利"；许多西方人认为"13"是个不吉利的数字；而日本人则尽可能回避"4"。需要注意的是，尾数定价策略主要适用于价格较低的一般日用品和副食品，由于这些商品需求量比较大，顾客的购买频率也比较高，因此他们对价格非常敏感，细微的价格变化都会引起顾客的知觉。心理学家的研究表明，价格尾数的微小差别，能够明显影响消费者的购买行为。一般认为，五元以下的商品，末位数为 9 最受欢迎；五元以上的商品尾数为 9、5 效果最佳；百元以上的商品，尾数为 98、99 最为畅销。

据国外市场调查发现，在生意兴隆的商场超市中商品定价所用的数字，按其使用的频率排序，先后依次为 5、8、0、3、6、9、2、4、7、1，这种现象不是偶然出现的。

究其根源是顾客消费心理的作用。那些带有弧形线条的数字如 5、8、2、3、6 等似乎不带有刺激感，易为顾客接受；而不带有弧形线条的数字如 1、7、4 等，相比较而言就不大受欢迎。所以，在商场、超市所制定的价格中，8、5 等数字出现的频率最高，而 1、4、7 出现的次数少的多。

3.4.2　整数定价策略——明朗、方便的定价策略

整数定价是以整数的形式确定商品的价格，强调价格的明朗性，整数价格又称方便价格。整数定价与尾数定价不同，针对的是消费者求明白、求方便的心理，将商品价格有意定为整数，由于同类型产品生产者众多，花色品种各异，在许多交易中，消费者往往只能将价格作为判别产品质量、性能的"指示器"，认为"一分价钱一分货"。同时，在众多商品中，整数定价的产品能给人一种方便、简洁的印象。

对于那些无法明确显示其内在质量的商品，消费者往往通过其价格的高低来判断其质量的好坏。但是，在整数定价方法下，价格的高并不是绝对的高，而只是凭借整数价格来给消费者造成高价的印象。整数定价常常以偶数，特别是"0"作尾数。例如，微软公司的 Windows98（中文版）进入中国市场时，一开始就定价 1998 元人民币，便是一种典型的声望定价。这样定价的好处：①可以满足购买者炫耀富有、显示地位、崇尚名牌、购买精品的虚荣心；②省却了找零钱的麻烦，方便企业和顾客的价格结算；③花色品种繁多、价格总体水平较高的商品，利用产品的高价效应，在消费者心目中树立高档、高价、优质的产品形象。

整数定价策略适用于需求的价格弹性小、价格高低不会对需求产生较大影响的商品，如流行品、时尚品、奢侈品、礼品、星级宾馆、高级文化娱乐城等，由于其消费者都属于高收入阶层，也甘愿接受较高的价格。

3.4.3　招徕定价策略——"醉翁之意不在酒"的定价策略

顾名思义，所谓招徕定价策略就是指通过制定一些特别的价格把顾客吸引过来，以带动

特价商品周边商品消费量的策略。它包括两种方式：低价招徕策略和高价招徕策略。

所谓低价招徕，是指为了吸引顾客而暂时将少数几种商品以优惠价格出售的策略。低价招徕利用了消费者的求廉心理，以接近成本甚至低于成本的价格出售一些产品，目的是以低价格吸引消费者在购买这些特价商品的同时，连带购买其他正常价格的商品，从而扩大整体销售量。这种方法在大众超市中广泛应用，此外许多"一元店"、"十元店"也正是采用了这种定价策略。然而，为何消费者在购买优惠商品的同时，也会购买一些其他的商品呢？这可以用"晕轮效应"来解释。

所谓晕轮效应，又称光圈效应、成见效应，是指人们对他人或事物的认知判断主要是根据个人好恶得出的，然后再从这个判断推论出认知对象的其他品质。如果一个人或事的某一方面被个体认为是"好"的，其就会被一种"好"的光圈笼罩着，并被赋予一切好的品质；反之，若某一方面被认为是"坏"的，就被一种"坏"的光圈笼罩着，其他的方面都会被认为是坏的。由于某些商品采用低价促销的缘故，某个超市就被赋予了"价格优惠"的光圈，在这种光圈的影响下，消费者在知觉超市其他商品的价格时，也会感到比较便宜，因此，低价促销的商品从侧面推动了其他商品的销售量。这不失为超市"舍小取大"的明智之举。然而，在使用低价招徕策略时应注意以下问题：①降价的商品应是消费者常用和熟悉的，最好是适合于每一个家庭应用的物品，否则对于他们来说会失去吸引力；②实行招徕定价的商品，经营的品种要多，以便使顾客有较多的选购机会；③降价商品的降低幅度要大，一般应等于成本或者低于成本。只有这样，才能引起消费者的注意和兴趣，进而激起消费者的购买动机；④降价品的数量要适当，太多降价产品会使得商店亏损太大，太少则容易引起消费者的反感；⑤降价品应与因残损而削价的商品明显区别开来。

在实践中，也有故意定高价以吸引顾客的。珠海九州城里有种 3000 港元一只的打火机，引起人们的兴趣，许多人都想看看这"高贵"的打火机是什么样子。其实，这种高价打火机样子极其平常，虽无人问津，但它边上 3 元一只的打火机却销路大畅。

3.4.4　声望定价策略——"相信我，没错的！"

"相信我，没错的！"这句话是不是有些熟悉呢？没错，这是某明星为某知名洗发水做广告时使用的"台词"。在这个广告中，商家充分运用了该明星的名人效应来达到影响消费者购买动机的目的。这里要讲的"声望定价"与之有些异曲同工之处。

所谓声望定价策略，又称炫耀定价策略，是指商家根据商品或自身的声望、信任度和社会地位，将商品标以比市场同类产品更高价格的策略。声望定价主要利用了消费者求名的心理，根据商品在消费者心目中的声望制定高价，使顾客对商品和商家形成信任感和安全感，顾客也会从中得到荣誉感。某些品牌的商品一旦拥有了一定的知名度，消费者便认为该产品质量可靠，宁愿出高价去购买。然而，采用声望定价法为产品定价时，不可降价促销，因为这样做不仅无法满足顾客的求名心理，同时也损害了商品长期树立起来的高贵形象。

例如，从不降价的金利来领带，一上市就以优质高价定位，对有质量问题的金利来领带他们决不上市促销，更不会降价处理。他们给消费者这样的信息，即金利来绝不会有质量问题，从而极好地维护了金利来的形象和地位。

3.4.5　习惯定价策略——"在不变中求变化"

这一策略是根据消费者在日常生活中的消费习惯制定价格的定价方法，主要适用于消费品和生活必需品的定价。由于许多日用消费品的价格在很长时间内比较稳定，消费者已经形成了一定的价格习惯，对其价格极为熟悉。若是提价，消费者原有的习惯价格被打破，会很难接受新价格；若是降价，又可能引起消费者对产品质量的怀疑。因此在对这类产品进行价格调整时，应采取间接的方式，如，先更换包装，再进行价格调整。

例如前几年，我国每袋食用盐的价格从1元涨到1.2元，引起消费者的一些不适应。这正是原先习惯定价策略定下的价格，已为大众所接受，一旦要打破这种价格习惯，势必引起消费者的不满。

3.4.6 最小单位定价策略

最小单位定价策略是指企业把同种商品按不同的数量包装，以最小包装单位量制定基数价格；销售时，参考最小包装单位的基数价格与所购数量收取款项。一般情况下，包装越小，实际的单位数量商品的价格越高，包装越大，实际的单位数量商品的价格越低。

例如：对于质量较高的茶叶，就可以采用这种定价方法，如果某种茶叶定价为每500克150元，消费者就会觉得价格太高而放弃购买。如果缩小定价单位，采用每50克为15元的定价方法，消费者就会觉得可以买来试一试。如果再将这种茶叶以125克来进行包装与定价，则消费者就会嫌麻烦而不愿意去换算出每500克应该是多少钱，从而也就无从比较这种茶叶的定价究竟是偏高还是偏低。最小单位定价策略的优点比较明显：一是能满足消费者在不同场合下的不同需要，如便于携带的小包装食品，小包装饮料等；二是利用了消费者的心理错觉，因为小包装的价格容易使消费者误以为廉，而实际生活中消费者很难也不愿意换算出实际重量单位或数量单位商品的价格。

3.5 价格调整的心理策略与技巧

商品的价格一经定出，并不是一成不变的，它会受到企业内外多方面因素的影响，因此价格的变动和调整也就在所难免了。面对诸如材料成本的变化、市场供求情况的发生以及消费流行趋向变化等因素的影响，企业如何进行适当的价格调整来应对呢？这不仅需要考虑影响商品价格的外部因素，同时也要考虑作为商品的接受方——消费者的心理反应和心理要求。

3.5.1 消费者对价格调整的心理及行为反应

价格调整主要包括两种情况：一种是调低价格；另一种是提高价格。但是无论价格如何变动，这种调整势必会影响到消费者个人的切身利益，因而消费者对价格变动的反应也就相当明显了。此外，消费者对企业调整价格的原因、目的有着不同的理解，于是做出的心理反应也不尽相同。如消费者认为价格的上涨是由原材料价格上涨所致，他们会对这种调整表示理解；反之，若把价格的上涨归结于企业欲提高产品利润，则他们的抵触反应比较强烈。一般来说，消费者很难把握企业调整价格的真实原因，有时他们对于价格调整的理解就不那么准确，不免会产生一定的偏差。

(1) 调低商品价格

人们通常认为，调低商品的价格有利于消费者，可以花更少的钱买到同样的商品，激发消费者的购买欲望，促使其大量购买。然而实际情况并非如此，常常是商品的价格降低了，购买的人反而更少了。这主要是由于面对价格的降低，消费者常表现出以下一些心理和行为反应。

① 从"便宜——便宜货——质量不好"等一系列联想，而引起了消费者心理的不安。可见"便宜没好货"的观念已经深入人心，并逐渐成为消费者判断商品质量优劣的重要标尺。

② "便宜——便宜货、有损购买者的自尊心和满足感"的联想。顾客在购买商品时，除了获得商品的使用价值外，更重要的是伴随着商品价格给消费者带来的一种满足感，如"名

贵的西装使我在宴会上显得非常有身份"等。在这里，高昂的价格已经被消费者与自己的社会经济地位联系在一起了。

③ 消费者会认为可能新产品即将问世，所以商家才会降价抛售老产品。

④ 消费者会认为降价产品可能是过期品、残次品或低档品。

⑤ 消费者会认为商品既然已经开始降价了，可能还会继续降价，于是选择持币待购，以期购买到更便宜的产品。

（2）提高商品价格

相比较调低价格，价格的提高对消费者是不利的，会减少消费者的需求，抑制其购买欲望，但在现实生活中，消费者往往会做出与之相反的各种行为反应，他们会认为：①这种商品很畅销，现在不买将会很快脱销了；②商品涨价是由于其具有特殊的使用价值和优越的性能；③商品已经涨价了，可能还会继续上涨，将来购买更贵；④商品涨价，说明它是热门商品，有流行的趋势，应尽早购买。

3.5.2　商品降价的心理策略

造成商品降价的原因有诸多方面，如：产品的更新换代造成的冷、残、背、次；商品保管不善造成了品质的下降；面临强有力的价格竞争，导致企业市场份额不断下调，由于新技术、新工艺的使用使得成本下降等等，都可能导致企业将商品降价出售。鉴于消费者并不会因为产品的降价而激发起购买欲望，如何才能达到降价促销的效果呢？这主要取决于商品是否具备了降价的条件，以及企业能否及时、准确把握降价时机和幅度等。

（1）商品降价应具备的条件

要达到降价促销的目的，商品本身应该具备与消费者心理要求相适应的特性，具体地说主要有以下几个方面：①消费者注重商品的实际性能与质量而很少将所购商品与其自身的社会形象联系起来；②消费者是价格敏感者，而对商品的品牌并不十分在意，主要是依据价格来决定自己的购买行为的；③消费者对商品的质量和性能十分熟悉，如，某些日用品和食品降价后，消费者仍对商品保持足够的信任度；④能够向消费者充分说明商品价格降低的理由，并使他们接受；⑤制造商和其品牌信誉度很高，消费者只有在购买后觉得物超所值，才会感到满意。

（2）降价时机的选择

在降价时，时机的选择非常重要，把握得好，会大大刺激消费者的购买欲望；若选择不好，则会无人问津而达不到目的。一般来说，降价时机的选择要视商品及企业的具体情况而定：①对于时尚和流行商品，在竞争者进入模仿的后期时应采取降价措施；②对于季节性产品，应当在换季时降价；③对于一般商品，进入成熟期的后期就应降价；④如果企业是市场追随者，可以当市场领导者率先降价后，采取跟进降价策略；⑤重大节日可以进行降价促销，如"元旦"、"五一"、"春节黄金周"、"十一"等；⑥商家的庆典活动期间实行降价，如新店开张、开业周年及店庆等；⑦其他一些特殊原因的降价，如商店拆迁、柜台租赁期满等。

但是应当注意的是，商品的降价不应过于频繁，否则会造成消费者对降价不切实际的心理倾向或对商品正常价格产生不信任感等负面效应。

（3）降价幅度的选择

商品的降价幅度应当适宜，才能达到吸引消费者购买的目的，若降价幅度过小，根本无从激发消费者的购买欲望；若幅度过大，不仅企业可能会面对损失，而且消费者也可能会对商品的质量产生怀疑。经验表明，降价幅度在 10％以下时，几乎收不到促销效果；降价幅度在 10％～30％会产生明显的促销效果；但降价幅度若超过 50％以上时，除非说明充分合理的降价理由，否则消费者的疑虑会显著加强，不会购买这一产品。

（4）商品降价技巧的使用

巧用对比效应：商家在向消费者传递降价信息时，一般把降价标签直接挂在商品上，使得消费者可以看到降价前后的两个价格，由于两者形成了鲜明的对比，使得消费者感到调整后的价格尤其低廉，有利于做出购买决策。将降价实惠集中起来，让消费者更明确地感受到：企业在销售商品时，通过将少数几种产品大幅度降价，比起对多种产品进行小幅度的促销效果会更好。这主要是因为降价幅度越大，消费者才能更明显地感觉到降价前后的差别。

采用暗降策略：这种策略又称为变相降价，有时直接降价会招致同行的不满与攻击，甚至会引发同行间的价格战，这对于中小企业来说无疑是一场灭顶之灾。因此，可以采用间接的方式来避免这些不利因素，如，实行优惠券制度、予以实物馈赠、更换包装等。

3.5.3 商品提价的心理策略

一般来说，商品价格的提高会对消费者利益造成损害，可能会引起消费者消极的心理反应，影响到产品的销售。但企业在实际经营活动中常面临着不得不涨价的情况，如，由于通货膨胀、物价上涨、企业原材料供应价格上涨等导致了产品成本的提高；产品供不应求，现有生产水平无法满足消费者的需求；资源稀缺或劳动力成本上升导致产品的成本提高；以及经营环节的增多等等。和商品降价一样，在对商品提价时，也需要把握时机、注意幅度，并掌握一定的技巧，才不至于因为涨价而失去了某个客户群体。

（1）商品涨价应该具备的条件

这主要与商品目标消费者的特点有关：①消费者的品牌忠诚度很高，是品牌偏好者，他们不会因为涨价而轻易改变购买习惯；②消费者相信商品具有特殊的使用价值或更优越的性能，是其他商品所不能替代的；③消费者有求新、求奇、追求名望、好胜攀比的心理，愿意为自己喜欢的商品付出更多的钱；④消费者可以理解商品涨价的原因，能够容忍价格上涨带来的生活消费支出的增加。

（2）涨价的幅度

应该说，相比较商品降价来说，消费者对于商品涨价将更为敏感，因此提价的幅度不宜过大，可以采取循序渐进的小幅度提价方式。国外研究认为，一般提价以5%作为界限，认为这样比较符合消费者的心理承受能力，而在我国尚无定论，某些产品涨幅即使达到50%以上仍能达到一定的促销效果。

（3）使用适当的涨价技巧

涨价有两种方式：直接涨价和间接涨价。直接涨价就是在原有价格的基础上一定幅度提高商品的标价。所谓间接涨价，是指商品的市面标价不变，通过对商品本身进行一些改动，来达到实际提价的效果，如，更换产品的型号、规格、花色和包装等。

（4）做好涨价后的宣传解释和售后服务工作

无论企业对商品的提价出于何种原因，消费者的利益势必会受到一定程度的损害，难免产生某些抵触心理，为了最大程度地消除这种心理的影响，商家应当通过各种渠道向顾客说明提价的原因，在销售和售后服务过程中，为消费者提供更为周到的"增值服务"，以求得他们的理解和支持。

【延伸阅读】　　　　　　　　　　亚马逊公司的差别定价实验

作为一个缺少行业背景的新兴的网络零售商，亚马逊不具有巴诺（Barnes & Noble）公司那样卓越的物流能力，也不具备像雅虎等门户网站那样大的访问流量，亚马逊最有价值的资产就是它拥有的2300万注册用户，亚马逊必须设法从这些注册用户身上实现尽可能多的利润。因为网上销售并不能增加市场对产品的总的需求量，为提高在主营产品上的赢利，亚马逊在 2000 年 9 月中旬开始了著名的差别定价实验。亚马逊选择了 68 种 DVD 碟片进行动态定价试验，试验当中，亚马逊根据潜在客户的人口统计资料、在亚马逊的购物历史、上网行为以及上网使用的软件系统确定对这 68 种碟片的报价水平。例如，名为《泰特斯》（Titus）的碟片对新顾客的报价为 22.74 美元，而对那些对该碟片表现出兴趣的老顾客的报价则为 26.24 美元。通过这一定价策略，部分顾客付出了比其他顾客更高的价格，亚马逊因此提高了销售的毛利率，但是好景不长，这一差别定价策略实施不到一个月，就有细心的消费者发现了这一秘密，通过在名为 DVDTalk（www.dvdtalk.com）的音乐爱好者社区的交流，成百上千的 DVD 消费者知道了此事，那些付出高价的顾客当然怨声载道，纷纷在网上以激烈的言辞对亚马逊的做法进行口诛笔伐，有人甚至公开表示以后绝不会在亚马逊购买任何东西。更不巧的是，由于亚马逊前不久才公布了它对消费者在网站上的购物习惯和行为进行了跟踪和记录，因此，这次事件曝光后，消费者和媒体开始怀疑亚马逊是否利用其收集的消费者资料作为其价格调整的依据，这样的猜测让亚马逊的价格事件与敏感的网络隐私问题联系在了一起。

为挽回日益凸显的不利影响，亚马逊的首席执行官贝佐斯只好亲自出马做危机公关，他指出亚马逊的价格调整是随机进行的，与消费者是谁没有关系，价格试验的目的仅仅是为测试消费者对不同折扣的反应，亚马逊"无论是过去、现在或未来，都不会利用消费者的人口资料进行动态定价。"贝佐斯为这次的事件给消费者造成的困扰向消费者公开表示了道歉。不仅如此，亚马逊还试图用实际行动挽回人心，亚马逊答应给所有在价格测试期间购买这 68 部 DVD 的消费者以最大的折扣，据不完全统计，至少有 6896 名没有以最低折扣价购得 DVD 的顾客，已经获得了亚马逊退还的差价。

至此，亚马逊价格试验以完全失败而告终，亚马逊不仅在经济上蒙受了损失，而且它的声誉也受到了严重的损害。亚马逊的这次差别定价试验是电子商务发展史上的一个经典案例，这不仅是因为亚马逊公司本身是网络零售行业的一面旗帜，还因为这是电子商务史上第一次大规模的差别定价试验，并且在很短的时间内就以惨败告终。我们从中能获得哪些启示呢？

首先，差别定价策略存在着巨大的风险，一旦失败，它不仅会直接影响到产品的销售，而且可能会对公司经营造成全方位的负面影响，公司失去的可能不仅是最终消费者的信任，而且还会有渠道伙伴的信任，可谓"一招不慎，满盘皆输"。所以，实施差别定价必须慎之又慎，尤其是当公司管理层面临短期目标压力时更应如此。具体分析时，要从公司的整体发展战略、与行业中主流营销伦理的符合程度以及公司的市场地位等方面进行全面的分析。

其次，一旦决定实施差别定价，那么选择适当的差别定价方法就非常关键。这不仅意味着要满足微观经济学提出的三个基本条件，而且更重要的是要使用各种方法造成产品的差别化，力争避免赤裸裸的差别定价。常见的做法有以下几种。

① 通过增加产品附加服务的含量来使产品差别化。营销学意义上的商品通常包含着一定的服务，这些附加服务可以使核心产品更具个性化，同时，服务含量的增加还可以有效地防止套利。

② 同批量订制的产品策略相结合。订制弱化了产品间的可比性，并且可以强化企业价格制定者的地位。

③ 采用捆绑定价的做法，捆绑定价是一种极其有效的二级差别定价方法，捆绑同时还有创造新产品的功能，可以弱化产品间的可比性，在深度销售方面也能发挥积极作用。

④ 将产品分为不同的版本。该方法对于固定生产成本极高、边际生产成本很低的信息

类产品更加有效，而这类产品恰好也是网上零售的主要品种。

当然，为有效控制风险，有时在开始大规模实施差别定价策略前还要进行真正意义上的试验，具体操作上不仅要像亚马逊那样限制进行试验的商品的品种，而且更重要的是要限制参与试验的顾客的人数，借助于个性化的网络传播手段，做到这点是不难的。

综上所述，在网络营销中运用差别定价策略存在着很大的风险，在选择使用时必须慎之又慎，否则，很可能适得其反，给公司经营造成许多麻烦。在实施差别定价策略时，通过使产品差别化而避免赤裸裸的差别定价是避免失败的一个关键所在。

资料来源：http://www.knowsky.com/14483.html

【实训练习】

项目一　新产品定价因素调查

【实训目标】

培养学生认知和把握影响新产品定价因素的能力。

【内容与要求】

深入所在城市各大商场及主要超市，调查某一类新产品的价格情况，分析影响新产品定价主要因素，写出调查报告。

【成果检测】

每人写出影响新产品定价因素报告。依据报告情况为每位同学打分。

项目二　某一类产品定价策略

【实训目标】

1. 培养学生对产品定价的能力。

2. 培养学生对产品心理定价的能力。

【内容与要求】

1. 针对某一类具体商品，由学生根据定价原则独立进行定价，然后分组讨论。

2. 以小组为单位，到商场及超市调查了解产品定价规律。

【成果检测】

每小组写出影响产品定价和心理定价的心得以及调研报告。根据讨论结果和调研报告给每小组打分评定。

项目三　价格调整策略调查

【实训目标】

培养学生进行商品价格调整的能力。

【内容与要求】

针对具体某一类商品以及市场需求，调查所在城市主要商场和超市的该类商品的价格调整措施，总结出该类商品的调价规律。根据调研结果写出调研报告。

调研时间为一个月。

【成果检测】

依据调研报告情况对学生进行计分评定。

第 10 章　消费环境与消费心理

【教学目标】

★知识目标

1. 掌握商店的类型和选址规律；

2. 掌握招牌命名的心理策略；

3. 了解橱窗设计的心理策略；

4. 掌握商品陈列与展示的心理策略和基本方法；

5. 了解店堂环境对消费者的心理影响。

★能力目标

1. 培养学生根据商店类型和经营范围进行选址、命名和店内主题风格设计的能力；

2. 培养学生根据商店规模和商品特征进行商品陈列的能力。

第 1 节　商场类型与选址心理

【案例导入】

家居饰品店选址

家居饰品店选址一　繁华商业街

在繁华商业街开店，因为房租很高，所以面积不宜过大，建议不超过 40 平方米。繁华商业街客流大，一定要利用好这个优势，这就决定了店内货品价格不宜过高，最好是不用太犹豫就可以购买的，也就是 100 元以内，甚至是 25～50 元以内较实用的、较新奇的货品为主。因为地段好，所以可以不用去做广告，经营最重要的就是促销，一定要有各种层出不穷的促销手段来吸引顾客，需要比较用心。

家居饰品店选址二　次繁华商业街

在次繁华商业街开店的优点是房租便宜，缺点是客流量少，投资风险大。

这种地段一般房租便宜得多但客流不大，建议开办 50～150 平方米的店铺。装修可以稍好一些，这样如果经营得好，可以迅速建立起在本地的影响，为进一步在其他地段扩展分店打好基础。

虽然有房租便宜的优势，但是这种地段也是风险最大的一种选择，大多开店失败的朋友都是选择在这种地段，原因是客流无法保障。所以建议尽量不选择新建的商业街，避免因为预测不准造成损失。

由于面积大，可以多经营较大件的货品，例如，陶瓷摆件、装饰画、藤草编织类等。因为客流少得多，所以小件产品要减少经营，多做价格高、利润高的产品。可以考虑把其中一类做得全一些，比如装饰画、花艺等，吸引餐饮、娱乐等场所的配饰采购，逐渐走"货品引人气，配饰见效益"的路子。

家居饰品店选址三　建材市场

在这儿开店容易赔钱。顾客在装修前去的地方和装修好后去的地方差别巨大，如果不是这种店扎堆或是建材市场位于市内较中心地段，赔钱的可能性很大。

家居饰品店选址四　家具城

这个地段较有争议，要么会做得非常好，要么就比较糟糕。非常好需要很强的实力，这样可以在这种房租不是很高的地方租下很大的店面，家具、布艺、床上用品、家饰一起上，打造整体家饰概念，形成几种风格，例如欧式田园风格。顾客一次性会花大钱购置一整套来装点新房。如果只是单单开个小店，又没有别的店扎堆，生意不好也就是理所当然的了。

家居饰品店选址五　超市外租区

这类位置和第一类非常像。好处是一般装修费用少一些，房租大多可以月付或季付，与工商等部门打交道也少，节省购置空调的费用，每天经营时间长，客流有保证等。另外每逢过节可以想办法吸引手持购物券的客人们，然后再想办法兑换现钱，这是一笔不容忽视的财富来源。

缺点是房租费偏高，店面一般偏小，因为经营时间长有可能需要倒班的售货员，经营的货品种类有时需要听从超市管理不能自主等。来超市购物的顾客一般不愿意购买价格高的商品，所以在这种位置更是需要经营价格较易为大家接受的货品，要追求每天开张的频率。一个好的尽心的售货员在这里就是非常关键的事了。如果售货员敷衍了事，每天的业绩会差不少，赔钱也就是在所难免的了。

家居饰品店选址六　批发市场

又是一个理想选择。在一般城市的这种地段房租也不是很高，店面无需太大，货品种类无需太多，装修费用无需多少，客流一般也不错，可以说非常理想。现在顾客很精明，他们很多都会去批发市场购买商品，可他们大多并不知道批发市场的零售价并不一定便宜。既可能卖上价去，又可能吸引较大的买家，何乐而不为？

在这里开店难就难在货品选择和竞争上。这里一般强手很多，同行不少。如果产品没有特色、价格比较高、不能很快网罗一帮长期客户，经营就会比较艰难。另外也需要多备一些货，经常要外出寻找新货源，压力会比较大。另外好的大的店面也不容易获得。

家居饰品店选址七　大型商场

大型商场的店铺一般进场困难，很多地方需要品牌、质检等证明材料。在商场经营可以以较快、较高的起点建立起品牌的影响力，这将为以后在其他地段开设分店打下很好的基础。如果和次繁华地段的总店配合经营是非常理想的，价格、对公销售都可以很灵活。这种地段除了新商场基本没有招租广告，所以要经常向商场管理部门打听有无合适的地段。

资料来源：http://jiaju.7808.cn/zixun/201203/23016.shtml

【应用知识】

1.1　消费环境的概念

消费环境是指消费者购买商品的主要场所和空间，以及与之相配套的服务与设施。其主要包括商品的位置、招牌、门面、橱窗、内部装饰、柜台陈列和商品摆放等，消费环境的优劣对消费者的心理产生多方面的影响。

根据所提供商品的性质不同，消费环境可以分为两种：一是提供实物商品的消费环境，这类消费环境一般具有固定的地点，如百货商场、超市、仓储式商场等。但随着互联网技术的发展和现代物流配送系统的完善，经营实物商品的网络消费环境正在蓬勃发展，这种消费环境没有固定地点；二是提供劳务服务的消费环境，这类消费环境可能具有相对固定的地点（如：旅游景点、电影院等），也可能没有相对固定的地点（如：信息咨询服务、家政服务等）。

根据影响消费心理的方式不同，购物环境可以分为两种：一是外部消费环境，这类消费环境通常以感知或引导的方式影响消费者心理，其主要包括商店的位置、招牌、门面、橱窗等；二是内部购物环境，这类购物环境通常以刺激感官、感染情绪的方式影响消费者心理，其主要包括商店内部装饰、柜台陈列、商品摆放等。

1.2 商店类型的心理分析

现代商店类型众多，按经营规模，可以分为大型、中型、小型商店；按经营商品的种类，可以分为综合商店、专业商店；按经营方式，可以分为百货商店、超级市场、连锁商店、货仓式商店、便利商店；按经营商品及购物环境的档次，可以分为高档精品店、中低档大众商店等等。现代消费者的需求复杂多样，对商店类型的要求和选择也不相同。相应地，不同类型的商店，由于经营特色不同，对消费者的购买心理也有不同的适应性。其主要体现在以下几方面。

（1）大型百货商场

大型百货商场具有经营广泛、品种齐全、设施优良、服务完善、地处繁华商业中心、拥有良好信誉等诸多优势，具有较强的综合功能，可以满足消费者求全心理、选择心理、安全心理等多方面的购买心理需求；同时适应各种职业、收入、社会阶层的消费者的心理需求，因而对大多数消费者具有较大吸引力，是消费者集中选购多种商品、了解商品信息，乃至享受购物乐趣、感受时代潮流的主要场所。一些知名度较高的大型百货商店，如北京王府井百货大楼、上海第一百货商店、美国西尔斯商店、东京西武百货公司、巴黎春天商店等，往往代表着所在城市的经济发展水平，成为消费者判断该城市繁华程度的窗口。

（2）专业商店

因其专业化程度高而能更好地满足消费者对某种特定商品的深层需求，因而在选购单一商品如汽车、电器、钟表、眼镜时，经常成为消费者首先选择的商店类型。

（3）超级市场

采取敞开货架、顾客自选的售货方式，使消费者能够亲手选择比较好的商品，亲身体验使用效果。与其他类型的商店相比，可以为消费者提供较多的参与和试用机会，满足消费者在购买过程中的参与感、主动性、创造性的心理需要，同时减少与售货人员发生矛盾的可能性。因此，超级市场一出现，便受到消费者的喜爱。

（4）连锁商店

因具有统一经营方式、统一品种、统一价格、统一服务、统一标识、分布广泛、接近消费者等特点，连锁商店在众多商店类型中独具特色，受到消费者偏爱。在连锁商店购物，可以使消费者减少风险防御心理，节省挑选时间，缩短购买过程。特别是一些连锁快餐店、便利店，如麦当劳、肯德基、马兰拉面等，以其方便、快捷、便于识别等优势，而满足现代消费者求快、求方便的心理需要。

（5）货仓式商场

货仓式商场在各种类型的商店中异军突起。这种商店一反传统销售方式，将零售、批发和仓储各个环节合二为一，并采用小批量如成盒、成打的形式出售商品，因而可以最大限度地节约仓储、包装、运输等流通费用，进而大幅度降低商品的零售价格。所以，尽管这类商场购物环境较差，服务设施简陋，但因价格低廉的突出优势，迎合了中低收入阶层的消费者求实、求廉的购买动机，故对这一阶层的消费者有很强的吸引力。

（6）高档精品店

高档精品店以其经营名牌商品、价格昂贵、质量优良、环境设施讲究和高水准服务而见长。这类商店主要以高收入阶层、社会名流等为服务对象，满足其显示财富、身份、社会地位的心理要求。高档精品店多与世界知名品牌生产商相结合，以专卖店的形式出现，如"皮尔卡丹"、"金利来"、"鳄鱼"等，从而满足部分消费者求名、炫耀、攀比的购买心理，并以此赢得稳定的消费者群。

总之，商店类型不同，对消费者购买心理的影响和适应程度也有所不同。消费者通常在购买活动开始之前，根据自身的消费需要和购买习惯对商店类型进行选择。因此，零售企业在店址方位确定时，要选择确定理想的商店类型，要考虑周围商店的类型。实践证明，新建商店与邻近商店销售的商品种类协调一致，相互补充，可以方便消费者购买，促进商品销售；如果与邻近商店销售的商品种类反差太大，则会产生消极的影响。

1.3 商店选址的原则

1.3.1 方便顾客购物

满足顾客需求是商店选址的宗旨，因此商场位置的确定，必须首先考虑方便顾客购物，为此商场要符合以下条件。

（1）交通便利。车站附近，是过往乘客的集中地段，人群流动性强，流动量大。如果是几个车站交汇点，则该地段的商业价值更高。商场开业之地如选择在这类地区就能给顾客提供便利购物的条件。

（2）靠近人群聚集的场所，可方便顾客随机购物，如影剧院、商业街、公园名胜、娱乐、旅游地区等，这些地方可以使顾客享受到购物、休闲、娱乐、旅游等多种服务的便利，是商场开业的最佳地点选择。但此种地段属经商的黄金之地，寸土寸金，地价高、费用大，竞争性也强。因而虽然商业效益好，但并非适合所有商场经营，一般只适合大型综合商场或有鲜明个性的专业商店的发展。

（3）人口居住稠密区或机关单位集中的地区。由于这类地段人口密度大，且距离较近，顾客购物省时、省力比较方便。商店地址如选在这类地段，会对顾客有较大吸引力，很容易培养忠实消费者群。

（4）符合客流规律和流向的人群集散地段。这类地段适应顾客的生活习惯，自然形成"市场"，所以能够进入商场购物的顾客人数多，客流量大。

1.3.2 有利于商场开拓发展

（1）提高市场占有率和覆盖率，以利企业长期发展。商场选址时不仅要分析当前的市场形势，而且要从长远的角度去考虑是否有利于扩充规模，如有利于提高市场占有率和覆盖率，并在不断增强自身实力的基础上开拓市场。

（2）有利于形成综合服务功能，发挥特色。不同行业的商业网点设置，对地域的要求也有所不同。商场在选址时，必须综合考虑行业特点、消费心理及消费者行为等因素，谨慎地确定网点所在地点。尤其是大型百货类综合商场更应综合地、全面地考虑该区域和各种商业服务的功能，以求得多功能综合配套，从而创立本企业的特色和优势，树立本企业的形象。

（3）有利于合理组织商品运送。商场选址不仅要注意规模，而且要追求规模效益。发展现代商业，要求集中进货、集中供货、统一运送，这有利于降低采购成本和运输成本，合理规划运输路线。因此在商场位置的选择上应尽可能地靠近运输线，这样既能节约成本，又能及时组织货物的采购与供应，确保经营活动的正常进行。

1.3.3 有利于获取最大的经济效益和品牌效应

衡量商场位置选择的优劣的最重要的标准是企业经营能否取得好的经济效益和最大化的品牌效应。因此，网点地理位置的选择一定要有利于经营和扩大知名度，才能保证最佳经济效益的取得。

1.4 商店选址的心理分析

商店店址的选择对商店的经济效益有着长期而重大的影响，是商店投资决策需优先解决的问题。商店所处的地理位置对消费者的购买心理有多方面的影响，我们可以从以下几个方面进行分析。

1.4.1 区域与选址心理

（1）选择繁荣商业中心作为商店的设置地点

可利用中心的影响力和辐射力产生的聚合效应来发展自己。商店设立在林立繁华的商业中心，一般都能使消费者产生信任感和向往心情，特别是对于耐用消费品和选购品的购买，消费者大多愿意到商店众多的商业街购买，以便更好地对比和选购，因此，在这类地区建立大中型综合性商店或专业性突出的专卖店都能取得较好的经营效果。

（2）选择居民小区的商业网点作为商店的设置地点

居民小区的商业群分布广泛，地理位置与所在区域的消费者需求十分接近，经营类型以小型、大众型的超市和食品店、水果店、便利店为主，经营的商品以日常生活必需品为主，以方便周围消费者的日常购买。因此要求商店的位置，一要密度大，二要均匀分布。购买这类商品的消费者一般表现为较强的求便、求实心理。国外有一种分析认为，家庭主妇对周围步行不超过 500 米左右便可购物的副食商店、便利店最为满意，再远则有不方便的感觉。同时，这类商店由于覆盖面很小，消费者相对稳定，所以商店在经营中要特别注意该辐射区内居民的构成及购买力状况。

（3）选择城乡交界地带作为商店的设置地点

选择在城乡交界地带设置商店的优势在于：无竞争者，地价低廉，可进行大面积的专业化营销，可降低经营费用，经营类型以货仓式商场、家具城、装饰材料以及购物中心等为主。如货仓式商场将零售、批发和仓储各个环节合二为一，并采用小批量形式出售商品，进而大幅度降低商品的零售价格。尽管这类商场环境设计简单、地理位置偏僻、服务设施简陋，但因其价格低廉的突出优势，迎合了大多数消费者的心理需要。

1.4.2 商品与选址心理

（1）商品性质与选址心理

商品性质与消费心理密切相关，高档、贵重的商品应设在商业街内，以适应顾客购买高档物品时对商场信誉、商场档次、外部环境的心理需求，而一般的日常生活用品商店应设在靠近居民区中间地段，以方便居民日常购物消费的需要。

（2）商品价格与选址心理

商品价格的高低与其周围居民的收入水平、消费品位、消费水平有直接关系，商店选址与消费者对商品价格的需求心理相匹配。销售高档文化艺术类商品、高档生活消费品的商场，应设立在高档小区或商业街。

（3）消费习俗与选址心理

我国地广人众，不同地区、不同民族的人民消费习俗不同。商店选址要考虑不同地区人群的消费习惯，因地制宜。北方皮草、羽绒服商店兴盛，南方则不宜开设；贵州、四川等地开设辣味专营店较多，而闽南地区则不宜设置。

1.4.3 商场类型与选址心理

（1）业态分布与选址心理

业态是服务于某一消费群或某种顾客需求的销售经营形态，是目标市场进一步细分的结果。根据消费者对不同业态的需求心理来选择店址，例如，食品和水果超市应贴近居民区，与大型超市保持一定距离；货仓式店应优先考虑交通方便的城乡交界处，以低价格吸引顾客；服饰专卖店应设立在大型购物中心附近，以满足顾客的求名心理。

（2）竞争环境与选址心理

商店选址要考虑业种、业态分布，或与其周围的其他类型相协调，或能起到互补作用，或有鲜明特色。同类小型化专业商店毗邻设店，可以形成特色街，吸引人流，满足顾客方便选购心理。如美食一条街。

（3）配套场所与选址心理

消费者在某些商场购物时具有获得配套服务的心理。大型购物中心都设有停车场，餐饮场所、休闲娱乐场所等配套服务设置，以满足消费者购物时的多种心理需求。

【延伸阅读】 "鑫意"连锁店选址

寻找最佳零售位置是特许加盟店获得成功的第一要素，因为它可将投资者有限的人、才、物资源发挥出最大潜能。不同地区，不同类型的"鑫意"加盟店，在店址的选择上，既有共同之处，也有区别点。"鑫意"加盟店设在什么样的商业区，要视具体情况而定，从现有的经营情况来看，"鑫意"认为一般有以下选择。

（1）"鑫意"加盟店位置的类型

① 非商业区专卖店。

非商业区店指仅有一家"鑫意"加盟店，不毗邻其他竞争店。在非商业区设店具有以下优越性：无竞争者，房地租金相对低，环境无干扰，在经营上不必遵守别人（如百货大楼）的规定，加盟店的位置自由性较大，顾客可能一次买走更多的首饰，可能主动放弃再去另一家首饰店选择。

缺点是：难于不断招徕大批新顾客，往往不能满足顾客在购货中喜欢首饰品种丰富多彩的要求，许多顾客不愿光顾独家首饰店；广告费用较高；室外照明、经营安全、维修场地之类的费用只能独家承担。

非商业区专卖店要形成和保持一个目标市场颇不容易，所以，"鑫意"一般不主张在这类地区设加盟店，除非有特殊的原因，比如附近有大型的娱乐街。因为，孤立的中小型"鑫意"加盟店不可能形成一批对它依赖的顾客，因为"鑫意"一家店不可能有花色、品种齐全的首饰，又没有很大的名声，顾客也就难以光顾。

② 商业区专卖店。

"鑫意"认定的商业区有以下类型，开店的利弊分别是：

中心商业区，指一座城市的零售中心，也就是闹市区。其核心区往往不超过一平方公里，其周围有文化娱乐场所，时尚服饰等商店。无论是省会城市，还是地县级城市，中心商

营销心理学实用教程

业区至少有一家百货店，还有大批的专卖店和小超市、连锁店。

"鑫意"加盟店设在中心商业区，优点是人流量集中，公共交通方便，有多种品牌的首饰出售，有不同价格的首饰，有各种配套服务性行业；缺点是中心商业区的停车场地紧张，人群拥挤，展示面积有限，改进余地很小，租金较高。

辅助商业区是指在一个城市或集镇内，邻近于两条主要街道交叉口的区域。一个城市一般有几个辅助商业区，每个区至少有一家较大的百货商店，还有一些其他店。在辅助商业区出售的商品，类型上是和中心商业区相近似的。不过辅助商业区的商店较少和较小，商品的特色和品种较少，它的商业圈也较小。

③ 大型百货大楼的店中店。

"鑫意"加盟店可以按购物中心的设定加盟进去，开设专柜。有计划的购物大楼一般都允许"鑫意"加盟店进入。条件成熟的地区，"鑫意"加盟商可以店中店、店中柜的形式开设"鑫意"店。

（2）"鑫意"店址应具备的条件

作为"鑫意"的准加盟商，应该了解，好的加盟店的地理位置，要具备以下条件。

按标准划分，具有以下全部条件，是第一流的"鑫意"店址，具备其中的两条以上的才能达标。

① 商业活动频度高的商业地区。

在闹市区，商业活动极为频繁，把"鑫意"加盟店设在这样的地区，"鑫意"加盟店营业额必然高。这样的"鑫意"店址就是所谓"寸土寸金之地"；相反，如果在非闹市区，在一些冷僻的街道开店，人迹罕至，营业额就很难提高。

② 人口密度高的地区。

居民聚居，人口集中的地方也是适宜设置"鑫意"加盟店的地方。在人口集中的地方（如娱乐区），人对首饰的需求量大。如果"鑫意"加盟店能够设在这样的地方，致力于满足顾客的需要，那就会有做不完的生意。而且，由于在这样的地方，顾客的需求量大，购买力强，销售额不会骤起骤落，可以保证"鑫意"加盟店的稳定收入。

③ 面向客流量最多的街道。

如果"鑫意"加盟店处在客流量最多的街道上，有客流量，首饰销量就有保障。

④ 交通便利的地区。

顾客上下车集中的公共汽车站，加盟店可设在顾客步行不超过10分钟路程内的街道旁。

⑤ 接近人们聚集的场所。

如区县级城市的剧院、电影院、公园等娱乐场附近，或者大城市的工厂、机关的附近。

⑥ 首饰一条街。

大量事实证明，对于那些有在比较中选购首饰习惯的地区而言，高档消费品首饰在许多城市都集中在某一个地段或街区，规模效应更能招揽顾客。因为经营的种类繁多，顾客在这里可以有更多的机会进行比较和选择，竞争中生意反而好做。

（3）"鑫意"加盟店不宜选址的区域

① 高速公路边。

随着城市建设发展，高速公路越来越多。由于快速通车的要求，高速公路一般有隔离设施，两边无法穿越。公路旁也较少有停车设施。因此尽管公路旁边有单边的固定与流动顾客群，也不宜作为新开店选址的区域。人们往往不会为首饰消费而在高速公路旁违章停车。

② 地域周围居民少，或增长慢，而近期商业网点没有再发展可能的区域，也不宜作为"鑫意"的新店址，这是因为在缺乏流动人口情况下，有限的固定首饰消费总量不会因新开

"鑫意"加盟店而增加。（资料来源：www.glzy8.com）

 ## 第2节　外部环境设计心理分析

【案例导入】

店面装修吸引顾客要从三个方面着手

店面是指商店的形象，现在越来越多的经营者开始重视店面的设计。店面设计的主要目标是吸引各种类型的过往顾客停下脚步，仔细观望，吸引消费者进店购买商品。因此，店面应该新颖别致，独具风格，并且清新典雅，这应从以下三个方面着手。

（1）店面与商标

商店的形象与名称和商标密切相关。近年来，许多人在选择店名时陷入一种误区，片面追求新颖和时髦，而忽视店名和商店本身的内在联系，给人一种不伦不类的感觉，如"富豪"、"绅士"等名称，有一家贵族餐厅的橱窗上写着"家常便饭"四个大字，让人感到茫然。

店名要有特色，但不能离题太远，通过店名能使顾客知道你所经营的商品是什么。也就是说，食品店的名称应像食品店，服装店的名称应像服装店等。好的店名应具备三个特征：一是容易发音，容易记忆；二是能突出商店的营业性质；三是能给人留下深刻美好的印象。

有了好的店名，还需要设计相应的商标。店名是一种文字表现，商标是一种图案说明，或者更容易给人留下深刻的印象。商标要力求简单、美观。有一家专门经营女裤的玛戈里商店，选用英国国旗图案作为商标，并有一面巨大的英国国旗挂在店里，还印在所有的包装纸上，格外引人注目，此举取得了较好的销售效果。

（2）招牌与标志

招牌好坏除了店名因素外，还要考虑字体的选择和完整。走到街头，我们常常会看到一些很好的店名，却用歪歪扭扭的字体，嵌在门前的招牌上，错别字、繁体字屡见不鲜，甚至还用些生拼硬造出来的文字。商店的招牌应避免不常用的字。招牌的目的在于使人清楚明白，故弄玄虚会招致顾客反感。例如，国产品专卖店没有必要取个外国店名。

近年来，标志越来越多地被专卖店采用，并已从平面走向立体，从静止走向动态，活动于商店门前，吸引着过往行人。例如，美国很多速食店，为了强调店铺的个性，在入口处设置大型人物或动物塑像，伴以轻松、愉快的广告，受到顾客的喜爱。

（3）橱窗

橱窗是商店的"眼睛"，店面这张脸是否迷人，这只"眼睛"具有举足轻重的作用。橱窗是一种艺术的表现，是吸引顾客的重要手段。走在任何一个商业之都的商业街，都有无数的人在橱窗前观望、欣赏，他们拥挤着、议论着，像是在欣赏一副传世名画。在巴黎香榭丽舍大道，欣赏各家商店的橱窗，还是一项非常受欢迎的旅游项目呢！

资料来源：http://www.nz86.com/article/183908/

【应用知识】

2.1　外部环境设计心理

外部环境设计是指店铺门前和周围的一切装饰。如广告牌、霓虹灯、灯箱、电子闪示广告、招贴画、传单广告、活人广告、店铺招牌、门面装饰、橱窗布置和室外照明，等等，均

营销心理学实用教程

属外部环境设计。店面要想取得好的经济效益，首先必须使消费者走进店里。除广告宣传、传统声望等因素外，消费者对一个不相识商店的认识是从外观开始的。人对事物的一般心理反应是，一个外部环境设计高雅华贵的店铺，销售的商品也一定高档优质；而装饰平平或陈旧过时的外观，其销售的商品也一定是相间交错低下，质量难保。

外部环境设计是店面给人的整体感觉，有时会体现店铺的档次，也能体现店铺的个性。从整体风格来看，可分为现代风格和传统风格。现代风格的外部环境设计给人以时代的气息，时尚的心理感受。大多数的店都采用现代派风格，这对大多数时代感较强的消费者具有激励作用。如果店铺是在商业区，则附近的大商场一般也是现代风格，就能与之达到和谐的效果。在当今发展迅速的社会，现代风格的店铺让人有一种新鲜的感受。具有民族传统风格的外部环境设计给人以古朴殷实，传统丰厚的心理感受。许多百年老店，已成为影响中外的传统字号，其外观等都已在消费者心中形成固定模式，所以，用其传统的外观风格更能吸引顾客。如果服饰店经营的是有民族特色的服饰或仿古的服饰，如旗袍一类，则可采用传统风格。或者古玩店开在一个充满古朴色彩的商业街中，也可采用与整体风格一致的传统风格。

2.2 招牌与心理

招牌是营销单位的名称及其相应的装潢广告牌子，有的采用匾牌书写营销单位的名称，有的还使用灯箱、路牌等形式对营业单位的名称加以突出，其中灯箱给人的印象最深刻。

以往门面的装饰都使用木制的板子，用油漆写上美术字，现在已用得越来越少。使用金属质材料制作的匾牌较多，这种匾牌的字体美观、抗腐蚀能力强，金属的质感和光泽给人以华丽、光彩的感觉。一些实用性光学技术也用到了营业环境的门面装饰上来，比如有些门面使用光纤照明技术、激光照明技术，有些使用电脑控制的灯光组以产生动感效果。

2.2.1 招牌的心理功能

（1）触发感知

商店招牌就是商店的标贴，使消费者对商店的经营业态、经营品种有大致的了解。老顾客可以根据招牌确定自己要去的商店，新顾客可以根据招牌明确或大致了解其主营项目或服务范围。如"金色华联超市"、"步步升皮鞋店"等，可以触发消费者的感知。

（2）引起注意

招牌的设计和安装，必须做到新颖、醒目、简明，既美观大方，又能引起顾客注意。因为店名招牌本身就是具有特定意义的广告，所以，从一般意义上讲，招牌的设置就是能使顾客或过往行人以较远或多个角度都能较清晰地看见，夜晚应配以霓虹灯招牌。从心理学意义上讲，招牌的设置就是能够牢牢抓住消费者的视线，引起消费者极大的兴趣。

（3）便于记忆

易读易记是对招牌命名的最根本要求，店名只有易读易记，才能高效地发挥它的识别功能和传播功能。招牌名称简洁明快，易于和消费者进行信息交流，而且名字越短，就越有可能引起顾客的遐想，含义更加丰富。中国名称一般以 2～4 个字节为宜，外国名一般以 4～7 个字母为宜。一个独特的招牌名称可以避免与其他店名混淆，这样才能在公众心目中留下鲜明的印象，便于记忆。

（4）象征信誉

一些商店历史久远，其招牌名称就具有巨大的商业价值。如"吴良材眼镜店"等，这些招牌象征着品牌的信誉，使人产生信任。

2.2.2 招牌命名的心理分析

招牌的首要问题是命名。好的招牌命名要便于消费者识别。要触目、上口、易记，同时满足消费者的好奇、方便、信赖、喜庆、吉祥、慕名等心理需要，以便吸引众多的消费者。具体有以下几种做法。

（1）以商店主营商品命名，满足消费者求方便的心理

这种命名方式，通常能从招牌上直接反映出商店经营商品的类别，如"南大门副食店"、"廖记棒棒鸡"、"内联升鞋店"等。

（2）以商店经营特点命名，使消费者产生信赖感

以商店经营特点命名，能反映出商店的良好信誉和优质服务。例如，"真相照相馆"令人想到满意的照片；"精益眼镜行"让人觉得其服务和质量精益求精；"精时钟表店"使人联想到钟表的精确性。

（3）以名人、名牌商标或象征高贵事物的词语命名，满足消费者求名、求阔心理

追求高级、华贵、高雅是某些消费者特有的心理倾向，我们把它称为求奢侈心理。随着经济发展、人民生活水平的提高，现代消费者不仅追求名牌商品，同时也追求名牌商店，如专营珠宝首饰的"戴梦得"在华贵中透着高雅。此外，在这种心理的支配下，一些消费者对取了外文名字的商品情有独钟。

（4）与历史名人或民间传说相联系的命名方法

这种命名方法，通常能反映经营者的经营历史、服务经验和丰富学识，使消费者产生浓厚的兴趣和敬重心理。如"会仙楼"、"杜康醉"、"东坡酱肘店"等。

（5）以新颖、奇特的表现方式命名，引起消费者的好奇心理

感情动机是一种重要的购买动机，好奇心能引起兴趣、渴望、快乐、喜欢、满足等情感，最易诱发消费者购买商品的消费行为。我国浙江宁波有一家汤圆店，招牌上画着一口水缸、一只白鸭、一只小黄狗，该招牌引来许多好奇的顾客，其实招牌上的这三副画就是店老板名字——江阿狗的谐音。由于这个招牌，使该店顾客盈门、生意兴隆。

（6）利用流行元素命名，往往能取得事半功倍的效果

张曼玉主演的《花样年华》走红以后，一家服装店马上改名为"花样年华"，而与之异曲同工的是，另一家店名取名为"不见不散"，还有一家酒吧干脆取名为"壹枚酒吧"。

2.3 橱窗设计的心理分

橱窗是以商品为主体，通过背景衬托，并配合各种艺术效果，进行商品介绍和宣传的综合艺术形式，它是商品外观的重要组成部分。一个主题鲜明、风格独特、色调和谐的商店橱窗，如果能与商店的整体风格结合在一起，不仅能起到改善其整体形象的作用，而且能起到向消费者介绍商品、指导消费的作用。

2.3.1 橱窗的类型

（1）橱窗按建筑结构可分为独立橱窗、半透明橱窗、透明橱窗

独立橱窗是指只有一面透明，其他侧面均呈封闭的橱窗。这种橱窗的特点是与商店内部的售货现场完全隔离，能够突出产品的宣传效果，引起消费者的注意。半透明橱窗是指除正面外，侧面或背面也部分透明的橱窗。这种形式若运用得当，可以形成与内部售货场所的紧密联系。透明橱窗是指与商店内部连为一体的橱窗。这种形式可以使消费者未进店前，即可了解商店所经营的主要商品种类，有利于吸引更多的过往行人。

（2）橱窗按商品方式可分为特写橱窗、专题橱窗、综合橱窗

特写橱窗是指运用不同的艺术形式和处理方法，集中介绍某一商品的橱窗，它常用于介绍新产品或特色商品。采用这种橱窗，可以充分发挥设计者的艺术才能，突出商品特点，给消费者留下深刻印象。专题橱窗是指以一个广告专题为中心，围绕某一特定的事情，组织不同类型的商品进行陈列的橱窗，如绿色食品陈列等。这种橱窗容易引起消费者的联想，激发其潜在的购买欲望。综合橱窗是指将许多不相关的商品综合陈列在一起的橱窗。这种橱窗陈列由于商品之间差异较大，设计时一定要谨慎，不要使之显得杂乱。

2.3.2　橱窗设计的三原则

（1）以别出心裁的设计吸引顾客，切忌平面化，努力追求动感和文化艺术色彩；

（2）可通过一些生活化场景使顾客感到亲切自然，进而产生共鸣；

（3）努力给顾客留下深刻的印象，通过本店所经营的橱窗巧妙的展示，使顾客过目不忘，引入脑海。当然，店面设计是一个系统工程，包括设计店面招牌、路口小招牌、橱窗、遮阳篷、大门、灯光照明、墙面的材料与颜色等许多方面。各个方面互相协调，统筹规划，才能实现整体风格。

2.3.3　橱窗设计的心理策略

"你只有 10 秒钟的机会"这是橱窗设计心理标准。一般的店面的宽度在 8 米之内，按照平常人的进行速度，通过的时间大约是 10 秒，怎样在这短短的 10 秒钟抓住消费者的目光，是橱窗设计心理中最关键的问题。

（1）唤起注意

消费者在繁华的商业大街上漫步时，目光常常是游移不定的。有的人根据自己的购买目标选购商店，有些人则常常是没有明确的目标的。店门、招牌、橱窗都在他们的视觉范围内，一般，橱窗是最先引起注意的。大多数消费者观看橱窗的目的，往往就是为了观察、了解和评价橱窗里的陈列商品，为选购商品收集信息，以便易于做出购买决定。因此，商店橱窗设计中最应注意的问题，就是要突出商店所经营的商品的个性，把个性商品的主要优良品质或特征清晰地展示给消费者，给以选购的方便感。例如，一个涂鸦的生活场景被搬进了橱窗，三组橱窗采用同一种设计方式，在色彩上不同，同样组合方式由于色彩不同，放在同一个店的门口，有几分奇特的感觉，吸引消费者的注意。

（2）突出品牌形象

就一般情况而言，在橱窗里展示的商品都应是名牌商品、拳头商品，这些商品或是市场上抢手的紧俏货，或是刚上市的新产品。这样才能真正吸引众多的顾客，激发消费者的购买欲望。因此，不要把没有什么名气的一般商品在橱窗中陈列，以免给顾客造成商店经营水平低的不良印象。

有一季 CHANEL 橱窗选用了黑色的篮球作为陈列道具，旨在突出这个品牌的运动系列服饰的设计风格。为了和服装的色彩相吻合，同时为了营造 CHANEL 品牌有别于大众品牌的高贵血统，陈列师在细节上做了处理和调整，橱窗里篮球色彩也全部变成黑色，而篮球上的商标 CHANEL 很好的突出了品牌的形象。

（3）暗示消费者购买商品

暗示是指用含蓄间接的方法对人们的心理和行为产生影响。橱窗陈列还起着暗示人们使用所展览商品的作用。比如，卖家居用品的商店，在橱窗中布置成起居室的样子，陈列一套格调一致的家具模型，再配上色彩协调的窗帘、地毯，形成一幅生动的立体画面。它向顾客暗示这样的含义，即购买这种商品，这样布置最好。

（4）塑造优美的整体形象

在橱窗中的商品不是孤立的，它总有许多陪衬物的烘托，为了突出主题，避免喧宾夺主，就必须从橱窗的整体布局上采用艺术的手法来考虑设计方案，使橱窗的整体布局给顾客留下优美的整体印象。要达此目的，布局上就要做到均衡和谐、层次鲜明、主次分明，一般情况下可采用对称均衡、不对称均衡、重复均衡，主次对比、大小对比、远近对比和虚实对比的手法，把整个橱窗中的各种物件有机地联系起来，使它们组成一个稳定而不呆板，和谐而不单调，主次分明、相辅相成的整体形象。在色彩运用上需要根据商品本身的色彩、题材以及季节的变化来安排，采用单一色、邻近色、对比色和互补色等原理，处理好对比、调和以及冷暖的变化关系，给消费者以明快、舒适的感受。

（5）虚实结合，启发消费者的联想

橱窗陈列常见的表现手法，是把商品样品与各种装饰物、色彩及相关的景物结合起来，构成完整协调的立体画面，使顾客产生丰富的联想。

总之，橱窗设计要以吸引顾客，刺激购买欲为基本原则，促进顾客的购买行为。

【延伸阅读】 　　　　　　　　　　**服装专卖店橱窗艺术**

我们常说眼睛是心灵的窗口，如果我们把专卖店比作人的心灵的话，那么橱窗就是人的眼睛。专卖店之美在橱窗，它一年四季都演绎着不同的美：春之温情，夏之浪漫，秋之成熟，冬之洁净。

（1）橱窗陈列设计

橱窗展示是视觉营销的最前沿，犹如一本时尚杂志的封面。

① 综合式橱窗陈列

综合陈列橱窗是将许多不同类型的服饰产品综合陈列在一个橱窗内，以组成一个完整的橱窗广告。这种橱窗陈列由于商品之间差异较大，设计时一定要谨慎，否则就会给人一种"乱七八糟"的感觉。

综合式陈列方法主要有以下几种。

a. 横向橱窗陈列：将商品分组横向陈列，引导顾客从左向右或从右向左顺序观赏。

b. 纵向橱窗陈列：将商品按照橱窗容量大小，纵向分布几个部分，前后错落有致，便于顾客从上而下依次观赏。

c. 单元橱窗陈列：用分格支架将商品分别集中陈列，便于顾客分类观赏，多用于小商品。

② 系统式橱窗陈列

橱窗面积较大的，可以按照服装商品的不同标准组合陈列在一个橱窗内。其具体分为以下几种。

a. 同质同类商品橱窗。

b. 同质不同类商品橱窗。

c. 同类不同质商品橱窗。

d. 不同质不同类商品橱窗。

③ 专题式橱窗陈列

专题橱窗陈列是以一个广告专题为中心，围绕某一特定的事情，组织不同零售店或同一零售店不同类型的商品进行陈列，向媒体受众传输一个诉求主题。例如，节日陈列、绿色食品陈列、丝绸之路陈列等。这种陈列方式多以一个特定环境或特定事件为中心，把有关商品组合陈列在一个橱窗。又可分为以下几种。

a. 节日陈列。以庆祝某一个节日为主题组成节日橱窗专题。这样的陈列既可以突出产品，又可以渲染节日的气氛。

b. 事件陈列。以社会上某项活动为主题，将关联商品组合的橱窗。如大型运动会期间的体育服饰橱窗。

c. 场景陈列。根据商品用途，把有关联性的多种商品在橱窗中设置成特定场景，以诱发顾客的购买行为。如将有关旅游产品设置成一处特定的旅游景点，吸引过往观众的注意力。

④ 特写式橱窗陈列

特写橱窗陈列是运用不同的艺术形式和处理方法，在一个橱窗内集中介绍某一零售店的产品。例如，单一零售店商品特写陈列和商品模型特写陈列等，这类陈列适用于新产品、特色商品的广告宣传。主要有以下两种。

a. 单一商品特写陈列：在一个橱窗内只陈列一件商品，以重点推销该商品，如只陈列一套西服。

b. 商品模型特写陈列：即用商品模型代替实物陈列。

⑤ 季节性橱窗陈列

根据季节变化把应季商品集中进行陈列，如冬末春初的羊毛衫、风衣展示，春末夏初的夏装、凉鞋、草帽展示。这种手法满足了顾客应季购买的心理特点，有利于扩大销售。商店的橱窗多采用封闭式，以便充分利用背景装饰，管理陈列商品，方便顾客观赏。橱窗规格应与商店整体建筑和店面相适应。橱窗底部的高度，一般从离地面80～130厘米，成人眼睛能看见的高度为好，所以大部分商品可从离地面60厘米的地方进行陈列。小型商品从100厘米以上的高度陈列。电冰箱、洗衣机、自行车等大件商品可陈列在离地面5厘米高的部位。当然，陈列的形式是多姿多彩的，专卖店的策划者可根据专卖店的店规模大小、橱窗结构、服饰的特点、消费需求等因素，选择具体的橱窗陈列广告形式。

(2) 服装陈列中的几个技巧问题

① 根据视线安排

服装的主要品种，要陈列在比较理想的部位，即中心位置。一般是在人们的水平视线范围内，要防止所陈列的服装过高或过低，避免消费者在观看陈列服装时，需要抬头、仰视、蹲身、俯视，产生不舒服的感觉。

一般外橱窗的宽与高之比，较恰当的应是2∶1。对其中心位置来说，可连对角线，然后按宽、高各1/2的数值划线，即为中心位置。但是，当人们看橱窗时，中心位置将随着人体与橱窗的距离变化而变化，距离越近，中心位置越小，反之则越大。

② 形体搭配

陈列的服装，在安排上要灵活多样，要考虑各种服装的不同款式、不同花型、不同色泽的合理搭配，并能反映出鲜明的立体感，使服装陈列显示多而不乱，活而不呆的艺术效果。

③ 层次处理

对橱窗陈列的服装，要根据橱窗的大小，深度条件来决定，构成层次分明，穿插恰当，疏密相称、格调和谐的统一体。要多种角度陈列服装样品，防止杂乱无章或"大合唱"式的呆板陈列方式。对柜台、货架上的服装陈列，应根据规格存放，一般是小规模放上层，大规格下层或同规格分类存放，以显示各种服装的整齐、美观。

④ 色彩运用

在橱窗的服装陈列中，要考虑色彩的运用。营业员要掌握基本的用色规律，才能使陈列的服装在色彩烘托下，给人们以美好、新颖、鲜明和舒适的感觉，这样有助于加强服装的宣传功效。

⑤ 道具作用

道具是橱窗陈列的必备用具，也是加强橱窗陈列艺术的效果的一种手段。专卖店橱窗布置用的道具种类较多，如全身"模特儿"，适合穿着套装、大衣、连衣裙等；半身"模型架"，适合穿着上装、衬衫等；自由木质或铅丝拗成的简易人字架和塑料定型衣架，适合陈列上装、两用衫；简易丁字架适合陈列裤子；几何图形架和支撑架则适合陈列折叠得服装等。在橱窗陈列运用道具时，一定要从实际出发，因店制宜，讲究实效，发挥道具应起的作用。而另外一种道具的搭配组合则可以向消费者透露品牌文化的内涵，如旧画框、古乐器、西洋镜、旧家具甚至枯树枝、老树桩。

⑥ 图案设计

橱窗图案设计，构图要与服装的性能特点相关联，一般采用装饰、写实图案，并要同橱窗的主题相配合，灵活掌握，适当运用，能起到点缀美化的作用，从而使陈列的服装达到显著的效果。

⑦ 广告编写

广告编写可运用于整个商店。在橱窗里除了用道具、图案外，还要用文字广告来帮助顾客了解服装的种类、名称、特点、性能、保养等知识。宣传内容要实事求是，文字表达要简单明了、美观、整洁，不能自由造字。这样能起到交融顾客与商店的关系，扩大服务销售的作用。

⑧ 灯光照明

正确运用灯光照明，可以使橱窗陈列的服装光彩夺目。商店要根据商场的面积大小，安装不同数量的照明设备，来增强陈列服装的宣传效果。

（资料来源：www.glzy8.com）

 ## 第 3 节　内部环境设计心理分析

【案例导入】

丰田公司认识到全世界有大量的消费者希望得到和承担一辆昂贵的汽车。在这群人中，许多消费者愿意买奔驰，但又认为价格过高了。他们希望购买像奔驰同样性能的车，并且价格要合理。这给了丰田一个想法，开发一辆能与奔驰竞争，甚至定位于更高价值的轿车，一个"聪明"的购买者欲获得身价但不会浪费钱。

丰田的设计者和工程师开发了凌志汽车并开展多方位的进攻。丰田努力挑选能高度胜任的经销商和精心设计陈列室，并把销售作为汽车设计的工作之一，陈列室有宽敞的空间，布置了鲜花和观赏植物，免费提供咖啡，备有专业的销售员。专卖店内部装饰豪华，丰田的广告画面旁边显示的是奔驰，并写上标语："这也许是历史上第一次，只需花 36,000 美元就能买到值 73,000 美元的高级轿车。"经销商开列了潜在客户的名单，向他们寄发手册，内含 12 分钟戏剧性体现凌志绩效功能的录像带。例如，录像带显示工程师把一杯水放在引擎上，当奔驰引擎发动时，水发生抖动，而凌志却没有，这说明凌志有更平稳的引擎和提供更稳定的驾驶。录像带更戏剧性地展示，把一杯水放在操纵盘旁，当凌志急转弯时，水不溢出来，这令人兴奋。购买者向他们的朋友到处介绍，成了新凌志的最好的免费销售员。（资料来源：http://wenku.baidu.com）

思考题：请分析丰田凌志汽车销售处的内部环境设计。

【应用知识】

商店是消费者购物的场所，商店内部环境的好坏是直接影响消费者判断商品质量、功能、企业信誉、购买风险的一个重要因素，也是企业内部管理水平和营销活动适应程度的直接反映。商店内部环境的设计与布置主要包括三个方面：营业场所的规划设计，店堂环境与营销气氛以及商品的陈列与展示。

3.1 营业场所的规划设计

一般讲，商店场所的规划布局是以各自的规模、类型、建筑结构以及经营特色为基础而独立进行设计的，完全一致的布局是不存在的。所以，商场应根据现有条件和自身经营特色，最大限度地使之符合大多数消费者购物的一般心理，实现最终销售和企业经济效益。营业场所规划设计一般应包括以下内容：使用面积的合理分配，货架摆放方式选择，楼梯、楼道、走道的布局和使用等。

3.1.1 商场面积的合理分配

商场面积一般包括三个部分，即展示和推销商品的营业区域；储存商品的仓储区域和有关管理、服务设施的辅助区域。在这三者当中，消费者接触最多、最直接的是营业区域，其面积、方位、陈列等方面直接影响消费者对商场的认识和情感过程，所以，在商场面积分配应以营业区域为中心，合理安排三者的位置，主要要求是：①在保证营业区域面积占商场面积较大比例的前提下，把方位最佳、光线最好的位置安排为营业区域；②要尽可能把货仓区域安排在邻近营业区域的位置，以保证企业迅速、连续地满足消费者的需要，减少营业员由于搬运货物而带来的不必要的劳动强度；③将办公室、营业员休息室、更衣室等管理辅助区域安排在远离营业区域的位置，以保证企业管理人员能有一个安静、良好的工作环境；④将厕所、吸烟室、消费者休息室、接待室等服务设施的辅助区域，安排在紧邻营业区域的位置，以满足消费者追求方便的心理。

3.1.2 商业布局方式的选择

商业布局是指营业场所内各种货架的基本摆放形式，商场布局一般分为两类：格子式布局和自由流动式布局。

（1）格子式布局

这是一种十分广泛的布局方式。它是利用直角通道划分为若干规则的形状，各通道之间相互连接，形成迂回路线。这种设计的优点是：①通道与出入口的合理结合，能产生促使消费者形成的消费流由入口经过布满商品柜台的曲径通向商店出口的一种动力效果；②这种布局有利于增大销售空间，设计简便，费用较低，管理方便；③这种布局使整个商店内摆布结构严谨规范，给人以整齐、有序的印象，而这种印象很容易使消费者对商店产生信任心理。这种设计的不利之处在于设计呆板，布局规范化，使得发挥装饰能力受到限制，难以产生由装饰形成的购买情趣效果，也缺乏对消费者购买动机的激发，特别是对于浏览客更缺乏吸引力。目前，超级市场、连锁商店和某些杂货店大多采用格子式布局。

（2）自由流动式布局

这是一种没有固定或专设的布局方式。它是根据商店建筑和设备特点而形成的各种不同组合，或独立、或聚合，既有方形也可以有圆形和其他形状，通道也形成弯弯曲曲的不规则形。这种设计的优点是：①这类布局的通道一般比较宽敞或在商场中央留有较大的空间，所以能利用装饰布局创造较好的环境氛围，容易激发消费者的购买动机；②由于布局灵活性强，企业可根据消费者心态和新商品的上市，适当调整布局结构，以利促销；③由于空间较大，可以给消费者提供浏览和休闲的环境，也可以满足消费者购物加休闲的心理。这种设计的不利之处在于空间浪费大，费用投入较高，从而影响整体价格水平；从经营角度看，搞好商品的安全管理和清洁卫生的难度较大，消费者容易产生混乱的感觉。目前，大型百货商场、专业商店等采用自由流动式布局。

（3）商店通道的布局方式选择

消费者通道的设计科学与否直接决定着店内消费者流动是否合理。通常对消费者通道的要求是：①要注意保持通道足够的宽度，在商店里售货场所之间的通道宽度最低在80～90厘米之间，从而方便消费者浏览、挑选商品和往来通过，主要通道要尽量宽敞，在客流量正常时不会出现拥塞或行走不便的现象；②要根据商场结构，通道不宜过长，以免消费者有走不到头的感觉；③要避免通道上地面的色彩刺眼，花样太多，从而吸引消费者更多的注意力；④在通道选择布局时还要注意，如果是进出合一的门口，要保持宽敞、通畅，以减少拥挤和堵塞，避免进出商场的消费者相互干扰。如果是进出分道的门口则应注意店内通道的走向一定要明确，不要因通道的误导，使消费者形成回流现象；另外，通道两侧的货架不应过高，以方便消费者随意向其通道观望，如果货架较高，则应全面选用全玻璃货架，以不阻挡消费者视线为佳。

3.1.3 其他方面布局

（1）收银台的设置

现代商场中，大多实行钱、货分离的购物形式，因此，收银台的设置也是布局的重要环节。按照国际经验数据，不论是自动收银机，还是人工收银台，按中等规模的超级市场计算，收款的速度一般应为每小时通过500～600人，以此安排收银台的数量。通常在百货商场中，收银台应布局在商场中央区，且有明显标志；同时，收银台前一定要相对宽敞。

（2）楼梯、电梯的设置

由于楼梯、电梯是商场中难以变换的固定设备。所以，楼梯、电梯一般不构成布局的内容，但其设置的合理与否会影响消费者的购物情绪。一般商场中至少有两处楼梯，所以在使用中，应上下道分开，这样有利于顾客流的形成和循环。在现代化商场中，自动扶梯对促成消费者的合理循环起到了积极的作用。

（3）消费者休息、问讯处等的设置

在崇尚自由、舒适的今天，商场布局中休闲、娱乐的地方是不可少的，特别是在大中型商场中，应专辟出休息场所。商场的问讯处、消费者接待室应设在入口处附近或靠近楼梯通道处，以方便消费者的需要。

3.2 店堂环境与消费心理

消费者对商店完整印象的形成可以说是由商店外观、内部环境及服务三因素共同作用的结果。如果说，商店外观能够吸引消费者走进商店，那么，保持消费者良好印象的第二步就是商店内部的店堂环境。零售商场的店堂环境必须能烘托出使消费者流连忘返的购物气氛。构成这种气氛的主要因素有：灯光、色彩、音响、气味及其他相关因素。这些因素的共同作用产生了商店的气氛，而这种气氛又决定了消费对商店的感觉和印象。

3.2.1 灯光使用与店堂环境

灯光能够直接影响店堂内的气氛，走入照明效果好或光线暗淡的商店，会有两种截然不同的心理感受：前者明快、轻松；后者压抑、低沉。灯光设计合适，不仅可以渲染商品的气氛，增强陈列效果，还可以吸引消费者的注意力，激发购买情趣和提高雇员的工作效率。

商店灯光照明可分为基本照明和附加照明。基本照明是普通照明设施，是指按建筑物内部结构自然采光情况设计的室内灯光照明，一般起保持整个市场基本亮度的作用。基本照明一般分布均匀，亮度基本相同，多安装在屋顶天花板或墙壁上，以白炽灯、荧光灯为主，基本照明的不同灯光强度也能影响人们的购物气氛。

商店除了基本照明外，一般还设置有附加照明。附加照明分为两种：一是特殊照明，为了突出部分商品的特性而设置的照明，其主要目的是显现商品的个性，以便更好的吸引消费者的注意，引发消费者的购买兴趣。另一种是装饰照明，主要发挥对商店的美化、商品的宣传、购买气氛的渲染等方面的作用。

3.2.2　色彩选择与店堂环境

色彩是人的视觉的基本特征之一，不同波长的可见光引起人们视觉对不同颜色的感觉，形成了不同的心理感受。如玫瑰色光源给人以华贵、幽婉、高雅的感觉；淡绿色光源给人以柔和、明快的感觉；深红色刺激性较强，会使人的心理活动趋向活跃、兴奋、激昂或使人焦躁不安；蓝靛色刺激较弱，会使人的心理活动趋向平静，控制情绪发展，但也容易产生沉闷或压抑的感觉。色彩依红橙黄绿蓝靛紫的顺序排列，强弱度依次由强转弱。

色彩对感觉还有调节作用，即联觉现象。如当人们看到铁灰颜色，常会产生冰凉的感觉；当人们看到淡蓝色时，皮肤常会产生凉爽的感觉；看到橘红色，则会产生温暖的感觉；看到嫩绿色，则会产生清新、湿润的感受；用灰暗色等素淡色调，给人以扩大空间的感觉；用红色等鲜艳色调，给人以缩小空间的感觉。另外，色彩的对比，也会对感觉产生调节作用，白色物体在黑色、褐色背景下会显得更加光洁夺目，嫩绿色物体在米黄色、玫瑰色背景下会显得更加鲜嫩。色彩作用下所产生的这些心理现象，能使顾客保持良好的购物情绪或消费情绪，并留下长久的印象。

商店内部装饰应合理选用色彩，主要表现在商店内部墙壁、顶棚、地面、货架和柜台、灯光等方面的色彩是否调配得当，对创造幽雅、舒适、和谐的环境，调节顾客和营业员的情绪有着重要的心理影响。商店内部色彩装饰，应视营业场所的结构、空间、商品特点、季节变化等因素而定。在现实生活中，人们对不同的色彩会产生不同的感应。因此，应根据其环境气氛的需要进行色彩调配，如咖啡厅、舞厅配以紫色调为主的玫瑰色，能给人以幽雅、虚幻的感觉。

3.2.3　商店内的声响、空气、湿度应适宜

嘈杂的声音、混浊的空气、闷热的室温都将抑制顾客和营业员积极情绪的产生和保持，使顾客不愿在店内逗留，使营业员工作效率降低。因此，声响、空气、温湿度等都是创造良好的营业环境不可忽视的重要因素。

商店除了尽力降低各种噪音外，还可选择播放一些轻松柔和、悠扬的乐曲，或报导介绍新商品的信息，以冲淡喧闹的噪声。商店是人员较为集中的公共场所，必须具备良好的通风条件，以保持店内空气清新宜人，如放置能发出清香的花盒，喷洒香水，使商店充满芳香气息，那无疑能使顾客流连忘返。在炎热的夏季，商店内一般要有防暑设备；在寒冷的冬天，商店也应有防寒措施；在潮湿的阴雨季节，则要尽可能保持室内干燥、清洁。

事实上商品内部装饰的心理作用，不仅在于促进现场顾客的购买行为，而且还在于它对顾客完成购买后的情绪体验产生一种积极的心理影响，使其对商店产生好感，乃至产生一种长时间的惠顾心理。

3.2.4　商店内部装饰应富有美感，表现在墙壁美、天花板美和柜台美等方面

（1）墙壁美化

墙壁美化可以用油漆粉刷、墙纸、壁画、镜子等。如：店堂较小的商店，在墙壁上嵌上一块大镜子，使其变得宽敞明亮，旅馆、饭店可在门厅、店堂挂上山水画或字画；地板美化可用磨光水泥地面、瓷砖、拼花木板等。

（2）天花板美化

天花板的美化可用普通粉刷，拼块木板天棚，再用吸顶灯、吊灯、吊扇等加以点缀；柱子美化可装上玻璃或张贴标语、广告。

（3）柜台美化

商店柜台的美化，通常以木材或合金与玻璃结构制作，高低、长短适宜，摆放应整齐美观和适用。并可根据需要用灯光、鲜花等加以点缀；柜台的美化应与商品陈列和摆设相对应，以便形成一幅交相辉映的画面。

除此以外，大的商场、宾馆、饭店还可以在门厅、通道、楼梯等处安放盆景、常青树或小型喷泉，创造一种清静、典雅的大自然美，使顾客处在一种购物和消费美的环境中。

3.3 商品陈列与展示心理

商品陈列与展示是商店内部设计的核心内容，也是吸引已进入商店的消费者做出购买决策的重要促销方式。虽然商品陈列与展示方式因行业、经营品种、营业场所的不同而有所区别，但商品陈列与展示本身就是最直观的实物广告。丰富美观、琳琅满目、摆放得体的陈列商品，本身就是强化促销的有力手段。

3.3.1 陈列与展示的心理要求

（1）展示要引起消费者的注意与兴趣。这就要求商品的陈列：一要醒目；二要形象突出；三要美感

① 醒目。对重点商品、特殊商品的陈列要有新意或引人注目，重点商品是指商店某一时期重点销售的商品、应节商品、时令商品等；特殊商品是指优惠供应商品、特价商品等。心理学研究证明特殊性是引人注目的前提。商店对重点商品或特殊商品应特殊摆放或用店堂广告说明、箭头指示等以引起进入商店消费者的注意。

② 形象突出。第一，商品陈列高度要适宜易于消费者观望感受。消费者走进商店后，一般无意识环视陈列商品，对货架上的商品获得一个初步印象。因此，商品的摆放应按照不同的视角、视线和距离，确定其合适的位置，尽量提高商品的能见度，使消费者易于感受商品形象。第二，商品陈列要尽可能做到裸露摆放，如服装类商店悬挂展开或利用固定模特成穿着状的陈列方式等，便于消费者通过观看、触摸和比较，以增强对商品的感性认识，引起消费者的购买兴趣。

③ 美感。商品在店内通过不同形式的陈列，可以充分展示商品的形态美、花色美、质感美和时尚美，从而引起消费者的注意和鉴赏兴趣。

（2）商品陈列与展示要给消费者以整洁、丰富的感觉

商品陈列不仅要讲究美感、新颖，色彩搭配协调，给消费者以赏心悦目之感，还要陈列整齐，错落有致，给消费者以品种齐全、数量充足之感。当然，商品充足并不是说陈列的商品越多越好，商品陈列过于拥挤，会使消费者不容易找到自己需要的品种，也会使消费者感到杂乱无章；而商品陈列过少又会使消费者感到商场无货可售，挑选余地也不大，从而影响其购买情绪。同时要随时保持货架整洁，并且陈列的商品要干净、完整，有破损污物、外观上不合要求的要及时撤下，这也是促使消费者建立购物信心的基础。

（3）商品陈列与展示的时间不宜过长，陈列应掌握"多变少动"的原则

所谓多变是指一种商品不论其销售如何，都要经常更换，以给人生意兴隆的感觉；而少动是指一种或另一类商品的陈列位置相对稳定，使消费者逐步习惯某类商品的固定销售位置，给消费者以稳定、方便的感觉。

3.3.2 商品陈列与展示的基本方法

（1）主题陈列法

它是结合某一特定事件、时期或节目，集中陈列展示应时适销的连带性商品，或根据商品的用途在特定环境或时期陈列的方法。例如，中秋节食品店中的月饼专柜。它能使商店创造一个独特的气氛，吸引更多的消费者注意力，进而销售商品。

（2）整体陈列法

它是将整套商品完整地向消费者展示的陈列方法。例如，将全身服饰作为一个整体，用人体模特从头至脚完整地进行陈列。整体陈列能为消费者提供整体设想，便于消费者的购买。

（3）分类陈列法

它是根据商品的类型、质量、性能、特点、产地和使用对象等进行分类，并向消费者展示的陈列方法。分类陈列法是一种广泛使用的方法。它便于消费者集中挑选、比较，也有利于反映商品的特色。

（4）同类商品垂直陈列法

它是将同一类型或同一类的商品，在货架上一层层上下垂直陈列的方法。这种方法方便消费者在不同式样、不同质地、不同型号之间挑选。

（5）关联陈列法

它是将不同种类相互补充的商品陈列在一起的方法。运用商品的互补性，可以使消费者在购买某种商品后，也顺便购买旁边的商品。这种方法增加了消费者购买商品的概率，有利于满足消费者的求便心理。

（6）悬挂陈列法

它是将商品悬挂在或安放在一个特定或特制的支撑物上，使消费者能直接看到商品全貌或触摸到商品的方法。悬挂陈列时应注意：固定悬挂起装饰作用的陈列商品，应注重商品悬挂的艺术性；对于销售悬挂的商品来说，应注意悬挂空间的合理使用，悬挂陈列的商品还应按类别、型号、色泽等合理排列悬挂，以方便消费者挑选。这种方法可增强消费者对商品的感性认识，激发购买欲望。

总之，科学的、独具匠心的陈列方法，可以使商品富有生命、发出光彩，收到极佳的效果。在实际营销活动中，商品陈列的方法有很多种，营销者还应视具体环境、条件的不同而认真选择。

3.4 POP 广告设计心理

POP 广告是英文 point of purchase advertising 的缩写，意为"购买点广告"，简称 POP 广告。POP 广告的概念有广义的和狭义的两种：广义的 POP 广告的概念，指凡是在商业空间、购买场所、零售商店的周围、内部以及在商品陈设的地方所设置的广告物，都属于 POP 广告。如：商店的牌匾、店面的装潢和橱窗，店外悬挂的充气广告、条幅，商店内部的装饰、陈设、招贴广告、服务指示，店内发放的广告刊物，进行的广告表演，以及广播、录像电子广告牌广告等。狭义的 POP 广告概念，仅指在购买场所和零售店内部设置的展销专柜以及在商品周围悬挂、摆放与陈设的可以促进商品销售的广告媒体。

3.4.1 POP 广告的心理功能

（1）新产品告知功能

几乎大部分的 POP 广告，都属于新产品的告知广告。当新产品出售之时，配合其他大众宣传媒体，在销售场所使用 POP 广告进行促销活动，可以吸引消费者视线，刺激其购买欲望。

（2）唤起消费者潜记忆的功能

POP 广告可以唤起消费者的潜在意识，重新忆起商品，促成购买行动。尽管各厂商已经利用各种大众传播媒体，对于本企业或本产品进行了广泛地宣传，但过一段时间后消费者渐渐遗忘。当消费者步入商店时，此刻利用 POP 广告在现场展示，促其回忆起脑海中曾经有过的印象，唤醒消费者潜在的购买意识。

（3）提供导向的功能

POP 广告有"无声的售货员"和"最忠实的推销员"的美名。POP 广告经常使用的环境是超市，而超市中是自选购买方式，在超市中，当消费者面对诸多商品而无从下手时，摆放在商品周围的一则引人入胜的 POP 广告，忠实地、不断地向消费者提供商品信息，可以起到吸引消费者并促成其购买的作用。

（4）制造销售气氛的功能

利用 POP 广告强烈的色彩、美丽的图案、突出的造型、幽默的动作、准确而生动的广告语言，可以创造强烈的销售气氛，使单调的购物场所变得生机勃勃，整体购物气氛也显得鲜明、热烈。

（5）提升企业形象的功能

国内的一些企业，不仅注意提高产品的知名度，同时也很注重企业形象的宣传。POP 广告同其他广告一样，在销售环境中可以起到树立和提升企业形象，进而保持与消费者的良好关系的作用。

3.4.2　POP 广告设计的心理策略

现在，越来越多的零售商认为价格不再是决定消费者去何处购物的主要因素，顾客在零售店购买的不仅仅是商品本身，还有满足他们心理需求的零售形象。POP 广告的运用能否成功，关键在于广告画面的设计能否简洁鲜明地传达信息，塑造优美的形象，使之富于动人的感染力。

（1）必须特别注重现场广告的心理攻势

因 POP 广告具有直接促销的作用，应根据顾客的需求和心理，以求有的放矢地表现最能打动顾客的内容。POP 广告的文图必须有针对性地、简明扼要地表示出商品的益处、优点、特点等内容。导致顾客产生购物犹豫心理的原因是他们对所需商品尚存有疑虑，有效的 POP 广告应针对顾客的关心点进行诉求和解答。价格是顾客所关心的重点，所以价目卡应置于醒目位置；商品说明书、精美商品传单等资料应置于取阅方便的 POP 展示架上；对新产品，最好采用口语推荐的广告形式，说明解释，诱导购买。

（2）造型简练，设计醒目

因 POP 广告体积小，容量有限，要想将其置于琳琅满目的各种商品之中而不致被忽略且又不显得花哨低俗，其造型应该简练，画面设计应该醒目，版面设计应突出而抢眼，阅读方便、重点鲜明、有美感、有特色、和谐而统一。但是，由于 POP 广告的特殊方式和地点，从视觉的角度出发，为了适应商场内顾客的流动视线，POP 广告多以立体的方式出现，所以在平面广告造型基础上，还得增加立体造型的因素。POP 广告的设计总体要求就是独特，设计醒目。不论何种形式，都必须新颖独特，能够很快地引起顾客的注意，激发他们的购买动机。

（3）注重整体协调

POP 广告并非像节日点缀一样越热闹越好，而应视之为构成商店形象的一部分，故其设计与陈列应从加强商店形象的总体出发，加强和渲染商店的艺术气氛。应根据零售店经营商品的特色，如经营档次、零售店的知名度、各种服务状况以及顾客的心理特征与购买习惯，力求设计出最能打动消费者的广告。

【延伸阅读】 超市陈列一般原则

通过视觉来打动顾客的效果是非常显著的。商品陈列的优劣决定着顾客对店铺的第一印象，使卖场的整体看上去整齐、美观是卖场陈列的基本思想。陈列还要富于变化，不同陈列方式相互对照效果的好与坏，在一定程度上左右着商品的销售数量。

要充分地将这些基本思想融入到货架、端头、平台等各种陈列用具的商品陈列中去。

(1) 陈列的安全性

排除非安全性商品（超过保质期的、新鲜度低劣的、有伤疤的、味道恶化的），保证陈列的稳定性，保证商品不易掉落，应适当地使用盛装器皿、备品。进行彻底地卫生管理，给顾客一种清洁感。

(2) 陈列的易观看性、易选择性

一般情况下，由人的眼睛向下 20°是最易观看的。人类的平均视觉是由 110°～120°，可视宽度范围为 1.5～2 米，在店铺内步行购物时的视角为 60°，可视范围为 1 米。

除高度、宽度外，为使商品易观看，商品的分类也是很重要的。

① 按不同种类缩短选择商品时间的一般方法。

② 按不同素材——按不同原材料区分排列。

③ 按不同菜谱——提供烹饪菜谱情况下使用的方法。

④ 按不同活动——可分为年中固定活动、地区性活动。

⑤ 按不同机能——按低热量食品、健康食品等分类。

⑥ 按不同季节——以季节性强的商品分类，设专柜的方法。

⑦ 按不同价格如 100 元商品等，按不同价格带将商品集中到一起进行销售的方法。

⑧ 按不同色彩通过色彩调节，突出商品，促进销售的方法。

⑨ 关联式按相互关联使用的原则，将不同商品集中在一起进行销售的方法。

(3) 陈列的易取性、易放回性

顾客在购买商品的时候，一般是先将商品拿到手中从所有的角度进行确认，然后再决定是否购买。当然，有时顾客也会将拿到手中的商品放回去。如所陈列的商品不易取、不易放回的话，也许就会仅因为这一点便丧失了将商品销售出去的机会。

(4) 给人感觉良好的陈列

① 清洁感

不要将商品直接陈列到地板上。无论什么情况都不可将商品直接放到地板上。

注意去除货架上的锈、污迹。有计划地进行清扫，对通道、地板也要时常进行清扫。

② 鲜度感

保证商品质量良好，距超过保鲜期的日期较长，距生产日期较近。保证商品上下不带尘土、伤疤、锈。使商品的正面面对顾客。提高商品魅力的 POP 也是一个重要的因素。

③ 新鲜感

符合季节变化，不同的促销活动使卖场富于变化，不断创造出新颖的卖场布置。富有季节感的装饰。设置与商品相关的说明看板，相关商品集中陈列；通过照明、音乐渲染购物氛围；演绎使用商品的实际生活场景；演示实际使用方法促进销售。

(5) 提供信息、具有说服力的卖场

通过视觉提供给顾客的视觉信息是非常需要的，顾客由陈列的商品上获得信息；陈列的高度、位置、排列、广告牌、POP……

（6）陈列成本问题

为了提高收益性，要考虑将高品质、高价格、收益性较高的商品与畅销品搭配销售。关联商品的陈列：适时性、降低容器、备品成本。同时要提高效率，防止商品的损耗。

（7）定型陈＝向上立体陈列的要点

① 所陈列的商品要与货架前方的"面"保持一致。

② 商品的"正面"要全部面向通路一侧。

③ 避免顾客看到货架隔板及货架后面的挡板。

④ 陈列的高度，通常使所陈列的商品与上段货架隔板保持可入进一个手指的距离。

⑤ 陈列商品间的距离一般为 2～3 厘米。

⑥ 在进行陈列的时候，要核查所陈列的商品是否正确，并安放宣传板、POP。

【实训练习】

项目一　店堂外部环境设计

【实训目标】

1. 培养学生认知和把握商店选址的能力。

2. 培养学生橱窗设计和招牌命名的能力。

【内容与要求】

把班级学生分成若干小组，选择一个即将开业的商店，帮助此商店选址、招牌命名、设计橱窗。要求每位同学运用所学的知识，设计一个比较完整的方案。

【成果检测】

根据方案设计的创新不同，给每位同学打分。

项目二　店堂内部环境设计

【实训目标】

培养学生根据营业场所和经营业务范围进行店内环境设计和商品陈列的能力。

【内容与要求】

班级内分成若干小组。调查不同类型的商店，根据其业务范围、面积大小、经营风格等找出店内环境设计及商品陈列中存在的缺陷，并提出改进措施，并写出调查分析报告和改进方案。

【成果检测】

根据调查分析报告和改进方案给每位学生打分。

第 11 章 广告与消费心理

【教学目标】

★知识目标

1. 掌握广告的含义和特点；

2. 掌握广告实施过程心理；

3. 掌握不同广告媒体的应用策略。

★能力目标

1. 培养学生认知广告心理功能的能力；

2. 培养学生针对特定商品选择广告媒体、实施广告的能力。

 ## 第 1 节 广告及其制作和实施

【案例导入】

20世纪80年代初，雀巢咖啡在茶叶王国的中国的电视媒介上展开了一场声势浩大的广告战，期望拥有中国市场。雀巢咖啡在中国取得了成功。仅以上海市场为例：广告后，雀巢咖啡的销量突破5000吨，成为上海市绝大多数家庭都享用过的饮料。而原来上海一个生产颗粒咖啡的上海咖啡厂，被逼得年销量从近600吨下降到不足100吨。雀巢咖啡为什么会有这么大的成功呢？这里固然有其广告定位、定向上的恰当，也有其广告策略的成功，但最重要的一点就是雀巢咖啡的广告内容与中国传统文化的融合。雀巢咖啡的第一个广告抓住中国人的"好客"心理作为市场难题的突破点，以待客热情与敬客得体作为主导，以通俗的"味道好极了"作为诉求，使受众得到情感共鸣；第二个广告则是在第一个广告的基础上抓住中国人重礼节的特征，提醒人们这是送礼佳品；第三个广告则是抓住家庭这个"群体"，针对家庭主妇为突破点，以"爱"与"温馨"作为诉求点，引导目标群体增加消费量。这三个电视广告一环扣一环，把中国人的文化心理紧紧抓住，激起消费者情感共鸣与消费欲望。

【应用知识】

1.1 广告的含义与特点

1.1.1 广告

广告即广而告之，指向大众广泛告知某种信息，以达到促进某种观念或信息的交流或传

201

递、引起注意、启发理念、指导行为的目的。广告既是一种信息传播活动，也是一种经济活动，它既具有信息传播活动的一般性，又具有作为经济活动所具有的投入产出的特征。

广告有广义和狭义之分。狭义的广告是以赢利为目的的广告，即商业广告。如企业的商品或者服务的广告。广义的广告包含不以赢利为目的的广告。如政府公告，政党、文化教育、宗教团体等的启事、声明和社会公益广告等。

本章所指广告一般是指商业广告。它由商品经营者或者服务提供者承担费用，通过一定媒介和形式直接或者间接地介绍自己所推销的商品或所提供服务的商业行为。

依据媒体形式，广告可以分为电视广告、广播广告、报纸广告、杂志广告、互联网广告、邮寄广告、户外广告、灯箱广告、空中广告、礼品广告、综合性的POP广告等。依据广告目的，可以分为产品广告和企业形象广告。依据商品生命周期，可以把广告分为导入期广告（商品刚刚引入市场）、选择期广告（商品在市场中已经处于销售量高峰）和记忆期广告（商品已经处于衰退期）。

1.1.2　广告的特点

(1) 广告必须有明确的广告主体

广告主是进行广告的主体，是广告的出资者。根据《中华人民共和国广告法》的定义，广告主是指为推销商品或者提供服务，自行或者委托他人设计、制作、发布广告的法人或其他经济组织或个人。任何企业、事业单位、个人、团体及政府机关等都可以作为广告主。任何广告信息都必须有明确的广告主，这样做的目的一是能使消费者放心购买商品，二是如果出现欺骗性广告，易于追究广告的法律及道义上的责任。

(2) 广告传播的内容是商品、劳务或观念

商品和劳务是商业广告最主要的部分，为了传递商品、劳务以及其他相关供求信息。观念的传播是现代企业广告中的又一重要内容，如企业文化、企业精神的传播。

(3) 广告是一种非人员的商品促销活动

人员推销是派人直接接触顾客，向其展示、说明商品并竭力劝说顾客购买的方法。而广告是通过大众媒体向广大消费者宣传、介绍商品并劝说其购买的一种活动，它并不直接派人与顾客接触，且面对的是一个较大受体，所以广告是一种非人员的促销活动。

(4) 广告以销售产品和赢利为最终目的

广告的赢利性目的是广告与新闻相比的最大特点。广告费用作为一种投资，它的目的是为了更多的产出。广告的这一特点要求广告主清楚，广告的赢利必须是从长期来考虑而并非短期经济效果，于是，就要求广告主进行广告的整体策划和有效的艺术表现，且作为一种经济活动，广告费用的支出让广告主必须像对其他投资一样对之进行管理，确立广告目标、广告战略并对广告效果进行评估。

(5) 广告活动离不开媒体

媒体是广告信息的载体，进行广告时必须选择适当的信息载体。如果广告缺乏媒体的运载，信息不可能传递出去。既可以是人，也可以是物。目前常用的媒体主要是广播、电视、杂志及报纸四大媒体，但除这传统的四大媒体之外，路牌、霓虹灯、气球、包装、互联网及移动电话等媒体的作用也愈来愈明显。

(6) 广告需要支付一定的费用

广告不同于新闻，企业只要做广告就必须投入费用。因为整个广告活动是由多个环节构成的，由策划到制作、由传播到管理等，都会发生费用，其中租用媒体是广告费用中最主要的费用；从另一角度来说，广告费用是媒体的主要收入来源。广告费用是商品流通费用的一部分，在一定时期内投入了一定的广告费用后，如果广告是成功的，商品销售量会不断增加。

（7）广告是一种劝说行为

广告的最终目的是为了销售产品，但广告并不能强求消费者来购买产品，必须采取相应的方式、策略、手段及技巧去影响顾客、打动顾客。而如何才能影响顾客呢？最具体的方法就是劝说，通过劝说使消费者接受广告宣传的产品，产生购买行为。所以，劝说就成为所有广告创意者应当把握的一个基本点，无论是什么广告，"劝说"始终是核心。

1.2 广告制作与实施心理

1.2.1 广告的功能与作用

广告在现代经济生活中起着重要的作用。我们从以下几个方面进行分析。

（1）从企业角度看，广告是现代企业竞争的有力武器

刺激需求，促进销售。广告能够诱导顾客，往往能影响他们的心理，引起他们的购买欲望。

改善服务，加强竞争。在激烈的市场竞争中，任何一个企业都希望突出自己的产品，争先诱导顾客购买，所以进行着激烈的广告战。因此，企业应当树立全方位竞争观念，重视广告，力争舆论。

广告配合和支援了企业的人员促销。广告可以弥补人员推销由于个人信誉与威信有限的弊端；在人员推销中，广告可以作为说服的材料之一。而且，广告的传播速度和范围远远超出人员推销，它可以成为推销的先行。

树立企业信誉和产品形象。在生产观念和推销观念的影响下，广告被作为一种增加短期销售，甚至推销积压商品的有效方法。现代市场经济中，广告不仅具有推销功能，还能树立企业和产品形象，加强顾客的记忆和好感，提高品牌知名度和美誉度，增强企业无形资产价值。

（2）从市场来看，广告是传播市场商品信息的重要工具

市场的一般定义是指买卖双方相互联系、相互作用的总体表现。那么，买卖双方是怎样相互联系、相互作用的呢？毫无疑问，二者的沟通是通过商品流通来实现的。商品流通由三部分组成：商品信息流通、商品交易流通、商品货物流通。信息流是开拓市场的先锋。没有信息，就不能沟通，无法交流。那么大量信息是如何飞到人们那儿去的呢？传播！当今世界具有传播商品信息功能的行业或渠道很多，最主要的就是广告信息渠道。通过广告使消费者认识、了解了产品的特点，沟通了企业与中间商的联系。

（3）从消费角度看，广告可以引导消费，刺激消费，甚至创造需求

丘吉尔说："广告充实了人类的消费能力，也创造了追求较好生活水平的欲望。它为我们及家人建立了一个改善衣食住行的目标，也促进了个人向上奋发的意志和更努力的生产。广告使这些极丰硕的成果同时实现。没有一种活动能有这样的神奇力量。"这一段话从一个侧面反映了广告对消费需求的引导、刺激和创造作用。有人说："出售化妆品，实质上出售的是美的希望；出售柑橘，实质上出售的是生命力；出售汽车，实质上出售的是声望；出售衣服，实质上出售的是个性。"

（4）广告还起着美化环境，教育人们的作用

美化环境，丰富生活。广告以其丰富多彩的画面、绚丽的色彩出现在各大媒体上，特别是城市中的户外广告、交通广告及霓虹灯广告等，能美化市容，美化环境，是城市一道亮丽的风景线。

传播观念，培养情操。传播观念，培养情操是广告的重要文化功能之一，由于广告内容要受到广告法的规定，其传播的内容一般是与社会主义精神文明建设相一致的，所以，从这一角度来说，广告可以帮助消费者培养良好的道德。

1.2.2 广告活动程序

广告活动的程序，主要分为以下五个基本步骤。

(1) 确定广告对象

此即通过市场调查，确定广告活动的目标。首先要明确谁需要这种商品，向这些消费者推销这种商品是否合适，即确定商品推销的目标市场，广告对象也就是在这个基础上得以确定。

(2) 广告策划与设计

此即确定广告主题、创意，规划广告要素的过程。通过市场调查和心理分析，发现目标市场的消费者喜欢什么样的广告形式，喜欢什么样的广告创意，喜欢在什么情况下注意广告或观赏广告，在这一基础上策划出令消费者容易接受的广告创意。

(3) 选择广告媒体

此即选择合理的、有效的手段把广告信息传达给消费者。这个过程不仅涉及广告媒体的选择问题，还涉及媒体发布时间、发布位置、发布频率的安排问题，使有限的广告资源发挥出更大的效果，对消费者产生更强大的影响力。

(4) 广告实施

广告实施包括广告费用的落实，广告发布的实施操作和流程细分，广告发布效果的跟踪。

(5) 广告监测与反馈

广告发布一段时间之后，对广告影响消费者的效果进行跟踪、监测和评估，包括研究消费者的心理变化和购买行为变化。

上述广告活动的五个基本步骤，每一步都离不开对消费者行为心理的研究，只有客观、认真地研究消费者的心理与行为之后，广告活动才有针对性，广告信息的传达才能准确到位，对消费者的影响力才可能最大化、最优化。

1.2.3 广告的实施心理

广告作为一种重要促销手段被广泛地运用。要使广告发挥最佳的作用就必须做好广告策划。广告策划是为把广告主的意念和目标在极其有限的时间和空间里，运用广告可用的各种手法，有效地传送给广告受众而进行的谋划和安排。要策划一个好的广告必须要准确把握广告的定位心理、广告的创意心理和广告的诉求心理，这是广告策划的基础。

(1) 广告定位心理

广告定位是确定广告形象在消费者心理与在市场中的位置的过程。定位的重要性在于以清晰明确的方式，在消费者心目中形成强有力的、稳定的形象。广告定位是广告策划和制作的基础，需要研究顾客的类型以及特定顾客的心理要求。不同厂商根据自己的不同市场地位，可寻求独特的广告定位心理方法。

① 卓越超群，舍我其谁。这种方法常为市场领先者所采用。这类厂商原有商品已在市场占据难以动摇的地位，在顾客心目中留有无可挑剔的美好印象，通过广告要在顾客心目中的印象保持领先地位。可口可乐公司以"只有可口可乐，才是真正可乐"来暗示顾客，可口可乐是衡量其他可乐的标准，使它在顾客心目中占据了"真正的可乐"这样一个独特心理位置。

② 攀龙附凤，增强号召力。这种方法常为市场追随者采用。在尚未被人熟悉或未引起

人们足够重视的商品寻找市场的时候，一般采用类比的手法，以已经在人们心目中有不可动摇地位的商品或品牌为参照，强调诉求商品的重要性。如商务通全中文掌上手写电脑以"呼机、手机、商务通，一个都不能少"为标题的广告。

③ 寻找空隙，突出包围圈。这种方法旨在寻找人们心目中的空隙而不是厂商的空隙，然后加以填补。比如人为地对同类商品进行分类，以在激烈的市场竞争领域转移人们以往过多地对其他商品的注视，转而关心广告商品。

④ 强调特色，求得一席之地。这种方法为在市场竞争中地位较弱者所采用，把视角集中于人们关注的某一问题，利用自己在潜在顾客心目中所拥有的某一方面的地位，孜孜不倦地加以巩固，使之在顾客心目中确立在同类商品中的独特位置。

⑤ 区别对象，批准切入点。这种方法适用于首次进入人们心目中尚且空白的领域。厂商对商品主张的内涵可以是多方面的，但对于受众来说，在它们心目中第一次感知的信息会留下最大的空间和最深的印象。广告定位要区别自己产品的特定对象，以最为他们所关心的、所注重的内容作为切入点。

（2）广告创意心理

广告创意是指在广告定位的基础上，在一定的广告主题范围内，进行广告整体构思的活动。广告创意是形成关于广告表现的基本概念的过程，是广告制作的依据。广告创意是广告的"灵魂"，广告创意的好坏直接影响一个广告是否成功。在广告创意的基础框架内，运用艺术性的手法，实施广告的具体制作。形象的创造可以通过以下途径获得。

① 创造性综合。创造性综合是将不同形象的有关部分组合成一个完整的新形象，这个新形象具有自己独特的结构，并体现了广告的主题。这里不同形象的组合是经过精心策划的、有序的结合，而不是简单的凑合、机械的搭配。解放前，梁新记牙刷店采用夸张手法，画了一个人正用九牛二虎之力，拿着钳子拼命拔牙刷上的毛，图旁还画龙点睛地写："一毛不拔"四个大字，用以招徕顾客。这种别具一格、诙谐有趣的广告，使"梁新记牙刷——一毛不拔"的盛名不胫而走。

② 跳跃性合成。跳跃性合成是把不同物体中的部分形象，通过设计者跳跃性的思维方式进行合成，形成一个以往不曾有过的、全新的形象；或把两件并不相关的物品，融合在一个画面里，使人们产生视觉失衡的冲击感。摩托罗拉十款新型手机的广告，在画面主体人像的面部约 1/3 的位置上，嵌入该手机的正面图像，手机的显示屏恰好位于被遮住的人像的另一只眼睛处，给人造成强烈的视觉冲击。

③ 渲染性突出。渲染性突出是为使人们对广告推介的商品加深印象，利用各种手段进行渲染，以突出其所具有的某种性质，在此基础上塑造出崭新的形象。有时对原有形象的局部进行带有夸张性的处理。

④ 想象性空白。在某些广告画面的构思和表现手法中，常使用在画面上一定的空间留出空白的手法，即留白。这一空白虽非形象的塑造，但却能给人依据画面的其他部分展开想象的空间，进而感受空白之处所没有直接表现的内容。

（3）广告诉求心理

广告诉求是指在广告的策划和设计中，通过对人的知觉、情感的刺激和调动，对人们观念、生活方式的影响，以及对厂商、商品特点的宣传，来迎合和诱导人们，以最终使顾客产生购买动机的过程。人的欲望固然是由需求引起的，但在许多场合下，顾客的需求并没有明确的表征，而是处于一种模糊的、朦胧的、笼统的状态之中。广告诉求的基本目标，就是唤醒或激发顾客对自身潜在需求的意识和认知。在广告诉求的各项内容中尤以情感的诉求更为敏感，更受到人们的重视。

① 顾客对广告的情感反应。顾客对广告的情感反应有两种类型。一类是积极的反应，如愉悦、热心、主动、激昂等；另一类是消极的反应，如气愤、懊丧、焦虑、压抑、害怕等。情感的影响有以下几方面。

a. 影响认知。一个亲切感人的广告，可以使人在对其产生好感的同时，愿意重复接受，进一步了解有关的内容，加深对其的印象，从而获得较多的认知。"味道好极了！"雀巢咖啡的广告用语就很好地激发人们的购买欲望。

b. 影响态度。由广告引起的情感，会产生对该广告的态度，并且同其商品联系起来，影响到对该商品注册商标的态度和商标的选择。例如，澳柯玛广告词"没有最好，只有更好"含有自豪、鞭策、奋发向上、永不停步的深刻内涵，增加了人们对它的好感。

c. 美感。美感是广告常用的情感诉求因素。爱美之心，人皆有之，从某种意义上来讲也是人们获得尊重的一个重要因素。例如，博士伦眼镜广告词"美国博士伦软性隐性眼镜美化你的眼睛，它让你摆脱框架的遮挡，还你美丽的眼睛和俊俏的面容"。以美感进行情感诉求，非常容易为人们所接受。

d. 成就感。成就感是人的需求的最高层次，广告诉求中常用象征的手法暗示人们，某某成功男士、白领丽人使用这一产品，那么其他购买、使用这一产品的人也会像那些人一样成功。

② 情感诉求的心理策略。

a. 紧紧抓住消费者的情感需要。情感诉求要从消费者的心理需要出发，紧紧围绕消费者的情感需要诉求，才能产生巨大的感染力和影响力。从情感的基本含义来看，需要是情绪情感产生的直接基础，若消费者没有类似的需要，任何刺激也无法激发起他的这种情感。在情感广告中，广告刺激必须以消费者的需要为中心发挥作用。情感诉求的心理策略就是诉求产品能够满足消费者的某种需要，以达到使消费者产生共鸣的目的。例如，"孔府家酒，叫人想家"的广告，牢牢抓住了"家"字，请远渡重洋的影星王姬拍摄了一段亲人久别重逢、游子返乡的欣喜场面，一股思家、盼望回家的情感深深感染了离家的游子。

b. 增加产品的心理附加值。人类的需要具有多重性，既有物质性需要，也有精神性需要，并且这两类需要常处于交融状态。一方面，物质需要的满足可以带来精神上的愉悦；另一方面，精神上的满足又可以强化物质需要的满足。从这种意义上说，产品的质量是基础，附加值是超值。作为物质形态的产品或服务，本来并不具备心理附加值的功能，但适当的广告宣传，会给产品人为地赋予这种附加值，甚至使该产品成为某种意义或形象的象征——购买这类商品时可以获得双重的满足，一是物质上的，二是精神上的，这对于有条件购买该产品的消费者会产生极大的吸引力。如"派克钢笔"是身份的象征，"金利来"代表的是成功男人的形象，而"万宝路"则是独立、自由、粗犷、豪放的男子汉的象征。

c. 利用情感的迁移。爱屋及乌是一种司空见惯的心理现象，代表了一种情感迁移的现象。许多厂商不惜重金聘请深受消费者喜爱的明星出面为自己产品形象代言，其目的就是试图使消费者对明星的积极情感迁移到广告中的产品上。

d. 利用暗示，倡导流行。消费者的购买动机是多种多样的，有时购买者并不一定是使用者，许多产品是用来馈赠亲友的，通过馈赠礼品，表达某种情感，如果某产品正好符合这种愿望，他们就会主动去购买，而较少考虑产品的质量、功效等具体属性。当厂商通过广告传播把购买这种产品变为一种时尚或风气后，消费者就会被这种时尚所牵引，去购买这种产品。例如，"脑白金"广告被称为一种广告现象，"今年过节不收礼，收礼只收脑白金"的广告语被高频度播放后，几乎妇孺皆知。

③ 广告中情感诉求表达方式。在广告设计中，色彩、插图、广告歌都可能与一定的情

感体验发生联系。因此，正确合理地使用这些元素，可以诱发特定的情感。

　　a. 色彩。色彩是具有情感意义的重要元素。由于习俗的影响和社会文化的长期积淀，许多色彩都具有一定的象征，能产生某种情感体验，引起某些联想。箭牌口香糖以绿色包裹薄荷香型，称为"清新的箭"；以黄色包裹鲜果香型，称为"友谊的箭"；以白色包裹兰花香型，称为"健康的箭"。色彩表达了心情，并与香型结合起来，给人以和谐一致的感觉。箭牌口香糖富有象征的色彩包装，使其在口香糖市场中畅销不衰，而且顾客群由青少年扩大到了中年人。

　　b. 插图。插图是广告设计中最形象化的元素，广告插图包括绘画和照片。它能以其对人们感官的直接刺激，使人受到感染。例如，有一幅绍兴花雕酒的印刷（招贴）广告，设计者把绍兴古城、咸亨酒店和陈年美酒融合为一体，使观看者犹如身临其境，产生相应的情感体验，有利于促进消费。

　　c. 文字。广告中的文字包括标题、广告词和文案。标题、广告词言简意赅，可起到画龙点睛的作用。文案可以有一定的篇幅，给富有感染力的表述以充分发挥的空间。

　　d. 广告歌。在视听媒介中，广告歌能以其优美而富有感染力的旋律，深深地打动听众，发挥其他广告元素难以发挥的独特作用。广告歌既可以用来表现广告主题，又可当做背景加强效果。一曲《爱的就是你》，使某品牌的矿泉水传遍四面八方，畅销大江南北。

【延伸阅读】　　　　　　　　　广告定位时代来临

　　近几年，在中国的市场营销，正发生着一些变化。其中主体的部分，是和一个词有关，那就是"定位"。美国营销界 20 世纪 70 年代兴起的"定位"观念，正在今日的中国开始发生作用——品牌一定要在消费者的心中占据一个定位，成为某一品类或特性商品的代表，从而拥有对消费者而言的独特价值，才有可能长远健康地发展。就像可口可乐一样，它代表着"（真正的）可乐"，而百事可乐，则拥有"年轻人"的特性；沃尔沃汽车显得特别"安全"，宝马汽车是"驾驶性能卓越"。新的营销观念在逐步发生作用，并在众多的营销现象中得以体现，这意味着中国的市场营销与传播（包括广告），正迈向一个新的发展阶段——定位时代。

　　营销传播或广告，要做的就是将产品告知出去，或者说出自己产品的一个卖点（USP），借助一个强有力的卖点，就可以最快最好地销售。例如，你可以用"这里有香皂！"来叫卖，或者深入一些，像多芬香皂一样，说自己"可以滋润皮肤"，吸引顾客上门。你的产品想要突出，就可以像力士香皂那样，将自己描绘成众多明星们所选择的香皂，使品牌建立起富有魅力的形象。品牌形象大行其道的结果，是在购买某类别或特性商品时，更多地优先选择那些定位明确的品牌（如"可乐"选"可口可乐"，想表现"年轻"一些选"百事"）。此时营销迈入定位时代，营销的主战场已从品牌形象转移到消费者的心智，企业营销的首要目的，是使品牌在消费者的心智中，占据某个类别或特性的定位，让消费者产生相关需求时成为其首选。例如，强生香皂牢牢占据了"婴儿香皂"类别定位，舒肤佳则坚持的是"杀菌香皂"特性定位。

　　中国的市场营销，正迈向崭新的定位时代。广告不再是单纯地叫卖产品或鼓吹形象了，它需要以新的方式，去协助企业建立起品牌的定位。作为新广告的理论基础，定位学说诞生于 20 世纪 60 年代末的美国，由营销大师杰克·特劳特和艾·里斯率先倡导，今日已广泛应用于西方营销界。该理论中一个重要的前提研究，是表明消费者存在着"心智阶梯"的心智模式——步入定位时代，消费者在购买某类别或某特性商品时，总会有一个优先选择的品牌序列（心智阶梯），一般情况下，是优先选购阶梯上层的品牌。如图 11-1 所示，即为可乐饮料的心智阶梯。

图 11-1 可乐阶梯

所以，新时期的广告，就是要使品牌在某个心智阶梯上占据优势位置，然后去加强和巩固它。实际的操作，首先要为品牌在消费者的心智中，寻找到一个富有价值、前景尽可能大的位置（何种阶梯，哪一层级），然后借用单纯、直接的概念推广去占据它，从而使品牌在消费者心智阶梯中占有上层位置，被产生相关需求的人们优先选购。作为推广品牌最重要的武器，广告要做的是玩好"阶梯游戏"，协助品牌进驻消费者心智阶梯中的优势位置。具体而言，广告有以下三种不同类型的操作。

第一种是"抢先占位"广告。指当品牌发现消费者心智中，有一个富有价值的（阶梯）位置无人占据，广告就协助品牌第一个全力去占据它。例如步步高无绳电话在 1997 年大举推广之前，人们心智中的"无绳电话"阶梯并无明显的品牌占据，步步高广告就大肆宣扬"步步高无绳电话，方便千万家"，令品牌能够去抢占"无绳电话"阶梯的首要位置。1992 年高露洁牙膏进入中国市场时，国内牙膏品牌的宣传都集中在洁白牙齿、清新口气、抗菌消炎等方面，于是高露洁的广告推广，率先全力打出了"防止蛀牙"的旗号并坚持下来，直至成为了牙膏的第一品牌。如图 11-2 所示，为"抢先占位"的广告操作类型的实际案例。

图 11-2 "抢先占位"广告操作的案例

第二种广告是"关联强势品牌/产品"的操作。指品牌发现某个阶梯上的首要位置，已被别人占据，广告就努力让品牌与阶梯中的强势品牌或产品关联起来，使消费者在首选强势品牌/产品的同时，紧接着联想到自己，作为第二选择。

美国营销史上经典的广告案例之一，是七喜汽水跃升为饮料业三甲的广告运动。七喜原本是卖得相当普通的一种饮料，但它发现了人们在购买饮料时的心智阶梯，首先是选择可乐（可口或百事为主），然后才考虑别的，于是就发起了"七喜——非可乐"的广告运动。这样人们在购买饮料时可乐仍然是他们的首选，但总有人可能不想买可乐，这时七喜，就成了他们的选择。这场广告运动，使七喜一跃成为继可口可乐、百事可乐之后的第三大饮料品牌。如图 11-3 所示，为"关联强势品牌/产品"广告操作的案例。

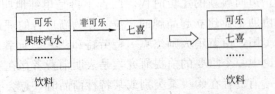

图 11-3 "关联强势品牌/产品"广告操作的案例

第三种广告操作，是"攻击强势品牌/产品"。指品牌发现某心智阶梯上的强势品牌或产品，有某种重大的弱点，易于引起消费者的注意和认同，广告就可以借助攻击的方法，来挤开优势位置的对手，让自己取而代之。

　　今天，在世界的很多药品市场，泰诺是头痛药的第一品牌，它的成功就来自于攻击广告的功效。在泰诺之前，拜尔阿司匹林是头痛药头号品牌，但后者有可能会引发使用者胃肠微量出血的情况，泰诺就对此发起针对性的广告，宣传"为了千千万万个不宜使用阿司匹林的人们"，请大家选用泰诺。最终，拜尔阿司匹林一蹶不振，其位置自然由泰诺取代。如图11-4 所示，为"攻击强势品牌/产品"广告操作的案例。

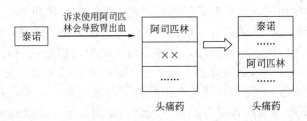

图 11-4 "攻击强势品牌/产品"广告操作的案例

　　以上内容是广告在定位时代的三种游戏方法。由于中国市场的营销，刚刚开始迈向定位时代，借助 USP 与形象来推广品牌的操作仍然流行，众多的品牌并没有明确的定位，只是凭知名度与形象的保证，在争取消费者的购买。因此，在中国市场，有太多富有价值的心智阶梯依然空置，"抢先占位"广告显示出可观的前景。寻找有价值的阶梯，并抢先占据，应该是今日中国广告业操作的主流。

第 2 节　广告媒体的心理特征与应用策略

【案例导入】

　　美国柯达摄影器材公司曾经与以色列耶路撒冷的一家禽蛋公司签订了一份合约，双方约定用 1000 万只鸡蛋做广告。

　　原来，柯达胶卷及摄影器材在南美洲市场总是打不开销路，无法与日本富士公司竞争。于是，柯达公司萌发奇谋，利用以色列鸡蛋在南美洲各国十分畅销的契机，与以色列出口鸡蛋的公司约定：在其出口到南美洲的 1000 万只鸡蛋上，印上"柯达"彩色胶卷的商标，然后运到南美洲各国销售，柯达公司付给这家公司 500 万美元。以色列这家公司当然乐意接受，因为它平时每只鸡蛋只售 0.1 美元，现在可卖 0.5 美元，升值 4 倍。而柯达公司此举也不吃亏，在鸡蛋商出售的鸡蛋上印刷广告，是一种事半功倍的广告策略。因为大多数人都喜欢吃鸡蛋，几乎每个家庭都要买鸡蛋，买鸡蛋必然会看见鸡蛋壳上的广告，这样产品自然会被人们记住了。

　　在这一案例中，鸡蛋也成为了柯达公司的广告媒体，并且为它的产品在南美拓展市场找到了一个非常好的路径。现代商业广告媒体还有哪些呢？它们的心理效应和应用策略是什么呢？本节内容将给大家进行解释。

【应用知识】

2.1　广告媒体的应用

　　广告媒体是指传递广告信息的载体。凡是能在广告主与广告对象之间起媒介作用的物质都可以称之为广告媒介或广告媒体。广告媒体随着科学技术的进步而日益丰富，广告媒体有数百种之多，最具影响力的是报纸、杂志、广播、电视和新兴的网络广告。网络广告在下一节将重点叙述。此外，邮寄广告、POP广告、户外广告和交通广告也是被企业广为采用的。不同媒体具有不同的心理特征，要使广告充分发挥其作用，必须根据广告商品的特点和目标消费者的需求来选择适合的媒体策略。

2.1.1 影响广告媒体选择的主要因素

(1) 广告传播对象的特点

广告传播对象是企业目标市场的潜在顾客。这些潜在消费者的年龄、性别、职业、兴趣、文化程度等都不尽相同，从而形成了各自对媒体的接触习惯和方式。任何一种媒体一旦适应了某些消费者的特点，就能拥有这些消费者作为自己较稳定的视听群体。广告人员对传播对象的情况和特点了解得越详细透彻，就越容易找出与之相适应的最佳媒体和组合方式，进行有针对性的广告诉求。以上海市三大报——《新民晚报》、《文汇报》和《解放日报》为例，它们的传播对象就各有特点。《新民晚报》的读者范围最广，涉及各个阶层、各种职业和各个年龄段；《文汇报》的读者多为教育界人士、知识分子；党政机关工作人员则对《解放日报》关心较多。

(2) 广告商品特征

不同性质的产品，有不同的使用价值、使用范围和宣传要求。广告媒体只有适应产品的性质，才能取得较好的广告效果。商品的特征不同，媒体适用性也不同。广告所要宣传的商品独特的使用价值、质量、价格以及附加服务措施等，要求相应的媒体配合。例如：化妆品广告需要展示化妆效果，选用的是具有强烈色彩性的宣传媒介，杂志、电视可以达到要求，而报纸、广播则略逊一筹；高新技术产品或生产资料性工业品，如精密仪器、机械设备等，需要详细的文字介绍来说明商品的优良性能和专门用途，因此，选择专业性杂志、直邮函件或展览会的效果不错。

(3) 媒体的自身特性

广告借助媒体，把消费者因素、产品因素和市场因素有机结合起来，集中地向特定消费者诉求。我们可以从质和量两个方面衡量媒体自身的特性。

① 媒体特性质的方面包括媒体的性能、社会威望和吸引力。媒体的基本性能，如适应性、时效性、空间性等性能对广告效果具有直接影响。通常，杂志的彩色印刷效果高于报纸，报纸和电波媒体的时效性又强于杂志，同一份报纸头版广告的空间性优于其他版面，而商业中心地带的橱窗、路牌广告明显胜过其他地区。媒体的威望是指它在社会中的地位、声誉和影响，左右着广告的影响力和可信度。例如，在《人民日报》上刊出的广告会因为该报的声誉、威望及全国最大的发行量而得到广泛的传播。媒体的吸引力更是广告效果的前提。

② 媒体特性量的方面指媒体的接触度、频率等指标。对印刷媒体而言，有发行量、阅读率、涵盖率等；对电波媒体而言，是指保有率、开机率、视听率等。比较这些指标，才能选出恰当的媒体。例如，收音机、电视机在整个社会的拥有量即保有率指标越高，接收到电波广告的可能性就越大；在电视机保有率低、收音机保有率高的乡村，广播广告是最佳选择。再例如，涵盖率反映了报刊在各个地区发行量的不同和其所能到达的潜在市场的不同。购买儿童用品的主要消费者是妇女儿童，其涵盖率高的报纸可能是《中国妇女》或《中国少年》等。

(4) 企业促销的总策略类型

广告是促销整体的一部分，促销的总策略直接影响着广告媒体的选择和组合。企业促销的总策略有"推"和"拉"之别。所谓"推"，是以中间商为促销对象，把产品推进分销渠道，最终推上市场。这种策略主要用于工业品。所谓"拉"，则是以最终消费者为主要促销对象，设法引起潜在顾客对产品的兴趣和需求。这种策略多用于消费品。在"推"式策略下，广告媒体的选择主要采用配合人员推销的各种促销媒体，如说明书、商品目录等形式，配以广播、电视或报纸等大众传播媒体用于企业广告、公关关系广告，旨在提高企业的形象和影响，为人员推销创造好的背景。在"拉"式战略下，广告媒体主要是大众传播媒体，以便迅速、广泛地把有关信息传送给广大消费者。

(5) 市场竞争状况

广告是竞争的主要手段，也是竞争的重要内容。广告要随时注意竞争对手的动态，并根据竞争对手的媒体策略及时调整自己的媒体策略。如果竞争对手少，影响不是很大，只要在交叉媒体上予以重视即可；如果竞争对手多，而且威胁较大，则可以采用正面交锋或迂回战术。正面交锋即以更大的广告支出在竞争媒体和非竞争媒体上压倒对方；迂回战术即采用和竞争对手不同的其他媒体，或者为避免在同一媒体上的正面冲突，提前或推后刊播日期。在广告内容上也可针锋相对、互相较量，或别树一帜、突出优势。著名的百事可乐、可口可乐的广告竞争中有这样一个典型事例：大有后来者居上势头的百事可乐从一开始就瞄准可口可乐，作为市场竞争挑战者，无论在媒体还是内容上，广告的竞争可谓针尖对麦芒般激烈。当可口可乐宣布要改变其传统配方、增加甜味时，百事可乐抓住时机，在电视中以"是好的就不用改变它"，给可口可乐当头一棒。

(6) 广告费用支出

广告费用包括媒体价格和广告作品设计制作费。使用媒体的有偿性要求企业根据自身财力合理选择媒体。不同类型的媒体费用不同，如电视广告的费用远远大于报纸广告的费用。同一类型的媒体，各媒体的单位费用也有差异，如报纸的不同版面、电视的不同播出时间等都有不同的收费标准，其中差别可能很大。例如，在夜间收视黄金时间的电视广告费用，可能比其他时间播出的广告费用高出几倍甚至于几十倍。

除了以上六点外，社会文化和政治法律等也是重要的影响因素。无论是广告信息本身还是广告媒体的选择，都不可忽视广告还受到文化背景和政策法律的约束。民族特性、宗教信仰、风俗习惯和教育水平等社会文化因素影响着媒体的选择。采用国际广告媒体时，更要注意所在国政治法律状况和民族文化特点对媒体选择的影响。

2.1.2 广告媒体的运用方式

企业对广告媒体的应用，可采用单一媒体或媒体组合等方式。

单一媒体方式多适用于小型企业，因其财力有限，只选用一种媒体进行广告宣传。这种简单的媒体运用着重于某一合适媒体，集中宣传力量，针对性强。有时，大、中型企业在产品使用者固定的广告中也会采用这种方式，如钢铁、矿石原材料以及铁路、航运、航空航班的公告等。

在现代社会中，广告信息的传播越来越要求复合的传播结构，希望运用多种渠道的结合形式，因此，企业日益重视媒体的组合运用。媒体组合即多种媒体形式组成的有机组合体。运用媒体组合，企业可以同时发布适合多种消费层次的广告信息。针对各媒体的优缺点，采取多媒体协同作战、相互配合的办法，营造一种立体宣传态势，效果往往比运用单一媒体更理想。要达到最佳组合效应，企业首先必须选准主要媒体，然后注意其他媒体的综合利用。在资金上，企业不应平均使用财力，也不宜在某一媒体上投放过大而其他媒体明显不足，以至不能发挥良好的协同作用。企业应视财力选择组合体的大小，并且在组合体中保证各媒体投放比例的协调。在宣传内容上，各媒体所特有的传播艺术和传播技巧应彼此配合、相互呼应，推动整体宣传策略的实现。

一个企业可以使用多个媒体，多个企业也可以联合起来同时在一个特定媒体上进行共同或相关的广告宣传，如多家商业企业的联合展销广告。这种联合刊播的方式，既可以使消费者同时获得多组相关信息，又可以节约各联合企业的广告费用。

2.2 报纸广告

2.2.1 报纸广告的心理特征

报纸是进行广告宣传的最早的大众传播媒介，而且至今仍是使用最普遍的广告媒体，它几乎适用于所有的商品广告或服务性广告，其心理特征分析如下。

(1) 消息性

报纸向来以刊登消息为中心，现代报业更可利用传真版、航空版等先进手段将信息迅速向全国甚至全世界传播。这样，广告信息在报纸上可及时刊登、迅速发行。而新产品的发售、企业公关活动等事件，作为报纸的新闻材料，等于是给企业做免费广告。

(2) 广泛性

报纸的发行量大，传播面广，渗透力强，在世界各国，凡能看书识字的人，总会把报纸当作获得信息、知识，了解国内外大事、市场行情的最有效渠道。

(3) 信赖性

读者对报纸通常有信赖感，尤其是一些重要的报纸，在人们心中享有很高的威望，在上面刊登广告极具权威性。

(4) 教育性

报纸本身就可属教育范畴。从"社论"、"短评"到"科技小知识"报纸含有丰富的教育意义，成为人们的"精神食粮"。

(5) 方便性

报纸不仅价格低廉，而且购买、携带、阅读方便，不受太多时间、空间的限制。

(6) 保存性

留存原形的特性使报纸便于收存，故能当作资料进行查考，获得反复的宣传效果。

2.2.2 报纸广告的局限性

报纸广告时效短、内容繁杂，使注意力分散；受版面限制，使广告数量、效果均受到影响；有的报纸印刷技术欠佳，美感不强，往往缺乏对商品款式、色彩等外观品质的生动表现，从而削弱了广告的刺激性。

2.2.3 报纸广告的心理策略

下面介绍一些如何使报纸广告扬长避短的技巧。

(1) 明确广告对象

人们的爱好和兴趣往往同年龄、性别、身份和所处的社会环境有关。创作广告时，必须首先明确广告目标对象的基本情况，有意识地使广告内容具有相应的倾向性。

(2) 增强广告设计魅力

报纸广告的设计上引用具有突破性的创意是很重要的。在广告内容方面，可以通过简洁广告文字、扩大广告画面面积、增强广告设计魅力来提高读者对广告的阅读率。

(3) 使用突出而醒目的标题

广告创作应将所宣传的商品特点嵌入能引起人们兴趣的标题中，以便读者看到广告标题后能联系自己关心的问题饶有兴致地继续阅读广告全文。标题应能激发人们的某些心理诉求，如安全、好玩、省时、时尚、流行和有利健康等。

（4）采取简洁明快的构图

报纸广告因印刷制作的限制，广告构图不宜太复杂，而应尽量简化，能引导读者按照正常顺序读完全文。广告构图的内容，从标题、图片、解说词，直到名称、价格、地址，都应有统一的布局。避免使用过多的不同字体，尽量不用异体字，避免过分的花边修饰和反白版图，以免分散读者的注意力。另外，构图布局要疏密有致，不要使图片和文字拥挤画面，否则会造成使人眼花缭乱的视觉效果。

（5）广告内容要完整

报纸广告的优势之一就是信息内容完整。在报纸广告的创作中应充分利用这一优势，详尽地说明广告商品的功效特点。此外，在广告中还必须说明产品的售价及与消费者利益有关的指标。这样可以使广告更受人关注。

（6）连续刊登

从消费者心理角度来看，报纸广告应讲究频率，连续刊登的效果较为明显，报纸有新闻性和时效性的特点，连续刊登广告可以给已接触广告的人加深印象的机会，同时又给未留意广告的人以更多的接触机会。但广告内容要有计划地变动，可以运用均衡发布策略、集中发布策略，增加读者的新鲜感。也可运用标题、图案、形式、内容的系列设计策略，使静态广告具有动态的连续性。

（7）科学安排广告版面

广告版面越大，注意率越高，自然效果越好，但广告费也越贵。因此要根据财务和实际需要安排版面。一般来说，告知性、节日性广告用大版面，提醒性、日常性广告使用小版面。广告刊登位置很有讲究。第一版引人注目，效果最佳，其他各版、插页、加缝，效果递减。广告刊登位置符合读者目光落眼位置和视觉规律的，效果明显。读者视线流动规律是：注意力的值左比右大，上比下大，中比上下大。

2.3　杂志广告

杂志与报纸同属印刷型媒体。杂志可以按其内容分为综合性杂志、专业性杂志和生活杂志等；按其出版周期则可分为周刊、半月刊、月刊、双月刊和季刊等；按其发行范围可分为国际性杂志、全国性杂志和地区性杂志等。

2.3.1　杂志广告的心理优势分析

（1）读者集中，针对性强

无论是专业性杂志还是一般消遣性杂志，都拥有较集中的读者阶层，如音乐杂志的读者多为音乐爱好者或从事音乐工作的人，服装杂志吸引对时装感兴趣的读者。广告主应当对特定的读者群有选择地利用杂志广告宣传产品。例如，在音乐杂志上刊登音响、唱片等广告，甚至刊登咖啡广告，因为边欣赏好音乐边品尝好咖啡，其乐融融的意趣是音乐爱好者所追求的。

（2）吸引力强，宣传效果好

杂志广告印刷精美、色彩鲜艳、制作讲究，多采用彩色摄影技术，使商品的外在品质得以生动、逼真地表现。杂志广告一般有固定集中的位置，如封面、封底等，并且大多独占一页，不夹杂其他内容，故清晰整洁，引人注目。这些都使杂志广告有较好的宣传效果。

（3）阅读从容，保存期长

杂志多为月刊或季刊，阅读周期长，可用充裕的时间详尽地阅读，也可分为多次阅读，还可互相传阅，从而起到了累积复加的宣传效果。

2.3.2 杂志广告的局限性

杂志广告制作复杂、成本高、价格昂贵；收稿排版周期长，灵活性差，信息反馈迟缓，减少了时间价值；篇幅少的杂志，广告数量有限等。

2.3.3 杂志广告的心理策略

运用一定的心理策略和技巧，就可以充分利用杂志媒介的优势且避免其缺陷。

（1）科学利用版面版位

杂志最引人注意的地方除了封面就是封底，其次是封二、封三，再次是中心插页。其他页码的引人注目程度，随着页码向中间的过渡，会越来越低。但若在中心插页做跨页广告，则是相当醒目的。因此杂志广告要讲求科学利用版面版位，设计形式多样化，尽量制作整版广告，必要时不妨制作跨页广告。

（2）实施精细的广告设计

杂志广告必须切实注意广告构图、设计的精细。广告制作应使用质感细腻的照片，色彩鲜艳、形象逼真、图文并茂的商品广告容易激发消费者的兴趣和购买欲望。

（3）运用专业化技术

由于专业杂志具有相对稳定的知识性或阶层性读者群，根据他们的知识结构和欣赏习惯，应用专业化设计技术制作广告，可以使读者产生亲切感并留下深刻印象。

（4）使用突出而醒目的广告主题

从吸引读者注意力和增强读者记忆力角度来说，突出而醒目的广告主题能使广告具有更好的宣传效果。

（5）应用艺术化语言

杂志有充足的广告版面，还有易于保存、可重复阅读的特点。因此，应用艺术化的语言形象地宣传广告商品，对其做详细的利益点说明，不仅可以照顾到广告信息内容的完备性，同时还可以吸引潜在购买者。

（6）采用对比手法

在杂志广告上采用对比手法比在报纸广告上要方便得多。因为杂志印刷精美，现代杂志又多以彩色印刷为主，能保证广告构图的精细和质感。因此，在广告创作中，运用色彩对比、构图对比、大小对比，在黑白中套彩色或在彩色中运用黑白对比，都可以加强广告的视觉效果。

2.4 广播广告

广播用做广告媒体虽然比报纸、杂志晚，却在短短的几十年间遍及全球、风靡世界。

2.4.1 广播广告的心理优势

由于科技的发展，新媒体不断出现，广播媒介面临着越来越多的挑战和冲击，然而广播还是有它的优越性，只有充分地了解这些特性，才能扬长避短，进一步挖掘这一媒体的潜力。广播广告的主要特点有以下几项。

（1）传播方式的即时性

即时性，是指广播广告传播速度最快。广播可使广告内容在讯息所及的范围内，迅速传播到目标消费者耳中。不论身在何地，只要打开收音机，广告对象就可以立即接收到。如果广告策略、战术的临时调整而需要紧急发布某些广告讯息，例如发布展销会、订货会、折价销售等时效性要求比较强的供求讯息时，广播广告可以在数小时内完成播出任务，有时还可以做到现场直播。

（2）传播范围的广泛性

由于广播广告是采用电波来传送广告讯息的，电波可以不受空间的限制，并且广播的发射技术相对比电视简单得多，所以广播的覆盖面积特别广泛，它可以到达全世界的每一个角落。广播覆盖范围的广阔性使得人们不论在城市还是乡村，在陆地还是空中，都可以收听得到。广播不受天气、交通、自然灾害的限制，尤其适合于一些自然条件比较复杂的地区。

（3）收听方式的随意性

收听广播最为简便、自由、随意。因为它不受时间、地点的限制，不管是白天还是晚上，不管你在哪里，也不管你在干什么，只要打开收音机，都可以接收听广播的内容。科技的进步，使收音机越发向小型化、轻便化发展，有的只有火柴盒大小。尤其是"随身听"这种为青年人所青睐的收听工具的出现，从某种程度上可以说，广播媒体可以为受众所随身携带。

（4）制作成本与播出费用的低廉性

广播广告单位时间内信息容量大、收费标准低，是当今最经济实惠的广告媒体之一；同时，广播广告制作过程也比较简单，制作成本也不高。

（5）播出的灵活性

因为广播广告是诸媒介中制作周期最短的，所以广告主要根据竞争对手的举动来调整自己的战术行动，快速做出反应。广播广告是最为方便、最为得心应手的工具。而报纸和电视广告除了制作较为复杂以外，刊播时段和版面一般都比较紧俏，需要提前预订。而广播广告在安排播出和调整时段上相对比较容易，比较灵活。

（6）激发情感的煽动性

广播靠声音进行传播，诉诸于人的听觉，它能给听众无限的想象空间，这也正是广播的魅力之所在。广播广告的特色正是通过刺激人的听觉感官，帮助收听者产生联想，因为广播的声音是实在的、具体的，特别容易撩拨人的心弦，煽动人的情绪，而广告也常在这种情形中不知不觉地完成其传达与说服的功能。但是，广播广告也有稍纵即逝、传播方式单一等不足之处。

2.4.2 广播广告的局限性

广播广告的听众非常分散，效果难以测定；声音转瞬即逝难以记忆；"有声无形"的形式限制了某些产品的宣传效果。

2.5 电视广告

电视集听觉形象和视觉形象于一身，融图像、声音、色彩、动作、文字等于一体。电视广告可将信息作综合性、立体化的高效传播。迄今为止，电视广告是最能打动人心、又最能反映商品特色的大众传播媒体。

电视广告的主要特点有以下几点。

（1）直观性强

电视是视听合一的传播，人们能够亲眼见到并亲耳听到如同在自己身边一样的各种活生生的事物，这就是电视视听合一传播的结果。单凭视觉或单靠听觉，或视觉与听觉简单地相加而不是有机地合一，都不会使受众产生如此真实、信服的感受。电视广告的这一种直观性，仍是其他任何媒介所不能比拟的。它超越了读写障碍，成为一种最大众化的宣传媒介。它无须对观众的文化知识水准有严格的要求。即便不识字，不懂语言，也基本上可以看懂或理解广告中所传达的内容。

（2）有较强的冲击力和感染力

电视是唯一能够进行动态演示的感性型媒体，因此电视广告冲击力、感染力特别强。因为电视媒介是用忠实地记录的手段再现讯息的形态，即用声波和光波信号直接刺激人们的感官和心理，以取得受众感知经验上的认同，使受众感觉特别真实，因此电视广告对受众的冲击力和感染力特别强，是其他任何媒体的广告所难以达到的。

（3）受收视环境的影响大，不易把握传播效果

电视机不可能像印刷品一样随身携带，它需要一个适当的收视环境，离开了这个环境，也就根本阻断了电视媒介的传播。在这个环境内，观众的多少、距离电视机荧屏的远近、观看的角度及电视音量的大小、器材质量以至电视机天线接受信号的功能如何，都直接影响着电视广告的收视效果。

（4）瞬间传达，被动接受

最常见的电视广告则是 15 秒和 30 秒。这就是说一则电视广告只能在短短的瞬间之内完成信息传达的任务，这是极苛刻的先决条件。而且受众又是在完全被动的状态下接受电视广告的，这也是电视区别于其他广告媒介的特点。

（5）费用昂贵

费用昂贵：一是指电视广告片本身的制作成本高，周期长；二是指播放费用高。就制作费而言，电影、电视片这种艺术形式本身就以制作周期长、工艺过程复杂、不可控制因素多（如地域、季节天气、演员等）而著称，而电视广告片又比一般的电影、电视节目要求高得多。广告片拍片的片比通常是 100∶1，可见仅是胶片一项，电视广告片就要比普通电影、电视剧节目超出很多倍了。

（6）有较高的注意率

现在，电视机已经普及，观看电视节目已成为人们文化生活的重要组成部分。电视广告注意运用各种表现手法，使广告内容富有情趣，增强了视听者观看广告的兴趣，广告的收视率也比较高。电视广告既可以看，还可以听。当人们不留神于广告的时候，耳朵还是听到广告的内容。广告充满了整个电视屏幕，也便于人们注意力集中。因此，电视广告容易引人注目，广告接触效果是较强的。

（7）利于不断加深印象

电视广告是一种视听兼备的广告，又有连续活动的画面，能够逼真地、突出地从各方面展现广告商品的个性。比如，广告商品的外观、内在结构、使用方法、效果等都能在电视中逐一展现，观众如亲临其境，留有明晰、深刻的印象。电视广告通过反复播放，不断加深印象，巩固记忆。

（8）利于激发情绪，增加购买信心和决心

由于电视广告形象逼真，像上门推销员一样把商品展示在每个家庭成员面前，使人们耳闻目睹，对广告的商品容易产生好感，引发购买兴趣和欲望。同时，观众在欣赏电视广告中，有意或无意地对广告商品进行比较和评论，通过引起注意，激发兴趣，统一购买思想，这就有利于增强购买信心，做出购买决定。特别是选择性强的日用消费品，流行的生活用品，新投入市场的商品，运用电视广告，容易使受众关注并激发对商品的购买兴趣与欲望。

（9）容易产生抗拒情绪

因为电视广告有显著的效果，运用电视广告的客户不断增加，电视节目经常被电视广告打断，容易引起观众的不满。

2.6 户外广告

凡是能在露天或公共场合通过广告表现形式同时向许多消费者进行诉求，能达到推销商品目的的物质都可称为户外广告媒体。户外广告可分为平面和立体两大部类：平面的有路牌广告、招贴广告、壁墙广告、海报、条幅等；立体广告分为霓虹灯、广告柱以及广告塔、灯箱广告等。在户外广告中，路牌、招贴是最为重要的两种形式，影响甚大。设计制作精美的户外广告带成为一个地区的象征。

户外广告的主要特征有以下几点。

① 它对地区和消费者的选择性强。户外广告一方面可以根据地区的特点选择广告形式，如在商业街、广场、公园、交通工具上选择不同的广告表现形式，而且户外广告也可以根据某地区消费者的共同心理特点、风俗习惯来设置；另一方面，户外广告可为经常在此区域内活动的固定消费者提供反复的宣传，使其印象强烈。

② 户外广告可以较好地利用消费者途中、在散步游览时、在公共场合经常产生的空白心理。在这种时候，一些设计精美的广告、霓虹灯多彩变化的光芒常能给人留下非常深刻的印象，能引起较高的注意率，更易使消费者接受广告。

③ 户外广告具有一定的强迫诉求性质，即使匆匆赶路的消费者也可能因对广告的随意一瞥而留下一定的印象，并通过多次反复而对某些商品留下较深印象。

④ 户外广告表现形式丰富多彩，特别是高空气球广告、灯箱广告的发展，使户外广告更具有自己的特色，而且这些户外广告还有美化市容的作用，这些广告与市容浑然一体的效果，往往使消费者非常自然地接受了广告。

⑤ 户外广告内容单纯，能避免其他内容及竞争广告的干扰，而且户外广告费用较低。但是，户外广告媒体也有其不足之处，主要表现在覆盖面小，宣传区域小。

2.7 网络广告

随着因特网技术的飞速发展，网络广告异军突起，成为 21 世纪最有希望、最有活力的新兴广告媒体。在过去几年里，网络广告得到了快速增长。

2.7.1 网络广告的特征

网络广告的常见形式有旗帜广告（Banner）、图标广告（Logo）、文字链接、电子邮件广告、新闻组广告、网上问卷调查、关键字广告、互动游戏式广告、壁纸广告、弹出广告（Popup）、通栏广告和巨型广告，等。它们的特征包括以下几个方面。

(1) 传播范围极大

网络广告的传播范围广泛，可以通过互联网把广告信息 24 小时不间断地传播到世界各地。联合国贸易及开发会议的报告显示，到 2007 年年底，全球网民约为 12 亿人。这些网民可以在世界任何地方的因特网上随时随意浏览网络信息。这种效果，传统媒体是无法达到的。

(2) 非强迫性传送资讯

众所周知，传统广告都具有强迫性，千方百计吸引你的视觉和听觉，强行灌输到你的脑中。而网络广告在很大程度上属于按需广告，具有报纸分类广告的性质却不需要上网者彻底浏览。它可让人自由查询，将上网者要找的资讯集中呈现出来，这样就节省了时间，避免无效的、被动的注意力集中。

(3) 受众数量可准确统计

利用传统媒体做广告，很难准确地知道有多少人接受到广告信息。而在因特网上可通过权威公正的访客流量统计系统精确统计出每个客户的广告所在网页被多少个用户看过，以及这些用户查阅的时间分布和地域分布，从而有助于客商正确评估广告效果，审定广告投放策略。

（4）灵活的实时性

在传统媒体上发布广告后很难更改，即使可改动往往也须付出很大的经济代价。而在因特网上做广告能按照需要及时变更广告内容，当然包括改正错误。这样，经营决策的变化也能及时实施和推广。

（5）强烈的交互性与感官性

网络广告的载体基本上是多媒体、超文本格式文件，当受众对某种产品感兴趣时，仅需轻按鼠标就能进一步了解更多、更为详细、生动的信息，从而使消费者能具体了解产品、服务与品牌。如果将虚拟现实等新技术应用到网络广告，就可以让顾客身临其境般地感受商品或服务，并能在网上预订、交易与结算，这将大大增强网络广告的实效。

2.7.2 增强网络广告效果的心理策略

（1）广告条幅的吸引力最为重要

广告条幅必须在数秒之内抓住读者的注意力，否则访客很快就会进入其他页面。在广告条幅制作中应注意以下几个问题：第一，主题要具有别致、幽默或郑重承诺等特点；第二，文字必须能够引起访客的好奇和兴趣；第三，色彩搭配要有视觉冲击力，最好使用黄色、橙色、蓝色和绿色；第四，形式上，动画的条幅比静态的条幅更有优势。

（2）广告最好在网页上方和下方同时设置

每个页面最上方的位置，访问者不用拖动滚动条第一眼就可以看到，因而这个位置很受广告主青睐。但是也不要太看重在网页最上面的位置。因为，很少有人专为看广告而在网上浏览。当浏览者拖动滚动条到页面最下方时，最下面的广告条是必定会被看见的。所以，广告主在页面最上端和最下端放置同样的广告，即在同一页面让广告出现两次，收效最佳。

（3）使广告靠近网站最主要的内容

通常，综合网站都有发布本站自编新闻的位置，这往往是一个网站中最吸引人的部位，因此，广告如果放在这一位置附近会吸引更多人的注意。

（4）经常更换图片

即使是一个再好的条幅广告，也要经常更换。研究表明，当图片放置一段时间，其点击率就会逐步下降，更换图片以后，点击率又会提高。所以保持新鲜感是吸引访问者的一个好办法。据统计一般应在两周左右更换一次广告图片。

（5）选择适合的网站

广告主的目标市场宣传对象一定要与网站访问者的结构相吻合。另外，即使价格一样，在客流量不同的网站做广告效果也完全不同。客流量高的网站会使广告效果出现的时间大大缩短，从而降低时间成本。

【延伸阅读】 　　　　　　**从消费者心理角度看网络广告发展**

互联网已成为世界上资源最丰富的平台。世界各地企业纷纷上网为消费者提供各种类型的信息服务，其中网络广告就成为抢占这一制高点以获取未来竞争优势的重要途径。所谓网络广告是指网站的所有者通过向在其网站上加入标志、按钮或使用其他方式，提供广告内容和服务来吸引访问者，以达到传播广告信息的方式。今天的网络广告它到底能在多大程度上改变消费者对广告商品的态度与产生购买行为可能还很难下结论。但从消费者心理变化的角度来分析网络广告是如何对消费者产生影响，这一点对网络广告的发展具有重要的意义。

在传统广告时代，广告人主要是通过创意、制作新异的广告来吸引消费者，但许多广告并不一定能让消费者"记住"其内容，当然也就不一定能引发消费者购买。但却有一些让人看了直要吐血的广告，反而有可能产生意想不到的效果，这主要是重复的结果。因此长期以来广告人往往把广告的效果简单地等同于广告制作效果，而忽视了消费者对它的接受程度，忽视了消费者在接受广告时的态度变化过程，也就难免陷入"形式至上"的沼泽。

现代广告学理论基础之一就是广告心理学，广告心理学就是要研究广告与消费者相互作用的规律与特点，据此影响广告设计。从这个意义上讲，广告更像是打心理战，而不是一种艺术创作。如何认识消费者对于广告的接受心理才是广告成功的前提。

首先，在网络广告上影响消费者变化主要表现在媒体接触时间的变化。互联网与移动互联网应用改变了人们的生活、工作、娱乐、学习的方式。也就是说，在消费者的生活时钟里，除了看电视、看报纸、行车、逛街、差旅等传统行为外，收发邮件、搜索信息、上论坛、写博客、收发短信、发微博、发微信等在线形式都是由互联网与移动互联创造的消费者生活方式，它已成为消费者生活的重要环节或组成部分。也就是说网络广告要与消费者接触媒体时间相结合。

其次，网络广告使得消费者主动性消费大大增加。由于互联网和移动互联为消费者主动获取信息提供了极大的便利，消费者在购买决策过程中，可以在互联网上搜索、收集商品/服务的信息作为依据，再决定其购买行为，进行较之以前更为理性的消费。对商品/服务等的信息检索始终是今天网民对互联网的主要用途之一。

再次，互联网与移动互联广告引起了消费者心理的改变，"使正确的购买"消费心理有了更充分的信息依据。在传统广告时代，营销手段万变不离其宗，就是刺激需求的手段，消费者在种种商品信息与广告营销宣传中混沌迷糊地进行着购买决策。而在网络时代，行业频道、行业垂直网站、专业评论网站、专业博客、微博等的出现，使消费者有机会从多种渠道获得详尽的专业信息，从而确保其尽可能进行"正确的购买"。

基于网络广告对消费者心理的影响，网络广告的测量主要有以下内容。

第一，"品牌联接"。主要测量网络广告让人记住所做品牌的能力。这是最重要的，因为没有哪个广告主希望花费大笔费用"为别人做嫁衣"。

第二，"创意沟通"。主要测量网络广告中的创意能否被人理解以及人们看后对其的评价（如喜欢程度、独特程度、可信程度等）变化。

第三"广告说服"。主要测量网络广告对于消费者采取后续购买行动的能力，包括查找更多资料，与朋友分享，当然还有最重要的实际购买。

基于网络广告测量要求，有两个重要环节在广告设计中要充分考虑到。

消费者广告接收，它是人们理解广告内容、了解产品的重要过程。传统平面广告的感知与接收是同一的。而在网络广告中，接收却往往需要附加动作。例如，点开链接。有时这个过程还需要多个步骤。虽然广告创意者极力要"诱敌深入"，但受众的耐心未必那么持久。这种层层深入的做法，是沿袭了网站设计中的层次结构的做法。它过于逻辑，而忽略了一点，人们的心理，往往不是由逻辑决定的。电视广告的好处是具有更多的人的因素、故事的因素。电视广告的接收，主要地依赖于情节的展开。一般来说，不那么枯燥。广告中主角的劝说，也使它具有人际交流的色彩。而这些正是网络广告目前所欠缺的。受众对传统广告的记忆，是靠其"反复性"而加深的。网络广告的反复刺激性则要差得多。一条某品牌的广告放上一个星期，就足以让人熟视无睹。而"记忆"，却正是树立"品牌"的一个重要因素。从这方面看，可能网络广告对于树立品牌，所能起的作用是有限的。

消费者对商品的态度改变。因为广告对改变受众的商品态度是广告作用的重要方面。消费者态度改变主要分为两个方面：一方面是他们对广告本身的态度；另一方面是他们对广告产品的态度。值得注意的是，这两种态度之间，不一定存在"正相关"关系。喜欢广告，不一定就会喜欢产品，反之亦然。对广告的态度，是一种审美。而对产品的态度，则是一种功利或需求。当消费者把审美与功利分得比较清楚时，广告的作用就难说了。目前网络广告上的广告诉求更多地还是引起人们的兴趣，但引起购买行动才是广告的最终目的。人们是否会采取购买行为，并不完全取决于是否记住了某个产品，也不取决于对广告或产品的感情。与人们在购买时，"情境"的作用至关重要。如争相抢购所引起的好奇、从众心理，货源匮乏时引起的竞争心理，打折、优惠所带来的满足感（功利），这些情境对消费者实际购买十分重要。

当然网络广告的好处是显而易见的，它可以把购买行为直接引入到广告的接收过程。这时，网上"情境"营造也就成为一项重要任务。网上"情境"的作用是要用来弥补网络广告在导致"记忆"、"态度"方面的不足。使得人们在还来不及记住某个品牌，或来不及考虑自己的态度时，就发现产品已在眼前。如果人们的确有这方面的需求，那么购买也就变得顺理成章。网络"情境"为产品提供的货比三家提供了优势，以此可以弥补由网络带来的虚拟感。（来源：中国营销传播网　作者：丁家永）

【实训练习】

项目一　广告实施

【实训目标】

　　1. 培养学生针对某商品实施广告的能力。

　　2. 培养学生在实施广告时应用营销心理学知识的能力。

【内容与要求】

　　班级内分组进行。征得学校有关部门同意后，与某品牌饮料或电脑（也可以是其他商品）经销商接洽，筹划在校园内针对该品牌商品进行一次广告宣传。广告媒体、材料、广告语和人员由各小组同学自己筹备，时间、地点和方式需按学校有关规定进行。

　　广告活动工作完成后，各小组举行一次总结讨论会，写出书面总结。要注意调查总结广告形式与广告效果之间的关系，从心理学角度分析影响广告效果的因素，以及以后相关工作应注意的事项。

【成果检测】

　　每个小组形成一份实训报告，总结广告实施过程中应遵循的规律和注意的事项。依据报告情况为每小组打分。

项目二　广告心理效应的调查分析

【实训目标】

　　1. 培养学生应用营销心理学研究方法的能力。

　　2. 培养学生调查了解广告心理效应的能力。

【内容与要求】

　　班级内分小组进行。针对广告对受众心理的影响及其对实际消费行为的影响编制调查问卷，了解电视广告、网络广告和社会关系影响之间的关系，以及电视广告和网络广告影响消费心理和行为的程度，写出调查报告。为确保调查效果，建议以某一类商品为例，以本校在校大学生为调查对象。问卷的编制要严格按程序进行，确保可信度和有效性。

【成果检测】

每小组编制一份调查问卷，根据调查结果写出调研报告。依据问卷的编制情况和调研报告的质量为每小组打分。

项目三　制作广告策划案

【实训目标】

培养学生应用广告推广宣传企业及产品的能力。

【内容与要求】

根据不同广告媒体的优势和特点，选择一个或多个媒体对某企业进行形象宣传。内容与企业宗旨和经营理念高度一致，要充分考虑广告的制作和实施费用。广告制作和实施的整个过程（包括内容、创意、媒体选择、支出预算、预期效果评估等）均由个人独立完成，写出详细的策划案。

【成果检测】

每位学生写一份广告策划案。依据策划案情况计分评定。

第 12 章　营销人员管理心理

【教学目标】

★知识目标

1. 掌握营销人员心理素质的内涵；

2. 了解营销人员的职业生涯规划；

3. 了解营销人员问题行为的产生及表现；

4. 掌握营销群体的心理及调控方法。

★能力目标

1. 培养学生自觉提高心理素质的能力；

2. 培养学生进行自我职业生涯规划的能力；

3. 培养学生自我矫正问题行为的能力；

4. 培养学生建设和管理营销群体的能力。

 ## 第 1 节　营销人员的心理素质

【案例导入】

　　美国当代最伟大的推销员麦克，曾经是一家报社的职员。他刚到报社当广告业务员时，不要薪水，只按广告费抽取佣金。他列出一份名单，准备去拜访一些很特别的客户。

　　在去拜访这些客户之前，麦克走到公园，把名单上的客户念了 100 遍，然后对自己说："在本月之前，你们将向我购买广告版面。"

　　第一周，他和 12 个"不可能的"客户中的 3 人谈成了交易；在第二个星期里，他又成交了 5 笔交易；到第一个月的月底，12 个客户只有一个还不买他的广告。

　　在第二个月里，麦克没有去拜访新客户，每天早晨，那位拒绝买他的广告的客户的商店一开门，他就进去请这个商人作广告，而每天早晨，这位商人却回答说："不！"每一次，当这位商人说"不"时，麦克假装没听到，然后继续前去拜访，到那月的最后一天。对麦克已经连着说了 30 天"不"的商人说："你已经浪费了一个月的时间来请求我买你的广告，我现在想知道的是，你为何要这样做。"麦克说："我并没浪费时间，我等于在上学，而你就是我的老师，我一直在训练自己的自信。"这位商人点点头，接着麦克的话说："我也要向你承认，我也等于在上学，而你就是我的老师。你已经教会了我坚持到底这一课，对我来说，这比金钱更有价值，为了向你表示感激，我要买你的一个广

营销心理学实用教程

告版面，当作我付给你的学费。"

【应用知识】

1.1 营销人员的一般心理素质

1.1.1 心理素质的含义

一个人的心理素质是在先天素质的基础上，经过后天的环境与教育的影响而逐步形成的。心理素质包括人的认识能力、情绪和情感品质、意志品质、气质和性格等个性品质诸方面。营销人员的心理素质指的就是在销售中营销人员应当具备的认识能力、情绪和情感品质、意志品质及个性品质等，因为这些能力和品质能够经过锻炼不断得以提升，因此，营销人员的心理素质还包括其发展潜力。营销人员不熟悉产品知识和销售知识、缺乏自信，或者没有良好的自我表达能力等，反映出营销人员在认知和个性方面的不足。

除了心理素质之外，思想素质、文化素质和行为素质也反映了营销人员的综合素质，由于这几个方面都统一于人的心理与行为的协调，因而可以用心理素质这一概念来涵盖人的基本素质。

参考我国台湾地区的学者钟隆津的观点，他列出了营销人员应具备 16 个方面的内在素质和 5 个方面的外在素质。

16 种内在素质为：①对公司竭尽忠诚地服务；②具有对商品的各种知识；③具有良好的道德习惯；④具有识别别人的能力及独具慧眼的尖锐见解；⑤具有幽默感；⑥具有良好的社会公共关系；⑦具有良好的判断力和常识；⑧对顾客的要求和兴趣给予满足，并真诚地对顾客表示关心；⑨悟性甚优；⑩具有用动听言语去说服客人的能力；⑪机警善变，而且可随机应变；⑫忍耐力强，精力充足，勤勉过人；⑬见人所爱，满足其需要；⑭富有创造性，性格乐观；⑮有记忆客人面貌及名字的能力；⑯很富有顺应性。

5 种外在素质是：①推销员有能力接近顾客，能引起他的注意，并保持他的注意；②有能力将其物品或其所讲解的内容很有技巧地提供给顾客，以引起顾客的注意；③有能力激起顾客对其所推销的物品及物品产生的利益具有信心，否则顾客不会采取购买行为；④有能力激起顾客对其所推销的物品产生占有欲，可在示范及说明的过程中博得顾客的信任；⑤把握顾客对物品的占有欲望，进一步加以促成。

1.1.2 营销人员心理素质分析

营销人员事业成败与否的决定性因素是他们的心理素质。营销人员的心理素质由以下五个方面构成。

(1) 认知过程

同任何心理活动一样，在营销人员的心理素质中，认知过程起着接受刺激、形成印象的作用。这是心理过程的第一个环节，也是很重要的环节。如果认知过程有差错，那么随后的推理、发明创造、人际交往都会偏离事实，把活动引向歧途。

认知过程归结起来有以下几条内容，它们对提高推销人员的心理素质相当重要。

① 准确的社会认知和敏锐的观察能力。营销人员的认知属于社会认知，社会认知的对象是自己、他人、人际关系等。营销人员依据过去的经验，并结合有关线索进行分析，形成对自己、他人和人际关系的心理表象，最后拼合成营销人员观察各种活动的带有指导性的认知地图。观察能力的高低直接影响着认知的效果，因此，培养敏锐的观察力，从细微处见真情，是营销人员随时要操作和完成的心理活动。

我们都知道，无论怎样隐秘的心理活动，都有一定的外部表现。常见的外部线索有：人用自己的言语、身段、手势主动地表达，观察者利用被观察者无意流露出来的眼神、语气、手势、行为等进行判断。

② 良好的判断力。良好的判断力是指销售人员能够准确地从观察到的外部线索中推知对方行为发生的真正原因，又称归因。如前所述，任何一个行为，其背后总有动机在推动，而动机又是需要派生的，人的需要是心理活动的原动力，它和人后天形成的另一个心理因素——自我调控一起协调、控制内部心理活动和外部行为反应，归因就是揭开这一过程的所有面纱，直接把握住事实的真相。知道了人需要的内容，就不难设计出相应的策略，完成双方的交往活动，达到预定的目的。

神入能力是良好判断力的一种形式。神入能力是指推销员凭借自己丰富的阅历、敏感的观察，根据对方的言谈举止、背景资料或身材相貌直接地、不假思索地把握对方的心态特征，有时人们用"直觉"、"第六感官"等名词来描述这种能力的作用。

③ 丰富的常识和准确的认知地图。认知地图是一种形象的比喻，是指在生活中通过观察与判断，人在大脑里建立起一幅与观察和判断的对象相似的心理图式。认知地图的内容很多，常见的有关于人自身的认识，即自我意识或自我形象；关于社会中人与人之间关系的认识；关于社会生活中各种习俗和规律的认识等等。

(2) 思维方式

在日常生活中，人们用思考来代替思维，指人们在心里考虑各种事物及其之间的联系，分析其因果。

以我国的市场经济为例：在计划经济体制下，工厂通过采购员购买所需要的原料，通过业务员联系由国家指派的销售工作；在市场经济体制下，采购员和业务员变成了营销人员，改变了以往"坐等别人上门"的销售方法。

随着市场竞争日趋激烈，销售部门先是模仿、引进西方国家的一些促销手段，如广告宣传、彩票赠券、回扣等，然后便是发展有中国特色的销售方法。目前，国内的销售手段还处于模仿别人已经创造出来的手段的水平上，创造性的成分较少。但是可以预测的是，中国经济与国际市场接轨后，销售工作必将有大的突破。这就依赖于销售部门各种人员运用创造性思维，思考出新颖、独特的销售方法，保证商品流通渠道畅通。

营销人员的创造性直接关系到其工作成败。当市场上所有营销人员都在用上门推销的方式工作时，你也用这种方法，最多只能成为其中的一员；如果你一边用这种方法，一边想出用"产品爱好者协会"或是其他什么聚会的形式扩大新的用户，你就能在竞争中战胜别人。对于营销人员而言，在推销中创造性地设计出新的推销思路并逐渐形成自己独特的风格，是至关重要的。

营销人员除了具备人们经常使用的基本思维方法外，还应突出其中几种方法的作用，形成有利于自己职业的思维方式。这些思维方式往往直接影响推销的业绩。最主要的有以下两种。

① 创造性思维。创造性思维和创造性想象、创造性活动紧密联系在一起。创造性思维的心理特征表现为主动性、深刻性、反向性、发散性、聚合性和独创性六个方面。

社会上总是有一批人敢于冲破传统的束缚，用新的思维方式、新的活动方法来处理问题。若干时间以后，这种反传统的一套规范被大多数人模仿而成为新的传统，如此循环往复。因此，如果要获得有意义、有价值的人生，就必然会运用创造性思维。

从销售行业的发展历程，也可以看出创造的作用。世界处于不断变化之中，任何一种现成的解决方案都有满足不了变化着的现实的时候，时间可以使任何先进的、独特的思维定势成为传统。因此，为了人类自己的生存和发展，也需要充分发挥人类的创造性潜能。

② 具有一定的幽默感。幽默感可以调和人际间紧张的关系，缩短人与人之间的距离，是营销人员必不可少的一种素质。营销人员在面对顾客时，用幽默的方法处理尴尬局面相当有效，若用来指出自己的缺点，更能够博得对方的好感。一般来说，比较成功的推销员都有一定的幽默感。

(3) 知识储备

作为营销人员的一项基本素质，知识储备是指了解和掌握与推销活动有关的前人总结的经验和规律。知识储备需要通过专门的、系统的学习。

知识的内容非常丰富：首先，是与产品有关的各种信息，如产品的结构、功能，产品的生产工艺流程，产品的成本与价格；其次，是与销售有关的知识，如生产管理、经营管理、市场营销、推销技巧、消费心理、合同法律等；最后，是其他一些辅助性知识，如经济学、管理学、心理学、伦理学、美学、社会学、公共关系学等。

(4) 人际关系

搞销售时刻与人打交道，如何建立和保持良好的人际关系是值得营销人员好好研究的一门重要课程。没有良好的人际交往技巧和丰富的社会关系，推销员很难打开工作局面。营销人员应具备的人际关系方面的素质可以从以下几个方面分析。

① 具有一定的面谈技巧。在与顾客交谈时，必须具备一些最基本的面谈技巧。首先，要注意运用各种手段达到取得顾客信任的目的，双方的相互信任是进一步发展关系的基础。第一印象、外表、言谈举止、产品的声誉和质量，均可成为取得对方信任的因素；其次，具体交谈时应遵循一些面谈技巧，避免走入人际关系的误区，常见的要点有微笑服务、目光接触、从否定回答中找到突破口、真诚关心等。

② 关心、满足顾客的兴趣和需要。营销人员关心的重点不是自己的销售任务、推销面谈语言或其他与自己利益相关的东西，而是推销对象的心理状态、需要欲求、利益等内容，真正做到顾客至上。推销的最终目的是让顾客购买其产品，满足其需要，使生产、销售、消费三者均获得利益。达到该目的的直接形式当然是说服顾客立即填写订单，购买产品。但是，客户对产品不太熟悉，对产品的优点、操作和用途有很多疑虑，很难做出立即购买的决定，因此，较多的时候是由间接形式达到销售的目的，如帮助客户解决一些可能与推销产品行为无关的问题，通过现场操作打消客户疑惑犹豫之心，对客户的生活方式、生活事件表示同情与理解等。

营销人员应养成随时随地礼貌待人、热情助人、关心有困难的人的好习惯。受到关心和需要得到满足的客户，可能在推销员走后，主动地找上门来求购产品。关心顾客、从客户的角度适当考虑他们的利益，热情帮助有困难的客户，是推销员的一种重要心理素质。

③ 说服别人的能力。大多数情况下，营销人员要面对的是用怀疑、不信任的目光打量他的客户，让客户填订单时多半会得到同一答复"不"。因此，营销人员必须具有说服别人改变态度的能力。

说服顾客改变态度的心理学原理是：根据态度由认知、情感、意向三因素组成这一理论，用提供事实、讲清道理的方式，消除认知方面的误区；分析和判断对方的需要与动机，在情感上感化否定的态度，取得对方的信任；尽量为对方的购买行为提供方便。

面谈的技巧使顾客愿意和推销员交谈，关心顾客是推销员工作时的注视点，而说服顾客才是真正为了销售的目的而进行的努力。必须注意，无论在什么情况下，营销人员都不能和顾客形成对立的关系，不能因为一时无法说服对方而失去耐心，或在说服中为了一点小事而争强好胜与顾客产生争执。这些局面与推销的宗旨是相违背的。

④ 良好的社会关系。社会关系俗称关系网，是推销员的隐形财富。白手起家的推销员，

只有挨家挨户跑、大街小巷转，经济效益与劳动强度不成比例。老牌推销员手中都有一定数量的老客户，他们不仅在业务上有来往，个人交往也比较多，逢年过节还可能以各种方式联络联络感情。由于工作需要而接触各行各业人员的人，最具有推销威力。

（5）自我调控

自我调控是指主体在长期生活实践中形成的一种能力，根据各种环境主动或被动地调整对自己的认知地图，控制自己外显的反应。自我调控是营销人员心理素质的核心。

首先，推销员的自我调控能力表现在自信心的作用上。人际交往最大的障碍是缺乏自信，试想一个连自己也说服不了的营销人员怎能说服别人？没有自信的营销人员是一个蹩脚的推销员。自我调控可以使自己树立良好的自我形象，用理想的自我激励自己向更高的目标奋斗。

其次，营销人员必须有一定的外部压力加以制约。由于推销的工作比较独立、有创造性，公司单位会赋予推销员较大的自由处理业务的权利，这是对推销员的信任，同时也是公司或企业在管理营销人员工作上的薄弱环节。有些素质不高的营销人员会借助这种"将在外，君命有所不受"的特权为自己谋私利，损害公司企业的利益。常见的作弊行为有拿着工资干私活、携巨款潜逃、泄露企业机密、利用回扣谋利、虚报费用、虚填发票等。为此，用人单位在选拔推销员时，应从推销员是否有正确的职业道德感、高尚的价值观等角度进行考虑，宁可要忠于公司的人，也不要推销手段高明但三心二意的人。因此，营销人员应当加强自己的职业道德观，树立正确的人生价值观，不要为蝇头小利而出卖自己的人格。

另外，推销员应该克服自身的惰性，始终保持旺盛的精力、乐观的情绪，用自我追求的精神面对困难与挫折，永无止境地向前奋斗。这是自我调控能力在人的意志品质上的体现。一般来说，推销员要花大量时间寻找新客户，平均每天要拜访十几位客户，工作强度很大。每到一处，推销员的举止言谈都直接影响推销的结果。没有旺盛的工作精力，在客人面前露出疲惫不堪的神情，会被对方认为没有自信、缺乏诚意。同时，营销人员的每次拜访并非都以推销成功而告结束，大部分情况下是碰到"软钉子"，无功而返，因此，挫折感非常明显。若没有一点幽默感，不保持乐观的情绪，缺少忍耐力，是无法把工作做下去的。推销这一行业特别要求推销员善于控制自己的惰性，具有能持之以恒、百折不挠地为争取客户而努力的敬业精神。

最后，自我调控能力表现在营销人员的机智善变与适应环境上。人的意志力是行动的重要驱动力，但不能简单地理解为永远坚持下去，不管外界环境是否变化，而一味执着于欠妥当的目标。人的意志力体现在对长期目标的执着追求与为达到目标而灵活调整自己行动的随机应变这两者的相互统一上。同时，长期目标也有可能随着时间的变化而作相应的调整。例如，推销的目的是明确无疑的，但推销员每一次具体的交谈都有自己的特点，按照已形成的推销模式应付各种情境固然省力，但可能会忽视对方的心理状态和需要欲求，犯仅从自己的角度主观地说服别人的错误。随机应变和适应性强的素质会随着人际交往经验的增加而提高。

综上所述，推销员的心理素质是多种能力的综合体。其核心是自我调控，以提高自信心来加强推销员自身的能量，以乐观、执着、随机应变来克服推销过程中的种种障碍。同时，自我调控对认知、思维、掌握知识、形成良好人际关系起着调节与控制的作用。认知过程是推销员认识推销的目的、任务、对象的过程；思维过程则是分析推销的本质规律，创造性地完成推销任务。掌握知识是为了更好地促进推销工作，做到对市场与推销的各个环节心中有数，有的放矢地进行工作。人际关系对于推销员来说，其重要性类似于水对鱼的作用——离开了人际交往，推销工作就没有实质性内容了。这五个因素相互作用，构成了推销人员的内在心理素质体系。

1.1.3 提高营销人员心理素质的方法

（1）提高营销人员的职业道德素质

职业道德素质是营销人员个体心理素质的核心内容，其高低程度直接决定了其他素质发挥作用的方向，决定了企业满足消费者需要的程度。良好的职业道德素质主要包括文明经商、注重信誉、优质服务等内容。要提高营销人员的职业道德素质水平，主要应做好以下几项工作。

① 建立正确的社会评价和集体舆论体系，形成强大的社会压力和良好的社会规范，使营销人员自觉地掌握行为标准，形成一个自我控制体系，从而促进其是非观念和名誉心理的健康发展。

② 发挥榜样的力量，通过宣传优秀营销人员的良好职业道德，扩大榜样的影响力和吸引力，使营销人员有一个良好的职业道德形象，促使其自觉或不自觉地产生对榜样的模仿行为，以促进其品德和觉悟程度的提高。

③ 利用情感对主体活动的影响力，通过传统教育，调动营销人员热爱企业、文明经商的传统情感，通过信息反馈，促进为消费者服务的现实情感，以此来促进营销人员品德情感的能动作用。

（2）培养营销人员良好的个性心理素质

① 培养和提高营销人员对企业经营活动的兴趣。

a. 运用宣传教育和社会团体的影响力，帮助营销人员树立正确的信念，使其充分认识到企业经营活动的崇高性，摒弃"无商不奸"的错误观念。

b. 帮助营销人员充分认识其本职工作的社会意义，提高营销人员从事企业经营活动的效率，以激发其从事企业经营活动的积极性。

c. 通过物质奖励和精神奖励的办法，帮助营销人员获得生活与工作条件一定程度上的满足，提供进一步学习的机会，提高其从事企业经营活动的期望值，以此培养他们从事企业经营活动的兴趣。

d. 进行工作再设计，帮助营销人员激发积极的专业兴趣。通过适当调整营销人员所从事工作的难易程度，使企业经营活动对营销人员具有一定的挑战性；通过实行工作轮换制，使营销人员对所从事的工作经常保持新鲜感；通过授予一定的自主权，使营销人员能有发挥工作潜能的更大的空间。

② 锻炼和提高营销人员的企业经营活动能力。营销人员所从事的工作性质不同，管理者对营销人员的能力要求也有所不同。从一般意义上讲，营销人员主要应锻炼和提高观察能力、理解能力、判断能力、决策能力、应变能力、人际交往能力以及市场调查和市场研究能力。这些能力的锻炼和提高，主要通过营销人员有意识的、自觉的行动来实现。

a. 要明确工作岗位对营销人员的能力要求。

b. 正确估计、判断自己目前的能力水平，找出能力差距。

c. 根据能力的差距，有针对性地进行锻炼和培养。

在锻炼和提高营销人员的能力时，要坚持在实践中提高的原则，一方面要确定培养项目和培养标准，制定培养计划；另一方面要坚持在实践中不断锻炼，在实践中不断提高。

③ 适应营销人员的气质，合理安排工作岗位。任何一种气质类型都有其积极的一面，也有其消极的一面。

急躁型的营销人员，积极、生机勃勃等是其优点，但也有暴躁、任性、感情用事等缺点；活泼型营销人员既有灵活、机敏的一面，也有轻浮、情绪多变的一面；冷静型营销人员有沉着、冷静、坚毅等优点，也有缺乏活力、冷淡等缺点；沉默型营销人员有情感深刻、稳定的优点，但也有孤僻、羞怯等缺点。这就要求管理人员根据企业经营岗位的需要，合理地选择不同气质类型的人员。另外，营销人员也应该根据自己工作岗位对气质类型的需要，努力磨炼自己，使自己能够成为一名称职的营销人员。

1.2 营销人员的职业生涯

1.2.1 职业生涯及其阶段

所谓职业生涯，是一个人一生的工作经历，特别是职业、职位的变动及工作理想实现的整个过程。

人们一般把职业生涯周期分为四个阶段：职业生涯早期，职业生涯中前期，职业生涯中后期和职业生涯后期。每个不同的时期，都会有不同的特点，人们在每个时期的任务也不一样。从 20 多岁到 30 岁这个阶段，属于职业生涯早期，又称为职业生涯第一青春期，这个阶段的主要任务是学习、了解、锻炼；30～40 岁这个阶段属于职业生涯中前期，即职业生涯成长期，主要任务是争取职务轮换，增长才干的机会，寻找最佳贡献区，也就是争取找到我们的职业锚；40～55 岁是职业生涯的中后期，称作成熟期，又称为职业生涯的第二青春期，主要任务是创新发展，贡献辉煌；55～70 岁是职业生涯的后期，主要任务是领导、决策或总结教训，教授经验。

1.2.2 营销人员的职业生涯规划

作为营销人员，应对自己的职业生涯进行职业规划。营销人员职业生涯规划是在了解自我的基础上确定适合自己的职业方向、目标，并制定相应的计划，以避免就业的盲目性，降低从业失败的可能性，为走向职业成功提供最有效率的路径。

对营销人员来说，职业规划就是个人发展的一盏指路之灯，让我们清楚自己未来的路与方向。在竞争激烈的现代社会，一个人越清楚了解自身的资源与优势，明白如何根据个人核心优势去制定未来发展道路，他必然更容易实现成功的梦想。

(1) 营销人员职业规划的原则

考虑到工作的性质，营销行业对从业人员的素质有一定的要求，所以营销人员在职业规划时，必须考虑到行业的特性与个人的优缺点，这样才能制定合理、有指导意义的职业规划。营销人员职业规划的原则如下所述。

① 职业发展目标要契合自己的性格、特长与兴趣。职业生涯能够成功发展的核心，就在于所从事的工作要求正是自己所擅长的。如果一个人性格内向、不善于与人沟通，没有敏感的市场意识，那么他就很难成为一名成功的营销人员。了解自身优缺点是制定职业规划的前提。

② 职业规划要考虑到实际情况，并具有可执行性。有些营销人员很有雄心壮志，一心想要在营销领域一鸣惊人。但是营销工作虽然具有一定飞跃性，但是更多时候却是一种积累的过程——资历的积累、经验的积累、知识的积累，所以职业规划不能太过好高骛远，而要根据自己实际情况，一步一个脚印，层层晋升，最终才能成就梦想。

③ 职业规划发展目标必须有可持续发展性。职业发展规划不是一个阶段性的目标，而是一种可以贯穿自己整个职业发展生涯的远景展望，所以职业发展规划必须具有可持续发展性。如果职业发展目标太过短浅，这不仅会限制个人奋斗的热情，而且不利于自己长远发展。

(2) 营销人员职业生涯规划的方法

① 自我认识。通过自我认识，营销人员能够发现自己是否具有营销方面的特长，是否

具备营销人员的一般心理素质，以及是否适合从事营销工作。

② 内外环境分析。通过内外环境分析，使营销人员认识到内外环境的变化以及对营销人员提出的挑战，自己在哪些方面存在不足。

③ 岗位选择。通过岗位的正确选择，营销人员能够在营销行业中找到自己的位置和适度发展的空间。

④ 职业生涯目标抉择。营销人员确立科学的职业生涯目标，激发活力，开发潜能，克服市场竞争的困阻，获得事业成功。

⑤ 职业生涯路线选择。通过职业生涯路线的选择，能够使营销人员工作、学习的思路清晰，发展路线明确，有计划、有步骤地发展自己。

⑥ 实施计划与具体措施。营销人员要制订具体的工作计划、实现计划的具体措施，明确起讫时间，并对预期目标计划进行考核。

1.2.3 建立成功营销的个人品牌

不仅企业、产品可以塑造优秀的品牌，作为个体的营销人员也能塑造良好的品牌。营销人员凭借着个人勤奋、热情、能力、信誉、才干等优良的品质，可以为个人带来更多的发展机会，树立个人品牌。

塑造个人品牌最重要之处就在于个人的战略定位：成为什么样的人，以及如何达成目标。一个人要建立自己的个人品牌，首先就必须了解自己最有优势的资源，而这种资源就是建立成功个人品牌的核心基础。

对于营销人员而言，能够准确定位自我，并深入了解自己的优势、持续发挥优势，往往更容易走向成功——一个人只有持续专注于自己的优势资源，最终才能确立自己鲜明的个人品牌，而个人品牌的建立则代表了一种坚定的承诺与能力的保证，所以成功就会随之而来。营销人员要确立自己的个人品牌，首先，营销人员在营销行为中要体现个人的独特性，正如许多人购买汽车专门要找乔·吉拉德一样，营销人员的个人品牌必须代表某种东西，它们与众不同，具有自己的观点和吸引人之处。营销人员可以通过多种方式去体现自己的独特性。其次，营销人员要体现出自己才能的价值与重要性。个人品牌是否能够获得别人认可，最重要的一点就是个人品牌的建立者能够表现出其才能对大众的价值与重要性。营销人员不仅要对企业负责，更要对客户负责。一个营销人员只有以自己的承诺与信誉为基础，切实地通过自己的工作为企业、客户带来双赢结果，真正体现出自己的工作重要性，才能够建立起个人鲜明的品牌形象。

可以说，成功的个人品牌代表一种信誉、一种鲜明的个人印记。在激烈竞争、人才辈出的营销行业中，打造鲜明的个人品牌，是每一名营销人员真正成功之处。因为环境会变化、时间会流逝，而个人品牌的光芒却永远闪亮如新。

1.3 营销人员的问题行为及矫正

1.3.1 问题行为的含义与类型

（1）问题行为的含义

管理心理学中将员工的消极行为称为"问题行为"。这里主要指营销人员的种种消极行为。

（2）问题行为的类型与危害

营销人员的问题行为大致可划分为以下两大类。

① 攻击性问题行为。此即营销人员所采取的是外向的、具有破坏性的行为。如：

营销人员在销售过程中采用不正当促销手段，违反法律、法规、行业道德规范，或者冒犯顾客等。这类问题行为会对营销目标的实现、企业形象及组织内部管理产生明显的破坏作用。

② 退缩性问题行为。此即营销人员所采取的是内向、消极、冷漠的行为。如：营销人员因犯错误受到批评后，表现出消极的态度，对工作冷漠，对他人疏远等。这类问题行为往往是管理者在工作过程中容易忽视的。事实上，退缩性问题行为的危害也是很大的。一方面，退缩性问题行为会使营销人员对工作产生消极影响；另一方面，销售人员长时间将问题闷在心里，会形成某些心理疾病。

1.3.2 问题行为的产生

(1) 影响个体行为的因素

从心理学的角度讲，影响个体行为的因素是复杂的，这里我们借助勒温行为模式进行概括，其基本的行为公式：

$$B = F(P, E)$$

式中　B——个体行为；

　　　F——函数关系；

　　　P——个体变量（包括遗传、特性、能力、健康状况、气质、情感等主观因素）；

　　　E——环境变量（主要指个体变量之外的，影响人类行为的因素）。

上述公式的含义为：人的行为是人和环境的函数。即影响行为的因素包括人的自身因素和人所处的社会环境。对于营销人员来说，社会环境因素包括：工作方面的因素，如营销目标、工作条件、顾客关系、销售业绩等；管理方面的因素，如领导信任程度、上下级关系、奖励惩罚、管理方式等；生活方面的因素，如工作福利、婚姻恋爱、文化生活等。营销人员自身方面的因素包括认识、情感、意志、能力、性格、气质等。正是主客观两方面的因素决定了营销人员问题行为的产生。

具体而言，问题行为的产生主要有两种情况：一是由于营销人员采用不合理、不正当的方式满足需要；二是在遭遇挫折后，营销人员产生非理智的挫折反应。

(2) 为满足需要而引发的问题行为

人的一切行为都是为了满足需要。为了满足需要，可能采取合理的、正当的方式，也可能采取不合理、不正当的方式。后者则会导致问题行为产生。

(3) 由于遭受挫折而引发的问题行为

当人们的努力遭受挫折得不到应有的回报时，就会产生一系列的挫折感，包括失望、愤怒、悔恨、担心等各种复杂的情感或心理。由此会相应产生一系列行为表现，包括坚持行为、调整行为、回避行为、放弃行为、对抗行为等。由于遭受挫折而产生的问题行为主要表现为以下几种情况。

① 在使用正当方式满足需要受挫后，营销人员可能转而采用不正当的方式满足需要，从而产生问题行为。

② 在遭受挫折后，营销人员可能放弃这种需要，压制这种需要，采取消极的回避行为或彻底放弃行为。

③ 营销人员可能会采取对抗行为。为了发泄由于受到挫折而产生的愤怒和不满，采取不理智的攻击行为。例如，顾客在反复多次挑选商品后却不购买，营业员可能会将商品甩到柜台上或对顾客出言不逊。

1.3.3 问题行为的预防与矫正

营销人员的问题行为会对销售目标的实现产生较强的负面影响，因此管理者对营销人员的多种问题行为必须高度重视，采取积极主动的态度，运用有效的方法与手段加以预防与矫正。营销人员问题行为预防与矫正的常用方法有以下几种。

(1) 把握时机，冷静分析

管理者必须对营销人员可能产生的问题行为有较强的防范意识，特别是当营销人员产生强烈的需要或出现挫折时，要格外注意对问题行为的预防。当发现营销人员产生问题行为后，要进行全面而冷静的分析，及时找出问题行为的产生原因，以便有效地加以把握。

(2) 宣传教育，正面引导

无论是对问题行为的预防，还是对问题行为的矫正，管理者都要坚持以看待营销人员工作的积极一面为主，并加以肯定，在此基础上，加强正面宣传教育并开展深入细致的思想工作，进行积极引导。

(3) 关心爱护，理解尊重

对营销人员发生的问题行为，管理者切忌怀着鄙视的态度，一味加以指责。相反，应当满腔热忱，对产生问题行为的员工关心爱护，充分给予理解、尊重他们的人格与意愿，进而在感情沟通的基础上去帮助营销人员矫正问题行为。

(4) 适当宣泄，因势利导

当营销人员由于遭受挫折或其他原因而产生强烈不满甚至愤怒时，可以选择适当的方式和渠道让其进行宣泄，使其心理恢复平衡，并在此基础上，进行耐心解释、说明和疏导。

在处理营销人员产生的问题行为时，管理者一方面通过对积极、先进的行为予以表彰、奖励，树立榜样，对员工正面引导，实现对积极行为的正强化，预防问题行为的发生；另一方面，要运用适当的惩罚手段，对问题行为进行惩处，加以制裁，从而对问题行为进行负强化，加以抑制或矫正。这些都是对营销人员的问题行为进行预防与矫正的重要手段。

【延伸阅读】   **营销中的拒绝**

营销员推销，大多数时间是遇到客户的拒绝，这其中有的客户确实不需要；然而，需要的客户，也会因为多种因素拒绝你的推销。国外保险业有一个统计资料，在保险推销中，平均每访问 6 个客户，才能有一个客户购买保险。在目前的中国市场，成功率比这低得多，如果能达到 6∶1 的成功率，市场就火爆得不得了。

营销员应该记住，客户的拒绝，是一种常规的态度，我们不能因为遇到 100 个客户拒绝而灰心，拒绝是接纳的开始。一个客户，可以从冷冰冰的拒绝开始认识你，时间长久之后，就可能成为朋友，所以，没有必要一开始就试图在短时间内说服客户，先要承认对方的拒绝，这时候你应该想到，客户接纳我的时机还没有到，我现在最主要的是接受他的拒绝。但是，我已经把信息传递给了他，以后可以寻找恰当的时机和方式，让客户接纳我，从我的手中购买××。因此，拒绝是对营销员的考验，不停的拒绝与不停的访问，简单的事情必须重复做。有些营销员上过营销课，以及听过老营销员的经验讲解后，往往会产生一种豪迈的激情，会把营销想象成非常快乐的职业，每天东奔西走，不用坐班，也没人盯着自己，想到走进客户的办公室，客户非常热情地端茶递烟，笑脸相迎，并且大声说："啊，你来的正好，我们太需要你们的××了，真是雪中送炭啊！"这一镜头只能发生在营销员的睡梦之中，现实生活中是不可能的，如果大家都那么缺少××，那要营销员去推销干什么，在公司销售部坐着等客户上门就是了。故此，在选择营销这一职业的同时，要对困难有所准备。

营销员必须具备一种顽强的敬业精神，百折不挠，要认定拒绝是不可避免的，不能遇到拒绝一多，就灰心丧气，一蹶不振。失败乃成功之母，要在失败中站立起来，一帆风顺的事在营销行业中是微乎其微的。你要记住：营销员永远是一位孤独的战士，在不断地被人推出门后，还能再次举起手来敲门，也许，机会就在那最后的一敲。

拒绝是常事，但是，我们并非不可以从中学到东西。比如，我们在遭到拒绝时，不妨做出提问，并且从拒绝的理由中去判断对方为何拒绝，客户说："仓库大院里还堆着一大堆××呢，我们不要××。"这时候，你不妨去客户的仓库大院看一看，是不是真的有一大堆××。如果没有，则可能是客户的托词，而且很可能他们需要，因为他说的不是"我们用不着，我们不用"，而是说有一大堆搁在那儿。因此，这个客户不能轻易放过，再回去问，客户就可能说："已经订货了，你来晚了。"然而，你千万不要以为他们真的已经订货了，这也是想支走你的话。据日本营销公司调查，客户在拒绝推销时，70％的客户都没有什么正当的理由，而且，2/3的人都是在说谎。

正确判断拒绝理由，有助于你的成功。只要在这些理由中发现一线希望，也要锲而不舍。在拒绝中，不断给自己打气，并且不影响你去下一家客户的拜访。有一位几十年来成绩一直非常优秀的营销员说："我每天都给自己计划访问多少客户，随身带着一个本子，把访问过的企业记录下来，把他们拒绝的理由也记录下来，以供回家进行分析。"访问客户的数目是一个硬指标，每天都必须完成自己的计划，决不能偷懒；或者想：算了，再访问下去也不会有希望。这就是大错特错，也许希望就在下一家。

有些客户，访问的次数多了，彼此都熟悉了，还可能交上朋友。如果你访问10次，而该客户一次都没有接纳你，并且，用各种各样的谎言拒绝你，客户会本能地在心里生出一点愧意，或者被你的行为所感动，甚至心里会巴不得有一笔生意要给你做，否则，会辜负了你的一片苦心。在营销工作中，人情是一大成功因素，有时候你每访问一个客户，就相当于一次感情投资，当客户想起要还这笔人情账时，你的幸运就来了。

但是要记住，在营销活动中，你的敌人不是客户，而是你自己，要不断地战胜自我，对自己说：不！我不能后退，我必须往前走，我的成功就在下一次。商场如战场，完全可以把自己想象成一位坚韧不拔的勇士，一次次地闯关，就存在胜利的可能。

没有失败，何来成功？没有拒绝，谈何推销？

第 2 节　营销群体心理

【案例导入】

自2001年11月加盟百度，与百度推广打了九年交道的史有才带领百度营销团队，连续多年实现销售额100％以上的增长。尤其在过去的2008年，雪灾、地震和席卷全球的金融风暴，让很多营销团队面临前所未有的危机，而史有才和他的百度营销团队，仍然实现了100％的销售额增长。多事之年，百度搜索营销的优势再次尽显，他们的蜜蜂型营销团队的战斗力再次凸显。

"蜜蜂型营销团队不是只是做销售，而是为企业提供一整套营销服务，不是仅仅追求业绩，而是追求提升经济的整体发展，实现全行业共赢。"史有才透露了百度营销团队新目标，即是打造一只授之以渔的蜜蜂型营销团队。

百度提出的"蜜蜂型营销团队"，也恰恰可以实现百度营销团队一直倡导的"精耕细作"的效果。"我们会在未来的发展中，继续提升整个营销团队的专业性，从提升整体经济发展角度做考量，让我们的蜜蜂型营销团队真正为中国经济的发展做出贡献。"史有才说。

据透露，为给蜜蜂型营销团队配备营销利器，百度开发了一套称为"福尔摩斯"的系统，比如潜在用户在客户网站的停留时间低于 3 分钟，营销人员就会检查并尝试优化客户网站的营销内容与对应网页间的匹配度。这套系统能跟踪用户的行为，让百度的营销团队最及时准确的找到客户问题，帮助他们提升营销的效果。

【应用知识】

2.1 营销群体心理概述

2.1.1 营销群体类型与功能

(1) 营销群体的含义

群体是指介于组织和个人之间的，通过一定的社会互动关系而集合起来的，进行共同活动的人们的集合体。

营销群体是指企业或组织内部，有共同目标相系，成员间相互影响和依附的一群营销人员。例如：工商企业的营销部门；某商场的营业组；经常来往的几位志趣相投的营销人员等。营销群体心理管理的最佳目标是建设现代营销团队。

(2) 营销群体的类型

营销群体的类型可以按不同标准进行划分。这里介绍两种最基本的类型。

① 正式群体。即为实现企业目标而以工作需要建立起来的正式工作部门或单位。例如，某商场的营业组，某工业企业的销售科等。

② 非正式群体。即基于某种共同利益或志趣，因为感情需要而在工作和生活中所形成的群体。

(3) 营销群体对组织的功能

营销群体的功能首先体现在对组织的功能上，主要体现在以下两方面。

① 推动工作目标实现的功能。企业或营销组织为实现其营销目标，必须建立相应的营销部门或小的工作群体，由这些营销群体通过工作行为实现组织的目标。

② 维系组织的功能。通过和谐的群体，包括非正式群体，满足成员间的情感需要，增强组织的凝聚力和向心力，从而使整个组织更加团结、步调一致。

(4) 营销群体对个人的功能

营销群体除对组织有重要作用外，对组织中的个人也具有重要功能。

① 增强成员的群体归属感。营销人员通过加入一个群体，产生自己是归属于某一个群体的情感，从而获得一种社会心理的满足，并自觉维护这个群体的利益，与其他成员在情感上产生共鸣，采取一致的行动。

② 增强群体认同感。即群体成员有在认知和评价上保持一致的情感。例如，一个营销小组成员之间由于有共同的目标、规范，并相互依附，相互影响，相互作用，他们就会对市场开拓、与客户相处的态度等问题自觉地保持一致的看法和情感，从而使群体成员保持一致，产生认同感。

③ 群体促进与干扰作用。当营销人员置身于一个群体中时，在群体成员的影响下，会使成员产生社会标准化倾向、社会顾虑和社会从众行为。

2.1.2 营销群体的心理现象

在营销群体内部有两类基本的心理现象，即心理和谐和心理冲突。

（1）心理和谐

营销群体的心理和谐是指营销群体成员之间在认识、情感、态度、行为等方面趋于一致，形成和谐一致的群体心理。其影响因素主要有：群体目标、群体规范、群体压力、群体凝聚力和群体士气等。

（2）心理冲突

营销群体的心理冲突是指在营销群体内部存在两种互不相容或相互排斥的对立状态，造成失误、矛盾的群体心理。其影响因素主要有：个体差异、利害冲突、工作矛盾等。

2.1.3 建设现代营销团队

（1）营销团队的含义

营销团队是指有明确目标与个人角色定位，强调自主管理，自我控制，沟通良好，合作协调的一种从事营销职能的扁平型现代组织形式。

（2）团队的特征

"团队"是与"命令型"组织相对而言的，是介于组织与群体之间最流行的一种合作方式，其精髓是沟通、分工、合作、共同进步，以形成一个目标明确、有战斗力的团队。

① 在组织形态上，团队属扁平型组织，取消了许多中间管理层次，以保证员工可以直接面对顾客与公司的总目标。

② 在目标定位上，团队有明确的目标，每个成员有明确的角色定位与分工。

③ 在控制上，强调自主管理，自我控制，领导者逐步由监督者变为协调者，团队成员充分发挥主动性、创造性，为满足顾客的需要与实现企业的总目标而自觉奋斗。

④ 在功能上，形成一种跨部门、交叉功能的融合体系，实行一种高度融合的协同作战。

⑤ 在相互关系上，构建合作、协调的团体，形成强大的凝聚力与战斗力。

（3）营销团队建设

① 建立团队的效率。团队要达到应有的效率，唯一的条件是每个成员都要学会集中力量。团队（Team）是由员工和管理层组成的一个共同体，它合理利用每一个成员的知识和技能协同工作，解决问题，达到共同的目标。

T 代表——Togather（共同/一起）；

E 代表——Everybody（每个人）；

A 代表——Achieves（完成）；

M 代表——More（更多）。

整合在一起的意思就是：大家相互配合，集中力量，取得更好的成绩。

② 形成基于团队效率的绩效考评。

③ 避免"过度管理"，建立有机性组织。

"刚性"与"柔性"的平衡；应对变化、个性化服务。

④ 学习共享，共同改进。

2.2 营销群体的心理和谐与冲突

2.2.1 营销群体的心理和谐

营销群体的心理和谐是由正确的群体目标、科学的群体规范、适宜的群体压力和较强的群体凝聚力综合作用而形成的。

2.2.2 营销群体的目标

(1) 营销群体目标的作用

营销群体的目标是影响群体行为最直接、最重要的因素。群体目标对群体的作用，相当于个体行为动机对个体行为的影响。营销群体的目标是营销群体建立的依据，并决定着营销群体的行为。确立正确的群体目标，是使营销群体行为合理化及提高销售业绩的前提条件。

(2) 确立正确的营销群体目标

正确的营销群体目标应该是，既能与企业的基本目标保持一致，使销售效率化、效益化，又能够满足群体成员的情感等各种社会心理需要，使成员能够长时间受到激励，或得到满足。制定营销群体目标时具体要注意以下几方面。

① 组织的积极领导。群体的目标不能由组织来强加，但企业可以通过积极的思想教育和必要的行政干预，使营销群体在自觉的基础上接受企业的要求，使营销群体利益与企业的利益统一起来，从而制定出有利于企业营销目标实现的群体目标。

② 提高营销群体成员的素质。营销群体成员素质的高低是决定其目标正确与否的基本因素。只有通过多种途径提高营销人员的政治思想素质和业务与管理素质，并形成群体意识和氛围，才能建立正确的群体目标。

③ 发挥营销群体核心人物的作用。任何营销群体中都有自己的核心人物，无论是正式群体的负责人还是非正式群体的领袖。他们在群体成员中有较高的威信，他们个人的认知、态度和情感很容易影响群体中的成员。只有通过恰当的方式，影响与引导核心人物的思想，并发挥他们的作用，才能有利于制定正确的群体目标。

2.2.3 营销群体的规范

(1) 营销群体规范的含义

营销群体的规范是指在营销群体中形成的行为标准。这些标准对群体中的每个成员都具有指导约束作用。每个营销人员在营销工作乃至个人生活领域，都是在自觉或不自觉地按群体规范行事。在一个拥有现代理念的现代营销群体中，每个人都以顾客为上帝，自觉地为顾客提供一流服务，形成统一的群体规范；而不尊重顾客的行为会被视为严重违反营销群体规范的行为，必将受到群体的制裁。

(2) 营销群体规范的作用

在营销群体中，群体规范的作用主要表现为使其成员认识标准化和行为取得一致性。这种作用主要是通过以下两种途径实现的。

① 自律作用。即营销群体的规范为其成员所认可，每个营销人员都自觉地遵守群体规范。这样通过自律来实现成员行为的一致与规范化。

② 他律作用。即当营销群体的个别成员忽视或否定群体规范时，群体规范则以一种群体压力的形式，迫使个别成员服从群体规范。这是通过群体压力或对违反者进行群体制裁的方式来实现群体行为一致或规范化。

2.2.4 营销群体压力

(1) 营销群体压力的含义

群体压力是指营销群体中的个别成员发现自己的行为及意见与群体不一致或与群体大多数人有分歧时而产生的一种心理压力。

(2) 群体压力的作用

群体压力的作用主要是迫使个别成员使其态度和行为与群体或多数成员保持一致。这种作用是通过群体规范和群体舆论表现出来的。群体规范代表群体的意志；群体舆论反映多数人的意见，并且是针对少数人的。任何违反规范的行为，都会受到规范的制约，同时，受到舆论的谴责，违反规范者会产生心理压力，从而，迫使其转而遵守群体规范，与大多数人保持一致。

群体压力的作用包括正、反两方面：一方面，群体压力具有积极的作用，即对不利于组织目标实现的行为进行群体制裁，从而导致其采取有利于组织目标的行为；另一方面，群体压力也具有消极作用，即落后的群体规范与舆论将打击个体的积极行为，从而使其与群体中多数后进者同流。

2.2.5 营销群体凝聚力

（1）营销群体凝聚力的含义

营销群体凝聚力是指营销群体对其成员的吸引力及成员之间的亲和力。营销群体的凝聚力是受多种因素影响，交互作用而形成的。这种群体凝聚力主要来自以下方面：营销群体目标与活动对成员的吸引力、群体威信及其领导的个人魅力对群体成员的吸引力、群体成员之间的人际吸引力等。群体凝聚力的大小最终取决于群体对成员心理需要的满足程度。

在一个营销部门内，领导尊重与信任下级，营销人员之间相互帮助，关系融洽，每个成员都以生活工作在这一群体中而感到愉悦与自豪，这个部门就形成了很高的凝聚力。

（2）提高营销群体凝聚力的途径

营销群体凝聚力的提高，主要有以下几个主要途径。

① 教育与思想工作。要利用多种有效的形式，对营销群体的成员进行人生观和价值观教育，倡导奉献精神，树立先进榜样，并善于针对实际问题做深入细致的思想工作，营造健康、向上、亲和、融洽的群体氛围。

② 建立合理的目标结构与激励模式。要尽可能使群体目标与成员利益统一，使目标适宜，并注意采用有效的激励模式。

③ 提高领导者的威信。营销群体的领导者要努力提高自身素质，塑造具有魅力的形象，提高领导威信，从而吸引与带动群体的全体成员，共同去实现群体目标。

④ 感情沟通与关系协调。要注意协调上下级之间、成员之间的相互关系，沟通群体成员之间的感情，并通过感情与关系的纽带，增强群体成员之间的吸引力，营造亲和融洽的群体氛围。

⑤ 善于运用外部环境压力。营销群体必须冷静分析群体所处的外部环境，正确地认识外部现实或潜在的压力，树立全员危机意识，在群体中营造一种面对危机同舟共济的氛围，从而增强营销群体的凝聚力。

2.3 营销群体的竞争心理

竞争是一种普遍存在的社会现象。它是个体或群体为达到一定目标，力求胜过对方取得优势而表现出的对抗性行为。竞争对人们的心理和行为有很大的促进作用，竞争作为一种外部刺激，可以激发个体的自尊需要和自我实现的需要动机，推动人们全身心地从事某种活动，大大提高活动绩效。另一方面，竞争的成败也会引起人们的心理震荡，产生消极的情绪，造成不良后果。

营销群体的竞争大体可以分为两种：一是群体内成员之间的竞争对员工心理的影响；另一种是群体间的竞争对工作效率的影响。

（1）群体内成员的竞争

营销活动往往以业绩和服务水平来衡量营销人员的工作绩效，营销组织为提高业绩和服务水平，会引入激励和竞争机制，激发群体内成员的工作动机。通过竞争，群体内成员能够明确自己应达到的目标，增强工作和学习的动机，激发自身潜能。群体会形成积极的工作氛围。但是，竞争也会导致群体内成员的人际关系紧张，以自我为中心。在竞争中的胜负也会对成员的心理和行为产生影响，在竞争中获胜，会产生成就感和满足感，增强信心，也可能产生骄傲自满情绪；在竞争中失败，可能会反省自己，客观评价自己，并力图总结经验，奋起直追，也可能产生消极情绪，或找失败的理由和借口，不能客观评价自己的能力和行为。

(2) 群体间的竞争

群体间的竞争既可能是同一企业的群体之间竞争，也可能是不同企业之间的群体间竞争。群体间的竞争可以增强群体的凝聚力和战斗力，团结群体内部成员，提高成员对群体的忠诚度。通过群体间的竞争，竞争双方或多方能够学习和借鉴对方的长处，思考和改进竞争的策略。竞争中获胜的群体，内聚力进一步加强，紧张消除；竞争中失败的群体，可能会吸取教训，进一步提高士气，也可能互相埋怨，自暴自弃。

总之，在营销群体中，要适当引入竞争机制，激发营销人员的工作动机，发挥竞争的积极作用，同时，要减少对抗和不正当竞争行为，尽力消除竞争带来的消极作用。

【延伸阅读】 五步棋打造"金牌营销团队"

建立一支具有战斗力的营销团队，主管个人的人格魅力与管理控制能力是重要因素，作为团队管理者，如何快速引导团队成员成长，打造出具有核心竞争力的"金牌营销团队"呢？笔者根据个人多年的实践经验，认为可以通过走好"五步棋"来实现。

(1) 第一步棋：慎重甄选人才

首先，个性要适合。例如对于直接销售的模式，如图书销售、音像制品销售等，营销人员要有足够的冲劲与韧性，具备相应沉稳的性格，才能适合产品的销售模式。其次，与企业的发展阶段要切合。处于成长期的企业要求团队人员有很强的上进心，需要有不断学习新知识的能力，此时应该选择那些不过分注重现实收益、愿意学习改变自己，希望能够伴随企业共同成长的人员。处于成熟期的企业已经解决了生存和成长的问题，目前需要的是稳步发展，这个时期就要求营销团队的平均年龄稍高一些，从业经验比较丰富的营销团队。再次，选择有正面思维的人，做事积极乐观，不断寻找解决问题的方法。最后，价值观要切合。建立团队很重要的一点是要建立一致的价值观。将目光远大、胸怀开阔的人纳入自己的团队中，大家做事互相会很合拍。

(2) 第二步棋：用心留住人才

合适的员工被选拔出来以后，应该采用事业留人，文化凝人，机制励人的方法用好他们、留住他们。

首先，把握合理用人的方针，即：用当其时，用当其位，用当其长，用当其愿。

其次，下属可以委任，但却不能放任，如果放任了就等于遗弃了自己所慎重选择的人才。

再次，坚持以绩论人的原则。业绩是衡量一个人能力最有说服力的依据，不能单凭印象或直观感觉，感觉再好，难免出现偏颇。

最后，要知人善任，一个人能翻多大跟头，我们主管就给他搭建多大的舞台，给优秀的部属多提供一些施展自己才能的机会。

(3) 第三步棋：建立学习型团队

作为团队主管需要通过每次的销售例会来对团队成员进行营销培训，弥补团队成员销售薄弱的环节，同时让团队成员养成学习新知识的习惯，最终形成学习型的团队。通过团队学习，主管可以改变下属成员的工作作风，使成员养成正确的工作方法与销售习惯，通过对团队每一个人销售功力的提升，来增强整个营销团队的战斗能力。

（4）第四步棋：有效激励

团队主管应随时对其部属人员进行激励。销售是一个被他人高度拒绝的工作，主管一定要掌握多种有效激励团队的方法，来保证部属成员随时拥有自信，发挥内在潜能，一步步进入较高的发展阶段，从而获得工作、学习和生活上的成功。在激励操作过程中主管要把握好激励的原则，坚持实事求是，客观公平，有益于员工成长的原则。

（5）第五步棋：完善团队主管角色

主管必须非常重视自身角色的完善。除了需熟知营销的基本理论和基本方式，具有敏锐的市场嗅觉和团队凝聚力，能够及时掌控来自各个方面的市场信息，分析和提取有价值的信息并制定相应营销措施外，团队主管还须同时具有扮演领航人、榜样、协调人、培训师的角色。团队主管要为团队设定目标和找到通往目标的道路；充当冲锋陷阵的带头者，以身作则，并勇于承担责任；要把自己的工作经验倾数传授给他的部属；团队管理者需要保持团队运作的良好状态，及时沟通和解决问题，协调好员工关系和客户关系。

【实训练习】

项目一　案例分析

【实训目标】

1. 培养学生分析、诊断营销团队运营中问题的能力。
2. 培养学生针对营销团队的问题给出对策的能力。

【内容与要求】

案例背景：海南的陈老板早已经进入海南省最大快速消费品经销商的行列了，他的生意越来越大，已经过亿了，但是关于人的管理，越来越力不从心了，他参加完快速消费品营销专家陈小龙的培训课程之后，觉得收获非常大，晚上，他特意通过厂家总经理找到陈老师，希望帮助他走出目前的团队困境，他讲了几个紧迫的问题。

其一，他目前的团队已经跟他一起奋斗了五年了，但是今年上半年，他的三个主力骨干，突然同时离职，成立了一家新的贸易公司，成为他的竞争对手。

其二，对于新进来的员工，工作很难上手，教会了，员工又走了，他感觉不断培养新人非常累，可是又没有有效的方法来解决。

开展头脑风暴，运用群体心理和营销团队管理的知识提出你的合理建议。

【成果检测】

根据分析和讨论情况，以及给出的建议对每位学生进行计分评定。

项目二　团队拓展训练

【实训目标】

1. 培养学生组织、参与团队建设的能力。
2. 培养学生团队协作、敢于奉献的精神品质。

【内容与要求】

班级内分小组进行。每小组人数不超过10人。每人一块泡沫板。

每小组任务相同。从起点开始出发，每人必须站在泡沫板上前行，直达终点（距离起点约 50 米)。期间任何人不许脚触地，否则将取消小组成绩。每小组有 5 分钟时间协商制定行动方案。强调全员参与。

各小组同时出发；开始后进行计时；所有小组到达后宣布结果；然后各小组内总结反思。

【成果检测】

根据所用的时间长短为小组打分评定。

参 考 文 献

[1]   王曼．现代营销心理学．北京：中国物资出版社，2002.
[2]   熊素芳，袁青燕．营销心理学．北京：北京理工大学出版社．2006.
[3]   单凤儒．营销心理学．北京：高等教育出版社，2005.
[4]   符国群．消费者行为学．北京：高等教育出版社，2001.
[5]   孙喜林，荣晓华．营销心理学．大连：东北财经大学出版社，2005.
[6]   陈思．营销心理学．广州：暨南大学出版社，2005.
[7]   冯丽华．营销心理学．第2版．北京：电子工业出版社，2009.
[8]   孙庆群．营销心理学．北京：科学出版社，2008.
[9]   毛帅．消费者心理学．北京：清华大学出版社，2009.
[10] 李长秋．消费心理学．北京：科学出版社，2009.
[11] 肖涧松，张志强．消费心理学．北京：电子工业出版社，2010.
[12] 陈剑清．现代营销心理学．北京：首都经济贸易大学出版社，2010.
[13] 童明．营销心理学．合肥：中国科技大学出版社，2009.
[14] 姜玲玲．消费心理学．重庆：西南交大出版社，2008.
[15] 吕玲．营销心理学．武汉：武汉理工大学出版社，2008.
[16] 臧良运．消费心理学．北京：电子工业出版社，2007.
[17] 李乐锋．消费心理学．南京：南京大学出版社，2008.
[18] 柯红霞．消费心理学．北京：对外经贸大学出版社，2006.
[19] 刘国防．营销心理学．北京：首都经济贸易大学出版社，2007.
[20] 冯丽云．营销心理学．北京：经济管理出版社，2004.
[21] 徐萍．消费心理学教程．第3版．上海：上海财经大学出版社，2008.
[22] 所罗门，卢泰宏，杨晓燕．消费者行为学．北京：中国人民大学出版社，2009.
[23] 霍依尔，麦克依尼斯著．消费者行为学．刘伟译．北京：中国市场出版社，2008.
[24] 罗子明．消费者心理学．北京：清华大学出版社，2007.
[25] ［美］菲利普·科特勒著．营销管理．梅汝和等译．北京：中国人民大学出版社，2001.
[26] 彭聃龄．普通心理学．第2版．北京：北京师范大学出版社，2001.
[27] 张春兴．现代心理学．上海：上海人民出版社，2005.
[28] 中国消费网．http：//www.ccn.com.cn/
[29] 搜狐财经消费．http：//business.sohu.com/consume/
[30] 新浪财经消费．http：//finance.sina.com.cn/consume/
[31] 北京交通广播都市调查 http：//www.fm1039.com/dcz/

营销心理学实用教程